Claus Petersen
Mythos im Alten Testament

Claus Petersen

Mythos im Alten Testament

Bestimmung des Mythosbegriffs
und Untersuchung der mythischen Elemente
in den Psalmen

Walter de Gruyter · Berlin · New York
1982

Beiheft zur Zeitschrift für die alttestamentliche Wissenschaft

Herausgegeben von Georg Fohrer

157

CIP-Kurztitelaufnahme der Deutschen Bibliothek

Petersen, Claus:
Mythos im Alten Testament : Bestimmung d. Mythosbegriffs u.
Unters. d. myth. Elemente in d. Psalmen / Claus Petersen. –
Berlin ; New York : de Gruyter, 1982.
   (Beiheft zur Zeitschrift für die alttestamentliche Wissenschaft ;
   157)
   ISBN 3-11-008813-4
NE: Zeitschrift für die alttestamentliche Wissenschaft / Beiheft

©

1982

by Walter de Gruyter & Co., vormals G. J. Göschen'sche Verlagshandlung – J. Guttentag,
Verlagsbuchhandlung – Georg Reimer – Karl J. Trübner – Veit & Comp., Berlin 30
Printed in Germany
Druck: Werner Hildebrand OHG, Berlin 65
Bindearbeiten: Lüderitz & Bauer, Berlin 61

Meinen Eltern

VORWORT

   Die vorliegende Arbeit wurde im Wintersemester 1980/81 unter dem Titel "Die Funktion der mythischen Elemente in den
Psalmen. Eine motivkritische Untersuchung" von der Theologischen Fakultät der Friedrich-Alexander-Universität Erlangen-
Nürnberg als Dissertation angenommen. Für die Veröffentlichung
wurde der Text geringfügig überarbeitet. Der geänderte Titel
unterstreicht die Bedeutung des Mythosbegriffs für den Gang
der Untersuchung.
   Mein besonderer Dank gilt Herrn Prof. Dr. Ernst Kutsch, der
sich bereit erklärte, die Arbeit weiter zu betreuen und das
Gutachten anzufertigen, nachdem Herr Prof. D. Dr. Georg Fohrer
DD.DD., dem ich den Hinweis auf die Thematik und die Aufnahme
der Studie in die Reihe der "Beihefte zur Zeitschrift für die
alttestamentliche Wissenschaft" verdanke, nach Jerusalem ver-
zogen war. Herrn Prof. Dr. Gunther Wanke schließlich danke ich,
daß er das Korreferat übernommen hat.

Bayreuth, im Frühjahr 1982   Claus Petersen

INHALTSVERZEICHNIS

ZUR SCHREIB- UND ZITATIONSWEISE

Unterstreichungen von Personalpronomina in den Übersetzungen biblischer Texte weisen auf explizite Personalpronomina im hebräischen Text hin. - Als Sammelsiglum zur Angabe einer Gruppe von Bibelhandschriften dient nicht, wie üblich, ein deutscher, sondern der ihm entsprechende lateinische Buchstabe. - Innerhalb von Zitaten sind eigene Bemerkungen in eckige Klammern gesetzt.

Die ausführlichen bibliografischen Angaben sind dem Literaturverzeichnis zu entnehmen. In den Anmerkungen werden gewöhnlich, und zwar sowohl bei Monografien und Aufsätzen als auch bei Lexikonartikeln, Verfasser, Titel bzw. Obertitel - bei Artikeln aus theologischen Wörterbüchern lediglich das hebräische Wort der Überschrift (nicht auch Umschrift und Übersetzung) - und Seiten- bzw. Spaltenzahl angegeben. Bei Kommentaren tritt an die Stelle des Titels, soweit möglich, die Abkürzung der Kommentarreihe + Bandzahl, bei Quellenwerken die Abkürzung des Titels; ist nur der Nachname des Verfassers genannt, ist dessen Psalmenkommentar gemeint (scil.: "zur Stelle").

Auf eine Abhandlung über einen bestimmten Psalm wird dann, wenn der entsprechende Psalm in ihrem Titel erwähnt und sie im Verlauf der Bearbeitung desjenigen Psalms, dem auch die Abhandlung gilt, aufgeführt ist, nur durch Angabe des Verfassers (abgekürzter Vorname und Nachname) + Seitenzahl verwiesen. Nur in den Fällen, in denen die Überschrift den behandelten Psalm nicht nennt oder zu ein und demselben Psalm mehrere Veröffentlichungen desselben Autors herangezogen werden, ist der Titel, zum Teil abgekürzt, in Klammern angegeben.

Beim Zitieren aus Lexikonartikeln bleiben lexikalische Querverweise und der Gliederung dienende Kursivschrift oder Sperrung unberücksichtigt; Abkürzungen der Artikelüberschrift im Text werden ausgeschrieben.

Die Abkürzungen der biblischen Bücher sowie von Zeitschriften, Serien, Lexika und Quellenwerken richten sich nach dem von S.Schwertner zusammengestellten Abkürzungsverzeichnis (Theologische Realenzyklopädie, 1976); zusätzliche Abkürzungen:

Ges-B   W.Gesenius - F.Buhl, Hebräisches und aramäisches Handwörterbuch über das Alte Testament, 1962 (=1915[17]).

GK   W.Gesenius - E.Kautzsch, Hebräische Grammatik, 1962 (=1909[28]).

RTAT   Religionsgeschichtliches Textbuch zum Alten Testament, hrsg. von W.Beyerlin (GAT 1), 1975.

SAHG   Sumerische und akkadische Hymnen und Gebete, hrsg. von A.Falkenstein und W. von Soden (Die Bibliothek der Alten Welt. Reihe: Der Alte Orient), 1953.

A. VERSTÄNDIGUNG ÜBER DEN MYTHOSBEGRIFF

1. Der Mythosbegriff in der alttestamentlichen Wissenschaft

Im 18. Jahrhundert kam es zu einer auch für die alttestamentliche Wissenschaft folgenreichen Umwandlung des Mythosverständnisses[1]. War es bisher schwankend und unsicher gewesen
- im allgemeinen galten Mythen einfach als Erzeugnisse dichte-
rischer Phantasie -, verstand der Göttinger Altphilologe Chr.
G.Heyne (1729-1812) "Mythos" erstmals, nach vorbereitenden
Überlegungen des englischen Gelehrten R.Lowth (1711-1787), in
umfassender Weise als die infolge eines dreifachen Mangels
- an Wissen um die Kausalzusammenhänge, am Vermögen, Allgemeines und Abstraktes auszudrücken, und an der Fähigkeit der
Distanzierung durch Reflexion - einzig mögliche, notwendige
und universale, das heißt allen einzelnen Äußerungen zugrunde
liegende Vorstellungsweise der frühen Menschheit schlechthin.
Diesen neuartigen Mythosbegriff wendete J.G.Eichhorn (1752-
1827), ein Schüler Chr.G.Heynes, 1779 im Rahmen seiner Behandlung der Urgeschichte erstmals auf das Alte Testament an.

Seitdem ist der Begriff "Mythos" - was immer man auch darunter verstand - bei der Interpretation alttestamentlicher
Texte häufig verwendet worden und zum Teil von großer Bedeutung
gewesen[2]. In diesem Jahrhundert haben die Entdeckungen weiterer
altorientalischer Mythen, vor allem derer aus dem nordkanaanä-
ischen Stadtstaat Ugarit, den Gebrauch des Begriffs "Mythos"
im Zusammenhang mit der Erklärung alttestamentlicher Texte
erneut angeregt.

----

1 Vgl. zum Folgenden ausführlich Chr.Hartlich - W.Sachs, Der Ursprung des
  Mythosbegriffes in der modernen Bibelwissenschaft, 6-38.
2 Über Verständnis und Anwendung des Mythosbegriffs in der Geschichte der
  alttestamentlichen Wissenschaft seit J.G.Eichhorn informiert eingehend
  J.W.Rogerson, Myth in Old Testament Interpretation.

Die wissenschaftliche Beschäftigung mit den mythischen Elementen des Alten Testaments ist vor allem von zwei Fragestellungen bestimmt: (1) Woher stammen die mythischen Motive im Alten Testament? (2) Wie sind sie aufgenommen und integriert worden? Außerdem versucht man zu klären, in welcher Epoche der Geschichte Israels mythische Überlieferungen hauptsächlich rezipiert worden sind.

Es gilt als sicher, daß die im Alten Testament begegnenden mythischen Motive ursprünglich in der Umwelt Israels beheimatet waren[3]. Auf die Anspielungen auf einen Drachenkampf Jahwes etwa haben nach O.Kaiser wesentlich die aus Ugarit bekannten Meereskampfmythen eingewirkt[4]. Und W.H.Schmidt hat aus der Art der Verwandtschaftsbeziehungen von Gen 1 mit der mythologischen Tradition der Umwelt den Schluß gezogen, daß Israel durch die Vermittlung der Kanaanäer, und das heißt bereits lange vor dem babylonischen Exil, mit ihr in Berührung gekommen ist[5].

Unter der Voraussetzung, daß die im Alten Testament auffindbaren oder durchscheinenden mythischen Vorstellungen nicht-israelitischer Provenienz sind, werden dann aufgrund der Art und Weise ihrer Bearbeitung und Umformung häufig bestimmte Spezifika der alttestamentlichen Religion herausgestellt, etwa die Dimension der Geschichte im Gegensatz zum zyklischen Denken der Umwelt[6], der weltliche, nicht-religiöse Charakter der Natur als Schöpfung[7] oder die Abkehr von polytheistischen Vorstellungen[8]. Oft veranlaßt ein solcher religionsgeschicht-

---

3 Vgl. z.B. W.H.Schmidt, Mythos im Alten Testament, 246: "...es bleibt charakteristisch, daß Israel selbst keine mythischen Erzählungen gebildet, sondern nur fremde (wohl meist durch Kanaan vermittelte) Mythen - bruchstückhaft - übernommen und verändert hat"; C.Westermann, BK I/1, 499.
4 O.Kaiser, Die mythische Bedeutung des Meeres in Ägypten, Ugarit und Israel, 152.
5 W.H.Schmidt, Die Schöpfungsgeschichte der Priesterschrift, 32.
6 Vgl. z.B. M.Noth, Die Historisierung des Mythus im Alten Testament: Während in Mesopotamien noch naturmythologische, d.h. vom zyklischen Denken bestimmte Schemata auf die Regierung eines Königs angewendet würden (35), sei das Königtum im Alten Testament "aus dem Bereich des Mythus ganz in den der Geschichte gerückt" (40).
7 So hebt G. von Rad, ATD 2/4, 35, das 'starke antimythische Pathos' von Gen 1,14-19 hervor: "Die Gestirne sind durchaus als Kreaturen und als abhängig von Gottes anordnendem Schöpferwillen gesehen."
8 Vgl. z.B. H.Gunkel, Genesis, 55-59, zu Gen 6,1-4.

licher Vergleich darüber hinaus dazu, grundsätzlich die besondere Qualität des Alten Testaments hervorzuheben[9].

Häufig begegnen in diesem Zusammenhang die Stichworte "Historisierung des Mythos"[10] oder "Mythisierung der Geschichte"[11]: Ursprünglich mythische Inhalte seien sekundär mit geschichtlichen Elementen verbunden und infolge ihres neuen Kontexts uminterpretiert worden, oder Schilderungen geschichtlicher Ereignisse hätten durch die nachträgliche Anreicherung mit mythischem Gedankengut gleichsam mythischen Charakter angenommen[12]. In beiden Fällen wären ursprünglich mythische Stoffe "entmythologisiert" worden[13].

All dem entspricht, daß man zwar bestimmte mythische Einzelmotive genauer untersucht hat, jedoch eine thematische und an einem größeren Textkomplex durchgeführte Untersuchung über die *Funktion*, die den mythischen Elementen *als solchen* im Alten

---

9 Vgl. als Beispiel unter vielen G. von Rad, Theologie des Alten Testaments I, 154: "...in geistesgeschichtlicher Hinsicht gibt es keine größeren Gegensätze als die Welt des echten Mythus und jene aufgeklärte nüchterne Verständigkeit der jahwistischen Schöpfungsgeschichte, die aller krausen Mythologie so fern ist" (vgl. auch ders., Theologie des Alten Testaments II, 120f.361).

10 Vgl. vor allem M.Noth, Die Historisierung des Mythus im Alten Testament; A.Weiser, Glaube und Geschichte im Alten Testament, 117-125.

11 Vgl. K.-H.Bernhardt, Elemente mythischen Stils in der alttestamentlichen Geschichtsschreibung; W.Johnstone, The Mythologising of History in the Old Testament, 211-217.

12 Es wird jedoch darauf hingewiesen, daß beide Vorgänge keine grundsätzlichen Alternativen für den Umgang des Alten Testaments mit dem Mythos darstellten, sondern eng nebeneinanderstünden (vgl. z.B. J.Hempel, Glaube, Mythos und Geschichte im Alten Testament, 114; L.E.Toombs, The Formation of Myth Patterns in the Old Testament, 111) oder dasselbe bedeuteten (vgl. W.H.Schmidt, Mythos im Alten Testament, 247). - R. Rendtorff, Kult, Mythos und Geschichte im Alten Israel, 114, hält beide Ausdrücke aus überlieferungsgeschichtlichen Gründen für unsachgemäß.

13 W.H.Schmidt, Mythos im Alten Testament, 242, möchte, um von der hermeneutischen Methode der Entmythologisierung zu unterscheiden, "die Auseinandersetzung des Alten (wie Neuen) Testaments mit dem Mythos 'entmythisieren' nennen". - Hinsichtlich der Psalmen kommt J. de Fraine, "Entmythologisierung" dans les Psaumes, 105, zu dem Ergebnis: "L'exposé qui précède nous a montré par quelques rares exemples, de quelle façon on pourrait parler d'un procédé de démythisation dans les textes du psautier. Là même, où certains traits des mythes cananéens sont conservés, leur véritable intention est consciemment perçue et interprétée, afin d'exprimer une vue nettement yahviste sur la réalité religieuse. Il paraît, dès lors, indispensable de souligner l'altérité irréductible, au sein de formules apparemment tout à fait semblables, de la religion cananéenne et des textes religieux de la Bible."

Testament *selbst* zukommt, bislang aussteht[14] - oder von vornherein als unsachgemäß erscheint: Darf man überhaupt davon
ausgehen, daß das Alte Testament *mythische* Elemente enthält?
Liegen in ihm nicht tatsächlich nur uminterpretierte Andeutungen an außerisraelitische mythische Stoffe vor, die selbst
gar nicht mehr als "mythisch" bezeichnet werden können?

Diese Fragen führen zu dem grundsätzlichen und schwerwiegen-
den Problem der Bestimmung des Begriffs "Mythos" selbst. Ein
Blick auf die Verwendungsweise dieses Wortes in der Literatur
macht schnell deutlich, daß nicht geklärt und keine Verständi-
gung darüber erzielt ist, welche Texte oder Textelemente aus
welchem Grund als "mythisch" zu bezeichnen sind und welche
nicht. Dieses Manko belastet alle bisherigen Äußerungen über
die mythischen Elemente im Alten Testament oder über das Verhältnis des Alten Testaments zum Mythos und relativiert ihre
Aussagekraft erheblich[15].

1.1 Situationsschilderung anhand zweier Beispiele

Die bestehenden Unklarheiten sollen durch zwei Beispiele
aus der neueren Literatur verdeutlicht werden: zum einen anhand der jüngsten umfassenden Monografie zum Thema "Altes Testament und Mythos", der 1969 von Annemarie Ohler publizierten
motivgeschichtlichen Untersuchung "Mythologische Elemente im
Alten Testament", und zum andern anhand des 1978 in 5. Auflage
erschienenen Psalmenkommentars sowie der 1979 veröffentlichten
"Theologie der Psalmen" von H.-J.Kraus (BK XV/1-3).

1.1.1 A.Ohler, Mythologische Elemente im Alten Testament

Ohler leitet ihre Untersuchung angesichts der Unklarheiten

---

14 Auch A.Ohler, Mythologische Elemente im Alten Testament, gliedert, da
   sie "nach der inhaltlichen Verwandtschaft alttestamentlicher Textstel-
   len mit solchen heidnischer Erzählungen" fragt (8), nach Einzelmotiven.
15 B.S.Childs, Myth and Reality in the Old Testament, 13, urteilt richtig,
   wenn er feststellt: "Much of the misunderstanding concerning the term
   'myth' in recent years has resulted from the failure to specify how the
   term is being used."

um den Mythosbegriff mit einigen die Terminologie betreffenden
Bemerkungen ein (7-12). Gleich im ersten Satz stellt sie fest,
das Wort Mythos sei "schillernd und mißverständlich geworden,
beladen mit vielschichtigen Vorstellungsgehalten und mit Af-
fekten" (7). So möchte sie sich zunächst, um zu klären, "was
hier unter 'mythologischen Elementen' verstanden wird", mit
den gebräuchlichen Deutungen des Begriffs auseinandersetzen,
die "sich zum Teil überkreuzen, zum Teil widersprechen" (7).

H.Gunkels Definition der Mythen als "Göttergeschichten" hält
sie für unzureichend; andernfalls "wären mythologische Elemente recht einfach an ihrem Inhalt zu erkennen und im monothe-
istischen Alten Testament nur vereinzelt und verblaßt zu erwarten". Sie bestimmt ihr Mythosverständnis folgendermaßen:
"Mythen legen in Form einer Geschichte dar, wie die Zustände
wurden, in denen sich der Mensch jetzt vorfindet. Zum Mythos
gehört also eine bestimmte Denkweise: Er deutet die Gegenwart
als Folgeerscheinung der Ereignisse in der Götterwelt, von
denen er erzählt. Diese mythische Denkweise ist zu verstehen
als eine andersartige, überholte Vorstufe unserer wissenschaftlichen Welterklärung. Taten persönlicher Wesen und nicht an-
onyme Kräfte bestimmen die Geschehnisse in der Natur und den
Lauf der Welt." (7)

Ausdrucksformen dieser Denkweise begegneten aber nicht nur
in Göttergeschichten, sondern fänden sich auch im Alten Testament: Gegebenheiten der Gegenwart würden durch Erzählungen von
den Taten Gottes in der Vergangenheit erklärt (Ohler nennt als
Beispiel die Geschichte vom Turmbau zu Babel, die die Vielzahl
der menschlichen Sprachen als von Gott verhängte Strafe erklä-
re), Naturereignisse als Gottes Werk verstanden ("z.B. schickt
er Donner und Erdbeben, um Israels Feinde zu schrecken") (7).

Schon nach diesen wenigen Sätzen ergibt sich, vor allem durch
das zweite alttestamentliche Beispiel, ein unklares, wider-
sprüchliches Bild: Entscheidend ist nun offenbar nicht mehr,
daß der Mythos, wie oben festgestellt, "in Form einer Geschichte" begegnet, denn um eine solche handelt es sich nicht, wenn
gesagt wird, Donner und Erdbeben seien Jahwes Werk[16]; ent-

---

16 Vgl. auch 44-49.55-65.

scheidend ist aber anscheinend auch nicht, obwohl oben ausdrücklich konstatiert, daß ihm eine Denkweise zugrunde liege,
die "die Gegenwart als Folgeerscheinung der Ereignisse in der
Götterwelt" deutet, denn auch dies ist hier in keiner Weise
der Fall. So bleibt nur noch ein Element der Mythosbestimmung
übrig: Wesentlich wäre allein die "andersartige, überholte
Stufe unserer wissenschaftlichen Welterklärung", daß nämlich
gegenwärtige Zustände oder Ereignisse auf ein göttliches Handeln zurückgeführt werden: Donner und Erdbeben können "vor-
wissenschaftlich" als Gottes Werk verstanden werden; Entsprechendes gälte für die Erklärung der Vielzahl der Sprachen
durch die Geschichte vom Turmbau zu Babel.

Da "'Mythos' und Heidentum nach dem allgemeinen Sprachemp-
finden zusammengehören", schließt sich Ohler sodann "teilweise" (?) einer terminologischen Unterscheidung an, die den Versuch darstelle, "das Alte Testament von heidnischen Schriften
abzugrenzen": Ihr zufolge sei jene *Denkweise*, an der auch Israel teilhat, "mythisch", der "der heidnischen religiösen
Phantasie" entsprungene *Inhalt dieses Denkens* ("Vorstellungen
wie die vom Streit der Götter, von ihrer Entstehung, ihrem
Mahl, ihrer Ratsversammlung") jedoch "mythologisch" zu nennen
(7f.)[17].

Es liegt von Anfang an im besonderen Interesse Ohlers, die
alttestamentliche Religion von den "heidnischen" Religionen
ab- und auf eine höhere Stufe emporzuheben[18]. Sie möchte "zeigen, wie nah und wie fern seine [des Alten Testaments] Autoren
der mythischen Denkweise der altorientalischen Völker stehen"
(9).

---

17 Merkwürdig ist allerdings, daß sie an anderer Stelle *beide* Prädikate
   ausdrücklich der *außerisraelitischen* Denk- und Redeweise zuordnet:
   "'Mythisch', 'mythologisch' meint ja zugleich die anders strukturierte
   heidnische Denk- und Redeweise, nach der sich das Wirken der Götter
   nicht in der Geschichte, sondern im immer gleichen Naturzyklus ereignet, nach der die Götter nicht als Weltüberlegene in Freiheit in die
   Welt eingreifen, sondern sich im weltlichen, naturhaften Tun als Teil
   der weltlichen Kräfte zeigen" (11).
18 Vgl. 11: Der Mythos "erklärt das göttliche Wirken zu sehr, er versucht,
   die Götter in die Welt einzubeziehen, versucht Einfluß auf sie zu gewinnen. Der Glaube dagegen, der eine solche mythische Redeweise vorfindet und sich ihrer bedienen will, muß sie überwinden, da sein Gott
   der absolut Überlegene und Freie ist".

Unter mythologischen Elementen versteht sie nunmehr schlicht Motive, die "aus heidnischen mythischen Erzählungen in das Alte Testament aufgenommen wurden" (8)[19]. Die gemein-antike vorwissenschaftliche mythische Denkweise habe im außerisraelitischen Raum zur Ausbildung mythologischer Erzählungen geführt, deren Einzelmotive wiederum von alttestamentlichen Autoren aufgenommen und verarbeitet worden seien.

Letztlich ist aber dann doch nicht die Verwurzelung in altorientalischen Mythen entscheidend, sondern die - nämlich konkret-bildhafte - Art und Weise des Redens von Gott. So behandelt Ohler im Hauptteil ihrer Untersuchung weitgespannt und die verschiedensten Themen einbeziehend[20] diejenigen Motive dieses Redens, die ähnlich auch im Alten Orient begegnen und bildlich Vorstellbares, Sinnenfälliges über Gott aussagen[21], um dann die Abwandlung und Umfunktionierung der altorientalischen Vorstellungen durch die alttestamentlichen Autoren aufzuzeigen. Ob diese Vorstellungen in einer mythischen Erzählung bezeugt sind oder etwa in Gebeten, als Götterepitheta oder anderswo begegnen, ist dabei offensichtlich nicht von Belang[22].

Insgesamt machen die Ausführungen zum Mythosverständnis den Eindruck eines Nebeneinanders verschiedener ungeklärt übernommener Auffassungen und Vorentscheidungen. Sie dienen nicht

---

19 Verwirrend ist jedoch, daß es später gleichwohl heißt, es ginge um "Motive, die mit den uns bekannten heidnischen Vorstellungen und Erzählungen von den Göttern *verwandt* sind, *vielleicht* von dorther übernommen wurden" (11; Hervorhebungen von mir).

20 Der Hauptteil ist in folgende sechs Abschnitte gegliedert: I. Die Darstellung der Gotteserscheinung in verschiedenen älteren Schichten des Alten Testaments und bei Ezechiel; II. Einzelmotive in der Darstellung der Gotteserscheinung: Naturphänomene, Kampf und Krieg; III. Gottes Macht über das Wasser; IV. Erschaffung und Erhaltung der Welt; V. Mythologisch bedeutsame Orte; VI. Die himmlischen Wesen in Jahwes Umgebung.

21 Vgl. 16.21.29 etc. Auf S.153f. heißt es zum Thema "Gottes Wohnung im Himmel und über dem Wasser": "Die alttestamentlichen Aussagen von Gottes Aufenthalt im Himmel können kaum als Mythologumena bezeichnet werden, da die Hagiographen damit Gottes Transzendenz auszudrücken versuchen. Erst wenn in der Nachexilszeit der Himmel als Scheidewand und Grenze des göttlichen Bereichs gesehen wird und sich Vorstellungen vom Gewittergott mit diesem Motiv verbinden, kann man von mythologischen Elementen sprechen."

22 Als Begründung dafür, daß es sich beim Motiv des Erbebenlassens der Berge und der Erde um ein mythologisches Element handelt, genügt Ohler etwa der Hinweis auf Gebete und Götterepitheta (vgl. 44 und Anm.1).

konsequent als Grundlage und Kriterium für die folgenden Überlegungen.

"Angesichts der allgemeinen Unsicherheit bei der Umschreibung des Mythosbegriffes" hat Ohler später vorgeschlagen, "den einfachsten, nur hand-
werklichen Weg zu gehen: 'Mythos' sollten zunächst nur die Göttererzäh-
lungen der heidnischen Religionen in Israels Umwelt genannt werden. Im
Vergleich mit diesen Texten läßt sich einigermaßen sicher feststellen,
welche Fragmente des 'Mythos' die Bibel enthält. Es ist ein fester Vergleichspunkt gegeben, von dem aus man ermessen kann, worin die Bibel den
Mythos überwindet. Erst dann kann man vorsichtig aus der Denk- und Redeweise biblischer Texte darauf schließen, daß vielleicht uns nicht über-
lieferte Mythen zugrundeliegen."[23] - Sieht man von der gleichbleibenden
Zielsetzung, dem Interesse an der Abgrenzung des Alten Testaments von den
religiösen Texten seiner Umwelt, einmal ab, ist zu bedauern, daß sie diesen Vorschlag nicht weiter konkretisiert.

1.1.2 H.-J.Kraus, BK XV/1-3

Eine detaillierte Übersicht über die Anwendungsweise des Begriffs "Mythos" im Blick auf die Psalmen durch Kraus ist nicht
nur in bezug auf das Thema dieser Arbeit wichtig, sondern auch
deshalb nützlich, weil das Kraussche Werk ein gutes Beispiel
dafür ist, wie das Wort "Mythos" auch sonst häufig und mit
einer gewissen Selbstverständlichkeit in der wissenschaftlichen Literatur zum Alten Testament gebraucht wird. Darüber hinaus erfährt der Leser auch die meisten Psalmstellen, die mit
diesem Begriff üblicherweise in Verbindung gebracht werden.

Im folgenden wird der Versuch unternommen, die Struktur des
Krausschen Mythosverständnisses in der Weise erkennbar zu machen, daß seine Äußerungen zu diesem Gegenstand jeweils nach
bestimmten, als zusammengehörig erscheinenden Aspekten gegliedert werden.

Die Wörter "Mythos", "Mythologie", "mythisch", "mythologisch"
etc. verwendet Kraus oft, wie allein die Register (1169.T271[24])
zeigen, in denen jedoch bei weitem nicht alle Erwähnungen ver-
merkt sind[25]. Zwar legt er sein eigenes Mythosverständnis nicht

---

23 A.Ohler, Die biblische Deutung des Mythos, 183f.
24 Seitenangaben mit vorangestelltem T beziehen sich auf die "Theologie
   der Psalmen" (BK XV/3), die übrigen auf die beiden Kommentarbände, in
   denen die Seiten durchgezählt sind.
25 Deshalb ist für die folgende Darstellung der Text aller drei Bände
   eigens durchgesehen worden. Handelt es sich bei den angeführten Belegen um Stellen, die in den Registern verzeichnet und daher möglicher-

explizit dar, zitiert aber (im Zusammenhang mit der Auslegung von Ps 19) zustimmend folgenden Satz aus dem Psalmenkommentar B.Duhms[26], der als Ansatz- und Ausgangspunkt dienen kann: "Bei anderen Völkern entsteht ein 'Mythus', indem das, was z.B. heute die Sonne tut und leidet, auf ein erstes uranfängliches Tun und Leiden zurückgeführt und damit eine Erzählung von einem einmaligen Vorgang geschaffen wird" (303![27]). Ein Mythos erzählt demnach auf jeden Fall *ein einmaliges, uranfängliches Geschehen* (das nach B.Duhm allerdings darüber hinaus in der Gegenwart eine stets wiederkehrende Entsprechung haben müßte). Häufig werden denn auch die Ausdrücke "mythische Vorzeit", "mythische Urzeit", "mythologische Vorzeit" oder auch einfach "mythische Zeit" verwendet[28].

Zu den Mythen gehören dann etwa *Vorstellungen von der Entstehung der Welt*; so begegnen die Ausdrücke "kosmogonischer Mythos" (798.T43.T75.T76!), "mythische Kosmogonie" (T153!) und die Adjektivverbindung "mythisch-kosmogonisch" (T153![29]).

In Ps 90,2 etwa wirkten "Rudimente mythologischer Anschauung von der gebärenden Kraft der 'Mutter Erde'" nach (T76!); die Weisheitsdichtung habe "an dieser Stelle einen kosmogonischen Mythus bewahrt" (798)[30].

---

weise von besonderem Gewicht sind, wird dies durch ein der Seitenzahl hinzugefügtes ! gekennzeichnet.

26 Dort S.80.

27 In ebenfalls zustimmender Weise wird allerdings auch ein Satz aus G. von Rads "Theologie des Alten Testaments" wiedergegeben, der ein anderes Mythosverständnis repräsentiert: Mythos = "eine zeitlose, sich im Kreislauf der Natur ereignende Offenbarung" (T75; auf diese Seite wird jedoch im Register nicht verwiesen).

28 Vgl. 415: "in irgendeiner (mythischen) Vorzeit, an einem fernen Anfang", dem die "Wirklichkeit der Geschichte" gegenübergestellt wird; T126. T132.T137.T142!; vgl. auch 681: "urzeitliche Taten" im Zusammenhang mit Ps 74,13ff. (im Kontext ist von Mythen die Rede); T168: "Uranfängliche, in der Mythologie ausgetragene Gegensätze..." und die Adjektivverbindung "archaisch-mythologisch" (191).

29 Das Wort "Weltentstehungsmythos" hingegen wird auf den Themenkreis "Chaoskampf" (siehe unten) angewendet: vgl. 513.634 (= "Drachenkampf, Verschluß des Zugangs zu den chthonischen Mächten usw.").681 (hier versteht Kraus darunter den "Kampf mit dem Urdrachen, der das vorgeschöpfliche Chaos verkörpert"), sonst noch 214!.

30 Er werde allerdings durch "die Bezeugung der Präexistenz des Schöpfers in der vorgeschöpflichen Ära" überwunden, insofern die Welt von Anfang an in den Raum der Geschichte gehöre: "Geschichte ist ihr Anfang und Ablauf" (T76!). - Überhaupt sei "der Schöpfungsglaube Israels durch einen tiefen, unüberbrückbaren Einschnitt von allen kosmogonischen Mythen...geschieden"; als Grund dafür wird auf die Art der Darstellung abgehoben: die scharfe und offenbar in den Mythen nicht vorhandene Trennung zwischen Schöpfer und Geschöpf (T43).

Auch *Erzählungen von der uranfänglichen Menschenschöpfung*
sind hier zu nennen.

"Möglicherweise gab es einen alten Mythus, der von der Saat des Gottes
sprach, aus der die Erde Menschen hervorbrachte." (799 zu Ps 90,3-6).
Im Zusammenhang mit Ps 139,15 rechnet Kraus mit "Erinnerungen an chtho-
nische Mythen, die von Israel übernommen und auf Jahwe bezogen worden sind.
Der 'aus Erde gebildete Mensch' (vgl. Gn 2,7) ist in den dunklen Gründen
der 'Mutter Erde' entstanden - so wird der Mythus gelautet haben" (1099!).

Vor allem lassen sich in den Psalmen Spuren urzeitlicher mythischer Ereignisse im Umkreis des Themas *"Chaoskampf"* auffinden.

"Mythische Vorstellungen von einem Ringen der Urzeit klingen" etwa in
Ps 65,8 "an" (612[31]).
In Ps 74,12-17 hätten mythische Elemente "fraglos das Übergewicht". "13
spielt auf den Drachenkampfmythus an. לויתן wurde von der 'Schöpfergott-
heit', die zugleich Königsgottheit ist, zerschlagen" (681).
Auch "Ps 89 (kommt) in 10ff. auf das Thema 'Chaoskampf' zu sprechen";
wie in der altorientalischen Mythologie werde Jahwe nach der Überwindung
der chaotischen Urmächte "zum Herrn Himmels und der Erde" (787f.).
Ebenso "klingen" in Ps 93,3 "Vorstellungen des Drachen- und Chaoskampfmythus an" (818!, vgl. 819!).
Die Vorstellungen in Ps 104,5-8 wiesen "in die Bereiche des Mythus vom
Chaoskampf" (882).

In der Einleitung seines Psalmenkommentars führt Kraus für
diesen Themenbereich insbesondere Ps 106,9f. an, wo es "heißt,
Jahwe habe durch sein Schelten das Schilfmeer zurückgetrieben"
(85). Dort geht es allerdings nicht um ein urzeitliches Geschehnis, sondern um ein Ereignis der Geschichte, und "mythisch
wird nur ein bestimmtes Element der Schilderung genannt: das
Motiv des Scheltens, weil es "dem Chaoskampfmythus ursprünglich
zugehört" (902, Kommentar zu Ps 106,9f.). Kraus bezeichnet neben urzeitlichen Vorgängen also auch bestimmte Ausdrucksformen
Vorstellungen und Begriffe oder Metaphern (819! bzw. T58!) dan
als "mythisch" oder "mythologisch", *wenn sie in mythischen
Texten vorkommen oder ein mythischer Hintergrund anzunehmen
ist*[32], ohne daß es sich um ein urzeitliches Ereignis handeln
muß.

---

31 Doch fügt Kraus sogleich den Satz hinzu: "Sie haben aber eine unmittelbar präsentische Beziehung." Und weiter unten heißt es: "Die Tat Gottes,
   der das Brausen des Meeres dämpft, ist eine in die Gegenwart wirkende
   Tat des Weltschöpfers."
32 Manchmal ist der zugrunde liegende Mythos unbekannt. So bemerkt Kraus
   zu Ps 139: "Den Mythos, der hinter der Erwähnung der 'Morgenröte' in
   9 steht, können wir nicht mehr erkennen." (1098)

Dies mögen noch folgende, sich nicht nur auf das Thema "Chaoskampf" beziehende Bemerkungen verdeutlichen:
"Rudimente mythologischer Vorstellungen" begegnen in Ps 9,6-9. "So ist גער (6) ein Ausdruck der Mythologie " (222, ohne Begründung).
In Ps 18,4-7 werde die konkrete Notlage des Beters in "mythenähnlichen Chiffren und Bildern", etwa "mit den Metaphern der Tiamat-Mythologie" beschrieben (288f.).
Vorstellungsrudimente des Mythos bzw. von mythischen Begriffen durchsetzte Bilder werden in Ps 33,7 angenommen (411).
"Die Vergleiche" der Gerechtigkeit Gottes mit den Gottesbergen und dem großen Urmeer in Ps 36,7a "greifen ins Mythische aus." (434)
"Wahrscheinlich ist רוח קדים in Ps 48,8 "ein Element des Mythos" (513).
צור in Ps 61,3b "ist (mythologische) Bezeichnung des Urgrundes der Schöpfung" (592).
In Ps 68,21 erinnere die eigenartige Aussage ליהוה אדני למות תוצאות "an die Herrschaftssphäre der Gottheit *Mot*", "die im kultisch-mythischen Akt von Baal 'abgeriegelt' wird" (636, vgl. 638).
Bei נהרות איתן in Ps 74,15b "müßte man...wohl primär an mythische Fluten denken" (681).
In Ps 114,3 sei "das Motiv des mythischen Chaoskampfes in rudimentären Andeutungen" auf den Durchzug durch das Meer und den Jordan übertragen worden (958).
Die "Vorstellung vom 'Zerschneiden' des Meeres" (Ps 136,13a, wo es ebenfalls um das Meerwunder geht), sei "in der Mythologie des Drachenkampfes beheimatet". "Das Verbum *gzr* begegnet in den Ras-Schamra-Texten" (ein offenbar als Begründung für den mythologischen Hintergrund hinzugefügter Satz). "Die Erzählungen Ex 14,21ff. sind also in Vorstellungen der altorientalischen Mythologie rezipiert worden." (1080f.)
תנינים in Ps 148,7b "erinnert an die mythologischen Ungeheuer, die das Chaosmeer symbolisieren" (1143).
Auch seien viele ursprünglich mythologische Vorstellungen, wie kanaanäisch-ugaritische Parallelen gezeigt hätten, "in historisierter Gestalt" auf Jerusalem bzw. den Zion übertragen worden,"die insgesamt die Funktion der Verherrlichung und also der dichterisch-mythischen Überhöhung der Ortsgegebenheiten haben" (499, vgl. 104ff. und T95ff.!). Kraus nennt vor allem folgende Themen (499):
(1) Die Vorstellung vom Götterberg (vgl. auch 690 zu Ps 76,3[33]).
(2) Die Vorstellung, der Zion sei der Mittelpunkt der Welt.
(3) Die Vorstellung von Jerusalem als von Strömen durchflossenem paradiesischem Gottesgarten[34].
(4) Das Motiv "Völkersturm", "eine historisierende Variante zu dem urzeitlichen Chaoskampf der Weltentstehungsmythen" (513 zu Ps 48,5-8; vgl. auch 935 zu Ps 110,5f., 1146 zu Ps 149 und 743).
(5) Die sich im Zurückschlagen der Feinde zeigende Unüberwindlichkeit der Gottesstadt (vgl. auch 690 zu Ps 76,4ff.).

---

33 Auch für den Satz von Zions Gründung auf den heiligen Bergen Ps 87,1 habe man wahrscheinlich "mythische Vorstellungen vorauszusetzen"; man könne "in הררי־קדש an 'Urberge' denken, die als Wohnbereich der Götter aus der Tiefe des Chaosmeeres herausragten" (767).
34 So könne נחל in Ps 36,9b "anspielen auf mythologische Stromvorstellungen" (435; vgl. 936 zu Ps 110,7), und auch beim "Gottesbach" in Ps 65, 10 handle es sich um ein "Mythologumenon, das in die Kulttradition Jerusalems aufgenommen worden ist" (613).

Weiterhin sind die Wörter "Mythologie" oder "Mythos" auf
Vorstellungen von bestimmten Göttern (die nicht nur durch mythische Erzählungen, sondern etwa auch durch Götterepitheta
bezeugt sind) *oder vom Götterpantheon* bezogen.

Dafür wieder ein paar beispielhafte Zitate:
"In der altorientalischen Mythologie empfängt eine Gottheit die monar-
chische Spitzenstellung als עליון und מלך, wenn sie ihre Macht bei der
Überwindung der vorzeitlichen Chaosfluten erwiesen hat." (787; er nennt
als deutlichstes Beispiel das Weltentstehungsepos Enuma Elisch.)
"In der babylonisch-assyrischen Mythologie ist *Šamaš* der mit inbrünsti-
gen Hymnen geehrte Sonnengott" (303!). "Jeden Morgen kommt nach den Vorstellungen der babylonischen Mythologie *Šamaš* 'aus dem großen Berge hervor', er 'öffnet die große Türe des strahlenden Himmels' und 'eilt durch
unbekannte, ferne Gegenden, in ungezählten Stunden dahin'; nachts steigt
er zur Unterwelt ab." Speziell zu Ps 19,6 heißt es: "Der Titel גבור für
den שמש stammt aus der altorientalischen Mythologie." (303! Als Begründung wird nicht auf einen Mythos, sondern auf einen sumerischen Hymnus
verwiesen). - Doch man scheint von "Mythologie" nur sprechen zu dürfen,
wenn mehrere Gottheiten eine selbständige Rolle spielen. In Ps 19 A werde
"allen Mythologien [?]...sogleich die Spitze abgebrochen", da der שמש dort
"keine selbständige, höchste Macht, sondern eines von den Werken der Hände
Gottes" sei (302f.).
Die "Anschauung von der Waage des Richtergottes" sei in der ägyptischen
Mythologie beheimatet (598 zu Ps 62,10; vgl. auch 576! zu Ps 58,3).
Im ugaritischen Mythos seien richterliche Funktionen in Baal und El pro-
jiziert worden (T33!).
"In der Mythologie des Zweistromlandes, Syriens und Palästinas gilt es
als uralte Kulttradition, daß der Götterkönig als der 'höchste Gott'...
Weltschöpfer und Weltherr ist" (818!)[35].
"Die syrisch-kanaanäische Mythologie weiß die himmlische Welt von un-
zähligen 'Gottwesen' bevölkert" und "schon die vorisraelitische Mythologie
von der 'monarchischen Zuspitzung' des Pantheons in einem 'Himmelskönig'
oder 'höchsten Gott' (עליון) zu berichten" (736!).
Mythische Grundlagen hat demnach die Vorstellung von der Götterversammlung: In Ps 29,1 werde mit dem Begriff בני אלהים "eine mythologische Vorstellung lebendig"; der Ausdruck erinnere "an das Pantheon jener Götter,
die einer königlichen Spitzengottheit unterworfen sind" (380![36], vgl.
T32ff.!). - In Ps 58,2 habe G "die anstößige (mythologische) Anrede אֵלִים"
abgeändert (574). - In Ps 82,1 liege das "archaisch-mythologische Bild von
Jahwe als dem von אלהים umgebenen himmlischen Richter" zugrunde (191, vgl.
735f.![37], ebenso T58! T250).
"In der syrisch-kanaanäischen Mythologie ist es Baal, der die Blitze
schleudert und Sturm und Regen über das Land bringt", wofür nicht auf mythische Texte, sondern auf Baal-Statuetten hingewiesen wird (1075).

---

35 In ähnlichem Zusammenhang wird der Ausdruck "kosmischer Mythos" gebraucht (T33!).
36 Hier habe das Alte Testament in der Weise "entmythisiert", als "die
   göttlichen Mächte als dienstbare Geister der himmlischen Welt aufgefaßt wurden".
37 Im Zusammenhang mit der Kommentierung von Ps 58 wird der mythologische
   Hintergrund ausführlicher dargestellt (576!).

"Aus dem Bereich syrisch-kanaanäischer Mythologie stammt...die Bezeichnung רכב בערבות" in Ps 68,5, da in ugaritischen Texten Baal "Wolkenreiter"
genannt werde (632f.!); auch רכב in v.18 "gehört in die Sphäre mythischer
Vorstellungen vom רכב בערבות (5) und 'Himmelskönig'" (635, vgl. auch T58![38]).

Das Wort צבאות beziehe sich möglicherweise "ursprünglich auf geheimnisvolle mythische Mächtigkeiten der Naturreligion", sei dann aber "entmythologisiert" worden (99; vgl. auch T20!)[39].

"Tief in die Mythologie und in die divinatorisch-metaphorische Redeweise
reichen die Vorstellungen von dem über dem Himmelsozean (מבול) thronenden
Gottkönig" (T56! zu Ps 29,10).

Zur "Mythologie von sterbenden und auferstehenden Gottheiten" (T219) siehe unten.

Darüber hinaus werden die Begriffe "mythisch", "Mythologie"
auf *Vorstellungen von der Himmelswelt oder das Weltbild über-*
haupt ausgedehnt; vgl. den Ausdruck "mythische Kosmologie"
(T153!) und die Adjektivverbindung "mythisch-kosmologisch"
(382!); in bezug auf die himmlische Welt ist von mythologischen Aspekten des Weltbildes die Rede (T57!). Dies ist offenbar dann sachgemäß, wenn sich einzelne Elemente des alttestamentlichen Weltbilds von außerisraelitischen religionsgeschichtlichen Vorstellungen ableiten lassen[40].

מבול wird als mythisch-kosmologischer Terminus bezeichnet (382! zu Ps
29,10; vgl. T28).

"Die Institutionen des Heiligtums entsprechen den divinatorisch und mythologisch geschauten Gegebenheiten der himmlischen Welt" (T29)[41].

Ebenso kann *eine bestimmte Gott-Mensch-Beziehung* "mythisch"
genannt werden. Dies ist z.B. anscheinend immer dann sachgemäß, wenn ihr die "mythisch gegründete Vorstellung von einer
physischen Zeugung" zugrunde liegt (152); vgl. die Ausdrücke
"physischer Zeugungsmythos" (155), "mythologisch-physische
Gottessohnschaft des Königs" (T142!) und "die in die Physis

---

38 Hier wird noch angemerkt, daß "die Abständigkeit von jeglicher Beziehung auf eine Fruchtbarkeits- und Gewittergottheit" "für die alttestamentliche Rezeption dieser Vorstellung und Bezeichnung charakteristisch
   sei.
39 Andererseits werden "die Götter und die mythologischen Kräfte" unterschieden (T109!).
40 Vgl. T59!: "*Das* mythische Weltbild gibt es im Alten Testament nicht,
   wohl aber eine Fülle von Fragmenten, die in unterschiedlichem Ausstrah-
   lungsgrad ihre religionsgeschichtlich ableitbare Herkunft anzeigen."
41 Vgl. auch T91f.!, wo (innerhalb eines Zitats) von einem 'mythischen
   Raumverständnis' die Rede ist, "für das am Tempel (Gottesberg), dem
   Ort der Gottesgegenwart die Kategorien von Irdisch und Himmlisch auf-
   gehoben sind".

hineinreichende Sohn-Gottes-Mythologie" (T227!) sowie die Adjektivverbindung "mythologisch-physisch" (153.T142!).

So wird in bezug auf die Gott-König-Beziehung ausgeführt: "Die mythischen Elemente des *hieros gamos* und der göttlichen Geburt sind weitgehend
abgestreift, wenn sie auch in Ps 110 noch durchzuschimmern scheinen." (82f.)
"Vor allem im alten Ägypten ist diese Sohnschaft mythologisch-physisch
bestimmt." (153; vgl. T142ff.!)
Für die Gott-Mensch-Beziehung gilt, daß auch, wenn in den Weltentstehungsmythen gegenüber dem Urkönig und Urmenschen nur "in sehr relativem Sinn...
von einer direkten physischen Beziehung zur Götterwelt, an der jeder Mensch
partizipiert, die Rede" ist, doch u.a. "mythologische Einordnungen" das
Bild der Aussagen über die Stellung des Menschen im Angesicht der Götter
bestimmen: "Götterblut kreist - durch die Vermittlung des königlichen Urmenschen - in allen Sterblichen" (213f.!).
Zu Ps 80,18b bemerkt Kraus: "Daß die Gottheit den König 'großzieht', ist
eine uralte Vorstellung des orientalischen Mythus, die im Vater-Sohn-Ver-
hältnis zwischen Gott und dem König begründet liegt" (724).
In Ps 89,27 führe "die Bezeichnung אב für Jahwe Rudimente mythischer
Zeugungsvorstellungen mit sich" (874).

Weiterhin gehören gewisse *Entsprechungen von Abläufen in der
Götterwelt und solchen in der Natur* in den Bereich des Mythos;
vgl. die Ausdrücke "Naturmythus" (582.587), "Naturmythus der
Schöpfungserneuerung" (101), "Naturmythologie" (515.638[42]) und
die Adjektivverbindung "mythisch-naturalistisch" (1139).

So gäbe es die mythologische, aufgrund von Erscheinungen auf der Erde
erschlossene und sie als deren Ursache erklärende Vorstellung von den vom
höchsten Gott abgefallenen אלים:
"Himmlische Mächte sprechen Recht, auf sie ist das Gerichtshandeln auf
Erden zurückzuführen. Diese אלים sind בני עליון - Gottwesen, die dem höchsten Gott unterstellt sind und ihm Rechenschaft schuldig sind... Nun besteht wohl die (mythologische) Vorstellung, daß diese dem עליון subordi-
nierten Wesen die gerechte Rechtsprechung des 'höchsten Gottes' Jahwe in
Verwirrung gebracht haben. Als dämonische Mächte haben sie sich einge-
schaltet und die gerechte Ordnung des עליון zerstört... Die Zersetzungen
von 'Recht und Gerechtigkeit' auf Erden werden also in die überweltliche
Sphäre der אלים bzw. בני האלהים oder auch בני עליון hineinprojiziert."
(576! Diese Vorstellungen stünden im Hintergrund von Ps 58 und 82.)
Zum anderen werde im Alten Testament die dem Kreislauf der Natur entsprechende Vorstellung von sterbenden (und auferstehenden) Göttern aufgegriffen:
So heißt es z.B. zu Ps 7,7: "Der Schlaf ist ein mythisch-ritueller Zustand der Vegetationsgottheit (1 Kö 18,27). עורה ist in dieser religiösen
Sphäre ein kultischer Weckruf, der das mit der Vegetation gestorbene Numen
wieder ins Leben ruft." (196)
Ebenso bedienten sich Ausdrücke in Ps 59,5b.6 "kultischer 'Weckrufe' des
kanaanäischen Naturmythus, durch die eine sterbende Gottheit zum Wiederer-
wachen und Leben aufgerufen wird" (582).

---

42 In ihr "wurde die Überwindung der Todesgottheit durch Baal kultisch
   immer neu gefeiert".

In Ps 84,3 könne die Bezeichnung אל־חי "kanaanäischen Ursprungs sein und in die mythische Sphäre der sterbenden und wieder neu ins Leben tretenden Götter gehören" (749; vgl. auch ausführlich 294f. zu Ps 18,47).
Auch die in Ps 40,3 ausgedrückten Vorstellungen flössen wahrscheinlich aus dem "Urmodell der Höllenfahrtmythen (Höllenfahrt der Ischtar)" (460).
In den gleichen Bereich verweise auch die "Klage des Leidenden über das Versinken seines Lebens in die Tiefen der שאול" in Ps 88,4-10a, für die Motive der sumerischen Tammuz-Dichtung und von der Schilderung des Abstiegs Baals in die Unterwelt verwendet worden seien (775!).
Ursprünglich mythologische Aussagen von der Himmel- und Höllenfahrt, die im Alten Orient bekannt gewesen seien (Kraus stützt sich für diese Aussage auf einen profanen Text und führt nur für letztere den Mythos vom Abstieg Ischtars in die Unterwelt an), greife der Psalmist in Ps 139,8f. auf (1098).

Aber auch *Kulthandlungen*, durch die derartige Naturmythen in periodischen Abständen immer neu vergegenwärtigt und zur Realität würden, spricht Kraus, offenbar eben deshalb, weil ihnen ein mythisches Schema zugrunde liegt, das Adjektiv "mythisch" zu. Dafür sei auf die Ausdrücke "kultisch-mythisches Drama" (47), "dramatisch-mythischer Kultakt" (312), "kultisch-mythische Thronbesteigungsfeier" (488), "mythischer Königskult" (489), "mythisch-kultischer Akt" (636) und "mythisches Kultdrama" (794) sowie überhaupt auf die Adjektivverbindungen "mythisch-dramatisch" (819!), "mythisch-kultdramatisch" (296. T106), "mythisch-rituell" (196), "dramatisch-mythisch" (312), "kultisch-mythisch" (47.100.488.636.784f.793.816.1128.T103) bzw. "kultisch-mythologisch" (T97!) hingewiesen. Allerdings wendet sich Kraus in scharfer Form gegen das Verständnis gewisser Psalmen als Kultformulare, von denen man zuweilen annimmt, sie seien für derartige Feiern verwendet worden oder jedenfalls "mythisch" zu interpretieren[43].

In diesem Zusammenhang und überhaupt dann, wenn in der Exegese nach Kraus unberechtigterweise ein Bezug zu altorientalischen mythischen Vorgängen, Begriffen etc. hergestellt wird, begegnen häufig die polemisch gemeinten Ausdrücke "Mythisierung", "Mythologisierung" bzw. "mythologisieren" (vgl. 101. 288.296.630.635.785.885[44].934.T109!T143!T157.T159.T166[45]).

---

43 Die Methodologie der myth-and-ritual-school weist er nachdrücklich zurück (vgl. insbesondere T134f.).
44 Hier hat man den Eindruck, daß eine Textkonjektur nur deshalb, weil sie "mythologisiere", abgelehnt wird; vgl. 879.
45 In anderem Sinn begegnet das Wort, wenn Mythisierung im Alten Testament selbst vorliegt und als Transzendierung zu verstehen ist (vgl. 113! T168!T186).

Den Psalmenkommentar und die Theologie der Psalmen durchzieht
- wie schon durch manche Belege deutlich geworden ist - eine
"antimythische" Tendenz. Wirklich *mythische* Elemente scheint
es in den Psalmen kaum zu geben. Oft wird vielmehr eine scharfe
Trennungslinie zwischen Altem Testament und Mythos (bzw., was
dem zu korrespondieren scheint, zwischen Geschichte und Mythos)
gezogen.

Ein paar Sätze sollen dies noch einmal verdeutlichen:
Am Ende der Auslegung von Ps 33, in dem die "mythische Urzeit" eine nicht
geringe Rolle spielt, hebt Kraus dennoch mit Nachdruck hervor, daß der Er-
weis des schöpferischen Vermögens Jahwes nicht "in irgendeiner (mythischen)
Vorzeit, an einem fernen Anfang, sondern in der Wirklichkeit der Geschichte
angetreten worden sei (415).
Zu Ps 68,18f.: "Nicht mythische 'Taten' bilden den Glanz seiner [Jahwes]
königlichen (25b) Epiphanie, sondern das Heilsgeschehen: Auszug - Sinai -
Landgabe." (635)
Zu Ps 88: "Die ganze Welt der Mysterien und Mythen ist ausgeschieden."
(777)
Zu Ps 93: "Die mythischen Chaoskampfschilderungen sind völlig abgestreift
Darin liegt die Eigenart des 93. Psalms." (818!) - "Wohl partizipieren die
alttestamentlichen Texte an den mythischen Ausdrucksformen, Vorstellungen
und Begriffen. Aber die Aussagemitte ist doch eine wesentlich andere."
(819!)
Ps 74,13 spiele lediglich auf den Drachenkampfmythos *an*, der offenbar
grundsätzlich außerisraelitisch ist (681)[46].

Insgesamt zeigt sich, daß der Kraussche Mythosbegriff alles
andere als eindeutig und klar ist. Er wird auf ganz unterschied
liche Themenbereiche angewendet, und es ist kaum möglich, aus
allem sozusagen einen Hauptnenner zu bilden, höchstens den allerdings schwerlich befriedigenden, daß "Mythos", "Mythologie",
"mythisch", "mythologisch" in irgendeiner Weise mit der Welt
der Götter zu tun hat. Es scheint in der außerisraelitischen
Welt andererseits keine religiösen Vorstellungen und Äußerunge
gegeben zu haben, die *nicht* in irgendeiner Weise der "Sphäre
des Mythos" angehören.

---

46 Vgl. auch die Adjektivverbindung "vorisraelitisch-mythologisch" (T100)
   und T143!: "Nicht fremde Mythologie, sondern familienrechtliche Kon-
   zeption war bestimmend." (In bezug auf die "Sohn-Gottes-Vorstellung".)

1.2 Zwei weitere Beispiele, Ergebnis und Konsequenz

Die Ursachen der Unklarheiten hinsichtlich des Gebrauchs des Begriffs "Mythos" in den Werken Ohlers und Kraus' sind deutlich: Prämissen werden unbesehen übernommen und zugrunde gelegt, die Bestimmung bzw. Benutzung des Wortes "Mythos" ist unpräzise, zum Teil widersprüchlich bzw. vielfältig und schwer eingrenzbar.

Doch nicht nur innerhalb des Werkes einzelner, sondern auch zwischen den Auffassungen verschiedener Richtungen oder "Schulen" bestehen zum Teil erhebliche Differenzen. Hatte etwa Kraus zwischen Geschichte und Mythos scharf unterschieden, so bestimmt *S.Mowinckel* den Begriff "Mythos" von anderen Voraussetzungen her folgendermaßen:

"Wenn ich hier und im Flg. den Ausdruck 'Mythus' gebrauche, so ist damit kein absoluter Gegensatz zu der Geschichte gemeint. In dem Mythus findet sich manchmal viel Geschichtliches. Daher rede ich auch im Flg. von dem 'Auszugs-(Exodus-)Mythus'. Unter Mythus verstehe ich *nicht* die mehr oder weniger episch ausgebildeten Vorstellungen und Darstellungen von dem Handeln und Wirken Gottes, in denen Gott nach menschlicher Analogie als bewegende Kraft neben anderen menschlichen oder übermenschlichen Wesen und Mächten auftritt, sondern dieselben insofern jenem Handeln und Wirken 'heilsgeschichtliche' Bedeutung beigelegt wird und sie dementsprechend *im Kulte* wiederholt und erlebt worden sind. Kult und Mythus gehören zusammen."[47]

Es könnten unschwer weitere Beispiele angeführt werden, die das Bild noch mehr komplizieren würden. Da dies jedoch imgrunde genommen keinen Fortschritt für die erforderliche Klärung des Mythosverständnisses bedeuten würde, sei - auch wenn im folgenden noch das eine oder andere Votum einfließen wird - hier grundsätzlich auf die ausführliche Darstellung J.W.Rogersons[48] verwiesen, der am Schluß zwölf verschiedene Typen des Mythosverständnisses zusammenfassend aufführt[49]. Lediglich der von ihm nicht behandelte religionsphänomenologische Ansatz H.-P. Müllers soll noch kurz umrissen werden.

Müller hat in mehreren Veröffentlichungen versucht, über den Begriff des Mythischen einen Zugang zum Alten Testament zu schaffen. Während er zunächst mehr oder weniger von einem vorgegebenen Mythosbegriff ausgegangen

---

47 S.Mowinckel, Psalmenstudien II, 45 Anm.1.
48 Siehe oben S.1 Anm.2.
49 J.W.Rogerson, Myth in Old Testament Interpretation, 175-178.

war[50], bemühte er sich jeweils im ersten Abschnitt sowohl zweier im Jahr
1972 erschienener Aufsätze - "Mythos und Transzendenz" und "Mythische Elemente in der jahwistischen Schöpfungserzählung" - als auch der 1973 veröffentlichten Schrift "Mythos - Tradition - Revolution" um eine inhaltliche Klärung.
    Terminologisch und sachlich unterscheidet er "Mythos" und "Mythisches".
Ersteres sei "primär ein vorliterarischer Gattungsbegriff: Er bezeichnet
die mündliche Erzählung vom Leben und Schicksal der Götter untereinander
und in Beziehung zu Welt und Menschen; deren Inhalt ist gründend und norm-
gebend, sei es, daß sie vom Ursprung von Weltphänomenen, Menschengruppen
und Institutionen handelt, sei es, daß sie den Anfang von Göttern, Welt
und Menschen überhaupt darstellt."[51] Das Mythische hingegen sei "Inbegriff
der in der Gattung Mythos zur Geltung kommenden Inhalte und Funktionen bzw.
des ihnen entsprechenden Selbst- und Wirklichkeitsverständnisses"[52], das
oft in andere literarische Zusammenhänge eingeflochten sei und sich als
"Inbegriff bestimmter Inhalte, Formelemente und Funktionen"vom Mythos "als
der ihm ursprünglich eigentümlichen (vor-)literarischen Gattung" losgelöst
habe[53].
    Während er die Gattung "Mythos" als bekannt und gegeben voraussetzt, ver-
sucht er ausführlich, das "Mythische" religionsphänomenologisch zu erfassen
    Voraussetzung der Realisierung des Mythischen im Erleben des Menschen sei
die ihm in Natur- und Geschichtsphänomenen begegnende, ihn erschreckende
und zugleich anziehende, inpersonale Macht. Der Abstand zu dieser ihm ent-
gegentretenden Macht werde durch die Ausbildung des Mythos überbrückt. Dies
gelinge, weil den mythischen Gottheiten die personalen Elemente der Gestalt
des Willens, des Namens und des Schicksals eigen seien - die "Strukturmomen-
te" des Mythischen[54] -, so daß sie die Kluft zwischen Subjekt und Objekt
überbrücken können; "sie repräsentieren zugleich die volle Macht der Wirklichkeit und das Personsein des Menschen"[55].
    Vor allem das Göttern wie Menschen gemeinsame Schicksal ermögliche die
Ausbildung von Erzählungen, von Göttergeschichten. In ihnen werde dem Menschen die Wirklichkeit vermittelt, und er könne sein eigenes Bewirkt- und
Begrenztsein in das seiner Götter einzeichnen[56].
    Die Zeitdimension des Mythos sei die Urzeit als Zeit eines Urgeschehens,
des primum actum, das alle folgenden acta begründe, in sich beschließe und
ihnen somit den Inhalt vorzeichne[57]. Müller weist jedoch darauf hin, daß
der Begriff der Urzeit nicht auf den allerersten und universalsten Anfang
(Theo-, Kosmo-, Anthropogonie) zu beschränken sei, sondern "jede Begründung
die zugleich Normen setzt, kann mythische Züge annehmen und somit ihre

---

50 Mythen im Sinn von "Göttergeschichten" (= Überhöhung der Welt zur Schau-
   bühne göttlich-überweltlicher Geschehnisse) seien dem Alten Testament
   fremd, doch habe Jesaja seinen Wortauftrag "mit den Sprachmitteln eines
   durchaus urtümlichen Mythos" legitimiert (Zur Funktion des Mythischen
   in der Prophetie des Jesaja 268).
51 Mythos - Tradition - Revolution 9f.
52 Mythische Elemente in der jahwistischen Schöpfungserzählung 259 Anm.3.
53 Mythos - Tradition - Revolution 10.
54 Mythos - Tradition - Revolution 42.
55 Mythos - Tradition - Revolution 16.
56 Zu den letzten beiden Absätzen vgl. Mythos und Transzendenz 416-419;
   Mythische Elemente in der jahwistischen Schöpfungserzählung 260-262;
   Mythos - Tradition - Revolution 11-34.
57 Mythos und Transzendenz 419: Mythische Elemente in der jahwistischen
   Schöpfungserzählung 262; Mythos - Tradition - Revolution 35.

Geschehenszeit zur 'Urzeit' machen - jedes Ding seine eigene Urzeit haben"[58].
Aufgrund dieser Inhalte bestimmt er dann den Anteil alttestamentlicher Texte an dem so charakterisierten Mythischen[59].

Aufs Ganze gesehen, stellt J.L.McKenzie zu Recht fest: "...the concept of myth in modern scholarship is not strictly univocal. There is no generally accepted definition, and the forms of expression which are covered by the term are too diversified to be easily brought together"[60]. Auch J.Scharbert beklagt den gegenwärtigen "Wirrwarr hinsichtlich des Begriffs 'Mythus'", daß "man nicht weiß, was man unter Mythus versteht und welchen Wert man ihm zuerkennen soll"[61].

Eine Überprüfung und Klärung des Mythosverständnisses sind jedenfalls dringend erforderlich. Die Sprachverwirrung hinsichtlich des Gebrauchs des Wortes "Mythos" macht es unumgänglich, zunächst grundsätzlich und ausführlich darzulegen, wie es verstanden werden und was mit ihm gemeint sein soll.

---

58 Mythos - Tradition - Revolution 35.
59 Vgl. die Zusammenfassung zur jahwistischen Schöpfungserzählung (Mythische Elemente in der jahwistischen Schöpfungserzählung 283).
60 J.L.McKenzie, Myth and the Old Testament, 185.
61 J.Scharbert, Probleme der biblischen Hermeneutik, 194 Anm.26.

2. Klärung des Mythosbegriffs

2.1 Methodische Vorbemerkung

Ein Terminus, d.h. ein in der Wissenschaftssprache gebrauchter Prädikator[1] wie der Ausdruck "Mythos", sollte nur benutzt werden, wenn sich die Teilnehmer der wissenschaftlichen Diskussion vorher ausdrücklich über seine Anwendung verständigt haben. Es sind Prädikatorenregeln sowie Beispiele und Gegenbeispiele anzugeben, die seine Verwendung eindeutig festlegen. Dies muß in der Weise geschehen, daß mit der Zustimmung möglichst vieler Wissenschaftler gerechnet werden kann. Die hier vorzuschlagende Anwendungsweise des Terminus "Mythos" soll nicht nur den Rahmen *dieser* Untersuchung abstecken, sondern in der alttestamentlichen Wissenschaft auf möglichst breiter Linie rezipiert werden können. Ein Normierungsversuch[2] ist nur als ein Vorschlag zur grundsätzlichen Übereinkunft sinnvoll und darf sich daher nicht lediglich einem ungeprüft übernommenen Vorverständnis oder einer bestimmten Forschungsrichtung bzw. "Schule" anschließen, wie es leider sehr häufig geschieht[3].

Zunächst ist festzustellen, daß der Begriff "Mythos" nicht aus dem altorientalischen, sondern aus dem griechischen Kulturkreis stammt[4]. Im hebräischen Alten Testament[5] und darüber hin-

---

1 Zur Terminologie und zum ganzen Problem vgl. W.Kamlah - P.Lorenzen, Logische Propädeutik.

2 Da die Möglichkeit besteht, daß zu den aufzuführenden noch weitere Regeln hinzutreten, ihre Zusammenstellung also unabgeschlossen ist, ist der Ausdruck "Normierung" und nicht das Wort "Definition" zu verwenden (vgl. W. Kamlah - P.Lorenzen, Logische Propädeutik, 79).

3 Vgl. z.B. neuerlich W.L.Michel, The Ugaritic Texts and the Mythological Expressions in the Book of Job, 7f., der Th.H.Gasters "definition" übernimmt.

4 Seit Plato tritt er aus einem breiten Bedeutungsspektrum heraus im heute gebräuchlichen Sinn in den Vordergrund (vgl. G.Stählin, Art. μῦθος, 773-775, besonders Anm.44).

5 In der Septuaginta kommt das Wort μῦθος nur äußerst selten vor (vgl. G. Stählin, Art. μῦθος, 787,14-18, und Anm.105).

aus auch in der altorientalischen Literatur fehlen ein Synonym
oder eine Entsprechung.

Auf das damit aufgeworfene grundsätzliche Problem, ob die
ganze Fragestellung als eine an das Alte Testament herangetragene diesem unter Umständen völlig unangemessen ist, wird
noch ausführlich zurückzukommen sein. Hier muß zunächst von
zwei Tatsachen ausgegangen werden, nämlich daß (1) der Begriff
"Mythos" an das Alte Testament herangetragen *wird* und (2) bestimmte Texte - etwa auch aus der unmittelbaren Umwelt Israels
überkommene - gemeinhin als "Mythen" klassifiziert werden, die
einem wie auch immer im einzelnen gearteten Mythosverständnis
in irgendeiner Weise in jedem Fall zugrunde liegen. Um die Begriffsverwirrung zu überwinden, scheint es dann aber am sinn-
vollsten zu sein, die Prädikatorenregeln nicht von sekundär
gebildeten Begriffsbestimmungen her, sondern ausschließlich
und prinzipiell auf der Grundlage solcher Texte zu entwickeln,
die im allgemeinen als "Mythen" bezeichnet werden. Dieses Vor-
gehen hat, abgesehen von der festen, vorgegebenen Textgrund-
lage, den Vorteil, daß die Berechtigung für die Festlegung der
einzelnen Regeln jeweils anhand des Textmaterials kontrolliert
werden kann.

Eine Vorentscheidung hinsichtlich der Auswahl der Texte und
ein damit verbundener Zirkelschluß sind allerdings unvermeid-
lich. Die für sie gebräuchliche Bezeichnung "Mythos" stammt,
wie gesagt, nicht aus den Texten oder aus der Zeit und Welt
ihrer Abfassung selbst, sondern ist eine sekundäre "Gattungsbezeichnung". Jedoch handelt es sich um Texte, deren Kennzeich-
nung als "Mythos" verbreitet und allgemein akzeptiert ist.
Ihre Auswahl wird nicht vom Verfasser aufgrund *seiner* (subjektiven) Vorentscheidungen vorgenommen, sondern ist vorgegeben
und vorausgesetzt.

Natürlich können hier nicht alle als "mythisch" bezeichneten
Texte der Weltliteratur berücksichtigt werden, doch ist dies
auch nicht erforderlich, um zu einem brauchbaren Ergebnis zu
kommen. Bereits anhand der Durchsicht der mythischen Überlieferung eines begrenzten geografischen und historisch-kulturel-
len Bereichs müßten sich die wesentlichen Kriterien für die
Verwendung des Terminus "Mythos" gewinnen lassen.

Nun steht die Verwendung des Begriffs "Mythos" in der alttestamentlichen wissenschaftlichen Literatur immer in irgendeiner Weise mit den Mythen der Umwelt Israels in Zusammenhang.
Da es nicht sinnvoll wäre, wenn das, was in Hinsicht auf das
Alte Testament mit "Mythos" gemeint ist, grundsätzlich von dem
abwiche, was aufgrund der außerisraelitischen Mythen des Alten
Vorderen Orients darunter zu verstehen ist, sollen letztere
dem Normierungsversuch zugrunde gelegt werden.

Dies bedeutet jedoch keineswegs apriori die Anerkennung der
Annahme, Israel habe mythische Elemente, falls es überhaupt
solche verwendet hat, aus seiner altorientalischen Umwelt übernommen. Der Grund, das Alte Testament zunächst auszuklammern,
besteht allein darin, einen festen Standort zu finden, der es
ermöglicht, die alttestamentlichen Texte hinsichtlich dessen,
was man aufgrund der altorientalischen Mythen unter "Mythos"
zu verstehen hat, zu beurteilen.

So wird folgender Weg beschritten: Anhand derjenigen Texte
des Alten Orients, die in der einschlägigen altorientalistischen Literatur als Mythen bezeichnet werden, ist festzustellen, worin die all diese Texte verbindenden und sie offenbar
- jedenfalls aus dem Blickwinkel späterer Betrachter - als
Mythen ausweisenden und von anderen Texten unterscheidenden
Gemeinsamkeiten bestehen. Ausführungen in der altorientalistischen (bisweilen auch in der auf die altorientalischen
Texte bezüglichen alttestamentlichen) Sekundärliteratur sichern
die aufgrund des Textmaterials gewonnenen Bestimmungen ab[6].
Diese den altorientalischen Mythen gemeinsamen typischen Merkmale sollen dann umgekehrt dazu dienen, die Verwendung des
Prädikators "Mythos" im Hinblick auf das Alte Testament zu
regeln. Sie bilden die Kriterien, anhand derer zu entscheiden
ist, ob er einem alttestamentlichen Text zugesprochen werden
muß oder nicht.

Vorschläge, die methodisch in eine ähnliche Richtung gehen, sind zwar
schon geäußert, aber noch nicht verwirklicht worden.

---

6 Sie sind jeweils möglichst nach den verschiedenen geografischen Bereichen
  des Alten Orients geordnet (Ägypten, Mesopotamien, Kleinasien, Palästina-
  Syrien); ergänzend treten manchmal noch allgemein-religionswissenschaft-
  liche Feststellungen hinzu.

So schreibt J.Barr: "A definition of myth for the purposes of Old Testament study would not be built upon universal theoretical considerations,
or even upon the universal phenomenology of religion at all times and in
all places. Definition would begin from example. Thus we could say, 'By
myth we mean, in this context, the sort of thing we find in Ugarit, or in
the Enuma Elish, or in other expressions of culture which in fact impinged
upon Israel with some directness.' We would thus leave for the moment un-
decided whether in fact such myth universally existed, or whether other
types existed elsewhere which would also within their own sphere of rele-
vance require to be designated as 'myth'."[7] In seine im folgenden versuchte
Begriffsbestimmung sind jedoch nur ganz sporadisch einzelne Beispiele eingestreut[8].

J.L.McKenzie formuliert: "I do not think that the difficulty of elabora-
ting a precise and comprehensive concept of myth makes it impossible to
give some answer to the question of myth and the Old Testament. This question touches a definite and known collection of literature which has been
closely studied: the myths of Mesopotamia and Canaan. It is to this body
of literature that we must turn for the answer to our question. We need not
create a philosophy of myth in order to answer it. If we can identify cer-
tain patterns of thought and expression in this literature, we should be
able to tell whether there is anything in the Old Testament which corre-
sponds to these patterns."[9] Seine Bestimmung des Mythosbegriffs folgt dann
jedoch ausschließlich den Auffassungen anderer Wissenschaftler; er führt
keinen einzigen altorientalischen Text an[10].

2.2 Normierung des Terminus "Mythos"

Der Inhalt der im folgenden als Grundlage dienenden, als
"Mythen" bezeichneten altorientalischen Texte wird hier nicht
im einzelnen wiedergegeben oder zusammengefaßt, sondern vorausgesetzt. Es sei insbesondere auf die einschlägigen Text-
sammlungen verwiesen[11].

(1) Alle altorientalischen Mythen erzählen *Geschehnisse*. Sie
berichten von Vorgängen, Abläufen, Ereignissen, nicht, jedenfalls nicht thematisch, über Gegebenheiten oder Zustände. -
Es genügt, als Beispiele für diese ohne weiteres einsichtige
Feststellung etwa den ugaritischen Baal-Mythos[12] oder den babylonischen Mythos Enuma Elisch[13] zu erwähnen.

---

7 J.Barr, The Meaning of "Mythology" in Relation to the Old Testament, 2.
8 Vgl. J.Barr, The Meaning of "Mythology" in Relation to the Old Testament,
   3-7.
9 J.L.McKenzie, Myth and the Old Testament, 185.
10 Vgl. J.L.McKenzie, Myth and the Old Testament, 172-191. - Zur Methode
   vgl. auch A.Ohler, Die biblische Deutung des Mythos, 183f. (siehe oben
   S.8).
11 Insbesondere: AOT 1-8.108-240*; ANET 3-155*; The Ancient Near East.
   Supplementary Texts and Pictures Relating to the Old Testament 501-519*;
   RTAT 31-39.100-124*.173-186.210-239.
12 Vgl. ANET 129-142; RTAT 211-239.

Zwar werden etwa in dem sumerischen Mythos "Enki und Nin-chursanga"[14] möglicherweise paradiesische Zustände geschildert (Z.12-25)[15], doch stellt dies, wie H.Schmökel gegen S.N.Kramer betont[16], einen Nebenzug des Geschehens dar, der nicht genüge, um hier von einem "Paradies-Mythos"[17] zu sprechen.

Auch die Schilderung der Unterwelt in dem akkadischen Mythos "Ischtars Gang zur Unterwelt"[18] (Z.1-11), der in dem entsprechenden sumerischen Mythos "Inannas Gang zur Unterwelt"[19] noch fehlt (!), ist - ähnlich wie in dem genannten akkadischen Mythos "Enki und Ninchursanga" - gleichsam als Einleitung in die Erzählung über einen höchst dramatischen Geschehensverlauf integriert.

"Seiner Form nach ist der Mythos eine Erzählung; er berichtet über einen Verlauf von Geschehnissen."[20]

(2) Eine weitere, eng mit der ersten zusammenhängende Bestimmung ist sogleich anzufügen: All diesen Ereignissen ist gemeinsam, daß an ihnen *Gottheiten beteiligt* sind. - Auch hierfür reicht es aus, an die oben erwähnten Beispiele zu erinnern: In beiden Fällen bestimmen Götter das Geschehen und sind nicht, wie etwa in Sagen, Menschen die vorrangigen Akteure.

Nur selten treten Menschen als aktive Teilnehmer auf. Sie bleiben den Göttern dann entweder unterworfen - etwa im ägyptischen Mythos von der Vernichtung des Menschengeschlechts[21] - oder stehen ihnen lediglich hilfreich zur Seite - etwa im hetitischen Illujanka- und Telepinu-Mythos[22]. Andererseits gab es offenbar nach sumerischer Vorstellung eine Zeit, "in der die Götter zugleich auch Mensch waren, weil die Differenzierung zwischen Gott und Mensch noch nicht eingetreten war"[23], wie z.B. der Anfang des Atramhasīs-Mythos zeigt[24].

---

13 Vgl. AOT 109-129; ANET 60-72; RTAT 108-110.
14 Vgl. ANET 38-41; RTAT 110f.
15 Nach J. van Dijk, Sumerische Religion, 492f., scheint das Paradiesmotiv der sumerischen Vorstellungswelt allerdings fremd gewesen zu sein.
16 RTAT 111 Anm.91.
17 So S.N.Kramer, Enki und Ninhursag, 4.8 mit Anm.28; ANET 37.
18 Vgl. AOT 206-210; ANET 107-109.
19 Vgl. ANET 53-57.
20 J.Sløk, Art. Mythos und Mythologie I, 1263.
21 Vgl. AOT 3-5; ANET 10f.; RTAT 35-38.
22 Vgl. ANET 125-128; RTAT 177-186.

Ausdrücklich ist noch zu betonen, daß die altorientalischen Mythen nicht nur von den Interaktionen mehrerer Gottheiten, sondern ebenso von den Taten eines einzelnen Gottes berichten können. So erzählt etwa das sog. "Denkmal memphitischer Theologie"[25] von den Schöpfungstaten, die allein der Gott Ptah ausgeführt hat. Von der Entstehung und den Schöpfungen allein des Gottes Atum erzählt ein Pyramidentext[26].

Nach H.Bonnet könnte man den Begriff Mythos "allgemeinhin" "als eine Erzählung bezeichnen, in der von dem Erleben und Handeln der Götter die Rede ist"[27].

Nach S.Morenz spricht man dort von Mythen, wo Schilderungen von Göttern als handelnden Personen mit Namen und Gestalt anzutreffen sind[28].

Hinsichtlich der Ereignishaftigkeit dessen, was der Mythos erzählt, betont S.Schott für den ägyptischen Bereich die Vermenschlichung, die erst zum Entstehen von Mythen führen konnte: "Mythen verlangen Götter, die alles, was sich erzählen läßt, vor allem das, was den Menschen betrifft und ihn rührt, erleben und bekunden können. Dies ist bei den vorgeschichtlichen Tiermächten noch nicht der Fall. Erst ihre Vermenschlichung öffnet das Feld der Mythe. Bis dahin könnte man Vorformen der Mythe, den Geist, der zur Mythenbildung treibt, feststellen. Man kann schon diese Vorform als Mythos bezeichnen und die Auswirkung seines Geistes im Ritual verfolgen. Doch verliert man damit die Möglichkeit, Mythen, wo sie als Göttergeschichten auftreten, zu bestimmen und gegen die märchenhafte Symbolwelt der Mächte abzuheben."[29]

H.-G.Güterbock grenzt "Sage" und "Mythos" folgendermaßen voneinander ab: "Das Wort Sage verwenden wir...in der herkömmlichen Bedeutung; die Grenze gegen den Mythus ist dadurch gegeben, daß im Mythus weder der Schauplatz noch die handelnden Personen der irdischen Realität angehören, während die Sage von realen, in die geschichtliche Sphäre gehörenden Personen und Ereignissen ausgeht."[30]

In einer späteren Veröffentlichung ordnet H.-G.Güterbock das Wort "Mythos" einem bestimmten Inhalt, das Wort "Epos" der literarischen Form zu: "Die Termini Mythos und Epos" seien keine "sich gegenseitig ausschließenden Gattungen", sondern "sich überschneidende Begriffe auf verschiedenen Ebenen: 'Mythos' bezieht sich auf den Inhalt in dem Sinne, daß Mythen ursprünglich die Welt, wie sie ist, zu erklären suchen; die handelnden Per-

---

23 W. von Soden, "Als die Götter (auch noch) Mensch waren", 418.
24 Vgl. W. von Soden, "Als die Götter (auch noch) Mensch waren", 417.
25 Vgl. AOT 5f.; ANET 4-6; RTAT 31f.
26 Vgl. ANET 3 und V.Ions, Ägyptische Mythologie, 23f. - Weitere Beispiele in: Die Schöpfungsmythen.
27 H.Bonnet, Reallexikon der ägyptischen Religionsgeschichte, 496; er fügt aber gleich hinzu, daß damit nur das "Stoffgebiet" des Mythos genannt, nicht aber sein "spezifisches Wesen" erfaßt ist (496f.).
28 S.Morenz, Ägyptische Religion, 17.
29 S.Schott, Ritual und Mythe im altägyptischen Kult, 293; vgl. ders., Mythe und Mythenbildung im Alten Ägypten, 135.
30 H.-G.Güterbock, Die historische Tradition und ihre literarische Gestaltung bei Babyloniern und Hethitern bis 1200, 6. Nach K.Hecker, Untersuchungen zur akkadischen Epik, 19, erfassen solche Formulierungen jedoch "den Inhalt des Mythos-Begriffes zu eng und zu modernistisch"; zu seinem Verständnis siehe unten S.29 Anm.49.

sonen sind Götter, die Themen Schöpfung, Theogonie, Abfolge von Göttergenerationen, die Flut und ähnliches. 'Epos' dagegen wird hier auf die Form bezogen, insbesondere eine - mehr oder weniger - gebundene Sprache."[31] O.Eißfeldt betont den Unterschied zwischen den von Baal handelnden ugaritischen Mythen und den Sagen von Keret und Dan'el: "Man muß hier...einen Unterschied machen und - in Anlehnung an den üblichen Sprachgebrauch, der dichterische Erzählungen von Göttern als Mythus, Erzählungen aber, die geschichtliche Personen und bestimmte geographische Gegebenheiten mit dem Rankenwerk dichtender Phantasie überziehen, als Sage bezeichnet - die Mehr heit der Ras-Schamra-Epen 'Mythen', die von Keret und Dan'el handelnden aber 'Sagen' nennen."[32]

(3) Zwar läßt sich kein bestimmter, abgrenzbarer Ort feststellen, an dem die geschilderten Ereignisse spielen[33] - den Göttern steht die ganze Welt als Aktionsraum zur Verfügung -, doch tragen sie sich allesamt, anders als Sagen und Märchen, *nicht im Bereich der geschichtlichen Zeit* zu, sondern gehören durchweg einer *besonderen Zeitkategorie* an. Oft ist es die Zeit des Übergangs von der vorgeschichtlichen zur geschichtlichen Zeit, worauf vielfach explizit hingewiesen wird. So beginnt der akkadische Mythos Enuma Elisch mit den Worten (Z.1-9

Als droben der Himmel (noch) nicht genannt,
Drunten der Grund (noch) nicht benamt war,
Als der uranfängliche Apsu, ihr Erzeuger,
(Und) Mummu-Tiamat, die sie alle gebiert,
(Noch) ihre Wasser zusammenfließen ließen,
Ried nicht entsprossen, Rohrwuchs nicht erschienen,
Von den Göttern keiner erstanden,
Sie (noch) unbenannt und die Geschicke nicht bestimmt waren,
Da wurden in ihrer Mitte die Götter erschaffen[34].

---

31 H.-G.Güterbock, Hethitische Literatur, 232.
32 O.Eißfeldt, Mythus und Sage in den Ras-Schamra-Texten, 496; anders etwa A.Jirku, Der Mythus der Kanaanäer, 10, der letztere "mythologisierende Epen" nennt: "Eindeutig ist jedenfalls der Mythus ein, meist in poetischer Form gegebener Bericht vom Leben der Götter; stark gefärbt mit den Farben des menschlichen Lebens. Charakteristisch für den Mythus ist, daß hier nur Götter handelnd auftreten. Anders im mythologisierendem [sic!] Epos! Hier steigen die Götter gelegentlich zu den Menschen herab, um hier mit sog. Heroen zu verkehren; Ugarit ist ein klassisches Beispiel dafür." (Vgl. 44ff.)
33 So stellt G.Pettinato, Das altorientalische Menschenbild und die sumerischen und akkadischen Schöpfungsmythen, etwa fest, daß "die meisten [sumerischen und akkadischen] Schöpfungsmythen keine Schlußfolgerung hinsichtlich des Ortes der Menschenschöpfung zulassen" (66); auch die wenigen Hinweise ergeben kein einheitliches Bild (66f.). Im "Wörterbuch der Religionen" 402 ist ganz allgemein von der "Welt des Heiligen, Göttlichen", von der "Sphäre des 'ganz Andern' und Wunderbaren" als dem Ort des Mythos die Rede.
34 Nach RTAT 108.

Auch der sumerische Mythos von der Trennung von Himmel und Erde führt ausdrücklich und ausführlich in die Urzeit zurück:

"'An jenem Tag, an jenem fernen Tag..., an dem Tag, als die Blütenknospe auf göttliche Veranlassung entstand, als die Blume...in die Erde gepflanzt wurde, als das Brot in die Kornkammer des Landes eingebracht? wurde, als im Herd des Landes Feuer gemacht wurde, als der Himmel sich von der Erde entfernte, als die Erde sich vom Himmel herablagerte, als der Same der Menschheit gepflanzt wurde; an dem Tag, als An den Himmel an sich nahm und Enlil die Erde, als die Unterwelt an Ereškigal...gegeben wurde'; da bestieg Enki, der Gott des tiefen Ozeans, sein 'Schlangenschiff'..."[35].

Ebenfalls spielt sich der sumerische Tilmun-Mythos "in der Urzeit ab, als der Wolf das Lamm nicht raubte, d.h. in einer Zeit, als Mensch und Fauna noch nicht bestanden"[36].

Viele Beispiele vor allem aus ägyptischen Schöpfungsmythen hat H.Gapow zusammengestellt[37]. Wenigstens einer dieser Texte sei hier zitiert: An zwei Stellen des späten "Buchs von der Vernichtung des Apophis" ist ein "Buch vom Kennen der Gestalten des Re" erhalten, das "erzählt, wie der Sonnengott sich selbst schuf, wie er dann Schu und Tafnet entstehen ließ und wie dann weiter die anderen Götter der Neunheit wurden und die übrige Welt entstand". Dabei "wird der Zustand des Chaos vor dem entscheidenden Schöpfungsakt mit den Worten geschildert" (monologartig dem Sonnengott in den Mund gelegt):

"noch war nicht der Himmel entstanden, noch war nicht die Erde entstanden, noch waren nicht der Erdboden geschaffen und die Würmer an jenem Ort", "noch war nicht irgendeine Gestalt entstanden in diesem Lande", "noch hatte ich Nichts ausgespien als Schu, noch hatte ich Nichts ausgespuckt als Tafnet", "noch war nicht ein anderer entstanden, (der) mit mir (hätte) wirken (können)", hatte der Sonnengott "noch nicht einen Platz gefunden, wo er stehen konnte"[38].

Nach C.Westermann bleibt die Grundfunktion der Formel "Als noch nicht war" "immer die gleiche: im Fluß des Geschehens einen Zeitpunkt zu fixieren, an dem sich die Weltzeit, die der gegenwärtigen Erfahrung und den gegenwärtigen Existenzbedingungen entspricht, von einer Urzeit scheidet, in der dieses alles, was das gegenwärtige Dasein bedingt, noch nicht war. Man könnte die Formel geradezu die erzählende Definition (=Abgren-

---

35 J. van Dijk, Sumerische Religion, 453.
36 J. van Dijk, Sumerische Religion, 468.
37 H.Grapow, Die Welt vor der Schöpfung, 34-38.
38 H.Grapow, Die Welt vor der Schöpfung, 34. - Vgl. auch RTAT 33f.

zung) der Urzeit nennen."[39] - Statt "Urzeit" wäre vielleicht
besser "Vorzeit" zu sagen, so daß das Wort "Urzeit" der Bezeichnung der Zeit "zwischen" Vorzeit und geschichtlicher Zeit
vorbehalten bliebe, etwa der Zeit der Schöpfung[40].

Doch neben dieser Formel finden sich auch kürzere und allgemeinere in jene Urzeit zurückverweisende Zeitbestimmungen. So
beginnt die churritische mythische Erzählung vom Himmelskönig-
tum nach einem Proömium mit den Worten: "Einst, in früheren
Jahren, war Alalu im Himmel König..."[41]; in ägyptischen Texten
wird die Zeit des Mythos oft als "Das erste Mal" bestimmt[42].

Eine kultische Rezitation zu bestimmten Anlässen ändert
nichts an der Urzeitlichkeit des rezitierten Inhalts selbst.
So wurde etwa der Mythos von der Schöpfung des Atum bei der
Einweihung einer Königspyramide vorgetragen, doch erzählt der
Text selbst "the first creation, when the God Atum of Helio-
polis was on an primeval hillock arising out of the waters of
chaos and there brought the first gods into being"[43].

Aus all den angeführten Belegen kann man folgern, daß Mythen
stets in einer eigentümlichen, jedenfalls nicht-geschichtliche
Zeit spielen, auch wenn dies nicht immer explizit aus jedem
Text hervorgeht.

Für den ägyptischen Bereich stellt H.Kees fest, daß der Mythos im enge-
ren Sinn "in die ferne Vergangenheit, die Zeit vor den Königen zurückführt
und aus Uranfängen die Entstehung der Welt herleitet, Himmel und Erde
scheidet und Götterdynastien bis zu dem Mythe und Geschichte trennenden
Ereignis der 'Vereinigung der beiden Länder' ersinnt"[44].
Nach S.Schott versetzt der ägyptische Mythos "das, was man sich von ihnen
[den Mächten] erzählt, in eine Götterzeit. Was zur Erschaffung der Welt,
zum Erheben des Himmels und zum Tode des Osiris führte, geschah vor der
in Königsannalen verzeichneten Geschichte"[45].

---

39 C.Westermann, BK I/1, 63.
40 Vgl. C.Westermann, BK I/1, 64: "In den alten Schöpfungserzählungen ermöglicht der Satz 'Als noch nicht war', die Schöpfung als ein Ereignis
   oder als einen Akt darzustellen. Für jegliches Erzählen gibt es ja
   einen Akt oder ein Ereignis immer nur in einer Reihe, in irgendeiner
   Weise anschließend an ein vorangehendes; gerade deshalb wird die Schöpfung als allererster Anfang so erzählt, daß sie erfolgte, als das und
   das noch nicht da war. Der Satz dient also dazu, der Schöpfung den Ge-
   schehenscharakter" - korrekter: den Anfangscharakter! - "zu geben."
41 H.-G.Güterbock, Hethitische Literatur, 234f.
42 J.Bergman, Art. Ägypten I, 475.
43 J.A.Wilson, ANET, 3.
44 H.Kees, Die ägyptische Literatur, 70.
45 S.Schott, Ritual und Mythe im altägyptischen Kult, 292f.

Nach ägyptischer Vorstellung gehörten die Schöpfungsereignisse der sog.
"Ersten Zeit" an, einer Epoche, "in der die Götter wirklich auf Erden leb-
ten und dort ihre Königreiche hatten" und die "ein glückliches, ein Golde-
nes Zeitalter" gewesen ist[46].
    E.Hornung spricht in bezug auf den Zeitraum des Alterns des Sonnengottes
im ägyptischen Mythos von der List der Isis vom "Irgendwann des Mythos"[47].
    "Allein die in der Vergangenheit spielende Erzählung ist nun einmal die
Form des Mythos, d.h. der Mythos bedient sich der Aussageform der Geschichte; sein *Sinn* dagegen ist auf die Gegenwart gerichtet."[48]
    Die Dumuzi-Mythen spielen sich ebenso in der Urzeit ab. Die Tatsache,
daß Dumuzi auch der Name zweier Könige war, erklärt sich nach J. van Dijk
am wahrscheinlichsten damit, daß "die beiden Könige rituelle Inkarnationen
des mythischen Dumuzi gewesen sind"[49].
    Folgende Voten aus allgemein-religionsgeschichtlicher Sicht seien noch
angefügt:
    "Im allgemeinen ist für ihn [den Mythos] charakteristisch, daß er Götter
handeln läßt, und daß sein Schauplatz jenseits von Raum und Zeit liegt."[50]
    "Der Mythos transzendiert die Grenzen der Geschichte; die Geschehnisse,
von denen er berichtet, liegen jenseits der realen Zeit, in der die Geschichte eines Volkes sich entfaltet hat. Der Mythos hat seine eigene Zeit,
die mythische Vorzeit oder Endzeit."[51]
    Mythos "ist ein für wahr gehaltener, aus Elementen der Religion oder/und
der Weltanschauung bestehender Bericht, der vor allem den Beginn der Welt,
die Vorgänge und Wesen der Vorzeit und ihre Taten, die Entstehung der Na-
turdinge, Menschen und Kulturgüter bildhaft-anschaulich darstellt"[52].
    M.Eliade spricht in bezug auf den Mythos von einem Geschehen "*in illo
tempore*", in einem "ausgezeichneten Zeitraum", dem "*illud tempus* des 'An-
beginns'"[53], und H.Halbfas stellt fest: "Der Mythos erzählt eine heilige
Geschichte als ein Ereignis, das *in principio* stattgefunden hat."[54]

---

46 V.Ions, Ägyptische Mythologie, 22. Nach ägyptischer Vorstellung gibt es
   - wie bereits oben angedeutet - auch eine vormythische Welt vor der
   Schöpfung, aus der die "Mythologeme" stammen, "aus denen sich die Mythen
   formen" (E.Hornung, Geschichte als Fest, 11.53 Anm.3). "In der geschichtlichen Wirklichkeit Ägyptens sind Mythos und Geschichte etwa
   gleichzeitig ins Leben getreten; in der Rückschau aber ist der Mythos
   älter als die Geschichte..., da er vom Werden der Welt kündet." (54
   Anm.4)
47 E.Hornung, Der Eine und die Vielen, 147.
48 H.Brunner, Die Grenzen von Zeit und Raum bei den Ägyptern, 142; zur
   Funktion des Mythos siehe jedoch unten S.31f.
49 J. van Dijk, Sumerische Religion, 484. - Andere Folgerungen zieht K.
   Hecker, Untersuchungen zur akkadischen Epik, 20f., aus der Tatsache,
   daß Gilgamesch nicht nur "Held einer märchenhaften, eben mythologischen
   Geschichte" ist, sondern offenbar als historische Gestalt gegolten hat:
   "Der Mythos ist also im Alten Orient mehr als nur eine im Außerirdi-
   schen spielende Erzählung, er kann vielmehr so wie die Sage auch geschichtliche Einschlüsse aufweisen und ist schließlich, weil für wahr
   gehalten, selbst wahre Geschichte und glaubwürdige historische Nach-
   richt. Sieht man von dieser subjektiven Grundhaltung ab, so besteht
   sein besonderes Kennzeichen gegenüber der authentisch historischen Quelle in dem Bestreben, vermittels der geschilderten Ereignisse eine Deutung der Probleme des menschlichen Seins zu suchen." - Doch siehe unten
   zur Funktion des Mythos (S.31f.).
50 H.Greßmann, Art. Mythen und Mythologie I, 618.
51 J.Sløk, Art. Mythos und Mythologie I, 1263.
52 J.Haekel, Art. Mythos und Mythologie II, 1269.

In Verbindung mit und aufgrund der Zeitbestimmung ist noch
ergänzend festzustellen, daß alle diese Ereignisse als *einmalige Vorgänge* geschildert sind. Ihre vieldiskutierte etwa kultische Vergegenwärtigung und stets neue Realisierung sollen
damit nicht in Abrede gestellt werden[55], doch weisen die Texte
selbst nie explizit auf eine (periodische) Wiederholung der
von ihnen berichteten Geschehnisse hin; als Grundlage für die
Bestimmung des Mythosbegriffs sollen aber allein die Texte
dienen.

Man hat zwar vermutet, daß die Schilderung eines Ereignisses
als einmaliges und urzeitliches ein sekundäres Stadium sei,
dem überlieferungsgeschichtlich eine Epoche vorgeordnet werden
müsse, in der das mythische Geschehen auch als ein solches
zyklisches, sich ständig wiederholendes erzählt worden sei[56],
doch läßt sich diese Annahme nicht belegen und ist eher unwahrscheinlich[57].

Die Einmaligkeit im Zusammenhang mit der Urzeitlichkeit betont hinsichtlich der sumerischen Literatur auch J.Krecher in seiner Bestimmung des Mythosbegriffs: Innerhalb der von Gottheit und/oder König handelnden Kompositionen könne "man solche Kompositionen leicht absondern, die in Bericht-
form einmalige 'Ereignisse' in der teils urzeitlich beschriebenen und der

53 M.Eliade, Mythen, Träume und Mysterien, 12.32.28 u.ö.
54 H.Halbfas, Religion, 53.
55 Siehe oben S.28 zum Mythos von der Schöpfung des Atum.
56 Für M.Noth, Die Historisierung des Mythus im Alten Testament, 31, ist
   die "geschichtslos sich immer vollziehende Wiederholung" von Vorgängen
   in Natur und Kultus für die altorientalische Mythologie charakteristisch. Sie stehe "zu der personifizierenden Tendenz des Mythus sogar
   in einem eigentümlichen Widerspruch", da "Vorgänge, die als Personen-
   schicksale ihrem Wesen nach an sich geschichtlich einmalig sind [!],
   als naturmythologische Vorstellungen und Kulthandlungen aber trotzdem
   sich geschichtslos immer gleichförmig wiederholen". Das Aufkommen kosmogonischer und theogonischer Mythen muß er deshalb für "gewiß sekundär"
   halten. Vgl. ebenso H.Gunkel, Art. Mythus und Mythologie IIIA, 382:
   "Ursprünglich ist der Natur-Mythus die Deutung einer *immer wiederkehrenden Begebenheit*... Später aber erscheint der Mythus, von der betreffenden Naturbegebenheit losgelöst, als eine *einmalige Begebenheit
   aus der Vorzeit*", und A.Weiser, Glaube und Geschichte im Alten Testament, 118-120.
57 Vgl. H.Gese, Geschichtliches Denken im Alten Orient und im Alten Testament, 127: "...ein, wenn auch noch so häufig wiederholter, Hinweis auf
   die Befangenheit des alten Orientalen im geschichtslosen Naturmythus
   vom ewigen Kreislauf allen Geschehens wird bedeutungslos angesichts der
   Tatsache, daß sich eine solche Mythologie in den historiographischen
   Dokumenten Vorderasiens in altorientalischer, d.h. vorpersischer Zeit
   gar nicht nachweisen läßt". Vgl. auch W.H.Schmidt, Mythos im Alten
   Testament, 238.

durch Kultorte charakterisierten Welt der Götter wiedergeben (*Mythos*, auch
als Legende regelmäßig wiederholter Kulthandlungen), bzw. die einmalige
'Ereignisse' unter frühzeitlichen Königen schildern (*Epos*)"[58].

Ergebnis:

Von diesen den Mythen des Alten Vorderen Orients gemeinsamen
charakteristischen Merkmalen können folgende Regeln abgeleitet
werden[59], die mindestens gelten müssen, wenn das Nomen "Mythos"
oder das Adjektiv "mythisch" als Prädikatoren verwendet werden:

(1) Es müssen Geschehnisse geschildert werden.

(2) An diesen Geschehnissen müssen eine Gottheit oder mehrere Götter beteiligt sein.

(3) Die Geschehnisse dürfen sich nicht in der geschichtlichen Zeit, sondern müssen sich (als einmalige Ereignisse)
vor oder jenseits der geschichtlichen Zeit bzw. in der
Urzeit zugetragen haben.

Faßt man die Regeln zusammen, kann somit festgelegt werden:
Als "Mythos" oder "mythisch" wird ein Geschehnis bzw. die Erzählung von einem Geschehnis bezeichnet, an dem eine Gottheit
oder mehrere Götter beteiligt sind und das als einmaliges Ereignis außerhalb der geschichtlichen Zeit stattgefunden hat[60].

Zwei Bemerkungen seien noch hinzugefügt:

Häufig nimmt man an, "Mythos" sei insbesondere auch durch

---

58 J.Krecher, Sumerische Literatur, 115; vgl. auch ders., Sumerische Kultlyrik, 11: "Der *Mythos* berichtet von einem als einmalig dargestellten
Geschehen und Reden unter den Göttern und einem Wirken der Götter in
der Welt der Menschen, das sich in der Vorzeit abgespielt hat."
59 Zwar beginnt auch H.-P.Müller seinen jüngsten Aufsatz zum Thema "Altes
Testament und Mythos" mit der Behandlung eines altorientalischen Textes
(Zum alttestamentlichen Gebrauch mythischer Rede 67-71), doch ermittelt
er seinen Mythosbegriff nicht *aufgrund* dieses Textes, sondern benutzt
ihn lediglich als Demonstrationsobjekt seiner schon festliegenden reli-
gionsphänomenologischen Bestimmungen (siehe oben S.17-19). So ergeben
sich ihm dieselben für den Mythos typischen Grundmotive: benannte Gestalten, Wille, Schicksal; Funktion: Begründung des Rechts von Tatbeständen (70f.; zu seiner Methodik vgl. auch Mythische Elemente in der
jahwistischen Schöpfungserzählung 260 und Anm.4).
60 Im Hinblick auf die hier erarbeitete Bestimmung des Mythosbegriffs sollten solche Texte, die von dem "Schöpfungshandeln" von Göttern im Bereich
der Geschichte - wie etwa von der göttlichen Zeugung des Gottkönigs in
Ägypten - berichten, nicht als "Mythen" bezeichnet werden (anders etwa
H.Brunner, RTAT, 56, zu Text 15; der Text ist jedoch zu Recht nicht
unter der Rubrik "Mythen",sondern unter der Überschrift "Königstexte"
aufgeführt).

seine vermutete, jedoch anhand der Texte nicht sicher nachweis-
bare, kultisch-rituelle Bezogenheit charakterisiert[61]. Die den
Texten *selbst* entnommenen Bestimmungen reichen jedoch aus, um
entscheiden zu können, ob ein Text als "Mythos" zu bezeichnen
ist oder nicht. Eine vorherige Klärung der umstrittenen Frage
nach dem "Sitz im Leben" und damit verbunden nach der Bedeutung
und Funktion des Mythos ist nicht erforderlich. Sie ist ohnehin
nur vom jeweiligen religionsgeschichtlichen Hintergrund bzw.
vom Kontextbezug der mythischen Elemente her möglich.

Um der sprachlichen und sachlichen Klarheit willen werden in
dieser Untersuchung das Nomen "Mythos" und der Ausdruck "mythisches Element" strikt im selben Sinn und für die gleiche Sache
verwendet. Der Unterschied wird als ein rein "quantitativer"
bestimmt: Während ein Mythos eine ausführliche Erzählung ist,
werden unter "mythischen Elementen" kürzere Abschnitte oder
auch nur ein Satz mythischen Inhalts in einem übergreifenden
Kontext verstanden. Es handelt sich jedoch nicht um ein *Teil-*

---

61 Vgl. K.Hecker, Untersuchungen zur akkadischen Epik, 2: "Als kennzeichnend für den Mythos gilt seine direkte rituelle und kultische Bezogenheit." Vgl. auch die oben zitierte Mythosbestimmung S.Mowinckels (siehe
   S.17). - Eine Darstellung und Auseinandersetzung mit der "myth-and-rit-
   ual-position" können hier nicht erfolgen (vgl. dazu J.W.Rogerson, Myth
   in Old Testament Interpretation, 66-84; die wichtigsten Veröffentlichungen dieser Position führt St.E.Hymen, The Ritual View of Myth and
   the Mythic, 86-88, auf. - Hinsichtlich der Psalmen vgl. die ausführliche
   Darstellung von Ch.Hauret, L'interprétation des Psaumes selon l'école
   "Myth and Ritual"). Es sei jedoch in diesem Zusammenhang auf die "Untersuchungen zur akkadischen Epik" von K.Hecker hingewiesen, der annimmt,
   das Ritual sei gegenüber dem Mythos vermutlich sekundär (19): Für "eine
   beabsichtigte weitergehende oder gar völlige temporale Parallelität von
   wechselseitig bezogener ritueller Rezitation und Handlung dergestalt,
   daß der Mythos das Textbuch eines kultischen Dramas darstelle, haben
   sich jedenfalls bisher keinerlei Hinweise finden lassen"; manche "Kompositionen...haben allem Anschein nach nie in einem Ritual eine Rolle
   gespielt, andere...wurden...erst nachträglich in Beschwörungsrituale
   eingefügt." "Und für das Weltschöpfungsepos Ee, das einzige selbständig
   tradierte Dichtwerk, dessen Verwendung in einem Kultritual feststeht,
   läßt sich zeigen, daß es nicht für eine und aus einer bestimmten Kult-
   situation heraus verfaßt ist." (14f.) Deshalb hält er es für notwendig,
   "eine neue, auf rituelle Bezogenheiten zunächst nicht mehr eingehende
   Definition des Mythos zu suchen" (19). - Auch im hetitischen Bereich
   sind nach H.M.Kümmel, Die Religion der Hethiter, 76, die Mythen der
   Churriter und der meist durch sie vermittelten hetitischen epischen
   Texte der Babylonier im Gegensatz zu den mythischen Erzählungen aus
   altanatolisch-protohattischer Tradition, die ausnahmslos in rituelle
   bzw. magische Texte eingebunden sind, stets für sich allein, d.h. ohne
   kultisch-magischen Bezug, tradiert worden.

stück, einen *Einzel*bestandteil *aus* einem Mythos, sondern der
Text muß selbst alle Kennzeichen aufweisen, die auch den Mythos als ausführlichere Erzählung charakterisieren. Um von
"mythischen Elementen" sprechen zu können, müssen also ebenfalls sämtliche die Verwendung des Terminus "Mythos" normie-
rende Regeln erfüllt sein[62].

---

62 Siehe dazu unten S.46f.

3. Mythische Elemente im Alten Testament

Diese Regeln, die ja inhaltlich keineswegs neu sind, wie die
Zitate aus der altorientalistischen Sekundärliteratur gezeigt
haben, sollen nun konsequent auf die Texte des Alten Testaments angewendet werden. Sie dürfen nicht nachträglich abgeändert und gleichsam für das Alte Testament zugeschnitten oder
aufgeweicht werden, wenn die Begriffsverwirrung nicht von neu-
em einsetzen soll[1].

3.1 Ist die Frage nach mythischen Elementen in bezug auf das
Alte Testament sachgemäß und angemessen?

Zunächst ist nun noch einmal auf das bisher nur oberfläch-

---

1 Dies ist z.B. gegen W.H.Schmidt einzuwenden, der zunächst das üblicherweise von der Religionswissenschaft vertretene Mythosverständnis durch
folgende Bestimmungen umreißt: (1) Der Mythos erzählt von Göttern als
handelnden Personen. (2) Das mythische Geschehen vollzieht sich in einer
eigenen Zeit, jenseits der Zeit der Geschichte. (3) Der Mythos begründet
die Wirklichkeit. (4) Der Mythos steht in enger Beziehung zum Kult (Mythos im Alten Testament 237-240). In bezug auf das Alte Testament stellt
er dann aber fest, nachdem er schon angedeutet hat, daß sich "der Mythos
in seinen vielfältigen Erscheinungsweisen, wie sie sich im Alten Testament finden, gewiß nicht einfach mit der religionswissenschaftlichen Auffassung vom Mythos identifizieren" ließe (242): "Israel hat seinen Glau-
ben nicht ohne Mythos ausgesprochen, vielleicht...nicht aussprechen können. Wo aber der Mythos in die Glaubensaussagen eindringt, da wird er
verändert, umgestaltet oder gar überwunden. So treffen die zu Beginn
herausgestellten Charakteristika des Mythos im großen und ganzen auf die
mythischen Erzählungen im Alten Testament nicht mehr zu: Sie vergegen-
wärtigen nicht mehr das Schicksal von Göttern, spielen nicht mehr jenseits der Zeit der Geschichte, begründen nicht mehr die Ordnung der Welt
und stehen auch kaum mehr in enger Beziehung zum Kult." (249f.) Wenn
sich dies tatsächlich so verhalten sollte, erscheint es aber als wenig
sinnvoll, den anfangs ausdrücklich im religionswissenschaftlichen Sinn
erläuterten Terminus "Mythos" trotzdem beizubehalten. - Vgl. auch J.
Schreiners Feststellung: "Mythisch und mythologisch haben...im Alten
Testament einen eigenen Klang." (Mythos und Altes Testament 153; J.
Schreiner nimmt im übrigen nur "in großen Zügen" und meist auf dem Wege
zustimmender oder kritischer Referierung anderer Auffassungen zum "Problem des Mythosbegriffs" Stellung, 141-152).

lich angesprochene grundsätzliche Problem der Angemessenheit
der Fragestellung zurückzukommen.

Dem Normierungsvorschlag lag eine Auswahl von Texten zugrunde, die nicht in der Zeit, in der sie entstanden sind, sondern
von einer späteren Warte aus zusammengestellt worden sind. Ist
es angemessen und berechtigt, diese Texte trotz ihres im einzelnen unterschiedlichen Inhalts unter den Begriff "Mythos" zu
subsumieren? Entspricht dieser Sammelbezeichnung eine ihr korrespondierende Vorstellungswirklichkeit im Denken der Menschen
des Alten Vorderen Orients, oder handelt es sich lediglich um
eine nachträgliche Klassifizierung durch übergreifende, aber
den Texten selbst fremde, an sie herangetragene Kriterien?

Nun weisen die als Mythen bezeichneten Texte trotz aller Ver-
schiedenartigkeit im einzelnen gemeinsame Grundzüge auf, die
sie allesamt wesentlich bestimmen (der Ereignischarakter, die
Beteiligung von Gottheiten an den Geschehnissen, die eigentümliche Zeitkategorie sind keine Randphänomene, sondern von zentraler Bedeutung) und von anderen Texten ziemlich eindeutig
unterscheiden. Somit scheint diesen grundlegenden Gemeinsamkeiten tatsächlich ein durch eben jene Charakteristika ausge-
zeichneter *besonderer, eigenständiger* Vorstellungszusammenhang
zu entsprechen: daß Götter in der Urzeit oder jenseits der geschichtlichen Zeit bestimmte Taten vollbracht haben. Nur *weil*
ein solcher Vorstellungszusammenhang anzunehmen ist, ist es
berechtigt, diese Texte durch die Bezeichnung "Mythos" zusam-
menzufassen.

Dies könnte zwar von vornherein auch für Israel als einem
Teil der altorientalischen Welt vorausgesetzt werden. Allerdings bezeichnet man, wie einige der oben aufgeführten Beispiele aus der wissenschaftlichen Literatur gezeigt haben, gern
einseitig nur altorientalische *nichtisraelitische* Texte oder
Vorstellungen als mythisch und sieht die Besonderheit des Alten
Testaments gerade in seiner kritischen Auseinandersetzung und
Überwindung des Mythos. Deshalb soll im folgenden die Berechtigung der Vermutung, daß es tatsächlich auch ein *alttestament-
liches* spezifisch *mythisches* Vorstellungsfeld gibt, eigens untersucht werden.

So genügte es zum Beispiel nicht, um die Fragestellung als

sachgemäß und angemessen zu erweisen, wenn sich im Alten Testament lediglich *ein* bestimmtes, jenen Prädikatorenregeln
entsprechendes Einzelmotiv[2] (etwa die Schilderung *einer* bestimmten urzeitlichen Tat Jahwes) auffinden ließe. Unter diesen Umständen wäre es schwerlich berechtigt, diesem Einzelmotiv den Prädikator "mythisch" zuzusprechen. Vielmehr müßten
sich auch im Alten Testament Motive *unterschiedlichen* Inhalts
nachweisen lassen, die jeweils alle Prädikatorenregeln er-
füllen.

Darüber hinaus müßte vor allem gezeigt werden können, daß
das Alte Testament nicht nur eingestreute mythische Einzelmotive enthält, sondern literarische Einheiten oder Motivgruppen, die insgesamt als mythisch zu bezeichnen sind und sich
von anderen Einheiten oder Motiven unterscheiden bzw. aus
ihrem Kontext deutlich ausgrenzen lassen. Gelänge dies, könnte
auch für Israel ein sich in den Einzelheiten zwar unterschiedlich darstellender, jedoch eigenständiger und besonderer mythischer Vorstellungszusammenhang vorausgesetzt werden. Damit
wäre erwiesen, daß eine Untersuchung der *mythischen* Elemente
des Alten Testaments religionsgeschichtlich berechtigt und dem
Alten Testament selbst gemäß ist.

Nun könnten schnell einige mythische Texteinheiten oder doch
zusammengehörige Abschnitte aufgeführt werden. Durchschlagender
wäre der Beweis für einen eigenen mythischen Vorstellungszusammenhang im Alten Testament jedoch, wenn er sich anhand solcher Einzeltexte oder Textgruppen führen ließe, die der zu be-
gründenden These zunächst zu widersprechen scheinen. Dies soll
im folgenden versucht werden.

3.1.1 Gen 1,1-2,4a

Gen 1,1-2,4a ist eine der wenigen alttestamentlichen Texteinheiten, die insgesamt als mythisch zu bezeichnen sind[3]: Er
schildert eine längere Abfolge von einmaligen Geschehnissen,

---

2 Daß es sich um *Motive*, also um *geprägtes* Gut handelt, darf selbst dann
 vorausgesetzt werden, wenn ein bestimmtes Element nur einmal begegnen
 sollte, da anzunehmen ist, daß der Verfasser bei seiner Verwendung immer
 auf allgemein Anerkanntes zurückgreift.
3 Ansonsten wäre nur noch der jahwistische Schöpfungsbericht zu nennen.

Handlungen, Setzungen, die sämtlich durch Gott bewirkt sind;
die Menschen als Schöpfungswerke spielen nur eine passive Rolle. Dem Ganzen ist in dem wohl als zusammenfassende Überschrift
zu interpretierenden v.1[4] eine Zeitbestimmung vorangestellt
(בראשית)[5].

Allerdings wird oft behauptet, Gen 1,1-2,4a gehöre nicht
einer "besonderen" Zeitepoche an, sondern sei, vor allem durch
Genealogien, so eng mit den folgenden geschichtlichen Ereignissen verknüpft, daß der Text ganz auf die Ebene der Geschichte bezogen sei[6].

Dagegen spricht jedoch, daß in der innerhalb der Priesterschrift auf Gen 1,1-2,4a unmittelbar sich anschließenden Genea-
logie in Kap.5 nach einer erneuten Überschrift (v.1a) die auf
Gen 1,26-30 Bezug nehmenden v.1b-2 von der dann folgenden Gene-
rationenaufzählung, also der Ebene der Geschichte, eindeutig
abgesetzt sind[7]: Sie werden durch ביום + Infinitivform von ברא
(also auffälligerweise auch durch eine Zeitbestimmung) gerahmt
und zusammengeschlossen: ברא ביום...ביום הבראם.

Damit dürfte erwiesen sein, daß für die Verfasser der Priesterschrift das in Gen 1,1-2,4a Erzählte einer besonderen, im
Unterschied zu den folgenden, durch Adam und seine Nachkommen
eingeleiteten Epochen der Menschheitsgeschichte noch nicht-ge-
schichtlichen Zeit angehört.

Beides aber, die literarische Einheitlichkeit von Gen 1,1-
2,4a als eines im ganzen mythischen Textes als auch die sowohl
diesen Text als auch Gen 5,1b-2 in besonderer Weise charakterisierende (erstes Wort bzw. Rahmen!) eigentümliche Zeitkategorie,
ist ein erster deutlicher Hinweis auf einen auch in Israel aus-
geprägten spezifisch mythischen Vorstellungszusammenhang.

---

4 Vgl. C.Westermann, BK I/1, 135.
5 Siehe dazu unten S.53f.
6 Vgl. etwa K.-H.Bernhardt, Die Bedeutung der Schöpfungsvorstellung für
  die Religion Israels in vorexilischer Zeit, 823; M.Noth, Die Historisierung des Mythus im Alten Testament, 39; C.Westermann, Das Verhältnis
  des Jahweglaubens zu den außerisraelitischen Religionen, 206f., der darin den wichtigsten Unterschied zum babylonischen Mythos Enuma Elisch
  erblickt.
7 Auch C.Westermann, BK I/1, 481, hebt die Besonderheit der v.1b-2 hervor.

3.1.2 Jes 51,9f.

Ganz besonders problematisch ist Jes 51,9f. Gerade dieser Text scheint den Mythos zu "historisieren", jedenfalls in seiner Eigenständigkeit aufzulösen.

9   Reg dich, reg dich, bekleide dich mit Kraft,
        Arm Jahwes!
    Reg dich wie in den Tagen der Vorzeit,
        den Geschlechtern der Urzeit!
    Bist *du* es nicht, der Rahab 'zerschlagen hat'[a],
        Tannin durchbohrt hat?
10   Bist *du* es nicht, der das Meer ausgetrocknet hat,
        die Wasser der großen Urflut,

    der die Tiefen des Meeres zu einem Weg gemacht hat,
        daß die Erlösten hindurchziehen konnten?

a Statt הַמַּחְצֶבֶת ("der...niederschlug"), das der einzige Beleg für das Hi. von חצב wäre, ist wohl mit 1QJes[a] הַמֹּחֶצֶת zu lesen (vgl. auch Hi 26,12).

Die v.9f. dürften eine literarische Einheit bilden: Während der vorausgehende v.8 eine Jahwerede abschließt, stellen die v.9f. eine an Jahwe gerichtete Aufforderung dar. Demgegenüber enthält v.11 eine Zusage an die "Befreiten Jahwes" und wird aus Kap.35,10 übernommen und sekundär vor der mit v.12 beginnenden neuen Einheit eingefügt worden sein, in dem Jahwe wieder selbst das Wort nimmt[8].

V.10b handelt zweifellos von einem Geschehen in der geschichtlichen Zeit, dem Durchzug durchs Meer in der Frühgeschichte Israels. Beziehen sich darauf auch die vorangehenden Zeilen? Um die Frage beantworten zu können, ist zunächst die Struktur der Einheit zu untersuchen.

Sowohl die v.9aα und 9aβ als auch die v.9b und 10a beginnen mit jeweils dem gleichen Wort bzw. den gleichen Wörtern: mit עוּרִי die v.9aα und 9aβ, mit הֲלוֹא אַתְּ-הִיא die v.9b und 10a, das

---

8 Vielleicht handelt es sich auch um eine Teileinheit oder Strophe einer noch die v.17.19 und 52,1f. umfassenden Komposition (so K.Kiesow, Exodustexte im Jesajabuch, 100; vgl. 93-100 ausführlich zur Literarkritik); jedenfalls können die Verse für sich genommen interpretiert werden.

beidemale durch ein Partizip mit nachfolgendem Objekt fortgesetzt wird. In den v.9b und 10a stimmt auch die zweite Zeilen-
hälfte darin überein, daß jeweils der Schluß der ersten Zeilen-
hälfte aufgenommen und mit synonymen Begriffen nochmals wiederholt ist: Das Zerschlagen Rahabs ist identisch mit dem
Durchbohren Tannins[9], das "Meer" mit den "Wassern der großen
Urflut" (vgl. Ps 106,9; Hi 28,14; 38,16)[10]. Dies entspricht
v.9aβ, wo offensichtlicht ebenfalls die Ausdrücke קדם ימי und
עולמים דרות Synonyma sind (vgl. auch Dtn 32,7a; Ps 77,6). Die
v.9-10a weisen also mannigfache, sie eng zusammenschließende
Querbezüge und Entsprechungen auf.

V.10b dagegen ist einzeilig und hat mit dem Vorangehenden in
formaler Hinsicht nur gemein, daß ebenfalls der zweite Teil
der Zeile kürzer ist als der erste. Ansonsten ist er deutlich
abgesetzt[11], auch wenn er sowohl syntaktisch von v.10a abhängt als auch durch die Wiederaufnahme von ים an ihn an-
knüpft[12].

Obwohl sich die Struktur der Einheit dem eigentlich wider-
setzt, wird aber dennoch sehr häufig das in den v.9b.10a oder
doch jedenfalls in v.10a Geschilderte direkt auf v.10b bezogen.

Zum Teil wird beides miteinander *identifiziert*: Rahab und
Tannin stünden von Anfang an für die Ägypter oder für Ägypten
und den Pharao[13]. Doch kann diese Deutung schon deshalb nicht
überzeugen, weil die Vernichtung des ägyptischen Heeres gemäß
Ex 14,26-28 *nach* dem Durchzug der Israeliten durch das *Zurück-
fluten* der Wasser stattgefunden hat; v.9b müßte hinter v.10

---

9 Siehe dazu unten Exkurs 5 (S.138-143).
10 Daß mit den מי תהום רבה nicht das Schilfmeer gemeint ist, "sondern der
   Weltozean, den Jahwe besiegt, indem er das Wasser in seine Schranken
   weist und das Festland begründet", v.10a also noch zu v.9b gehört, hebt
   auch K.Kiesow, Exodustexte im Jesajabuch, 104, hervor.
11 B.Duhm, Das Buch Jesaja, 385f., hält ihn sogar für wahrscheinlich sekundär.
12 Aufgrund dieser gravierenden Verschiedenheiten ist im übrigen auch keineswegs sicher, daß dem ה am Anfang von v.10, wie allgemein nach G kor-
   rigiert wird, wie in den v.9b.10a ein Partizip folgt und nicht doch
   eine Perfektform (so die masoretische Akzentuierung).
13 So etwa E.Hertlein, Rahab, 116-126, der auf die "schöne Parallelität
   zwischen 10a und 10b" hinweist, ja beide Halbzeilen zu einer Strophe
   zusammenfassen möchte (119)!

stehen, wenn auch die Verben מחץ und חרב dennoch nicht recht passen[14].

Häufiger begegnet die Deutung, daß die Austrocknung des Schilfmeers *mit Hilfe* der mythischen Vorstellung von der Austrocknung der Gewässer ausgesagt werde[15]. Immerhin folgen die v.10a und 10b einander unmittelbar, wenn auch zu betonen bleibt, daß v.10a aufgrund seiner sprachlichen Gestalt eindeutig mit v.9b und nicht mit v.10b verbunden ist. Hat dieses Verständnis also einen gewissen Anhalt am Text, so gilt dies jedoch nicht mehr für die oft gezogene Schlußfolgerung, entsprechend sei der Kampf gegen Israels Feinde beim Durchzug durchs Meer als Kampf gegen Rahab und Tannin dargestellt[16]: Ein Kampf gegen Israels Feinde wird,anders als der Durchzug durchs Meer, mit keinem Wort erwähnt, was wegen des ansonsten strengen und klaren Aufbaus der Verse doch recht auffällig ist; auch störte wiederum die Reihenfolge der Ereignisse.

Viel wahrscheinlicher ist, daß Deuterojesaja eine urzeitlich und eine geschichtliche Tat Jahwes *aneinandergereiht* hat. Dafür spricht vor allem, daß v.10b nicht nur sachlich, sondern auch formal deutlich von den mythischen Elementen der v.9-10a abgehoben ist und einen neuen Absatz bildet. Sicherlich wird er beides aufgrund einer gewissen inhaltlichen Parallelität miteinander verknüpft haben[17]. Die v.9f. verlieren dabei aber nichts von ihrem mythischen Charakter, und die Aufforderung an Jahwe, wirksam zu sein *wie in der Urzeit*, bezieht sich - jedenfalls in erster Linie - eindeutig auf die in den v.9b.10a erzählten Ereignisse.

So zeigt allein die formale Struktur von Jes 51,9f., daß in Israel zwischen urzeitlich-mythischen und geschichtlichen Ereignissen *unterschieden* worden ist. Jes 51,9f. allein kann deshalb auch keinesfalls die These begründen, alle Texte, die von einem urzeitlichen Kampf Jahwes gegen Meeresungeheuer erzählen, seien stets geschichtlich zu interpretieren.

---

14 F.Hertlein, Rahab, 121, verweist auf Ex 15,6b.
15 So z.B. A.Ohler, Mythologische Elemente im Alten Testament, 105.
16 So z.B. A.Ohler, Mythologische Elemente im Alten Testament, 105.
17 Vgl. auch K.Kiesow, Exodustexte im Jesajabuch, 109f. "Die Möglichkeit zu einer solchen Kombination liegt in dem Element 'Meer', das in beiden Zusammenhängen eine Rolle spielt." (107)

3.1.3 Die Unterscheidung von urzeitlicher Menschenschöpfung und Menschenschöpfung in geschichtlicher Zeit

Eine weitere Bestätigung für die Annahme eines eigenständigen mythischen Vorstellungszusammenhangs in Israel resultiert aus der Durchsicht derjenigen Texte, die von der Menschenschöpfung handeln. Es läßt sich nämlich zeigen, daß von der Erschaffung jedes Menschen oder etwa des Volkes Israel die urzeitliche Erschaffung der Menschen, die nach den Bestimmungen des Mythosbegriffs allein als mythisch zu bezeichnen wäre, unterschieden werden kann und muß, auch wenn sich die Terminologie hier wie dort weitgehend entspricht[18]. Beide Motivgruppen sind voneinander abzuheben und sollten nicht unter die irreführend-nivellierende gemeinsame Überschrift "Menschenschöpfung" subsumiert werden. Dafür lassen sich insbesondere zwei Gründe anführen:

(1) Diejenigen Texte, die ausschließlich von der urzeitlichen Menschenschöpfung handeln, stehen an mehreren Stellen mit der Schilderung anderer urzeitlicher Taten in unmittelbarer Verbindung, gehören also offensichtlich in denselben mythischen Zusammenhang; so

Gen 1,26f. (Abschluß der übrigen Schöpfungswerke [v.1-25];

Gen 2,7 (erster Akt[19] von weiteren Schöpfungswerken [v.8f. 18ff.];

Jes 42,5b (paralleler, ebenso durch Partizip eingeleiteter Entsprechungssatz zu v.5a, der die Erschaffung des Himmels sowie der Erde und ihrer Gewächse erzählt)[20]:

So spricht der Gott Jahwe,

der den Himmel geschaffen und ihn ausgespannt hat,
der die Erde und ihre Gewächse ausgebreitet hat,

der Odem dem Volk auf ihr gegeben hat
und Atem denen, die auf ihr wandeln.

Jes 45,12aβ (eingebettet in die Schilderungen weiterer

---

18 Vgl. F. de Liagre Böhl - H.A.Brongers, Weltschöpfungsgedanken in Alt-
Israel, 94.
19 V.4b dürfte redaktionell sein (siehe unten S.74 Anm. 67).
20 Beide Versteile erweisen sich auch dadurch als eng zusammengehörig und
bilden einen eigenen Textabschnitt, als nur sie von dem vorangehenden
יהוה abhängen, während v.6 mit אני יהוה neu einsetzt.

Schöpfungswerke, der Erde einerseits, des Himmels und seiner
Gestirne andererseits [v.12aα.b][21]:

> Ich habe die Erde gemacht
> und habe die Menschen auf ihr geschaffen.
>
> Ich, meine Hände haben den Himmel ausgespannt,
> und habe sein ganzes Heer bestellt.

Jer 27,5aα* (eingebettet in die Schilderungen weiterer
Schöpfungswerke, der Erde einerseits, der Tiere andererseits
[v.5aα*])[22]:

> Ich habe die Erde, die Menschen und das Vieh, die auf der Erde sind,
>   gemacht
> mit meiner großen Kraft und mit meinem ausgestreckten Arm
> und kann sie geben, wem ich will.

Sach 12,1bβ (nach der Erwähnung des Ausspannens des Himmels
und der Gründung der Erde [v.1bα])[23]:

> Ausspruch Jahwes,
> der den Himmel ausgespannt und die Erde gegründet hat
> und den Geist des Menschen in seinem Innern gebildet hat.

Einbezogen ist die urzeitliche Erschaffung der Menschen aber
auch in Texten wie Ex 20,11aα; Ps 146,6a, die berichten, daß
Jahwe den Himmel, die Erde und das Meer sowie *alles*, was an,

---

21 Weiteres siehe unten unter (2). - Unzutreffend ist die Beurteilung von
   Jes 42,5 und 45,12 durch R.Albertz: Den Menschen fehlt keineswegs ein
   eigenes Schöpfungsverb (in Jes 42,5b נשמה נתן bzw. רוח, in Jes 45,12aβ
   ברא!), und daß zuerst von der Erschaffung der Erde und erst danach von
   der Erschaffung der Menschen die Rede ist, ist nur logisch;der aus dieser Reihenfolge gezogene Schluß, die Erschaffung der Menschen scheine
   "offenkundig nicht die gleiche Eigenständigkeit zu haben, wie die Erschaffung der Erde, sondern eine Erweiterung zu sein", ist aber auch
   aus sprachlichen Gründen abzulehnen: Beidemale gehören sämtliche mythische Aussagen zu einem abgrenzbaren Textabschnitt; daraus ergibt sich
   eindeutig, daß die Menschenschöpfung in Jes 42,5b *auf derselben Stufe*
   steht wie die Erschaffung von Himmel und Erde, und Jes 45,12 zeigt,
   daß die Menschenschöpfung zumindest *von gleichem Gewicht* ist wie die
   Erschaffung der Gestirne, die nach R.Albertz der Weltschöpfung zuzurechnen wäre (vgl. Weltschöpfung und Menschenschöpfung 24, auch 164).
   Keineswegs tritt an diesen Stellen die Menschenschöpfung "ganz in den
   Bann der Weltschöpfung" (81 und 213 Anm.131). Die Texte weisen vielmehr
   darauf hin, daß zwischen urzeitlicher Menschen- und Weltschöpfung *nicht*
   prinzipiell unterschieden werden kann.
22 Der mythische Abschnitt ist durch v.5aβ.γ von v.5b getrennt und bildet
   somit einen eigenen Zusammenhang.
23 Ähnlich wie in Jes 42,5 beziehen sich nur die drei Partizipialsätze
   auf יהוה; v.2 setzt neu ein. V.1b bildet somit einen eigenen mythischen
   Abschnitt.

auf bzw. in ihnen ist, gemacht habe; gleiches gilt für Neh 9, 6aα, der etwas ausführlicher formuliert ist[24] (vgl. auch etwa Ps 89,12b).

(2) Andererseits stehen die sehr viel häufigeren Texte, die von der Schöpfung jedes einzelnen Menschen oder des Volkes Israel handeln bzw. diese als Jahwes Werk bezeichnen, mit mythischen Texten so gut wie nie in Verbindung[25]. Es gibt nur wenige scheinbare Ausnahmen:

Dtn 32,6b erinnert daran, daß Jahwe Israel geschaffen hat, während die folgenden v.7f. die urzeitliche Festlegung der Gebiete der einzelnen Völker durch den עליון erwähnen. Die Imperative des v.7 eröffnen jedoch gegenüber v.6b eine neue und andere Thematik: Erst v.7 bringt mehrere Zeitbestimmungen, die in die mythische Urzeit zurückweisen, während in v.6b von dem jetzt lebenden und angeredeten Volk gesagt wird, daß Jahwe sein Vater und Schöpfer sei[26].

Jes 44,24b bildet einen geschlossenen mythischen Abschnitt: Dem כל in v.24bα entspricht das meristische Begriffspaar "Himmel - Erde" in v.24bβ. Ihm folgen zwei gleich lange (v.28b ist Zusatz[27]), durch den jeweils entsprechenden Zeilenbeginn (Partizip hi. [-מ] in den v.25-26a, האמר in den v.26b-28a) klar erkennbare Strophen. Aber auch v.24a, dessen zweiter Teil davon spricht, daß Jahwe den Menschen von Mutterleib an bildet, ist deutlich von v.24b abgesetzt: Er gehört noch nicht zur

---

24 R.Albertz scheint entgangen zu sein, daß nicht nur in Neh 9,6 "Weltschöpfung und Menschenschöpfung ohne sichtbare Differenz einfach nebeneinander gestellt worden sind", der Mensch "ganz offensichtlich in 'allem, was auf der Erde ist'...mit gemeint" ist (Weltschöpfung und Menschenschöpfung 128; vgl. auch 215 Anm.3), sondern in Ex 20,11 und Ps 146,6 genau derselbe Sachverhalt vorliegt. Ps 146,6a repräsentiert für ihn vielmehr allein die Weltschöpfungstradition (97).

25 Ohne Anspruch auf Vollständigkeit zu erheben (der Kontext der *mythischen* Texte wurde jedoch sehr sorgfältig auf generelle Aussagen hin untersucht!), seien folgende Stellen genannt: Dtn 32,15.18; Jes 17,7; 43,1.7.15.21; 44,2.21-24; 54,5; 64,7; Jer 1,5; Hos 8,14; Mal 2,10; Hi 10,3.8-12; 31,15; 33,4.6; Prov 14,31; 17,5; 22,2; Koh 7,29; 12,1 (für Belege in den Psalmen vgl. R.Albertz, Weltschöpfung und Menschenschöpfung, 215 Anm.2f.; auch in Teil B dieser Arbeit werden noch einige genannt werden).

26 Auch O.Eißfeldt, Das Lied Moses Deuteronomium 32,1-43 und das Lehrgedicht Asaphs Psalm 78 samt einer Analyse der Umgebung des Mose-Liedes, 8f., trennt zwischen v.6 und 7.

27 Vgl. K.Elliger, BK XI/1, 456.

Jahwerede, die erst mit v.24b durch אנכי יהוה eröffnet wird.
Vielmehr entspricht dem יצרך das gewiß nicht mythisch zu ver-
stehende גאלך in v.24aα[28]. Die Aussage des v.24a muß also von
der des v.24b unterschieden und darf nicht mit ihr auf eine
Ebene gestellt werden[29].

Ähnliches gilt für Jes 45,11a, der Jahwe als den bezeichnet,
der Israel (ge)bildet (hat), in bezug auf den kunstvoll gegliederten v.12. Dieser will offenbar umfassend alle urzeitlichen Schöpfungen Jahwes (einschließlich der Erschaffung des
Menschen![30]) aufzählen. V.13a setzt neu ein: Anders als die
beiden vorangehenden Zeilen, denen er zumindest durch das einleitende אנכי entspricht, handelt er allein von Kyros und ist
deshalb mit v.13b, nicht aber mit dem Vorangehenden zu verbinden. Dies spricht dafür, daß ebenso auch v.11, der allein die
Beziehung Jahwes zu *Israel* betrifft, von v.12 abzuheben ist[31].
Außerdem sind für die Schöpfungstätigkeit in v.11a ein Partizip, in v.12 jedoch ausschließlich finite Verben gebraucht.
Daß v.11a nicht in gleicher Weise von der Menschenschöpfung
sprechen kann wie v.12aβ, ergibt sich schließlich nicht zuletzt auch daraus, daß andernfalls das gleiche Thema doppelt
vorkäme.

In Jes 51,13aα$_1$ (Trennung zwischen α$_1$ und α$_2$ beim Segolta)
folgen auf einen Satz über die Erschaffung Israels unmittelbar
zwei mit Sicherheit mythische Aussagen: "der den Himmel ausgespannt und der die Erde gegründet hat". Aufgrund der Textgliederung in der BHK und BHS könnte man den Eindruck gewinnen,
der Satz vom Ausspannen des Himmels gehöre zum ersten Satz von
der Erschaffung Israels. Sie entspricht jedoch nicht dem Inhalt und der sprachlichen Struktur des Verses: V.13aα$_2$ bildet
auf jeden Fall eine syntaktische Einheit (מפני hängt von ותפחד
ab). Aber auch die beiden Sätze vom Ausspannen des Himmels und

---

28 Vgl. Jes 43,1. "Israels 'Erlösung', d.h. seine Befreiung aus der Knecht-
    schaft...und Israels 'Bildung von Mutterleibe an', d.h. die Gestaltung
    seines Geschicks von Anbeginn durch die Geschichte hin...gehören grund-
    sätzlich zusammen" (K.Elliger, BK XI/1, 466).
29 So aber etwa G.Fohrer, Die Propheten des Alten Testaments IV, 113, zu
    Jes 44,24-28: "Unbestritten ist Gott der Herr der Schöpfung - von Welt,
    Natur *und Menschen*." (Hervorhebung von mir.)
30 Siehe oben S.41f.
31 Vgl. G.Fohrer, Die Propheten des Alten Testaments IV, 116; C.Westermann
    ATD 19, 133f.

der Gründung der Erde gehören, wie oft im Alten Testament[32],
zusammen. Ihr völlig parallel Aufbau und das Waw verbinden
sie eng miteinander, trennen sie aber andererseits deutlich
vom ersten Satz des Verses ab.

Aufs Ganze gesehen, ist festzuhalten: In keinem Fall entsprechen die Bezüge der Abschnitte, die von der Erschaffung
jedes einzelnen Menschen oder Israels handeln, zu denen, die
urzeitliche Vorgänge erzählen, jenen unter (1) aufgeführten
engen Verknüpfungen der urzeitlichen Menschenschöpfung mit
anderen Schöpfungswerken. Alles deutet vielmehr darauf hin,
daß die urzeitliche Erschaffung der Menschen in der israelitischen Vorstellungswelt einem anderen Bereich angehörte als
das Wissen darum, daß Jahwe jeden Menschen geschaffen hat[33].

Insgesamt ergibt sich somit, daß nicht nur unterschiedliche
Einzelmotive (neben Gen 1 etwa auch in Jes 51,9f.) den aufgestellten Prädikatorenregeln entsprechen, sondern auch den mythischen Vorstellungen selbst, wie die Struktur derjenigen
Texte zu erkennen gibt, die sie bezeugen, eine Eigenständigkeit zukommt, die sie von anderen, zwar zum Teil ähnlichen
(Menschenschöpfung!), aber nicht-mythischen Vorstellungen ab-
setzt.

---

32 Siehe unten S.75.
33 R.Albertz unterscheidet nicht, wie es sachgemäß wäre und S.55 zunächst
   vermuten läßt ("Die Erschaffung des Menschen in der Urzeit, wie es die
   Schöpfungserzählungen berichten, ist nicht einfach mit der durch und
   durch personal gefärbten Erschaffung des je einzelnen Menschen in der
   Gegenwart zu identifizieren"), urzeitliche und geschichtliche Menschenschöpfung, sondern differenziert zwischen der "Erschaffung der Menschen
   allgemein", die an die Seite der (urzeitlichen) Weltschöpfung treten
   könne, und "der auf einen Einzelnen oder eine Gruppe persönlich bezogenen Erschaffung" (Weltschöpfung und Menschenschöpfung 88-90). Doch ist
   zunächst die Differenzierung zu beachten, auf die E.Kutsch, Die Paradieserzählung Gen 2-3 und ihr Verfasser, 20, hingewiesen hat: Das Alte
   Testament kennt nicht nur eine allgemeine urzeitliche Menschenschöpfung;
   Gen 2 berichtet vielmehr "die Erschaffung nicht 'der Menschen', sondern
   der *beiden ersten Menschen*, eines Mannes und einer Frau". Der entscheidende Unterschied läßt sich nicht durch die ohnehin auf verschiedenen
   Ebenen liegenden Begriffe "allgemein" und "persönlich" kennzeichnen,
   sondern liegt in der im Alten Testament ganz deutlich erkennbaren Differenzierung der "Zeit"-Kategorien. Richtig stellt R.Albertz freilich
   fest, daß von der urzeitlichen Schöpfung die *geschichtliche* Menschenschöpfung abzuheben ist. Die obigen Ausführungen haben aber ergeben,
   daß zwischen *urzeitlicher* Menschenschöpfung und anderen *urzeitlichen*
   Schöpfungswerken kein Trennungsstrich gezogen werden darf.

3.2 Einige weitere Bemerkungen zur Anwendung der Prädikatoren-regeln auf alttestamentliche Texte

Zunächst ist darauf hinzuweisen, daß das mit den aufgestell-ten Prädikatorenregeln Umfaßte vom Ausdruck "Göttergeschichte" der üblichen "Kurzdefinition" des Wortes "Mythos"[34], die be-sonders in der deutschen alttestamentlichen Wissenschaft nach dem Vorgang der Gebrüder Grimm seit H.Gunkel weithin gebräuch-lich ist[35], nicht präzise abgedeckt wird. Abgesehen von der in diesen Begriff nicht eingebrachten Zeitbestimmung, ist dies zumal dann nicht der Fall, wenn man das Gewicht vor allem auf den ersten Wortteil legt. Ein mythischer Text liegt nicht schon dann vor, wenn er überhaupt - etwa in bildlich anschaulicher Weise oder mit Hilfe einer bestimmten Begrifflichkeit (so z.B. A.Ohler, H.-J.Kraus) - von Gott oder Gottheiten berichtet, sondern nur dann, wenn er ein (und zwar urzeitliches!) Ereig-nis, eine Geschichte, erzählt, an dem ein Gott oder mehrere Gottheiten mitgewirkt haben.

3.2.1 Zur Bestimmung: Wiedergabe eines Geschehens

Wenn ein Mythos immer ein Geschehen schildert, sollte das Adjektiv "mythisch" ebenfalls nur für ein solches verwendet werden[36]. Abgelehnt wird damit die in der wissenschaftlichen Literatur häufig begegnende Ausdrucksweise, derzufolge unter einem mythischen Motiv ein irgendwie mit einer mythischen Er-zählung in Verbindung stehendes Moment verstanden wird[37], etwa das Motiv "Götterversammlung" oder "Gottesberg"[38]. Hier wäre besser allgemeiner von religionsgeschichtlichen Vorstellungen zu sprechen, die keineswegs ausschließlich in Mythen ihren Platz haben. So findet sich etwa die Vorstellung von der Göt-

---

34 Vgl. J.Sløk, Art. Mythos und Mythologie I, 1264, der feststellt, dies sei die "allgemein akzeptierte Definition" des Mythos.
35 Vgl. J.W.Rogerson, Myth in Old Testament Interpretation, 60.145.
36 Siehe auch oben S.32f.
37 So etwa H.Cancik, Art. Mythus, 1196: "Ein mythisches Motiv ist ein in einem nicht-mythologischen Kontext gebrauchtes Motiv, das aus einem echten Mythus belegbar ist." Vgl. auch H.-J.Kraus (siehe oben S.10ff.).
38 Diese beiden "Motive" nennt H.Cancik, Art. Mythus, 1198; vgl. auch A. Ohler, Mythologische Elemente im Alten Testament, 154ff.190ff.

terversammlung ebenso in einem ugaritischen Gebet (vgl. CTA
30, Z.2f.: *dr bn il / mpḫrt bn il*), und der Gottesberg kann
auch in einem hymnischen Text eine wichtige Rolle spielen
(vgl. die Tempelbau-Hymne des Gudea von Lagasch SAHG 32 B I,
1-7).

Grundsätzlich vorgegeben und nicht allein für mythische Texte charakteristisch sind ferner Ausdrücke oder Vorstellungen,
die auf ein vorwissenschaftliches Weltbild hinweisen, oder
überhaupt allgemein-grundlegende Denk- und Vorstellungsformen,
die deshalb ebenfalls nicht als "mythisch" zu bezeichnen
sind[39]. In diesem Zusammenhang vorgenommene Unterscheidungen
etwa von "mythisch" und "mythologisch"[40] oder "Mythe" und
"Mythos"[41] würden nur erneut Verwirrung stiften.

---

39 Vgl. zu ersterem etwa A.Ohler, Mythologische Elemente im Alten Testament, 7. - Als Denk- oder Vorstellungsweise wird "Mythos" von R.Bult-
   mann bestimmt (Neues Testament und Mythologie 23). "Mythologisch"
   nennt er "die Vorstellungsweise,in der das Unweltliche, Göttliche als
   Weltliches, Menschliches, das Jenseitige als Diesseitiges erscheint,
   in der z.B. Gottes Jenseitigkeit als räumliche Ferne gedacht wird; eine
   Vorstellungsweise, der zufolge der Kultus als ein Handeln verstanden
   wird, in dem durch materielle Mittel nichtmaterielle Kräfte vermittelt
   werden." (23 Anm.2) Aus dem Bereich der alttestamentlichen Wissenschaft
   seien drei neuere Beispiele genannt: B.S.Childs, Myth and Reality in
   the Old Testament, 29, bestimmt den Mythosbegriff in folgender Weise:
   "Myth is a form by which the existing structure of reality is under-
   stood and maintained. It concerns itself with showing how an action of
   a deity, conceived of as occurring in the primeval age, determines a
   phase of contemporary world order." Nach G.H.Davies, An Approach to the
   Problem of Old Testament Mythology, 88.90, "mythology is a way of
   thinking and of imagining about the divine rather than a thinking or
   imagining about a number of gods." "It must be emphasised that mythology is first and essentially a way of thinking or imagining about the
   divine." Für J.W.Rogerson, Myth in Old Testament Interpretation, 188,
   "myths would be stories or literature which expressed the faith and
   world view of a people. Myths would have much to say about origins, and
   they would express a people's intuitions of transcendent reality."
40 So z.B. A.Ohler, Mythologische Elemente im Alten Testament, 8.
41 So z.B. S.Schott, Ritual und Mythe im altägyptischen Kult, 287, der
   "Mythos" oder "Mythus" "als ursprüngliche - 'primitive' - Religiosi-
   tät", "die den gesammelten, verglichenen Mythen zugrundeliegt", von
   der "Göttergeschichte", "die wir als literarische Erscheinung Mythe
   nennen", unterscheidet. (Die Verwendung des Wortes "Mythe" kritisiert
   aus sprachlichen Gründen zu Recht K.Hecker, Untersuchungen zur akkadischen Epik, 22 mit Anm.2.)

3.2.2 Zur Bestimmung: Beteiligung einer Gottheit oder mehrerer
Götter

Die Durchsicht der altorientalischen Mythen hat ergeben, daß
an mythischen Geschehnissen nicht in jedem Fall mehrere Gottheiten beteiligt sein müssen[42]. Es ist also unsachgemäß, den
Polytheismus zur Voraussetzung des Mythos bzw. der Mythenbildung zu erklären[43].
Diese Prämisse hatte manche Unklarheiten im Gefolge. Sollte
nämlich der polytheistische Charakter der Religion tatsächlich
eine Grundvoraussetzung für das Vorhandensein von Mythen oder
mythischen Elementen sein, wäre mit ihnen im Alten Testament
von vornherein nicht zu rechnen, da der praktische Monotheismus die israelitische Religion von Anfang an bestimmte. Auf
alttestamentliche Texte dürfte der Terminus "Mythos" demnach
grundsätzlich nicht angewendet werden[44]. Tut man dies unter
der gleichen Voraussetzung dennoch, ist dies wieder nur aufgrund der Annahme möglich, daß sich die mythischen Elemente
des Alten Testaments durch besondere Eigentümlichkeiten von
allen anderen Mythen unterscheiden[45].

---

42 Siehe oben S.25. - Aufgrund eines anderen Vorverständnisses des Mythosbegriffs ist z.B. auch für J.L.McKenzie, Myth and the Old Testament,
   191, und S.Mowinckel, Art. Mythos und Mythologie III, 1274f., der Polytheismus keine Vorbedingung für die Ausbildung bzw. das Vorhandensein
   von Mythen.
43 So aber z.B. H.Bardtke, Art. Mythen, 942; K.-H.Bernhardt, Art. Mythos 3,
   1267f.; H.Cancik, Art. Mythus, 1197; O.Eißfeldt, Einleitung in das Alte
   Testament, 46; vgl. ders., Mythus und Sage in den Ras-Schamra-Texten,
   499; G.Fohrer, Einleitung in das Alte Testament, 94 (ihm schließt sich
   J.Schreiner, Mythos und Altes Testament, 151f., an); J.Roloff, Art. Mythos, 347; A.Weiser, Einleitung in das Alte Testament, 60; C.Westermann,
   Theologie des Alten Testaments in Grundzügen, 26.
44 Diese Konsequenz hat beispielsweise H.Ewald, Geschichte des Volkes Israel I, 63f., gezogen. Er möchte auf das Alte Testament lieber das Wort
   "Gottes-Sage" anwenden, "weil der Griechische name *Mythus* doch mit dem
   ganzen heidnischen wesen unzertrennlich zusammenhängt und nicht *Gottes-
   sage*, sondern *Göttersage* bedeutet".
45 So eignet nach M.Noth, Die Historisierung des Mythus im Alten Testament,
   36, den mythologischen Stoffen im Alten Testament "dadurch ein ganz besonderes Gepräge", daß (1) "stets nur der *eine* Gott Jahwe in Betracht
   kommt", (2) "nicht verschiedene Götter als Spieler oder Gegenspieler in
   einem Mythus oder als Helden verschiedener Mythen auftreten" und so (3)
   "Jahwe vermöge seiner Einzigkeit ganz von selbst über den einzelnen Mythus hinausrückt". - H.Gunkels Ausdrucksweise ist unklar. Einerseits
   betrachtet er den Mythos als Göttergeschichte, zu der "mindestens zwei
   Götter" gehören (Art. Mythus und Mythologie III, 383; Genesis XIV), und

3.2.3 Zur Bestimmung: nicht-geschichtliche Zeit bzw. Urzeit

Daß die für den Mythos charakteristische besondere Zeitkategorie auch die im Alten Testament bezeugten mythischen Vorstellungen wesentlich kennzeichnet[46], geht daraus hervor, daß auf die Urzeitlichkeit in alttestamentlichen mythischen Texten manchmal explizit hingewiesen wird, auch wenn sie sich aus dem Erzählten selbst ohnehin ergeben würde. So sind die beiden umfangreichsten mythischen Erzählungen des Alten Testaments, Gen 1,1ff. und Gen 2,4bff., jeweils ausdrücklich mit einer Zeitbestimmung eingeleitet.

Wie die folgenden Ausführungen zeigen werden, bezeichnen diese als Zeitangaben verwendeten Wörter in mythischen Texten mit großer Wahrscheinlichkeit nicht eine ferne oder fernste geschichtliche Vergangenheit, sondern jene besondere, nicht auf derselben Ebene wie die Geschichte liegende Zeitkategorie. Neben ausführlicheren Formulierungen (vgl. Gen 2,5[47]) begegnen in diesem Zusammenhang insbesondere folgende Nomina[48]:

hält ihn für "seiner Art nach polytheistisch" (Art. Mythus und Mythologie III, 381), spricht aber in bezug auf das Alte Testament dann doch von "Mythen..., in denen entweder Gott allein handelt" oder in denen von Ereignissen "zwischen Gott und Menschen" die Rede ist (Genesis XIVf.; vgl. Art. Mythus und Mythologie III, 383). - Für G.H.Davies, An Approach to the Problem of Old Testament Mythology, 89, schließlich ist die Mannigfaltigkeit der Erscheinungsformen Jahwes Voraussetzung für die Ausbildung einer genuin alttestamentlichen Mythologie. "There is His Spirit, His Word, His Name, His Glory, His Face, His Angel; Sons of God, a Son of God, or the Gods of Yahweh's court; His Ark, His Tent, His Temple". "Here then in the conceptions of the extensions of personality, and of corporate personality within the personality of Yahweh, may be found the material for a mythology in the O.T." Mit Recht hat J.W.Rogerson, Myth in Old Testament Interpretation, 171, dagegen eingewendet: "I would not accept...that the Israelite epithets for the divine presence any more imply a lack of unitary experience of God, than do modern believer's address to God in terms of Lord, Father, Creator, or his speaking of the glory, name and power of God."

46 Sie wird zum Teil auch in der alttestamentlichen Sekundärliteratur hervorgehoben: vgl. K.-H.Bernhardt, Elemente mythischen Stils in der alttestamentlichen Geschichtsschreibung, 296 ("Die zeitliche Sphäre des Mythos ist die Urzeit"); G.Fohrer, Einleitung in das Alte Testament, 93 (einschränkend: "vorwiegend in einer fernen Urzeit"); H.Greßmann, Mythen und Mythologie I, 618 ("Schauplatz jenseits von Raum und Zeit"). - W. Beltz, Gott und die Götter, 35, läßt sie unberücksichtigt und kann dann weite Teile der Bibel als Mythen bezeichnen; für sein Mythosverständnis ist allein von Belang, daß "in diesen Erzählungen die Götter, z.B. Jahwe, Elohim, El Schaddai, Gott der Väter und auch Jesus Christus, einen entscheidenden Anteil haben".

a) דור

In Dtn 32,7f. werden die Israeliten aufgefordert, an die
שנות דור־ודור zu denken, als der עליון den Völkern ihre jeweiligen Wohngebiete zugeteilt hat. Damit ist gewiß ein einmaliges göttliches Handeln angesprochen,das vor der eigentlichen geschichtlichen Zeit stattgefunden haben muß[49].

In allen Fällen, in denen die feststehende, insgesamt 30mal
im Alten Testament begegnende Wendung דור־ודור als "nomen rectum" fungiert[50] (außer in Dtn 32,7a noch in Jes 58,12a; 60,
15b; 61,4bß und Joel 2,2b), entspricht ihr als synonymer oder
polarer Begriff das Nomen עולם (in Jes 61,4 in chiastischem
Bezug). Dies weist schon darauf hin, daß in erster Linie eine
*Zeit*angabe vorliegt, nicht aber konkret an eine längere Abfolge von Generationen gedacht ist. In all diesen Fällen meint
der Ausdruck דור־ודור einen von der Zeit der Geschichte gesonderten Zeitraum.

Dies gilt auch für Joel 2,2 (nur hier ist דור ודור ebenfalls
mit dem Nomen שנה verbunden). שני דור ודור bedeutet hier nicht
die unendliche Fortsetzung der geschichtlichen Zeit[51], sondern
die jenseits der geschichtlichen Zeit (hier allerdings in der
Zukunft) liegende "letzte Zeit", die Endzeit. Darauf weist die
Struktur der v.2bß-2bδ eindeutig hin: Wie dem v.2bγ der v.2ß$_1$,
so entspricht dem דור ודור עד־שני von v.2bδ das polare ר־העולם
von v.2bß$_2$. - Nicht eigentlich an die geschichtliche Zeit, son
dern an eine besondere, nämlich die von Jahwe angekündigte End
zeit, ist in Jes 60,15b gedacht. - Eine *Zeit*angabe enthält auc
der Ausdruck מוסדי דור־ודור in Jes 58,12; ihm entspricht die
Verbindung חרבות עולם[52]. Gleiches gilt für Jes 61,4, der Jes

---

47 Zur Formel "Als noch nicht war" siehe oben S.27f.
48 Die Zeitbestimmung לפנים, die sich in mythischem Zusammenhang nur in
   Ps 102,26 findet, wird erst in Teil B behandelt (siehe unten S.193).
49 Vgl. G. von Rad, ATD 8, 140: "am Anfang aller Geschichte".
50 Ansonsten finden sich die Ausdrücke לדר ודר (17mal), בכל־דר ודר, עד־דר,
   ודר (jeweils 3mal), בדר ודר und כמו־דר ודר (jeweils 1mal).
51 Entsprechend übersetzt W.Rudolph: "solange Geschlecht auf Geschlecht
   folgt" (KAT XIII/2 49) und fügt in der Textanm. hinzu: "wörtlich: 'bis
   zu den Jahren von Geschlecht und Geschlecht'" (51). Seine Übersetzung
   dürfte durch eine unzutreffende Gliederung mitbedingt sein; er teilt in
   drei Zeilen ein: v.2bß/v.2bγ/v.2bδ (49). Auch H.W.Wolff, BK XIV/2, 44,
   erläutert in der Textanm. zu v.2b: "wörtlich: 'bis in die Jahre von Generation und Generation (d.h. der Generationenkette)'".
52 Gegen C.Westermann, ATD 19, 265, der den Ausdruck in v.12aß mit "Grund-

58,12 inhaltlich und zum Teil auch terminologisch parallelläuft.

Man wird demnach das דּוֹר־וָדוֹר in Dtn 32,7a am besten mit
"Urzeit" oder "Vorzeit" übersetzen. Das nomen regens steht
dem nicht entgegen: Wie das parallele יְמוֹת[53] dürfte es hier
einfach "Zeit" bedeuten (Synonyma auch in Ps 77,6).
Daß auch der Ausdruck דֹּרוֹת עֹלָמִים[54] in Jes 51,9aβ die Urzeit
selbst bezeichnet[55], ergibt sich schon aus dem Inhalt der v.
9b-10a[56], auf die sich v.9a in erster Linie bezieht[57].

b) עוֹלָם

Aus der Tatsache, daß das Nomen עוֹלָם der als "nomen rectum"
fungierenden Wendung דּוֹר־וָדוֹר parallelläuft, geht bereits hervor, daß es ebenfalls einen von der Zeit der Geschichte zu unterscheidenden Zeitraum bezeichnen kann[58]. Für das nomen regens
in Dtn 32,7a ist, wie sehr häufig für pluralisches יָמִים bzw.
יְמוֹת[59], die Bedeutung "Zeit" anzunehmen. In mythischem Bezug
findet sich עוֹלָם außerdem in Jes 51,9: In den דֹּרוֹת עֹלָמִים hat
Jahwe Rahab bzw. Tannin besiegt und das Meer ausgetrocknet[60].

---

mauern vieler Geschlechter" übersetzt.
53 Siehe dazu unten Abschnitt b).
54 Eine entsprechende Konstruktusverbindung findet sich nur noch in Gen 9,
   12: לְדֹרֹת עוֹלָם (hier von der gesamten Zukunft).
55 "In einem weniger personbezogenen Sinn kann dôr einfach nur 'Zeitalter'
   bedeuten" (D.N.Freedman - J.Lundbom, Art. דּוֹר, 186; sie führen u.a. Jes
   51,9 als Beispiel an).
56 In die Nähe eines solchen Verständnisses kommt N.H.Snaith, Time in the
   Old Testament, 183, demzufolge Jes 51,9-11 den Einbruch der horizontalen Zeit ("invasion of horizontal time") illustriere ("...generations
   reaching back and back and back, continuously till scarcely seen at all
   in the far distant past").
57 Siehe oben S.38ff.
58 Vgl. auch E.Jenni, Art. עוֹלָם, 230: "Mit Ausnahme weniger später Stellen
   in Qohelet...hat ᶜolam im AT...die Grundbedeutung 'fernste Zeit', und
   zwar entweder im Blick auf die Vergangenheit...oder auf die Zukunft bzw.
   auf beide... Bezeichnend für diesen Extrembegriff ist der Umstand, daß
   er nicht selbständig (als Subjekt oder Objekt) zur Sprache kommt, sondern nur in Verbindung mit Richtungspräpositionen (min 'seit'...; ᶜad
   'bis zu'...; lᵉ 'bis gegen'...) oder als adverbieller Akkusativ der
   Richtung...oder schließlich als zweites Glied einer Cs.-Verbindung,
   d.h. als Genetiv, der einen präpositionalen Ausdruck vertritt...".
59 Vgl. E.Jenni, Art. יוֹם, 717-722.
60 Die Eigentümlichkeit der Zeitkategorie ergibt sich auch aus der Theologie Deuterojesajas: In seiner Verkündigung entspricht ja der Urzeit
   nicht irgendein Zeitpunkt in der Geschichte, sondern die eschatologische Endzeit. Jahwes urzeitliches Handeln soll und wird seinem endzeit-

c) קדם

קדם in temporaler Bedeutung bezeichnet manchmal eine mehr
oder weniger weit zurückliegende Epoche oder Zeit des persönlichen Lebens (Ps 119,152; Hi 29,2) oder der Geschichte (die
Väterzeit: Mi 7,20; die Zeit der Landnahme: Ps 44,2; die Mose-
zeit: Ps 74,2; 77,6.12; vgl. v.15-21[61]; 78,2; die frühe Königszeit: Neh 12,46; allgemein die Vergangenheit in Jer 30,20; 46,
26; Ps 143,5; Thr 1,7; 5,21), häufig auch den äußerst zurückliegenden, durch Ereignisse der Geschichte nicht mehr bestimm-
baren Anfang, so des ägyptischen Königsgeschlechts (Jes 19,11),
der Stadt Sidon (Jes 23,7) oder auch einzelner Schöpfungswerke
(der Berge: Dtn 33,15; des Himmels: Ps 68,34; vgl. auch Prov
8,22f., hier in bezug auf die Weisheit als dem allerersten Werk
Jahwes); auch der erwartete Messias hat seine Wurzeln in der
Urzeit (Mi 5,1). Ebenso kann das Wort auf Gott selbst angewendet werden (Dtn 33,27; Hab 1,12; Ps 74,12). Weiterhin meint es
die Zeit, in der Jahwe einen Beschluß gefaßt hat, der sich in
der Gegenwart verwirklicht (II Reg 19,25 = Jes 37,26; 45,21;
46,10; Thr 2,17).

Ist schon hier die (Ur-)Zeit von dem Zeitraum, der zwischen
Beschlußfassung und Verwirklichung liegt, klar abgesetzt[62],
dürfte auch in Jes 51,9 - dem synonymen דרות עולמים analog -
die mythische Urzeit selbst und für sich bezeichnet sein. Auf
sie wird sich ebenso das קדם in Ps 74,12a in erster Linie beziehen, wie auch v.12b die in den v.13-17 im einzelnen erzählten mythischen Taten Jahwes betrifft[63]. Es ist jeweils kaum
lediglich der Anfang der Geschichte gemeint[64].

---

lichen gleichen. - Das von dem Vorangehenden gewiß abzuhebende, gleichwohl mit ihm verbundene, in v.10b angesprochene Meerwunder rückt dabei
durch die Zusammenstellung gleichsam selbst in die Nähe der Sphäre des
Mythos, doch ist der grundlegende Unterschied durch die sprachliche Gestalt, in die Deuterojesaja sein Wort gefaßt hat, gewahrt.
61 Auf den Durchzug durchs Meer beziehen sich auch die v.17-20, wie ihre
   Rahmung durch die v.16 und 21 eindeutig beweist; es ist kein mythisches,
   sondern ausschließlich ein geschichtliches Ereignis gemeint.
62 Gerade an diesen Stellen findet sich häufig die auch in Jes 51,9 vorliegende und auch dort insgesamt mit "Urzeit" übersetzbare Verbindung
   ימי קדם: II Reg 19,25 = Jes 37,26; Thr 2,17, aber auch in Jes 23,7 (zu
   pluralischem ימי siehe oben S.51 mit Anm.59). Sonst findet sie sich
   noch in Jer 46,26; Mi 7,20; Ps 44,7; Thr 1,7; in Ps 77,6 und 143,5 begegnet die Verbindung ימים מקדם.
63 Für alles weitere siehe unten S.124ff.
64 Mit Recht stellt K.Kiesow, Exodustexte im Jesajabuch, 103, fest: "Hier

d) ראשית

In Gen 1,1, der Überschrift des priesterschriftlichen Schöpfungsberichts[65], begegnet die Zeitbestimmung בראשית. Der durch
sie bezeichnete Zeitraum erstreckt sich auf die folgenden sechs
Schöpfungstage und wird durch den siebten Tag abgeschlossen
(vgl. auch die von P abhängigen[66] Texte Ex 20,11; 31,17b). Der
"Anfang" wird durch die folgenden Tage also nicht fortgesetzt,
sondern gewissermaßen entfaltet. Es ist schon darauf hingewiesen worden, daß vermutlich die Epoche der Schöpfung von den
folgenden Generationen der Menschheitsgeschichte abzuheben ist
und nicht lediglich die geschichtliche Zeit eröffnet[67]. Entspricht dem auch die Bedeutung des als Zeitbestimmung vorangestellten Nomens?

Die Form בראשית bezeichnet zwar sonst immer den Beginn einer
Zeitspanne (Jer 26,1; 27,1; 28,1; 49,34 [27,1 und 28,1 sind jedoch sekundär oder verderbt[68]]; ebenso wird ראשית in Dtn 11,12
verwendet; vgl. auch Gen 10,10; Prov 17,14; Koh 7,8). Sehr viel
häufiger meint ראשית allerdings den "Erstling" oder qualitativ
das "Beste" einer Frucht etc., das offenbar auch im ersten Fall
etwas anderes und besonderes ist (ähnliches gilt von der durch
ראשית bezeichneten menschlichen Erstgeburt: Gen 49,3; Dtn 21,
17; Ps 78,51; 105,36) und deshalb Jahwe geopfert werden muß
(Ex 23,19; 34,26; Lev 2,12; 23,10; Num 15,20f.; 18,12; Dtn 18,
4 [2mal]; 26,2.10; Ez 20,40; 44,30 [2mal]; Prov 3,9; Neh 12,44;
II Chr 31,5; vgl. I Sam 2,29; 15,21; Jer 2,3; Neh 10,38 und
auch Dtn 33,21; Ez 48,14; Am 6,6)[69]. - In Hi 40,19 meint es
das Nilpferd als besonders herausragendes der Schöpfungswerke
in der Tierwelt[70], während Prov 8,22 die Weisheit als ראשית
דרכו von allen übrigen Schöpfungswerken abhebt (vgl. auch v.

[in Ps 74,12] wie in Jes 51,9 ist ימי קדם keine bloße Datierung, sondern
Qualifizierung eines Geschehens als mythisch-urzeitlich." (Allerdings
heißt es in Ps 74,12a מלכי מקדם.)

65 Zum Problem der absoluten oder relativen Bedeutung des בראשית vgl. C.
Westermann, BK I/1, 132ff. Auch er versteht den Vers als zusammenfassende Überschrift.

66 Vgl. M.Noth, ATD 5, 132.198.

67 Siehe oben S. 36f.

68 Vgl. W.Rudolph, HAT 12, 174.178.

69 Vgl. zu den Stellen im einzelnen O.Eißfeldt, Erstlinge und Zehnten im
Alten Testament, passim.

70 Vgl. G.Fohrer, KAT XVI, 524.

24-31). - In Jes 46,10 wird durch ראשית der uranfängliche Entschluß Jahwes seiner Ausführung in der eschatologischen Endzeit, in Hi 8,7 und 42,12 der Zustand Hiobs vor seinem Leidens-
weg dem noch viel glücklicheren danach gegenübergestellt (an
allen drei Stellen begegnet polares אחרית). - Daß die Selbst-
bezeichnung ראשית הגוים (Am 6,1)[71] besagt, daß Israel sich
nicht nur als "an der Spitze der Völker stehend", sondern von
allen übrigen Völkern fundamental unterschieden und als etwas
völlig anderes wußte als sie, geht aus Am 3,2a hervor. Hier
greift Amos wahrscheinlich eine Redeweise oder einen Einwand
gegen seine Verkündigung auf, in dem das רק betont am Anfang
steht und der gelautet haben könnte: Nur mit uns ist Jahwe vertraut = Nur uns hat Jahwe erwählt von allen Völkern der Erde
(das מן hat hier privative Funktion). Es gibt aber nur Erwählung oder Nichterwählung, jedoch keine vermittelnden Zwischen-
stadien[72] (vgl. auch Jer 2,3)[73].

ראשית meint also in den meisten Fällen nicht einfach den Beginn einer Reihe oder Zeitspanne, sondern etwas einem anderen
Gegenüberstehendes oder schlechthin Unvergleichliches. Demnach
dürfte es aber auch in Gen 1,1 nicht lediglich den zeitlichen
Anfang, sondern die mythische "Zeitspanne" selbst bezeichnen
und wiederum darauf hindeuten, daß die Zeit der Schöpfung von
der geschichtlichen Zeit grundsätzlich zu unterscheiden ist[74].

Andererseits bringt Hi 38,21 mit der Verwendung des Adverbs
אז, das sich hier auf einen zurückliegenden Punkt der bis in
die Gegenwart reichenden geschichtlichen Zeitstrecke bezieht

---

71 Fast der gleiche Ausdruck wird in Num 24,20 für die Amalekiter verwendet.
72 Die Exklusivität betont auch H.W.Wolff, BK XIV/2, 214.
73 Nach Ps 111,10 und Prov 1,7 ist die Jahwefurcht der "Inbegriff" der
Weisheit; vgl. Prov 4,7. Ansonsten begegnet ראשית noch in Jer 49,35;
Hos 9,10 (wahrscheinlich erläuternde Glosse, vgl. S); Mi 1,13 ("Erz-
sünde") und Dan 11,41. Vgl. zum Ganzen auch H.-P.Müller, Art. ראש, insbesondere 709-711.
74 Es ist also nicht auszuschließen, daß das erste Wort in Gen 1 mit "in
der Urzeit" zu übersetzen ist. Dasselbe wäre für Jes 46,10aα zu überlegen, außer Prov 8,22 (wo aber das erste, zwar als etwas besonderes, aber
doch als Glied einer Reihe gemeint ist [vgl. die nomina recta]) der einzigen Stelle, bei der im parallelen Satzglied das Nomen קדם begegnet
(siehe oben S.52); אחרית meint hier die eschatologische Endzeit! - Vgl.
auch B.S.Childs, Myth and Reality in the Old Testament, 40, zu Gen 1,1:
"Rēʾšîth is not the beginning of a series, but to be taken absolutely
as the opposite of ʾaḥărîth (the end)."

(so z.B. auch in Gen 12,6; Ex 15,1; Jos 14,11; I Reg 8,12
etc.), zum Ausdruck, daß die mythische Urzeit für den Menschen
schlechthin unerreichbar ist. Nachdem Jahwe Hiob nach Dingen
gefragt hat, die ausschließlich oder zum ersten Mal in der
Zeit geschehen sind, als er die Welt erschaffen hat (vgl. insbesondere die v.4-11), stellt er ironisch fest:

> Du weißt es ja, denn du bist damals geboren,
> und groß ist die Zahl deiner Tage.

Will sagen: Hiobs Wissen kann in Wirklichkeit niemals bis in
den Bereich der mythischen Urzeit vordringen. Er ist ihm prinzipiell verschlossen[75].

Insgesamt zeigt sich, daß auch den alttestamentlichen Autoren
die mythische Zeit als eine besondere "Zeit jenseits der geschichtlichen Zeit" galt. Die Zeitbestimmung ist auch im Alten
Testament ein wesentliches Kennzeichen des Mythos.

---

75 Vgl. Hi 15,7; deshalb muß Hi 20,4 insgesamt allgemein im Sinn von
   "weißt du nicht, daß es sich seit jeher so verhält, wie es im folgenden ausgeführt wird?" verstanden werden (vgl. G.Fohrer, KAT XVI, 328).
   Nur hier wird עד I von der Vergangenheit gebraucht.

B. DIE MYTHISCHEN ELEMENTE IN DEN PSALMEN

0. Aufgabe und Methode

Nach der Normierung des Terminus "Mythos" hat der Blick auf
bestimmte Texte und Einzelmotive des Alten Testaments zumindest
die Berechtigung der Vermutung bestätigt, daß die mythischen
Vorstellungen einen eigenen, besonderen Motivkomplex, einen
von anderen Inhalten abgrenzbaren Gedankenzusammenhang sui ge-
neris darstellen.
Auf der Basis dieser Arbeitshypothese, die allerdings noch
zu kontrollieren und zu überprüfen ist, stellt sich nicht nur
die Frage, welche mythischen Elemente das Alte Testament enthält und wie sie im einzelnen ausgeprägt sind. Als von besonderer theologischer Relevanz müßte vor allem auch untersucht
werden, welche Funktion den mythischen Elementen als solchen
in der israelitischen Religion bzw. in der alttestamentlichen
Theologie zukommt. Lassen sich vielleicht auch hinsichtlich
ihrer Bedeutung gemeinsame Grundzüge erkennen?
Diese Frage kann nur vom jeweiligen literarischen Kontext,
in den die mythischen Elemente eingebettet sind, her angegan-
gen werden. Er ist zunächst die allein maßgebliche (und über-
prüfbare!) Instanz[1]. Erst danach ist es eventuell möglich,
durch den Vergleich der Einzelergebnisse gewisse Übereinstim-
mungen festzustellen.
Nun würde eine Untersuchung sämtlicher alttestamentlicher
Texteinheiten, in denen mythische Elemente vorkommen, den Rahmen dieser Arbeit sprengen. Andererseits sind bei aller Ergän-
zungsbedürftigkeit doch einigermaßen fundierte und in gewissem

---

1 Daß die spezifisch biblische Bedeutung des Redens von Schöpfer und Schöpfung nur aus seinem besonderen biblischen Zusammenhang zu erheben ist,
betont auch C.Westermann, Das Reden von Schöpfer und Schöpfung im Alten
Testament, 244.

Sinn repräsentative Ergebnisse anzustreben. Sieht man das Alte
Testament auf seine mythischen Inhalte hin durch, bietet sich
angesichts der aus praktischen Gründen notwendigen Beschränkun
eine Behandlung der Psalmen vor allem aus folgenden Gründen
besonders an:

Während die mythischen Texte außerhalb des Psalters größten-
teils derselben literarischen Schicht oder ein und demselben
Verfasser zuzuschreiben sind (sie begegnen in erster Linie in
der priesterschriftlichen und jahwistischen Urgeschichte, bei
Deuterojesaja, im Buch Hiob und in Prov 1-9[2]), stellen die
Psalmen nicht nur relativ reiches, für die Fragestellung re-
levantes Textmaterial zur Verfügung, sondern stammen auch von
verschiedenen Verfassern und können grundsätzlich unterschiedlichen Zeitepochen angehören. Darüber hinaus repräsentieren
sie überwiegend gewiß nicht nur die Auffassungen einzelner,
sondern eines Großteils Israels, da sie zumeist als Kultlieder
anzusehen, d.h. von Anfang an im Blick auf ihre Verwendung
durch die gesamte Kultgemeinde verfaßt oder doch im Kult verwendet worden sein dürften. Nicht zuletzt könnte die theolo-
gisch-praktische, "existentielle" Funktion der mythischen Vorstellungen in diesen Gebeten und Gesängen klarer und eindringlicher zum Ausdruck kommen als in manchen anderen alttestament
lichen Zusammenhängen.

Wegen der fundamentalen Bedeutung des jeweiligen Kontexts
für die Frage nach der Funktion der mythischen Elemente muß
die sich nun anschließende Untersuchung auf der Grundlage der
je gesondert zu analysierenden Einzelpsalmen erfolgen. Sie
vollzieht sich in mehreren Schritten:

(0.) Falls erforderlich, sind Bemerkungen zur *Literarkritik*
vorangestellt. Hier werden im wesentlichen nur grundsätzliche,
umfangreichere Abschnitte des Psalms betreffende Probleme ver-
handelt; literarkritische Anmerkungen zu Einzelversen etc. kön
nen sich auch in den folgenden Abschnitten finden. Das Stichwort "Literarkritik" soll in bezug auf die Psalmen nicht besagen, daß in jedem Fall ein schriftliches Vorstadium anzuneh-

---

2 Vgl. insbesondere die Tabellen zu den Exkursen 1 und 3.
3 Vgl. N.H.Ridderbos, Die Psalmen, 70, und auch G.Fohrer, Einleitung in
  das Alte Testament, 318; R.Smend, Die Entstehung des Alten Testaments,
  194.

men ist; es geht vielmehr um die grundsätzliche Frage, ob bestimmte Abschnitte als ursprünglich nicht zusammengehörig voneinander abgehoben werden müssen. Wichtigstes Kriterium ist
die Feststellung unvereinbarer Spannungen oder anderer inhaltlicher Unstimmigkeiten[4].

(1.) Jeweils am Anfang (eventuell nach einem literarkriti-
schen Vorspann) steht der mit textkritischen Anmerkungen ver-
sehene übersetzte *Text*. Wegen der entscheidenden Rolle des Zusammenhangs ist mit alleiniger, an Ort und Stelle begründeter
Ausnahme von Ps 78 und 119 stets der ganze (allerdings gegebenenfalls literarkritisch gesonderte) Psalm wiedergegeben. Lediglich die Psalmenüberschriften bleiben unberücksichtigt.

Auf folgendes ist noch hinzuweisen:
Im sog. Elohim-Psalter (Ps 42-83 bzw. 89) wird die Gottesbezeichnung
Elohim stets stillschweigend durch das ursprünglichere Jahwe ersetzt.
..... innerhalb der Übersetzung bedeutet, daß der hebräische Text stark
verderbt und praktisch nicht mehr rekonstruierbar ist.

(2.) Da die Funktion der mythischen Elemente durch ihren
Kontextbezug bestimmt ist, empfiehlt es sich, zunächst den
Psalm als ganzen in den Blick zu nehmen und seinen *Inhalt*,
seine *Absicht* grundsätzlich zu erfassen zu versuchen. Dafür
bildet neben der nur selten möglichen genaueren Bestimmung
des historischen Ortes und der kultisch-liturgischen Funktion
bzw. des gottesdienstlichen Rahmens eine Analyse seines *Aufbaus* die wichtigste Grundlage[5], während Einzelprobleme, so-
fern sie nicht den mythischen Text selbst betreffen und dann
weiter unten behandelt werden, nicht in extenso erörtert werden können, wenn das gesteckte Ziel erreichbar bleiben soll.
Die Tatsache, daß der Aufbau auch der ein und derselben Gattung zugeordneten Psalmen keinem strengen Schema folgt[6], ver-

---

4 Weitere "Anzeichen für literarische Uneinheitlichkeit" in den Psalmen,
  wie "unterschiedliche Gattungen, typische Psalmeingänge und -schlüsse
  und - mit Vorsicht - unterschiedlicher Versbau, d.h. Zweigliedrigkeit
  oder Dreigliedrigkeit", die L.Delekat, Asylie und Schutzorakel am Zionheiligtum, 382, noch aufführt, können die Entscheidung stützen.
5 Die äußere und innere Struktur der Psalmen wird meist viel zu wenig beachtet oder oft unzutreffend beurteilt. - Die Bedeutung der Strukturanalyse betont M.Weiss besonders in "Die Methode der 'Total-Interpretation'"; zum "Strophenbau" in den Psalmen vgl. N.H.Ridderbos, Die Psalmen,
  65-68.
6 Dies wird in C.Westermanns Untersuchung "Das Loben Gottes in den Psalmen" an vielen Stellen deutlich; Kritik an seiner Methode übt deshalb

anlaßt dazu, bei aller Traditions- und Gattungsgebundenheit
das Augenmerk gerade auf die je unterschiedliche und eigentümliche Gestalt des jeweiligen Psalms zu richten[7]. Die Strukturanalyse wird manche neue oder doch besser begründete, häufig allein aus äußerlich-sprachlichen Merkmalen ableitbare
Einsichten in Gliederung und gedanklichen Aufbau ergeben, die
für die Interpretation zum Teil von erheblicher Bedeutung sind

(3.) Es folgt eine Analyse der *mythischen Elemente*, die sich
im wesentlichen auf verbale Schilderungen mythischer Vorgänge
beschränkt; nur in diesen Fällen liegen eindeutig mythische
Texte vor (allerdings aufgrund des Kontexts auch in Ps 19,2;
102,26b), obschon nicht ausgeschlossen werden kann, daß auch
bei manchen Nominalverbindungen (vgl. z.B. Ps 86,8), Zustands-
sätzen (vgl. z.B. Ps 93,1b) etc. an urzeitliche Ereignisse mit
gedacht gewesen sein mag. Weitere syntaktisch oder gliederungs
mäßig unmittelbar mit einer mythischen Aussage verbundenen
Sätze werden gegebenenfalls gleich in diesem Abschnitt mitbe-
rücksichtigt (dies gilt jedoch nicht für Ps 96,5, der eine
Antithese formuliert). Dem Ziel dieses Teils, den Inhalt der
mythischen Aussagen so präzise wie möglich zu erfassen, dient
u.a. auch das in den sich hier manchmal anschließenden Exkursen zusammengetragene Material.

Die *Exkurse* wollen einen Überblick über Vorkommen und Aus-
prägung alttestamentlicher mythischer Einzelthemen vermitteln
(lassen sich allerdings nur wenige Parallelen auffinden, werden diese im Zuge der Behandlung des Psalms selbst herangezogen). Dies geschieht in der Regel in zwei Abschnitten: Zunächs
werden die in Frage kommenden Texte in der Reihenfolge ihres
Vorkommens - meist in tabellarischer Form - aufgeführt. Daran
schließt sich in mehreren Anmerkungen eine Auswertung des Text
materials an.

(4.) Nach der Klärung der Intention des gesamten Psalms und
der Untersuchung seiner mythischen Elemente ist nun beides mit
einander in Beziehung zu setzen, um die *Funktion der mythische*

M.Weiss, Die Methode der "Total-Interpretation", 97f.; vgl. auch N.H.
Ridderbos, Die Psalmen, 8 Anm.15.
7 Daß dem "Einmaligen eines jeden Psalms" besondere Beachtung zukommt, heb
N.H.Ridderbos, Die Psalmen, 8, hervor; vgl. auch H. Graf Reventlow, Der
8.Psalm, 304f.307.

Elemente innerhalb des Gesamtrahmens des Psalms zu erfassen:
Wie sind sie seinem Inhalt und seiner Intention zugeordnet?
Welcher Stellenwert kommt ihnen zu? Welche Rolle spielen sie
für das Gottes- und Selbstverständnis Israels?

(5.) Abschließend wird eine ungefähre *Datierung* des jeweiligen Psalms durch den Vergleich inhaltlicher Elemente oder
seines Wortgebrauchs mit anderen datierbaren Texten[8] bzw. aufgrund anderer Anhaltspunkte versucht. Ansonsten ist lediglich
die communis oppinio mitgeteilt. Mehr als eine ungefähre Einordnung (in die vorexilische, exilische oder nachexilische
Zeit) ist dabei in den meisten Fällen nicht möglich. Ergeben
sich jedoch genauere und exegetisch auswertbare Anhaltspunkte,
werden die Ergebnisse dieses letzten Teils natürlich schon
vorher mitgeteilt und für die Auslegung des Textes berücksichtigt.

---

8 Im allgemeinen können die üblichen zeitlichen Ansetzungen den Einleitungen
   oder Kommentaren entnommen werden. In besonderen Fällen wird explizit auf
   die Spezialliteratur verwiesen.

1. Psalm 8

1.0 Literarkritik

Die v.2b-9 weisen keine inhaltlichen Spannungen auf[1]. Anders
verhält es sich anscheinend mit den rahmenden Kehrversen (v.2a
und 10). Sie setzen sich in doppelter Hinsicht vom übrigen
Text ab: (1) steht den pluralischen Suffixen in den v.2a und
10 (אדנינו) ein singularisches Subjekt in den v.2b (text.
emend.[2]) und 4 gegenüber, (2) sind die v.2a und 10 dreiglied-
rig aufgebaut und bestehen aus kurzen, zweihebigen Zeilen, wäh
rend der übrige Psalm zweigliedrig und aus längeren, meist
drei- oder vierhebigen (nur v.5 weist jeweils zwei Hebungen
auf) Zeilen geformt ist. Manchmal wird deshalb angenommen, die
Kehrverse stellten einen sekundären Zuwachs dar[3].

Die Problematik dieser Annahme besteht jedoch zunächst darin
daß mit v.2a auch die ein Gebet normalerweise einleitende Anrede fortfiele[4]. Außerdem weisen Rahmen und Korpus wesentliche
inhaltliche Gemeinsamkeiten auf: Sowohl die v.2a und 10 als
auch die v.2b-9 preisen die Herrlichkeit Jahwes, wie sie auf
der ganzen Erde - sei es durch den Blick zur Himmelsfeste, sei
es in Hinsicht auf die Stellung des Menschen etwa gegenüber
den Tieren - wahrgenommen werden kann[5]. Schließlich verlangt
v.9 einen wieder zu Jahwe zurücklenkenden Abschluß[6].

Inhaltliche Einheitlichkeit einerseits und die aufgezeigten

---

1 W.Beyerlins überlieferungskritische Sonderung der v.2b-3 und 4-9 (S.3-9)
  beruht auf einem anderen Text und Verständnis der v.2b-3 (siehe unten S.
  64-66 Textanm.a und b).
2 Siehe unten s.65f. Textanm.b.
3 So z.B. W.Beyerlin 9f.20f.; vgl. auch Duhm.
4 W.Beyerlin 11 hält den Eingang für verstümmelt.
5 Daß sich Jahwes Herrlichkeit gemäß den v.2b-9 am Himmel wie auf der Erde
  'manifestiert', widerspricht also keineswegs dem בכל-הארץ in den v.2a
  und 10 (gegen W.Beyerlin 9f.; siehe noch unten S.67f.).
6 Vgl. Weiser; der Übergang von v.9 zu v.10 ist keineswegs "gänzlich unver
  mittelt", wie Olshausen findet, der v.10 deshalb als "liturgisches Epi-
  phonem" ansieht (siehe unten S.67 zur Intention des Psalms).

Unterschiede andererseits lassen vermuten, daß Ps 8 als Wechselgesang - die Kehrverse von einem Chor, der übrige Teil von
einem Einzelsänger - vorgetragen, also von Anfang an im Blick
auf eine gottesdienstliche Verwendung konzipiert worden ist[7].
Dies erklärte den Wechsel der Person, aber auch das unterschiedliche Metrum.

1.1 Der Text

2   Jahwe, unser Herr,
          wie herrlich ist dein Name
             auf der ganzen Erde!

       'Ich will' deine Hoheit am Himmel 'besingen'[a]
3   mit Kinder- und Säuglingsmund[b].

       Du hast um deiner Widersacher willen eine Feste errichtet,
       um den rachgierigen Feind fernzuhalten.

4   Wenn ich deinen[c] Himmel betrachte, das Werk deiner Finger,
       den Mond und die Sterne, die du hingestellt hast:

5   Was ist der Mensch, daß du an ihn denkst?
       Was ist der Mensch, daß du dich um ihn kümmerst?

6   Du hast ihm nur ein wenig an Göttlichkeit fehlen lassen.
       Mit Herrlichkeit und Erhabenheit hast du ihn gekrönt.

7   Du hast ihn zum Herrscher über die Werke deiner Hände ge-
       Alles hast du ihm unter die Füße gelegt: [setzt.

8   Schafe und Rinder allsamt,
          dazu auch die wilden Tiere,

9   die Vögel des Himmels und die Fische des Meeres,
          was die Meereswege durchwandert.

---

7 So z.B. auch Duhm, Kraus, W.H.Schmidt 15 Anm.34; Gunkel möchte freilich
  auch eine bloße Imitierung der liturgischen Form nicht ausschließen.

10   Jahwe, unser Herr,
        wie herrlich ist dein Name
        auf der ganzen Erde!

Die schwierigen Probleme, die der masoretische Text der v.2f. aufgibt,
bedürfen - zumal sie für die Frage nach den mythischen Elementen in diesem
Psalm von entscheidender Bedeutung sind - einer eingehenderen Behandlung.
    a Der Beginn des v.2b ist verderbt: Ein imperativischer Attributsatz ist
syntaktisch nicht möglich[8]. Der Vorschlag, תנה als Infinitiv aufzufassen[9],
läßt sich nicht halten[10], und daß ein Aramaismus (תנה/תנא entsprechend he-
bräischem שנה) vorliegt[11], ist ebenso fraglich[12].
    Folgendes spricht indes für die Annahme, daß mit v.2b ursprünglich ein
neuer Satz begonnen hat: (1) Lediglich v.2a ist mit v.10 identisch; mehr-
gliedrige Kehrverse werden aber normalerweise vollständig wiederholt (vgl.
Ps 24,7.9; 42,6.12+43,5; 46,nach 4 [zu ergänzen].8.12; 67,4.6; 80,4.8.
(15.)20; 99,5.9[13]. - (2) Die wichtigen Aussagegehalte des v.2b (שמים, הוד)
sollten nicht in einem Attributsatz stehen[14].
    Wenn aber der eigentliche Psalm mit v.2b einsetzt, kann er nicht mit אשר
begonnen haben. Alle Versuche, unter Beibehaltung dieses Wortes eine andere Form entweder von נתן oder der Wurzel תנה anzunehmen, sind daher von
vornherein wenig wahrscheinlich[15]. Vielmehr muß der Konjekturversuch das
אשר am Anfang von v.2b mit einbeziehen, will man weder v.2b als Glosse aus-

---

8 Zu den von P.Sfair 319-322 beigebrachten angeblichen Parallelen arabi-
   scher und syrischer Texte vgl. J.Hempel 120; W.Rudolph 389 Anm.7.
9 Vgl. D.W.Young, Notes on the Root נתן in Biblical Hebrew, 459.
10 Er wird zurückgewiesen durch H. Graf Reventlow 308 (sonst nie Prädikat
   eines Relativsatzes) und W.Rudolph 389 (die hier belegte Infinitivform
   kommt lediglich einmal vor; nur der inf.abs., nicht aber der inf.constr.
   kann ein finites Verb vertreten).
11 So M.Wagner, Die lexikalischen und grammatikalischen Aramaismen im alttestamentlichen Hebräisch, 119 (Nr.327); W.Rudolph 390f.
12 Vgl. H.Donner, Ugaritismen in der Psalmenforschung, 325. - W.Kuhnigk,
   Nordwestsemitische Studien zum Hoseabuch, 71f., möchte das תנה als
   passive Qatala-Form einer zweiradikaligen Wurzel tn lesen (die Vokalisierung sei unsicher).
13 E.Baumann, Struktur-Untersuchungen im Psalter I, 119f., vermutet trotz
   der Parallelen eine Kürzung am Schluß infolge des Gedankengangs des
   Psalms.
14 Vgl. H.Donner, Ugaritismen in der Psalmenforschung, 326; Duhm.
15 Ursprüngliches נָתַתָּ (bzw. die Kurzform תַּתָּה, vgl. II Sam 22,41) vermuten
   z.B. H.Bardtke (BHS), W.Beyerlin 14 Anm.67, G.Bickell, Carmina Veteris
   Testamenti metrice, 4; F.Buhl (BHK), Kraus, H. Graf Reventlow 308, נָתְנָה
   (auf ארץ bezogen) z.B. Olshausen, vgl. H.Bardtke (BHS). Die Form נָתַן
   haben nach S.Mowinckel 257 Anm.7 G (ὅτι ἐπήρθη ἡ μεγαλοπρέπειά σου
   ὑπεράνω τῶν οὐρανῶν) und V (quoniam elevata est magnificentia tua super
   caelos) geraten. J.Lindblom, Bemerkungen zu den Psalmen I, 5, denkt an
   נָתַן, H.Bardtke (BHS) zieht auch die Form נָתַן in Erwägung. - Die 3.pers.
   m.sg. eines angenommenen Verbs תנה "sich erstrecken, reichen" vermuten
   z.B. Ewald, Hupfeld - Nowack, des auch im Hebräischen bezeugten תנה
   "besingen" König, Weiser, vgl. F.Buhl (BHK); nach W.Rudolph 390 Anm.9
   könnte G das Pi. (תִּנָּה), das auch Eerdmans vermutet, nach J.Hempel 120
   das Pu. (תֻּנָּה) gelesen haben; für diese Form entscheiden sich z.B. A.
   Bertholet (HSAT[K]), Calès, H.L.Ginsberg, Some Emendations in Psalms,
   98; Kissane, König, J.Morgenstern 493, C.Schedl 183, M.Tanner 494
   Anm.1.

scheiden[16] noch den Ausfall eines Stichos zwischen den beiden Teilen des
v.2 vermuten, auf den sich das אשר ursprünglich bezogen habe[17], noch das
אשר streichen[18].

Am meisten spricht für die von Duhm vorgeschlagene Korrektur: Er nimmt
ursprüngliches אָשִׁירָה נָּא "ich will besingen" an[19]. Eine derartige Selbstaufforderung am Anfang eines Liedes begegnet auch sonst, wenn auch - mit
alleiniger Ausnahme von Jes 5,1 - ohne die verstärkende Partikel נא bzw.
נה[20] (vgl. außer Jes 5,1 Ex 15,1b; Jdc 5,3; Ps 89,2; 101,1; 108,2; vgl.
weiter Ps 13,6; 27,6; 57,8; 104,33).

Natürlich ist diese Korrektur - trotz ihrer Wahrscheinlichkeit - nicht
unangreifbar. So mag man fragen, wie es zur Änderung eines so geläufigen
Textes gekommen sein könne[21]. Es muß wohl mit einem Schreibfehler gerechnet werden: Möglicherweise hat eine versehentliche Verwechslung der Konsonanten ה und ח zur Abtrennung dieses verschriebenen Buchstabens und zu
seiner Anfügung an das folgende Wort geführt, das man dann offenbar für
eine Form von נתן gehalten hat[22]. - Auch bezieht sich v.2b nur auf den
ersten Teil des dann folgenden Liedes, da ab v.5 die Erde im Blick ist[23].

Inhaltlich entsprechend, doch unwahrscheinlicher ist der Vorschlag S.
Mowinckels, statt אשר תנה ursprüngliches אֲתַנֶּה anzunehmen, das als seltenes
und altertümliches Wort später durch die einmal als אֲשֶׁר zu lesenden Konsonanten אשר glossiert worden sei. "In der Vorlage des TM sind dann beide
Varianten neben einander gekommen und das zweite Alef weggefallen"[24].

b Die masoretische Versteilung ist zu korrigieren und eine Zäsur zwischen
וינקים und יסדת anzunehmen. Nur so erhält der in seiner jetzigen Form un-
verständliche v.3 einen Sinn[25] (alle von seiner Geschlossenheit ausgehen-
den Interpretationen sind unbefriedigend[26]). מפי ist auf אשרה (text.emend.)

16 So W.Rudolph 391.
17 So J.Morgenstern 496.
18 So Briggs.
19 Ihm sind u.a. H.Donner, Ugaritismen in der Psalmenforschung, 326f.; R.
   Martin-Achard 75 Anm.3, W.H.Schmidt 5 gefolgt.
20 נא kann ursprünglich (ungewöhnliche Orthografie) oder eine Fehlschrei-
   bung sein (vgl. H.Donner, Ugaritismen in der Psalmenforschung, 326 Anm.
   23, zu ersterem auch Duhm).
21 Vgl. W.Rudolph 392.
22 Vgl. F.Delitzsch, Die Lese- und Schreibfehler im Alten Testament, §
   105b. - Die Tatsache, daß הוד auch an anderen Stellen als Objekt von
   נתן fungiert (in Num 27,20; Prov 5,9; Dan 11,21; I Chr 29,25 [außer in
   Prov 5,9 immer + על]), mag diesen Prozeß beeinflußt haben.
23 König übertreibt allerdings, wenn er die Konjektur Duhms mit der Feststellung kritisiert: "aber davon hört man in der Fortsetzung nichts".
24 S.Mowinckel 261. - Dahood nimmt eine Form von שרת pi. an und liest
   אֲשָׁרַתֶּנָה ("I will adore"). - Zur Diskussion jüngerer Lösungsvorschläge
   vgl. auch J.A.Soggin (Textkritische Untersuchung) 566-568.
25 O.Loretz, Psalmenstudien, 109f., und J.Morgenstern 495 streichen ihn.
26 Dies gilt auch für neuere Versuche, die zum Teil entscheidende Inhalte
   in den Text eintragen. Für W.Beyerlin 15f. liegt metaphorischer Sprachgebrauch vor: Es gehe um die preisgegebenen Kinder der nach der Zerstörung Jerusalems trauernden Witwe Zion, durch deren Jahwe-Bezeugung jetzt
   Jahwes Manifestation auf Erden geschehe. - H.W.Huppenbauer, God and Nature in the Psalms, 21, bezieht das Lallen der Kinder auf die Lobpreisungen Israels im Tempel, die mit den himmlischen Lobpreisungen, an die
   v.1 denke (vgl. 20), gänzlich unvergleichbar seien, aber durch Gottes
   Gnade doch die ihm feindlichen Mächte zum Schweigen brächten. - Nach
   Kraus ist das Lob der Kinder ein verborgenes, aber schon lange tönendes
   und seine Wirkungen ausübendes Präludium zur endgültigen Überwindung

in v.2b zu beziehen (auch in Jer 36,18 ist מפי mit einem verbum dicendi [קרא] verbunden). Das Wort braucht weder als verderbt angesehen[27] noch das מ als ein min comparativum aufgefaßt zu werden[28]. Es handelt sich um einen Vergleich (vgl. II Chr 35,22). Der Dichter bringt mit ihm zum Ausdruck, daß er sich seiner Kleinheit und Niedrigkeit gegenüber der von ihm gepriesenen Hoheit Jahwes am Himmel bewußt ist[29]. - Für diese Textgliederung spricht auch, daß יסד nie mit מן konstruiert wird; zur Angabe des Stoffes oder Mittels wird vielmehr entweder die Partikel ב (Jes 54,11 [wahrscheinlich ist hier statt וִיסַדְתִּיךְ jedoch mit 1QJes[a], G וִיסֹדֹתָיִךְ zu lesen];Prov 3,19) oder überhaupt keine Präposition (I Reg 5,31) verwendet.

c Die suffigierte Form ist zwar ungewöhnlich (in G fehlt das Personalpronomen), aber nicht unmöglich (sie begegnet noch in Lev 26,19; Dtn 28,23; 33,28; Ps 144,5).

1.2 Aufbau, Inhalt, Absicht

Die von identischen Rahmenversen (v.2a und 10) umschlossenen v.2b-9 gliedern sich formal und inhaltlich in vier regelmäßig gebaute, jeweils zweiteilige Strophen:

Die erste Strophe (v.2b-3) hat den Himmel im Blick: Der Psalmist will die an ihm sich zeigende Hoheit Jahwes besingen und vergleicht sich selbst mit Kindern und Säuglingen[30] (v.2b.3

der Feinde; vielleicht sei weisheitliche Reflexion im Spiel gewesen, die "anzeigen wollte, daß und wie die Macht der Feinde durch schwacher Kinder Stimme zerbrochen wird". - W.Rudolph 394f. denkt an den ersten Schrei der Kinder, das Wunder der Geburt bzw. die Wunder zwischen Zeugung und Geburt, eben die Tatsache, daß "Jahwe vor aller Augen überall immer neu in so wunderbarer Weise Menschenleben entstehen läßt", "der feste Punkt, sozusagen das feste Bollwerk, an dem alle Angriffe der Gegner abprallen müssen, weil hier täglich etwas geschieht, was mit dem menschlichen Verstand nicht erklärt werden kann" (vgl. zu dieser "biologischen Interpretation" M.Görg 7-10, zum Zitat besonders 9f.; seine aufgrund ägyptischer Vorstellungen gewonnene Deutung erscheint jedoch auch als vage: Den Hintergrund des Ausdrucks am Anfang von v.3 stelle die ägyptische "Vorstellung, die das königliche Kind in ausgeprägter und ausgereifter Weise als mündig und mächtig erscheinen läßt", dar. Diese Mächtigkeit eigne in Ps 8 aber nicht mehr nur dem König, sondern allen Menschen. Aus ihrem Mund könne Jahwe eine Machtstellung begründen [10-13]). - Nach J.J.Stamm 478 sind "die schreienden und damit ihre Lebensfähigkeit erweisenden Kinder die Feste gegen die Feinde". - Es fehlen alttestamentliche Parallelen. W.Rudolph 396 meint auf sie verzichten zu können, da es sich nicht um eine juristische, sondern um eine biologische Sache handle, die keines Beleges bedürfe; J.J.Stamm 477f. kann seine Deutung lediglich mit einer altgermanischen Rechtssitte belegen.

27 Duhm erwägt, in כְּפִי zu korrigieren; J.Leveen, Textual Problems in the Psalms, 48f., vermutet ursprüngliches כַּפִּי.

28 So z.B. H.Cazelles 88f., H.Kruse, Two Hidden Comparatives, 345; R.Martin-Achard 75 Anm.4.

29 Vgl. S.Mowinckel 26.

30 Daß unter עוללים וינקים Gottheiten zu verstehen seien (vgl. H.Cazelles

Anfang). V.3 nennt vor allem den Grund für die Errichtung der
Himmelsfeste.

Die zweite Strophe (v.4f.) lenkt den Blick von der Himmelsfeste auf die Person des Sprechenden: Einem mit כי eingeleiteten Bedingungssatz (v.4) folgt anstelle des zu erwartenden
Nachsatzes "so muß ich ausrufen" der Ausruf selbst[31], der aus
zwei synonymen rhetorischen Fragen besteht nach dem, was der
Mensch denn sei unter der gewaltigen Himmelsfeste (v.5).

Die vier Verbalsätze der dritten Strophe (v.6f.) heben überschwenglich (vgl. das כל in v.7b) die besondere Stellung des
Menschen hervor: seine fast göttliche Erhabenheit (v.6) und
seine Herrschaft über Jahwes Werke (v.7).

Schließlich zählt die vierte Strophe (v.8f.) auf, was Jahwe
dem Menschen unter die Füße gelegt hat: die Landtiere (v.8),
die Vögel und die Fische (v.9).

Die klare Gliederung bestätigt die Rekonstruktion des ursprünglichen Wortlauts und Aufbaus der v.2f.[32].

In v.2b teilt der Psalmist seine Absicht mit: Er möchte Jahwes Hoheit besingen. Dem entspricht, daß insbesondere die durch
Wiederholung betonten, im Gegensatz zum Korpus von einer Gemeinschaft gesungenen oder gesprochenen, gleichsam Überschrift
und Zusammenfassung bildenden Rahmenverse die Herrlichkeit des
Namens Jahwes auf der ganzen Erde rühmen. Jahwe - nicht der
Mensch - steht eindeutig im Mittelpunkt: Er ist das Subjekt in

---

87f., C.Schedl 183f.; J.Hempel 121 hält seine zunächst geäußerte Vermutung, daß hier fremde Götter als "Babies" verhöhnt würden, dann selbst
für "doch wohl zu vage"), ist schon deshalb ganz unwahrscheinlich, weil
jene Wörter im Alten Testament nie in diesem Sinn gebraucht werden und
auch sonst jede Parallele fehlt.

31 Vgl. GK § 159dd; D.Michel, Tempora und Satzstellung in den Psalmen, §
30,11.

32 Die Zusammengehörigkeit der v.4f. wird manchmal aufgelöst; so gliedert
N.H.Ridderbos, Die Psalmen, 136, Ps 8 in zwei Strophen: v.2-4 und 5-10.
Seine Begründung "für die Richtigkeit dieser Auffassung", beide Strophen
begännen mit מה (138 und Anm.6), ist jedoch unzutreffend: V.2 setzt
nicht mit מה, sondern mit יהוה ein. Auch aus anderen Gründen ist sein
Gliederungsvorschlag unbefriedigend: Die v.2a und 10 müssen als Kehrverse vom eigentlichen Psalmkorpus abgesetzt werden (andernfalls aber
dürfte das für die Gliederung als entscheidend angesehene מה in v.10
nicht unberücksichtigt bleiben); N.H.Ridderbos sieht jedoch v.10 als
eigenen Abschnitt an, während er v.2a mit v.2b und den ersten drei Wörtern von v.3 zusammenfaßt. Die v.5-9 unterteilt er fälschlich in die
v.5f. und 7-9, ohne zu beachten, daß die verbale Struktur die v.6f. von
den lediglich aufzählenden v.8f. eindeutig abhebt.

v.3, am Schluß von v.4, jeweils in v.5aβ und 5bβ sowie - worauf besonders hinzuweisen ist - gerade auch in all jenen von der Hoheit des Menschen handelnden Zeilen (v.6-7[8f.]). Die gleich in v.2a betonte universale Herrlichkeit Jahwes (בכל-הארץ) ist ein das ganze Lied durchziehender Gedanke. Obgleich sich der Psalmist in v.2b und 4 selbst ins Spiel bringt, kommt es ihm doch stets auf allumfassende, grundlegende Gegebenheiten an: Der Jahwes Hoheit spiegelnde Himmel mit seinen Gestirnen ist von jedem Punkt der Erdscheibe aus zu sehen, die Stellung des Menschen ist auf der ganzen Erde dieselbe, allen Menschen ist die ganze Tierwelt unterworfen.

Der Schwerpunkt liegt in der Mitte des Psalms, auf der zweiten und dritten Strophe. Darauf weisen mehrere Beobachtungen hin: Die letzte Strophe, die die dem Menschen zu Füßen liegenden Tiere aufzählt, ist lediglich ein Appendix der vorangehenden. Andererseits wird dann die erste Strophe einleitend auf die Betrachtung des Himmels und der Gestirne in der folgenden hinführen wollen. Auch die rahmenden Kehrverse weisen auf eine symmetrische Anlage des Psalms hin. So bilden die beiden mittleren Strophen und nicht nur die Fragen in v.5[33] sein Zentrum. Sie preisen Gott dafür, daß er an den Menschen denkt, sich um ihn kümmert und ihm - gemessen an der gewaltigen Himmelsfeste - eine so erstaunliche Machtfülle geschenkt hat (doch klingt schon in den ersten Worten von v.3 das zentrale Thema der Stellung des Menschen leise an, wenn der Dichter sich mit Kindern und Säuglingen vergleicht und damit seine selbstempfundene Niedrigkeit zum Ausdruck bringt). Die Größe, die Jahwe den Menschen hat zukommen lassen, ist der entscheidende Grund, die "Herrlichkeit seines Namens" zu preisen.

1.3 Die mythischen Elemente

1.3.1 Vers 3

Unter der Voraussetzung, daß die Rekonstruktion des ursprüng-

---

33 So z.B. H. Graf Reventlow 319; vgl. auch F.Crüsemann, Studien zur Formgeschichte von Hymnus und Danklied in Israel, 300 Anm.3.

lichen Wortlauts und syntaktischen Aufbaus der v.2f. grundsätzlich zutreffend ist, könnten erstmals in v.3 (ohne die
drei ersten Wörter) mythische Elemente vorliegen:

Du hast um deiner Widersacher willen eine Feste errichtet,
um den rachgierigen Feind fernzuhalten.

Die erste Zeile erzählt ein in der Vergangenheit liegendes
Handeln Gottes. Ob es jenseits der geschichtlichen Zeit bzw.
in der Urzeit stattgefunden hat, hängt insbesondere von der
Klärung des Wortes עז und davon ab, was mit den durch צורריך,
אויב und מתנקם bezeichneten feindlichen Mächten gemeint ist.

a) עז

עז bedeutet hier weder "Lob"[34] noch "Königsthron"[35] oder
"Turm"[36] und bezieht sich auch nicht auf den Tempel in Jerusalem[37]. Meist ist das Nomen mit "Stärke, Macht" wiederzugeben. Diese Bedeutung ist in Ps 8,3 jedoch unwahrscheinlich,
da יסד fast durchweg mit einem konkreten Objekt verbunden ist.
Nun kann - zwar relativ selten, jedoch mehrfach - עז auch ein
Konkretum bezeichnen: In Am 3,11; 5,9; Prov 21,22 meint es jeweils eine (vor feindlichen Angriffen schützende) Befestigung.
So liegt es nahe, עז in Ps 8,3 mit "Festung, Bollwerk" zu übersetzen. An welche Festung zu denken ist, ergibt der Kontext:
Der Dichter will Jahwes Hoheit am Himmel besingen (v.2b), den
er betrachtet und bewundert (v.4). So spricht alles dafür, daß
עז in v.3, genauer gesagt, die Himmelsfeste bezeichnet[38]. Eine
Parallele könnte in Ps 78,26 vorliegen: Vielleicht entspricht
בעזו in v.26b dem בשמים in v.26a, so daß dort ebenfalls die
Himmelsfeste gemeint wäre[39].

---

34 So G (vgl. Mt 21,16); es dürfte sich mehr um einen Interpretationsver-
   such handeln.
35 So C.Schedl 184 aufgrund des ugarit. ^{c}d; vgl. dazu J.A.Soggin (Textkritische Untersuchung) 569.
36 So H. Graf Reventlow 323 und Anm.99, vgl. 325. Er verweist auf Am 3,2;
   Jer 51,53; Prov 10,15; 21,22, doch begegnet עז in Am 3,2 nicht (ob 3,11
   gemeint ist?), und an den anderen Stellen ist eine Übersetzung mit
   "Turm" durch nichts nahegelegt.
37 So W.Beyerlin 13f. ohne hinreichende Begründung.
38 Demgegenüber ist die Deutung V.Hamps, nach der Jahwe "(am oder über dem
   Himmel) eine Festung gegründet" habe, unklar. Das vorgetragene Verständnis begegnet mehrfach; vgl. z.B. J.A.Soggin (Textkritische Untersuchung)
   569f. und ders. (Zum achten Psalm) 114.
39 Vgl. Anderson, Dahood.

Somit erzählt v.3 von der Errichtung der Himmelsfeste durch
Jahwe und also von einem Geschehen der Urzeit. Bevor gefragt
wird, ob die folgenden Finalsätze dieses Verständnis bestätigen, sollen noch einige Bemerkungen zum Verb יסד angeschlossen
werden.

b) יסד I[40]

Dieses 42mal[41] im Alten Testament vorkommende Verb[42] bezieht
sich mehrfach auf das Errichten von Gebäuden oder Städten[43].
Die allgemeine Bedeutung ist "bauen, errichten" (in Jes 44,
28, vgl. Am 9,6; Ps 78,69, steht יסד parallel zu einer Form
von בנה; vgl. auch II Chr 31,7[44]) bzw. "restaurieren" (vgl.
II Chr 24,27 mit 24,4). - Oft geht es insbesondere um den Bau-
beginn bzw. den Beginn der Restaurierungsarbeiten (Esr 3,10-
12, vgl. v.6; I Reg 5,31[45]; 7,10[46]; Hag 2,18; Sach 8,9). Manchmal werden auch Beginn und Abschluß des Bauens einander gegenübergestellt, wobei für jenen das Verb יסד verwendet wird (Jos
6,26 + I Reg 16,34[47]; I Reg 6,37f. [opp.: כלה]; Sach 4,9 [opp.:
בצע pi.]; II Chr 8,16 [opp.: כלה][48]). Daran läßt sich erkennen,
daß das Verb vor allem die Fundamentierung eines Gebäudes
meint (vgl. auch die Nominalbildungen). - Die Momente des An-
fangens und Bestehens ergeben die abstrakte Bedeutung "einset-

---

40 יסד II ("sich zusammentun", nur ni.) begegnet lediglich in Ps 2,2 und
   31,14. - P.A.H. de Boer 178 lehnt die Unterscheidung zweier Wurzeln ab;
   ihm zufolge geben gerade die beiden Nifal-Formen die genaue und ursprüngliche Bedeutung von יסד wieder ("to join firmly together").
41 יסוד in II Chr 24,27 wird als Qal, מוסדות in Ez 41,8 (Q) als Substantiv
   aufgefaßt; יָסַד in Esr 7,9 ist in יֻסַּד oder יְסַד zu emendieren.
42 Da die Stammesmodifikationen keine grundsätzlich unterscheidbaren Bedeutungen aufweisen, brauchen sie nicht je gesondert behandelt zu werden.
43 "...le verbe yasad appartenait au langage des métiers (maçon, archi-
   tecte)" (P.Humbert, Note sur yasad et ses dérivés, 137).
44 יסד bezeichnet hier das gesamte Aufschichten der Haufen, nicht nur das
   Legen der untersten Schicht, da sich sowohl החלו als auch כלו auf ליסוד
   beziehen (gegen W.H.Schmidt, Art. יסד, 736f.).
45 Vgl. K.Rupprecht, Der Tempel von Jerusalem, 36.
46 Zu den beiden letzten Stellen vgl. W.H.Schmidt, Art. יסד, 736.
47 Grundlegung und Einsetzen der Tore als erste und letzte Phase der Bau-
   tätigkeit; vgl. E.Jenni, Das hebräische Piᶜel, 212.
48 עד־היום ist mit den Versionen in מיום zu korrigieren (gegen F.J.Ander-
   sen, Who Built the Second Temple?, 19, der den MT beibehält und mit ihm
   begründen möchte, daß "the day of foundation is the day of completion,
   since the building is only really established when it is securely fin-
   ished").

zen, bestimmen, anordnen" (Jes 23,13[?]; Hab 1,12; Ps 104,8;
119,152; Est 1,8; I Chr 9,22).

Auch in bezug auf mythische Zusammenhänge lassen sich spezielle und mehr allgemeinere Verwendungsweisen unterscheiden.
Am häufigsten bezieht sich das Verb hier auf die Gründung der
Erde, von der man sich vorstellte, daß Jahwe sie wie ein Gebäude fundamentiert hat[49] (Jes 48,13; 51,13.16; Sach 12,1; Ps
24,2; 78,69; 89,12 [תבל ומלאה]; 102,26; 104,5; Hi 38,4; Prov
3,19). Die Bedeutung "bauen, errichten" ist neben Ps 8,3 auch
in Am 9,6 anzunehmen, wo es ebenfalls um die Errichtung der
Himmelsfeste geht (hier אגדה genannt). Allgemein wird es in Ps
104,8 vom Festsetzen des Orts des Wassers gebraucht.

c) Die feindlichen Mächte

Es ist nun noch zu klären, was unter den צוררים, אויב und
מתנקם genannten feindlichen Mächten zu verstehen ist, derent-
wegen Jahwe das Himmelsgewölbe errichtet hat. Nach Gen 1,6f.
hat die Schaffung des Firmaments den Zweck, eine Trennwand
zwischen den Wassern zu bilden und "die Wasser über der Feste"
von der Erde fernzuhalten. Da das Wasser des öfteren im Alten
Testament als jahwefeindliches, jedoch von ihm bezwungenes
Element erscheint (obgleich es sich ansonsten immer um das
Wasser des Meeres handelt[50]), dürften - wie auch schon angenommen worden ist - mit den Feinden in Ps 8 die gleichsam per-
sonifizierten Wassermassen gemeint sein, deren Chaosmacht Jahwe durch die Himmelsfeste gebannt hat.

Diese Interpretation ist nicht unbestritten. Da sie auf einer
vom masoretischen Text abweichenden Verseinteilung beruht, sind
alle Einwände, die diese nicht akzeptieren, solange hinfällig,
als es nicht gelingt, v.3 auf andere Weise einen Sinn abzuge-
winnen[51]. Oft wird sie aber aufgrund des Sprachgebrauchs in
Frage gestellt. So bezeichnet die Verbindung אויב ומתנקם, die
sich nur noch in Ps 44,17 findet, dort irdisch-geschichtliche
Feinde[52]. Dieser einzige weitere Beleg reicht jedoch nicht aus,

---

49 Vgl. P.Humbert, Note sur yāsad et ses dérivés, 137.
50 Siehe unten Exkurs 4 (S.111f.).
51 Natürlich können Kinder kein Kampfmittel gegen mythische Mächte sein
   (zu J.J.Stamm 473).
52 Dies werfen z.B. W.Beyerlin 8 und J.J.Stamm 473 ein.

um die vertretene Deutung zu widerlegen. Schwerwiegender ist
das Argument, daß das Nomen אויב, wenn es für Jahwes Feinde
gebraucht wird, mit alleiniger Ausnahme von Ps 89,11 stets für
irdisch-geschichtliche Feinde verwendet wird[53]. Doch in Ps 89,
11 sind eben mit Sicherheit mythische Mächte gemeint[54], so daß
dieses Verständnis auch im Blick auf Ps 8 grundsätzlich möglich ist. Außerdem ist es vom Kontext her, der gerade die *allen* Menschen verliehene Herrlichkeit und Erhabenheit, ja Gottähnlichkeit so stark hervorhebt, ganz unwahrscheinlich, daß
in v.3 von irdischen Feinden oder Gotteslästerern[55] die Rede
sein sollte. Beobachtungen zur Bedeutung von שבת hi. werden
die hier vertretene Deutung nochmals bestätigen.

d) שבת hi.

Das 36mal vorkommende שבת hi.[56] kann "aufhören lassen, zum
Aufhören bringen", aber auch "fernhalten, entfernen" bedeuten[57]. Die letztere Bedeutung bietet sich in wörtlichem oder
übertragenem Sinn in fast allen 18 Fällen an, in denen שבת hi.
mit מן konstruiert ist - häufiger, als gemeinhin angenommen.
Während man in Lev 2,13 mit "fernhalten" wird übersetzen müssen (das Salz von der Opfergabe), vgl. auch Jes 30,11 (s.u.),
wird sonst immer ausgesagt, daß etwas, das sich an einem Ort
befunden hat, von diesem "entfernt" wird: in Ex 5,5 (das Volk
vom Frondienst[58]); 12,15 (den Sauerteig aus den Häusern); Lev

---

53 Vgl. vor allem J.J.Stamm 473.
54 Nach J.J.Stamm 474 dürfte auch an dieser Stelle, "wo der Feind noch am
   ehesten mythisches Gepräge hat, ein geschichtliches Element nicht fehlen"; doch siehe dazu unten S.171.
55 So etwa Kraus, G.Wallis 195, Weiser. Auch die Gestirne sind nicht gemeint; so P.A.H. de Boer 177-181, der das כי am Anfang von v.4 kausativ
   versteht: *Sie* seien die in v.3 genannten feindlichen Mächte, die Jahwe
   an der errichteten Himmelsfeste befestigt und dadurch besiegt und unterworfen habe; weshalb dann allerdings die Sonne unerwähnt bleibt, weiß
   er nicht zu sagen.
56 In Jes 16,10 und Jer 48,33 ist הִשְׁבַּת statt הִשְׁבַּתִּי, in Ps 89,45 שְׁבַרְתָּ statt
   הִשְׁבַּתָּ und in Ps 119,119 חָשַׁבְתָּ statt הִשְׁבַּתָּ zu lesen. Vielleicht sind auch
   Dan 9,27 und II Chr 16,5 zu korrigieren; beide Stellen sind jedoch mit-
   gezählt.
57 Vgl. F.Stolz, Art. שׁבת, 864: "aufhören lassen" und "zum Verschwinden
   bringen, entfernen".
58 Mose und Aron wollen mit dem Volk in die Wüste ziehen (vgl. die vorangehenden Verse), es also tatsächlich vom Frondienst "entfernen" und ihm
   nicht nur "eine Ruhepause erwirken" (so z.B. M.Noth, ATD 5, 34) oder es
   von ihrer Arbeit "abhalten" (so etwa O.Eißfeldt, Hexateuch-Synopse,

26,6 (wilde Tiere vom Land); Dtn 32,26 (die Erinnerung an die
Israeliten von der Menschheit); II Reg 23,11 (Pferde vom Eingang des Tempels zur Halle: אל - מן); Jes 30,11 (den Heiligen
Israels von uns[59]); Jer 7,34 (die Stimme des Jubels etc. von
den Städten Judas und den Straßen Jerusalems); 16,9 (die Stimme des Jubels etc. von diesem Ort); 36,29 (Mensch und Vieh aus
dem Land[60]); Ez 16,41 (dich von der Unzucht); 23,27 (deinen
Frevel und 'deine Unzucht' von dir).48 (den Frevel aus dem
Land); 30,13 (die 'Gewalthaber' und 'Fürsten' aus Memphis[61]);
34,10 (die Hirten vom Weiden der Schafe).25 (wilde Tiere vom
Land); Prov 18,18 (von Streitigkeiten). Auch dort, wo ein מן
fehlt, liegt öfters eine ähnliche Bedeutung nahe oder ist doch
nicht unmöglich; vgl. Jos 22,25 (abhalten von der Jahwefurcht,
mit לבלתי konstruiert); II Reg 23,5 (Entfernung der Götzen-
priester); Ps 46,10 (Entfernung des Krieges "bis ans Ende der
Erde"[62]).

Aufgrund des oben zu v.3 Ausgeführten und dieser Wortuntersuchung ist es aber sehr wahrscheinlich, daß שבת hi. auch in
Ps 8,3 - obgleich es nicht ausdrücklich mit מן konstruiert
ist (was metrische Gründe haben kann und jedenfalls nicht un-
denkbar wäre) - im Unterschied zu den bisherigen Übersetzungen
des Verbs das *Entfernen* bzw. *Fernhalten* der jahwefeindlichen
Wassermassen von der Erde meint. V.3 besagt somit, daß Jahwe
einst die Himmelsfeste errichtet habe, um die ihm feindlichen
Wasser von der Erde zu entfernen bzw. fernzuhalten. Es wird

116*).

59 Man könnte v.11b geradezu übersetzen: "Schafft uns" bzw. "Haltet uns
den Heiligen Israels vom Leibe!" Bisher wird der Versteil anders wiedergegeben; vgl. z.B. B.Duhm, Das Buch Jesaja, 219: "Schweigt uns vom
Heiligen Israels!", G.Fohrer, Die Propheten des Alten Testaments I,
142: "Laßt uns in Ruhe mit dem 'Heiligen Israels'!", O.Kaiser, ATD 18,
232: "Hört vor uns auf mit dem Heiligen Israels!".

60 Man kann in diesem prosaischen Text nicht aufgrund einer angeblichen
Parallelität zu שחת hi. die Bedeutung "vertilgen" annehmen (so F.Stolz,
Art. שבת, 865; ebenso übersetzen z.B. G.Fohrer, Die Propheten des Alten
Testaments VII, 138; W.Rudolph, HAT 12, 234). - Vielmehr hatte Jeremia
die *Exilierung* durch die Babylonier (!) angekündigt. - Es ist fraglich,
ob überhaupt jemals im Alten Testament שבת hi. ein Vernichten oder Zerstören meint.

61 Auch hier wird die Exilierung der Oberschicht durch die Babylonier angekündigt worden sein.

62 Dies ist sehr viel wahrscheinlicher als die übliche Übersetzung: "Der
den Kriegen steuert bis ans Ende der Welt" (so Gunkel, ähnlich auch
Kraus u.v.a.) und paßt wesentlich besser zu v.10aβ.b.

jedoch weder ein diesem Bau vorausgehender Kampf mit mythischen Wesen erwähnt[63] (lediglich der Ausdruck מתנקם könnte
als leise Anspielung an ihn verstanden werden[64], erklärt sich
aber einfacher durch die vollzogene Errichtung der Himmelsfeste selbst, die die Feindschaft der Wasser andauern lassen
oder verursacht und ihre Rachgier ausgelöst haben mag[65]) noch
berichtet, daß das Bollwerk einem jährlich wiederholten Angriff der Wasser Widerstand leisten müsse[66]. Zwar sind die
feindlichen Mächte nicht ausgelöscht worden, jedoch trotz aller Feindschaft und Rachsucht ohnmächtig.

Exkurs 1: Die Errichtung der Himmelsfeste

a) Die Texte

Siehe Tabelle I in der Innentasche am Schluß des Buches.

---

63 So z.B. Dahood, Duhm.
64 Vgl. J.Hempel 121.
65 Sicherlich erklärt sich das Partizip "am zwanglosesten eben dann, wenn
   es eine Vorgeschichte gibt, die das Revanchestreben motiviert" (W.Beyer-
   lin 8), doch spricht dies nicht gegen die Annahme mythischer Vorgänge.
66 So S.Mowinckel 260.
67 Gen 2,4b könnte ein redaktioneller Zusatz sein, der die beiden Schöp-
   fungsberichte miteinander verklammern sollte (vgl. C.Westermann, BK
   I/1, 269.271).
68 Ob das Verb קנה tatsächlich "erschaffen" bedeutet, ist nicht sicher (J.
   A.Emerton, The Riddle of Genesis XIV, 408, hält es für wahrscheinlich;
   G. Levi della Vida, El ⁽ᶜ⁾Elyon in Genesis 14,18-20, 1 Anm.1, spricht sic
   dagegen aus; vgl. auch W.Schatz, Genesis 14, 214: קנה vermutlich = "Vater, Mutter, Erzeuger, Urheber sein oder werden"; ähnlich N.C.Habel,
   "Yahweh, Maker of Heaven and Earth", 321f. mit Anm.3 [procreator]).
69 Gen 14 dürfte ein spätnachexilischer Text sein; die Segensworte (v.18-
   20, ebenso v.22bß) sind sekundär eingefügt worden (vgl. z.B. J.A.Emer-
   ton, The Riddle of Genesis XIV, 408f.; W.Zimmerli, Abraham und Melchisedek, 255). Ob die Formel אל עליון קנה שמים וארץ auf alte Tradition
   zurückgeht, wie oft angenommen wird (vgl. N.C.Habel, "Yahweh, Maker of
   Heaven and Earth", 321-323; J.R.Kirkland, The Incident at Salem, 15
   [keine späte Einfügung; 2.Jt.]; E.Kutsch, Art. Melchisedek, 843f.), ist
   nicht ganz sicher (vgl. auch R.Rendtorff, El, Ba⁽ᶜ⁾al und Jahwe, 186).
70 Vgl. M.Noth, ATD 5, 132.
71 Vgl. M.Noth, ATD 5, 198.
72 Das Wort könnte auch aus späterer Zeit stammen (so etwa G.Fohrer, Einleitung in das Alte Testament, 419).
73 B.Duhm, Das Buch Jesaja, 386, und G.Fohrer, Einleitung in das Alte Testament, 419, z.B. halten 51,11(12)-16 für sekundär.
74 Nach S ist לִנְטֹׁה statt לִנְטֹעַ zu lesen (vgl. v.13).

b) Anmerkungen

(1) Die *Texte* verteilen sich auf relativ wenige alttestamentliche Bücher oder Verfasser. Belege finden sich vor allem in den Psalmen, bei Deutero-jesaja und mehrmals in der Priesterschrift bzw. von ihr abhängigen Texten (Ex 20,11; 31,17); mehrere Texte sind doppelt überliefert (II Reg 19,15b = Jes 37,16b; Jer 10,12b = 51,15b; Ps 96,5b = I Chr 16,26b).

(2) *Neben* שמים begegnet, abgesehen von den paronomastischen Intensitäts-genitiven in Ps 148,4a und Neh 9,6a, die in der Tabelle nicht angegeben wurden[75], nur רקיע (Gen 1,6-8a)[76].

Anstelle von שמים finden sich die Nomina אגדה (Am 9,6aβ; in dieser Be-deutung nur hier); עז (Ps 8,3aβ), אהל (Ps 19,5b[77]), מרמים (Ps 78,69a text. emend.[78]) und צפון (Hi 26,7a[79]).

(3) Im *Kontext* begegnet sehr oft polares ארץ, so etwa in den Verbindun-gen את־השמים ואת־הארץ (Gen 1,1; Ex 20,11aα; 31,17bα; II Reg 19,15b; Jes 37,16b; Jer 32,17a; II Chr 2,11aβ) und שמים וארץ (Gen 14,19bβ.22bβ; Ps 115, 15b; 121,2b; 124,8b; 134,3b; 146,6a) bzw. ארץ ושמים (Gen 2,4b)[80]. Hier wie auch in all jenen Texten, in denen im parallelen Versglied von der Er-schaffung der Erde die Rede ist (Jes 42,5aα; 44,24bβ.γ [vgl. mit v.24bα]; 45,12.18aα; 48,13a; 51,13aα₁.16bα; 66,1f.; Jer 10,12 = 51,15; Sach 12,1bα; Ps 78,69; 102,26; Hi 26,7; Prov 3,19; Neh 9,6aα) wird in erster Linie zum Ausdruck gebracht, daß Jahwe *alles* gemacht hat.

Ohne weitere Objekte und in nichtmythischem Kontext findet sich das Mo-tiv nur in Ps 19 und 96,5b = I Chr 16,26b. Hier handelt es sich ebenso um ein selbständiges Thema wie dort, wo nicht lediglich ein Teilaspekt der gesamten Schöpfung, sondern ein eigenständiges Werk neben anderen gemeint ist (Gen 1,6-8a; Jes 40,22b; Ps 8,3; 33,6a; 104,2b; 136,5a; Hi 9,8a; Prov 8,27a).

(4) Am häufigsten wird das *Verb* עשה verwendet (19mal, davon 12mal im Zu-sammenhang mit polaren Wortverbindungen; als מעשה Jahwes wird der Himmel außer in Ps 19,2 und 102,26b auch in Ps 8,4a bezeichnet); 12mal findet sich נטה, 4mal ברא (vgl. auch Gen 2,4a: Inf.ni.)[81], je 2mal, davon zweimal in literarisch zusammengehörigen Texten, יסד, כון und קנה, je 1mal בנה, שים sowie die Hapax legomena טפח I und מתח[82].

---

75 Ob dahinter eine von einfachem שמים abweichende kosmologische Vorstel-lung steht, ist nicht sicher; vgl. dazu G.Schäfer, "König der Könige" - "Lied der Lieder", 95f., der verschiedene Deutungsmöglichkeiten nennt.

76 Als Synonym für שמים findet es sich noch mehrmals in Gen 1, außerdem in Ps 19,2; 150,1; Dan 12,3 (in Ez 1,22f.25f.; 10,1 bezeichnet es die feste Platte über den Cheruben, auf der sich der Thron befindet).

77 Zur Begründung siehe unten S.89.

78 Zur Begründung siehe unten S.158 (dort sind auch die übrigen Texte an-gegeben, in denen מרום für "Himmel" steht).

79 Für die Bedeutung "Himmel" sprechen das polare ארץ in v.7b und das sehr häufig für das Errichten der Himmelsfeste verwendete Verb נטה.

80 Daß die Formulierung אל עליון קנה יהוה עשה שמים וארץ auf den Ausdruck קנה שמים וארץ in Gen 14 zurückgeht, vermutet N.C.Habel vor allem aus zwei Gründen: (1) Beide haben eine gemeinsame formelhafte Struktur (jeweils "Himmel und Erde" und Partizipialform); (2) im Psalter steht die Formel wie in Gen 14 meist im Kontext des Segens. Später seien El mit Jahwe identifiziert und קנה durch עשה ausgetauscht worden ("Yahweh, Maker of Heaven and Earth" 323ff.).

81 ברא und עשה werden in Jes 65,17a und 66,22a auch von der Erschaffung eines neuen Himmels und einer neuen Erde gebraucht.

82 Die von G. von Rad, Art. οὐρανός, 503, Z.8, und J.A.Soggin, Art. שָׁמַיִם, 968, einzig aufgeführten Verben ברא, כון, עשה und קנה sind keineswegs

(5) Als *Näherbestimmungen* sind die Zeitbestimmung in Gen 1,1 und die
Angaben der Dauer der Gesamtschöpfung in Ex 20,11aα und 31,17bα, die Betonung des alleinigen Erschaffens in Jes 44,24bβ und Hi 9,8a sowie die
Nennung von Körperorganen und, zum Teil in Verbindung damit, von Eigenschaften Jahwes (Jahwes Hand: Jes 45,12bα; 66,2; vgl. Ps 19,2; 102,26b
sowie Ps 8,4 [Jahwes Finger], seine Rechte: Jes 48,13aβ, seine große Kraft
und sein ausgestreckter Arm: Jer 32,17a, seine Geschicklichkeit: Jer 10,
12b = 51,15b; Ps 136,5a; Prov 3,19b, sein Wort: Gen 1,6-8a u.ö.; Jes 48,
13; Ps 33,6; 148,5b) zu erwähnen.

Aus diesen Stellen, denen überhaupt nähere Einzelheiten zu entnehmen
sind, geht hervor, daß man sich die Errichtung der Himmelsfeste über der
Erdscheibe offenbar zum Teil analog dem Ausspannen eines Zeltes vorstellte. So ist häufig der dafür gebräuchliche Terminus technicus נטה (vgl.
Gen 12,8; 26,25; 33,19; 35,21; Ex 33,7; Jdc 4,11; II Sam 6,17; Jer 10,20;
I Chr 15,1; 16,1; II Chr 1,4) verwendet, und zweimal wird der Himmel mit
einem Zelt oder einer Zeltdecke verglichen (Jes 40,22b und Ps 104,2b); in
Ps 19,5b wird er selbst als Zelt bezeichnet[83]. Abgewandelt durch die Ortsbestimmung על-תהו begegnet dieser bildhafte Vergleich in Hi 26,7a; danach
hat Jahwe den Himmel "über der Leere" ausgespannt - ohne den sonst für ein
Zelt nötigen festen Untergrund. Eher an den Bau eines Hauses ist in Am 9,6
gedacht; hier wie sonst nur noch in Ps 8,3 ist das dafür häufig gebrauchte
Verb יסד verwendet[84]. In Prov 8,27b heißt es, Jahwe habe "über der Urflut"
einen Kreis abgesteckt - vielleicht, um die Errichtung der Himmelsfeste
vorzubereiten.

Als Zweck der Errichtung der Himmelsfeste sind die Scheidung bzw. das
Fernhalten des sich über ihr befindlichen Wassers erwähnt (Gen 1,6f.; Ps
8,3). Nach Jes 66,1 dient der Himmel als Jahwes Thron, nach Ps 19,5b als
Zelt für die Sonne.

(6) Kein Beleg stammt mit Sicherheit als vorexilischer, viele dagegen
ohne Zweifel aus exilischer oder nachexilischer *Zeit*[85].

1.3.2 Vers 4

Wenn ich deinen Himmel betrachte, das Werk deiner Finger,
den Mond und die Sterne, die du hingestellt hast:

Neben der Himmelsfeste erwähnt v.4b die urzeitliche Entstehung der Gestirne.

a) מעשי אצבעתיך

Daß unmittelbar im Anschluß an v.3 die Himmelsfeste ein Werk
Jahwes genannt wird, bestätigt die Interpretation jenes Verses
ein weiteres Mal. מעשה gehört zu den hebräischen Wörtern, die
einen doppelten Aspekt aufweisen: Es bezeichnet sowohl das Ma-

---

allesamt typisch (das häufige נטה fehlt, während כון und קנה nur zweimal und dazu in literarisch voneinander abhängigen Texten begegnen).
83 Zur Begründung siehe unten S.89ff.
84 Siehe oben S.70f.
85 Vgl. auch A.Ohler, Mythologische Elemente im Alten Testament, 130.

chen, Anfertigen (vgl. Ps 8,4b) als auch das vollendete Werk. Zwar wird es oft für Gottes Handeln oder Werk verwendet, doch nur selten für eine urzeitliche Tat: 3mal bezieht es sich auf die Errichtung der Himmelsfeste (Ps 8,4; 19,2; 102,26), und in Ps 8,7 ist vielleicht auch an die Erschaffung der Tiere mit gedacht.

Der Ausdruck מעשׂי אצבעתיך ist singulär. Abgesehen von Ps 8,4 bezeichnet אצבע nur noch 3mal (von insgesamt 30 Belegen) den Finger Gottes, aber nie in Hinsicht auf ein mythisches Schöpfungshandeln[86]. Vom menschlichen Machen mit Hilfe der Finger reden nur Jes 2,8 und 17,8. Sehr häufig hingegen begegnet מעשׂה in Verbindung mit einer Form von יד (insgesamt 54mal, davon 15mal von Jahwes Werk[87]). Da יד und אצבע synonym verwendet werden können – so auch gerade an den beiden Stellen, die vom menschlichen Machen mit den Fingern sprechen (Jes 2,8; 17,8), darüber hinaus in Jes 59,3; Ps 144,1 und Cant 5,5 –, andererseits in den beiden Texten, die sich (außer Ps 8,4) auf die Errichtung der Himmelsfeste beziehen (Ps 19,2; 102,26), מעשׂה mit einer Form von יד verbunden ist, wird anzunehmen sein, daß der Verfasser von Ps 8 lediglich zweimaliges מעשׂי ידיך (vgl. v.7) hat vermeiden, aber nichts *anderes* hat sagen wollen[88].

---

86 Mit ihm sind die Gesetzestafeln beschrieben (Ex 31,18; Dtn 9,10), und die ägyptischen Wahrsagepriester erkennen ihn in der Mückenplage (Ex 8,15).

87 Jes 5,12; 19,25; 29,23; 60,21; 64,7; Ps 8,7; 19,2; 28,5; 92,5; 102,26; 111,2; 138,8; 143,5; Hi 14,15; 34,19.

88 R.Albertz, Ehrlich, Gunkel, H. Graf Reventlow, W.H.Schmidt, H.W.Wolff z.B. dürften deshalb den in v.4 gewählten Ausdruck überinterpretieren. R.Albertz, Weltschöpfung und Menschenschöpfung, 125, sieht in ihm eine Steigerung der Majestät Gottes, weil "Jahwe zur Erschaffung des unendlichen Himmels nicht einmal mehr die Hände, sondern nur noch die Finger benötigt". - Nach Ehrlich muß man bedenken, "dass für grobe Arbeit nur die Hand nötig ist, bei feinerer Arbeit dagegen auch die Finger in Anwendung kommen" (ebenso Gunkel); der Himmel sei das "Meisterwerk", während in v.7 "der bescheidenere Teil der Schöpfung" angesprochen sei. - H. Graf Reventlow 327 ist der Ansicht, daß die vorgegebene Gleichsetzung "Himmel = Werk der Hände Jahwes" durch die Formulierung in v.4 "noch eine Stufe konkreter, spezieller" wird. - Für W.H.Schmidt 7 besagt v.4a, daß Gott "zur Erschaffung des für den Menschen Unerreichbaren keiner Kraft, sondern nur des Fingers (bedarf), mit dem man schreibt! Hier versucht die Rede von Gott in Übersteigerung der traditionellen Formulierung die Vorstellung bis zu ihrer Grenze auszudehnen". - H.W.Wolff, Anthropologie des Alten Testaments, 109, vermutet in dem in v.4 verwendeten Ausdruck einen Hinweis "auf die kunstvolle Filigranarbeit des

b) כון pol.

כון pol. begegnet 29mal im Alten Testament, davon 17mal in
den Psalmen. Es bedeutet "bereiten, befestigen, fest hinstellen"[89]. Im Zusammenhang mit Ps 8 stellt sich die Frage, ob die
Erschaffung von Mond und Sternen oder ihre *Befestigung* an der
Himmelsfeste gemeint ist[90]. Für das erstere Verständnis sprechen Stellen wie Ex 15,17 (par.: פעל); Dtn 32,6 (par.: קנה,
verbunden mit עשה); Jes 45,18 (par.: יצר und עשה); 67,7; Hab
2,12 (par.: בנה); Ps 99,4; 107,36; 119,73 (verbunden mit עשה),
Hi 31,15, für letzteres II Sam 7,13.24; Jes 51,13; Ps 7,10.13;
9,8; 11,2; 21,13; 24,2; 40,3; 48,9; 68,10; 87,5; 90,17; Hi 8,
8; I Chr 17,12. Eine eindeutige Entscheidung ist kaum möglich.
Vielleicht beinhaltet כוננתה in Ps 8,4 beide Aspekte, zumal
wenn man die Verwandtschaft mit dem priesterschriftlichen
Schöpfungsbericht in Rechnung stellt[91]: Zunächst entstehen die
Gestirne auf Jahwes Wort hin oder durch sein Tun (Gen 1,14-16),
sodann setzt er sie an die Himmelsfeste (v.17). Eine Übersetzung mit "hinstellen" dürfte dem am ehesten gerecht werden.

כון pol. steht 5mal für Jahwes uranfängliches Schaffen und
ist mit verschiedenen Objekten verbunden: Jes 45,18 (Erde);
Ps 8,4 (Mond und Sterne); 24,2 (Erde); 119,90 (Erde); Prov 3,
19 (Himmel); auch in den außer Ps 8,4 genannten Stellen können
zum Teil beide Bedeutungsaspekte gemeint sein.

So betrachtet der Psalmist nach v.4 den Himmel sowie den
Mond und die Sterne als Werke, die Jahwe einstmals geschaffen
hat. Sie repräsentieren nicht die gesamte Schöpfung[92], sondern es ist gerade die gewaltige *Himmelsfeste*, die zu den
beiden Fragen in v.5 führt.

---

zierlichen Geflechts der Gestirne".
89 Nach E.Gerstenberger, Art. כון, 815, sagt es aus, "daß jemand den Zustand der Festigkeit herbeiführt".
90 Für ersteres entscheidet sich z.B. Weiser ("die du geschaffen"), nur
   letzteres läßt P.A.H. de Boer 181 gelten ("כון means to fix in a cer-
   tain place"; siehe auch oben S.72 Anm.55).
91 Siehe unten S.84.
92 Dies vermutet z.B. Anderson. Auch R.Albertz, Weltschöpfung und Menschenschöpfung, 125, verwendet in bezug auf v.4 den Ausdruck "Weltschöpfung".

Exkurs 2: Die Erschaffung bzw. Anbringung der Gestirne

a) Die Texte

Siehe Tabelle II in der Innentasche am Schluß des Buches.

b) Anmerkungen

(1) Mit Ausnahme von Gen 1,14-18 wird die Erschaffung der Gestirne (oder ihrer Bestimmung: lediglich davon ist in Jer 31,35a die Rede) nur ganz knapp und meist in unmittelbarer Verbindung mit weiteren mythischen Aussagen (vor allem natürlich mit der Errichtung der Himmelsfeste) erwähnt.

(2) Mit Abstand am häufigsten ist das allgemeine Verb עשה verwendet.

(3) Während den Texten über die Art der Entstehung der Gestirne nichts Näheres zu entnehmen ist, heißt es in Gen 1,17 noch, daß Jahwe sie nach ihrer Erschaffung an die Himmelsfeste "gegeben" hat[99]; vermutlich ist dieser Vorgang - neben der Erschaffung - auch in Ps 8,4 im Blick[100].

(4) Der Zweck der Erschaffung der Gestirne wird außer in Gen 1,14-18 auch in Jer 31,35a; Ps 104,19a und 136,7-9 ausdrücklich angegeben: Sie sollen Tag und Nacht voneinander trennen bzw. beleuchten und der Zeiteinteilung oder -festsetzung dienen.

(5) Abgesehen von der schwer datierbaren Amosstelle und dem rekonstruierten Text von I Reg 8,12b stammen alle Texte aus exilischer oder nachexilischer Zeit[101].

---

93 Diese Zeile wird gewöhnlich nach G (III Reg 8,53) ergänzt, deren Text (ἥλιον ἐγνώρισεν ἐν οὐρανῷ) hebr. שמש הכין בשמים zugrunde liegen könnte (unter Annahme eines aus ursprünglichem הכין sekundär entstellten הבין; vgl. M.Noth, BK IX/1, 172).

94 Nach M.Noth, BK IX/1, 175, sind die v.12f. "schon vor Dtr irgend wann einmal dem Grundbestand von 1-11 hinzugefügt worden", nach E.Würthwein, ATD 11,1, 88, dürften sie alt sein, während A.Ohler, Mythologische Elemente im Alten Testament, 135 Anm.9, sie für spät hält. - Der Tempelweihspruch ist ein Anhängsel an die v.1-11.

95 חקת am Anfang von v.35aß ist aus metrischen Gründen (ursprünglich dürften die beiden Zeilen nach כה אמר יהוה jeweils vier Hebungen aufgewiesen haben) mit einer masoretischen Handschrift und G zu streichen. Das Wort ist vielleicht von v.36 her eingedrungen.

96 B.Duhm, KHC XI, 258, hält den Text für sekundär, G.Fohrer, Die Propheten des Alten Testaments IV, 78, datiert ihn ins 6.Jh.

97 Zum Text siehe unten S.242 Textanm.a.

98 Zum Text siehe unten S.242 Textanm.b.

99 L.I.J.Stadelmann, The Hebrew Conception of the World, 20, nimmt aufgrund des ברקיע השמים an, "that they were believed to be between the pavement of the firmament without and the heaven within".

100 Siehe oben S.78.

101 A.Ohler, Mythologische Elemente im Alten Testament, 138, kommt zu dem Ergebnis, daß sämtliche alttestamentlichen Zeugnisse über die Erschaffung der Gestirne frühestens aus exilischer Zeit stammen.

1.3.3 Vers 6-9

6   Du hast ihm nur ein wenig an Göttlichkeit fehlen lassen.
    Mit Herrlichkeit und Erhabenheit hast du ihn gekrönt.

7   Du hast ihn zum Herrscher über die Werke deiner Hände gesetzt.
    Alles hast du ihm unter die Füße gelegt:

8   Schafe und Rinder allsamt,
    dazu auch die wilden Tiere,

9   die Vögel des Himmels und die Fische des Meeres,
    was die Meereswege durchwandert.

Auch diese Verse handeln von einem mythischen Geschehen:
Jahwe hat den Menschen in eine überragende Machtposition eingesetzt, ihm eine einzigartige, fast göttliche Stellung verliehen und ihm die Herrschaft über seine Werke eingeräumt[102].
Wahrscheinlich ist dabei an die in den v.8f. genannten Tiere
gedacht. Auch im priesterschriftlichen Schöpfungsbericht ist
die Gottesebenbildlichkeit des Menschen mit seiner Herrschafts
stellung über die Tiere verknüpft (Gen 1,26f.28b); dort werden
ebenfalls bestimmte Tiergattungen aufgezählt (v.26b.28b). Zwar
könnten, entsprechend dem כל in v.7b, mit den מעשי ידיך alle
Schöpfungswerke gemeint sein, doch kann der Mensch jedenfalls
die מעשי des Himmels (v.4a) nicht beherrschen. Vermutlich ist
v.7 mit Absicht überschwenglich formuliert, um die herrliche
Stellung des Menschen umso stärker hervorzuheben.

1.4 Die Funktion der mythischen Elemente

Die mythischen Elemente nehmen in Ps 8 einen relativ breiten
Raum ein (abgesehen von den Rahmenversen, fehlen sie nur in de
v.2b+3Anfang und 5, die den Entschluß des Psalmisten, vor alle

---

102 Von der Menschenschöpfung selbst verlautet allerdings nichts; gegen R.
    Albertz, Weltschöpfung und Menschenschöpfung, 122-126, der im Zusammen
    hang mit Ps 8 diesen Ausdruck immer wieder verwendet: Die Menschen-
    schöpfung spiele in ihm eine ganz bedeutende Rolle (124); der Beter
    des Psalms erkenne staunend, "daß die rettende Zuwendung Gottes zu dem
    nichtigen Menschen darin begründet ist, daß er ihn geschaffen hat"
    (124). Richtig interpretiert Kraus: "Der Psalmist vergegenwärtigt sich
    eine grundlegende Setzung Gottes, durch die der Mensch מעט מאלהים in
    der Schöpfung seinen Platz hat." - Die Menschenschöpfung wird viel-
    leicht durch die gängige Übersetzung von חסר pi. mit "geringer *machen*"
    assoziiert, die deshalb hier vermieden ist.

aber die Niedrigkeit des Menschen zum Ausdruck bringen) und
werden verwendet, um die Herrlichkeit Jahwes und die großar-
tige Stellung des Menschen zu beschreiben und zu erklären.

Die Absicht des Psalmisten ist es, Jahwes Hoheit am Himmel
zu besingen (v.2b text.emend.). Daß es *Jahwes* Hoheit ist, die
der Blick zur Himmelsfeste erkennen läßt, wird mit mythischen
Geschehnissen begründet: Jahwe ist es gewesen, der sie errichtet sowie Mond und Sterne (die Sonne fehlt, weil der Dicher
in Wirklichkeit oder in Gedanken den Himmel nur entweder am
Tag oder in der Nacht "betrachten" kann) erschaffen und an ihr
befestigt hat. Darüber hinaus hat er seine Macht dadurch erwiesen, daß er durch den Bau der Himmelsfeste seine Gegner,
die Wassermassen, die sich vordem auf der Erde befanden, von
ihr entfernt hat und nun auf Dauer von ihr abhält.

Jahwes Größe dokumentiert aber auch die angesichts der gewaltigen Himmelsfeste ganz überraschend hervorragende Position, die der Mensch auf der Erde einnimmt: *Jahwe* ist Subjekt
der v.6f., und v.10 kehrt nach den die Stellung des Menschen
betreffenden v.6-9 zum Lobpreis *Jahwes* zurück. Macht der Blick
zum Himmel zunächst die Kleinheit und Geringfügigkeit des Menschen bewußt (v.3Anfang und 4f.), ist es umso erstaunlicher,
daß Jahwe sich seiner annimmt, daß er *ihn* zum Herrscher über
seine Werke eingesetzt hat (v.6-9).

Diese Stellung des Menschen ist eine ebenso fundamentale
Tatsache wie die von Anfang an und überall am Himmel sichtbare
Hoheit Jahwes und wird ebenfalls mit Hilfe mythischer Rede
deutlich gemacht: Jahwe hat den Menschen am Anfang (und daher
für alle Zeit) besonders ausgezeichnet, indem er ihm eine
gottähnliche Stellung auf Erden verliehen hat. Hier dienen
die mythischen Sätze der Formulierung und Begründung funda-
mentaler Aussagen über den Menschen.

Daß die v.6-9 von der Menschheit schlechthin, vom Menschen
kat' exochen handeln, ist unbestritten. Unterschiedlich wird
jedoch die Frage beurteilt, ob sie ausschließlich grundsätz-
lich-allgemeiner Natur sind oder ob ein zuvor persönlich re-
dender und von seinen persönlichen oder von geschichtlichen
Erfahrungen ausgehender Beter erst zum Schluß die Gemeinschaft,
zu der er gehört, mit einbezieht[103]. Welches Gewicht also

kommt den mythischen Elementen der v.6-9 zu?

Nun ist zwar v.4 noch persönlich formuliert bzw. stilisiert, doch wechselt schon v.5 zu allgemeineren Aussagen über. Er lautet nicht (in stilistisch entsprechender Fortsetzung von v.4): "Wer bin *ich*, daß du an *mich* denkst? Wer bin *ich*, daß du dich um *mich* kümmerst?"[104], sondern spricht von *dem* Menschen bzw. von *der* Menschheit[105]. Beide Zeilen sind Synonyma: Die Wörter אנוש bzw. אדם und אדם (בני) בן bzw. אנוש (בני) בן werden noch 5mal parallel und vermutlich stets im synonymen Parallelismus verwendet (mit Sicherheit in Jes 51,12; 56,2; Ps 90,3; Hi 25,6, aber wohl auch in Ps 144,3)[106]. Zwar sind in Jes 56,2 bestimmte Menschen, doch in Jes 51,12; Ps 90,3; Hi 25,6 die Menschen allgemein bzw. der Mensch schlechthin gemeint. Dieses Verständnis dürfte auch für Ps 144,3 gelten und ebenso für Ps 8,5 vorauszusetzen sein[107].

Daß nicht persönliche bzw. geschichtliche Erfahrungen, sondern ein grundsätzlich-allgemeingültiger Tatbestand formuliert wird, geht aber auch daraus hervor, daß die herausragende Stellung des Menschen nicht anhand konkreter persönlich-geschichtlicher Erfahrungen, sondern ausführlich mit seiner grundsätzlichen Machtstellung über die Tiere verdeutlicht wird. Daß der gesamte Mittelteil des Psalms (mit Ausnahme von v.4)

---

103 Vgl. H. Graf Reventlow 321, der Ps 8 für das Danklied eines einzelnen hält. R.Albertz, Weltschöpfung und Menschenschöpfung, 124, versteht v.5 von der Klage des einzelnen her als einen viele Erfahrungen zusammenfassenden Lobsatz; er staune darüber, "daß Jahwe sich immer wieder von der Vergänglichkeitsklage rühren läßt, sich also immer wieder des Menschen in seiner Hinfälligkeit annimmt".

104 Wäre aber nicht so formuliert worden, wenn im Psalm von einem konkreten Einzelfall ausgegangen und von der Situation eines konkreten einzelnen geredet würde (H. Graf Reventlow 320; vgl. 327f.)?

105 Dies betont mit Recht W.H.Schmidt 9.

106 Man wird also nicht mit L.Koehler 78 in Ps 8,5 und 144,3 eine "Steigerung von der Anteilnahme Gottes an der menschlichen Gesamtheit zu seiner Anteilnahme am Einzelnen" zu sehen haben. Er übersetzt Ps 8,5: "Was sind *die Menschen*, daß du an sie denkst? Und *der Einzelne*, daß du dich um ihn kümmerst?"; dem folgen R.Albertz, Weltschöpfung und Menschenschöpfung, 122; W.H.Schmidt 6 und Anm.12.

107 H. Graf Reventlow nimmt an, daß sich hinter beiden Bezeichnungen für Mensch in v.5 eine ganz bestimmte Person verbirgt (319f.); er übersetzt: "Was ist ein Sterblicher, daß du sein gedachtest / ein Mensch, daß du dich seiner annahmst?" (309). Mit seiner Auffassung setzt sich W.Groß, Verbform und Funktion, 66f. Anm.48, kritisch auseinander; er kommt zu dem Ergebnis, daß Ps 8,5 "schon aus syntaktischen Gründen... nur generell gegenwärtig" sein könne.

allgemein vom Menschen spricht, bedeutet kein rein abstraktes
Interesse am Wesen des Menschen[108]; vielmehr bezieht der Psalmist seine Aussagen über die Stellung des Menschen gerade auf
eine persönliche, jedem Menschen mögliche Erfahrung (vgl. v.
4)[109]. Mehr allgemeine Überlegungen über den Menschen sind dem
Hebräischen keineswegs fremd[110], wie z.B. Jes 51,12; Ps 144,
3f.; Hi 7,17f.; 25,6 belegen.

Damit dürfte erwiesen sein, daß die mythischen Motive nicht
im Sinne einer sekundären Generalisierung herangezogen wurden,
sondern die einzige Basis der grundsätzlichen Aussagen über
den Menschen bilden.

In all dem - der an der Himmelsfeste sichtbaren Größe Jahwes
und der Herrlichkeit und Erhabenheit, mit denen Jahwe die Menschen auf der ganzen Erde "gekrönt" hat - eignet der Hoheit
Jahwes eine universale Dimension. Da die bestehenden und grundsätzlich gültigen Gegebenheiten der Himmelsfeste mit ihren Gestirnen und der Stellung des Menschen auf urzeitliche Setzungen
Jahwes zurückzuführen sind, muß ihre Betrachtung jeden Menschen
zum Lob seiner Hoheit führen, da sie für jeden sichtbar "auf
der ganzen Erde" "die Herrlichkeit seines Namens" widerspiegeln.

1.5 Datierung

Viele Indizien sprechen eindeutig für eine nachexilische Entstehung des Psalms. Da sie manchmal bestritten wird[111], seien
im folgenden die wichtigsten Argumente aufgeführt.

---

108 Vgl. A.R.Hulst 104.
109 Doch wird - wegen des durchweg allgemeinen Charakters des Psalms - ein
    persönliches Überwältigtwerden bei der Betrachtung des nächtlichen
    Sternenhimmels kaum die Inspirationsquelle des Psalms gewesen sein (so
    S.Mowinckel 257).
110 So H. Graf Reventlow 320.
111 Gunkel begründet die Annahme einer vorexilischen Entstehung mit der
    uralten Menschenschöpfungstradition, der antiken Grundstimmung (?) und
    der Aufnahme von v.5 in Ps 144 (v.3), dessen ersten Teil er in die vor-
    exilische Zeit legt (siehe dazu unten S.84 Anm.114). M.Tanner 492 hält
    Ps 8 gar für "perhaps one of the most ancient Psalms of the Psalter",
    doch fehlt jede Begründung. Auch J.A.Soggin (Textkritische Untersu-
    chung) 570 spricht sich, obgleich er gerade die Parallelität des gan-
    zen Psalms, also auch seines ersten Teils, mit Gen 1 betont, für eine
    Frühdatierung (etwa in die Zeit des Jahwisten) aus.

Zunächst finden sich in Ps 8 mehrere Wörter oder Wortverbindungen, die sonst nur in nachexilischer Zeit belegt sind[112]
Der Ausdruck יהוה אדנינו (v.2a.10) begegnet nur noch in Neh 10
30, חסר pi. (v.6) nur noch in Koh 4,8; משל hi. (v.7) im Sinn
von "zum Herrscher machen" nur noch in Hi 25,2; Dan 11,39 und
Sir 45,25, בהמות שדי (v.8) nur noch in Joel 2,22 (vgl. 1,20).
Unbestritten ist ferner die Verwandtschaft des Psalms mit
dem priesterschriftlichen Schöpfungsbericht, wenn ihr Ausmaß
auch vom Verständnis der v.2f. abhängig ist. Nach der hier als
am wahrscheinlichsten angenommenen Rekonstruktion dieser Verse
entsprechen sich v.3 und Gen 1,6-8 (aufgrund des vorgetragenen
Übersetzungsvorschlags von שבת hi. verstärkt sich die Parallelität noch), v.4b und Gen 1,14-18, die Hervorhebung der Gottähnlichkeit in v.6a und Gen 1,26a.27, v.7-9 und Gen 1,26b.28.
Nicht nur gewisse Einzelaussagen, sondern auch die Reiehenfolg
der Schöpfungswerke und Setzungen Gottes gehen also parallel:
Himmelsfeste - Gestirne - Gottähnlichkeit des Menschen - Herrschaft über die Tiere. Ein Unterschied besteht vor allem darin
daß der Psalmist seine Worte als persönliche Anrede formuliert
oder als solche stilisiert; dies ist wohl auch der Grund dafür
daß mehrere in Gen 1 erwähnte Schöpfungswerke unberücksichtigt
bleiben (einschließlich der Erschaffung des Menschen selbst).
Ps 8 dürfte von Gen 1 abhängig sein.

Außerdem ist die grundsätzliche, reflektierende Frage nach
dem Menschen für die spätere Weisheit kennzeichnend[113] (vgl.
besonders Hi 7,17; 15,14; Ps 144,3[114]).

Schließlich entspricht v.6b die dem Sinn nach gegenteilige,
aber terminologisch verwandte (כבוד, עתרת) Aussage in Hi 19,9.

---

112 Vgl. zum Folgenden auch A.Deissler 48f.
113 Vgl. W.H.Schmidt 7.
114 In diesem manchmal als vorexilisch angesehenen Psalm (z.B. Gunkel,
    Weiser) könnten die mit dem Kontext in keiner unmittelbaren Verbin-
    dung stehenden, von der Nichtigkeit des Menschen handelnden v.3f. ein
    späterer Einschub sein. Jedenfalls begegnet der Vergleich des Menschen
    bzw. der Tage seines Lebens mit הבל und צל in sicher datierbaren Tex-
    ten nur in nachexilischer Zeit (Hi 7,16; 8,9; 14,2; 17,7; Koh 6,12;
    7,15; 9,9; I Chr 29,15; ansonsten noch in Ps 39,6.12; 62,10; 78,33;
    94,11; 102,12; 109,23).

2. Psalm 19 A

2.0 Literarkritik

Es ist so gut wie unbestritten, daß Ps 19 A (v.2-7) eine ursprünglich von Ps 19 B (v.8-15) unabhängige Einheit darstellt[1].
Dafür spricht vor allem die vollkommen unterschiedliche Thematik beider Teile: Ps 19 A handelt von der Herrlichkeit Gottes, dem Himmel und der Sonne, Ps 19 B preist einzig und allein Jahwes Weisungen. Zwar ist die Kombination beider Texte
kaum zufällig erfolgt, doch braucht den Gründen hier nicht
weiter nachgegangen zu werden.

2.1 Der Text

2   Der Himmel erzählt die Herrlichkeit Gottes.
    Das Werk seiner Hände verkündet die Feste.

3   Ein Tag sprudelt dem andern Worte zu.
    Eine Nacht tut der andern Wissen kund.

4   Kein Wort und kein Reden,
    ihre Stimme kann man nicht hören.

5   Auf die ganze Erde geht ihre 'Stimme'[a] hinaus,
    ans Ende des Festlands ihre Worte.

    Der Sonne hat er durch sie ein Zelt errichtet[b].

6   Sie ist wie ein Bräutigam, der aus seinem Brautgemach her-
    Sie freut sich wie ein Held, die Bahn zu durch- [ausgeht.
                                       [laufen.
7   Am Ende des Himmels ist ihr Ausgangsort,
    ihr Wendepunkt an seinen Enden:

---

1 So zuerst E.F.C.Rosenmüller, Scholia in Vetus Testamentum I, 530:
  "...duo diversa carmina, aut certe diversorum carminum particulas...".

Nichts ist vor ihrer Glut verborgen.

a קו "Schnur, Meßschnur" ist hier sinnlos. Angenommene andere Bedeutungen wie "Gespei"[2], "Ruf, Schall"[3], "Schrift" = "Himmelsschrift"[4] beruhen auf ungesicherten Vermutungen. Am wahrscheinlichsten ist noch immer, in קֹלָם zu korrigieren[5]. Dafür sprechen (1) das parallele מליהם in v.5aβ[6], (2) das Stilmittel der Stichwortaufnahme (aus v.4; vgl. die Aufnahme von אמר in v.4 aus v.3) und (3) vielleicht die Übersetzungen (G: φθόγγος, σ': ἦχος, Hier: sonus), doch können sie auch geraten haben. - יצא in Verbindung mit קול begegnet noch in Jer 30,19[7].

b Eine Änderung des masoretischen שָׂם in שָׂם[8] hat keinen Anhalt an der Textüberlieferung und ist unnötig[9].

2.2 Aufbau, Inhalt, Absicht

Wird Ps 19 A unterteilt, gliedert man ihn in zwei Abschnitte: v.2-5a und 5b-7[10], die aus acht bzw. sechs Zeilen bestehen[11].

Die v.5b-7 gehören mit Sicherheit zusammen: Sie handeln vom Lauf der Sonne am Himmel (שמש ist in v.5b betont vorangestellt) Die jeweils zweizeiligen v.6 und 7a sind eng aufeinander bezogen: V.6 vergleicht die Sonne mit einem Bräutigam und mit einem Helden, v.7a spricht vom Anfangs- und Endpunkt ihres Wegs entlang der Himmelsfeste (von ihrem "Wendepunkt" aus kehrt sie dann unterirdisch zu ihrem "Ausgangsort" zurück).

Fraglich ist jedoch, ob auch die v.2-5a einen einzigen Ab-

---

2 Vgl. z.B. Gunkel, N.H.Tur-Sinai, Šiṭir šamê, die Himmelsschrift, 422.
3 Vgl. Schmidt (קַנֶּה "meint...einen mit aller Kraft hervorgestoßenen Ruf"), Kraus (ihm widersprechen H.Donner, Ugaritismen in der Psalmenforschung, 327 Anm.31, und M.Weippert 97); vgl. auch A.H. van Zyl 143f. (Entsprechung zu babylon. qabū, also = "their saying").
4 Vgl. z.B. R.J.Tournay 272-274, dem sich A.Deissler 50 anschließt (dagegen wendet sich J. van der Ploeg 196).
5 So schon Cappellus (nach Duhm), aber auch z.B. G.Bickell, Carmina Veteris Testamenti metrice, 12; H.Donner, Ugaritismen in der Psalmenforschung, 327 Anm.31; Duhm, Ehrlich, A.Jirku, Die Sprache der Gottheit in der Natur, 631 Anm.1; Olshausen, Wellhausen u.v.a.
6 D.Fokos-Fuchs möchte קום in der üblichen Bedeutung beibehalten und schlägt vor, den Parallelismus durch eine Korrektur von מליהם in מדיהם (Suffixform von מַד*, "Ausdehnung, Maß") wiederherzustellen.
7 M.Weippert nimmt ursprüngliches קרם an, wobei er das zugrunde liegende קיר aufgrund des ugarit. qr für das im Hebräischen verschollene Wort für "Geräusch, Klang, Lärm" hält.
8 So z.B. Budde, Zum Text der Psalmen, 183; Ewald; vgl. F.Buhl (BHK).
9 Siehe unten S.89-91.
10 Vgl. z.B. Beaucamp, Gunkel, Weiser.
11 Manchmal wird allerdings vorgeschlagen, v.5b noch ein oder zwei Zeilen vorzuschalten, doch siehe dazu unten S.89f.

schnitt bilden. Die beiden v.2 folgenden Verbalsätze beginnen
mit einem vorangestellten neuen Subjekt. Weiterhin ist v.2 besonders kunstvoll formuliert: Er besteht aus zwei chiastisch
einander zugeordneten, synonymen Zeilen. So liegt es näher,
ihn als eine Art Überschrift von den v.3-5a abzutrennen. Letztere bestehen dann aus jeweils drei parallelen Doppelzeilen,
die von der besonderen Art des Redens von Tag und Nacht erzählen (v.3): Es vollzieht sich (akustisch) unhörbar (v.4),
aber in universaler Weite (v.5a).

Betrachtet man v.2 als Überschrift und Klammer des ganzen
Ps 19 A, folgen ihm zwei *gleich lange* Abschnitte: Der erste
gliedert sich wiederum in drei jeweils zusammengehörige Doppelzeilen, während im zweiten zwei Doppelzeilen durch einen
Einleitungs- und einen Schlußsatz gerahmt sind. Beide Teile
sind nochmals dadurch zusammengehalten, daß sie am Schluß die
Universalität zum einen des Redens des Himmels, zum andern des
Weges der Sonne und ihrer Glut betonen. Dreimal findet sich in
v.5 und 7 das Nomen קצה.

Thema des Psalms ist der von Gott erzählende Himmel (v.2);
während die v.3-5a die Art und universale Reichweite dieses
Erzählens hervorheben, geht es in den v.5b-7 insbesondere um
den herrlichen Lauf der Sonne entlang der Himmelsfeste.

2.3 Die mythischen Elemente

2.3.1 Vers 2

> Der Himmel erzählt die Herrlichkeit Gottes.
> Das Werk seiner Hände verkündet die Feste.

Daß mit dem Ausdruck מעשה ידיו [12] die Himmelsfeste gemeint
und diese nicht nur als vollendetes Werk bezeichnet, sondern
gleichzeitig an ihre uranfängliche Entstehung gedacht ist,
dürfte dem Aufbau von v.2 sowie den v.3-5a zu entnehmen sein.

Der Vers bildet einen *chiastisch* strukturierten, *synonymen*
Parallelismus: Als Subjekte entsprechen sich השמים und הרקיע,
und die Verben ספר pi. und נגד hi. werden auch in Ps 40,6 und

---

12 Siehe dazu oben S.76f.

Hi 12,7f. synonym verwendet. So müßte ebenso der Ausdruck
מעשה ידיו in v.2b der Verbindung כבוד־אל in v.2a korrespondieren[13]. Was aber hat die Herrlichkeit Gottes mit dem Werk
seiner Hände zu tun, von denen der Himmel kündet? Der Bezug
der beiden Konstruktusverbindungen wird am ehesten folgendermaßen zu verstehen sein: Die Himmelsfeste als solche erzählt
als sichtbares Werk der Hände Gottes insofern dessen Herrlichkeit, als sie ständig auf ihr einstiges Geschaffenwerden durch
Gott zurückweist.

Diese Interpretation bestätigen die folgenden v.3-5a. Da sie
eben jenes "Erzählen" thematisieren, ist gemäß v.2 anzunehmen,
daß mit יום und לילה der Tages- und Nacht*himmel* gemeint ist[14]
dafür sprechen sowohl die akustisch nicht vernehmbare Art des
Redens (v.4) als auch seine universale Reichweite (v.5a), was
beides am besten auf den Himmel zu beziehen ist. Dann aber
kann der Inhalt dieses kontinuierlich weitergegebenen Wortes
und Wissens nur jenes uranfängliche Geschehen sein, bei dem
dieser Tradierungsprozeß eingesetzt hat: die Erschaffung des
Himmels selbst[15].

---

13 Angesichts der Entsprechungsbegriffe ist es unsachgemäß, Ps 19,2 antithetisch aufzufassen. So ist G. von Rad, Art. δόξα C, 243, zufolge בוד
hier "ein Element..., das den oberen Himmelsregionen zugehört, die hier
deutlich dem Firmament (רָקִיעַ) als dem Bereich des Geschöpflichen entge-
gengestellt sind"; er übersieht die chiastische Struktur des v.2. Letzteres gilt zwar nicht für R.Rendtorff, Die Offenbarungsvorstellungen im
Alten Israel, 28, doch hält auch er, im Anschluß an G. von Rad (28 Anm.
31), v.2 für einen antithetischen Parallelismus.
14 So z.B. auch Baethgen, Gunkel, Kittel.
15 Ganz unwahrscheinlich ist hingegen die Annahme, der Himmel erzähle hier
von den übrigen Schöpfungswerken, deren Zeuge er geworden sei (so z.B.
Beaucamp, Gunkel, A. van Zyl 146). Wer sollte von diesem Inhalt ihres
Redens je erfahren, wenn es doch nicht aus Worten besteht und unhörbar
ist (v.4)?. - Nach O.H.Steck ist der *Sonnenlauf* Gegenstand des Kundege-
schehens. Er beobachtet zwar richtig, daß v.5b auf v.2 Bezug nimmt (obgleich auch er weiterhin von *zwei* Aussagereihen, v.2-5a und v.5b-7,
spricht), doch ist sein Schluß, v.5b bezeichne die Sonne als das bislang unbekannt gebliebene "Werk seiner Hände" (322), ganz unwahrscheinlich: Einmal bezieht sich מעשה nie auf die Sonne oder gar ihren über-
oder unterirdischen Weg; zum andern läßt sich mit seiner Interpretation
schwer vereinbaren, daß v.5b - obgleich er von einem Schöpfungsgescheher
handelt! - nun nicht das "Geheimnis" und "Rätsel" der v.2-5a (320) eindeutig auflöst und explizit von der Entstehung der *Sonne* erzählt; daß
schließlich weder in v.7aß noch in v.3 vom Nachtweg der Sonne die Rede
sein kann (321f.), ergibt sich aus v.2, der allein vom *Himmel* handelt,
und den v.5a und 7b, die sich ebenfalls nicht auf die Unterseite der
Erdscheibe beziehen; es geht vielmehr immer um das Himmelsgewölbe *über*

2.3.2 Vers 5b

    Der Sonne hat er durch sie ein Zelt errichtet.

Dieser Satz erzählt offensichtlich von einem uranfänglichen Handeln Gottes. Um ihn zu verstehen, sind vor allem zwei Fragen zu klären: Was ist mit dem Zelt, das Gott der Sonne errichtet hat, gemeint? Worauf bezieht sich das בהם am Ende von v.5b? Klammert man zunächst das schwierige בהם aus, kann mit אהל nach allem Vorangehenden eigentlich nur das Himmelszelt selbst gemeint sein, von dem neben der Überschrift auch die v.3-5a handeln[16]. Auch ist die Vorstellung vom Himmelszelt im Alten Testament mehrfach belegt[17]. Gott hätte für die Sonne den Himmel als Zelt errichtet[18]. Doch ist das בהם mit dieser Interpretation zu vereinbaren?

Die Frage, worauf sich בהם bezieht, hat man bisher im wesentlichen auf dreierlei Weise zu beantworten versucht:

(1) durch die sehr weitgehende Annahme, vor v.5b sei ein Stück ausgefallen, das das Bezugswort enthalten habe[19]. Abge-

---

der Erde. - Ebensowenig sind mit den מעשה ידיו die Gestirne gemeint (so z.B. Kraus; F. de Liagre Böhl - H.A.Brongers, Weltschöpfungsgedanken in Alt-Israel, 115). - Zur mythischen Vorstellung von der Errichtung der Himmelsfeste siehe oben Exkurs 1 (S.74-76 mit Tabelle I).

16 In der Literatur wird diese Möglichkeit nur selten erwähnt; so bemerkt Baethgen zu v.5b: "Im letzten Versgliede tritt die Sonne als Repräsentant des Himmels auf. Der Himmel selbst ist ihr prächtiges Zelt, vgl. Gen 1,17", übersetzt aber zumindest mißverständlich: "Dem Sonnenball hat er ein Zelt in ihnen gegeben." Vgl. auch Rogerson - McKay ("probably the dome of the sky itself").

17 Siehe oben Exkurs 1b) Nr.5 (S.76).

18 Von der Erschaffung der Sonne ist freilich nicht die Rede. So etwa Gunkel: "Verherrlichung Jahves, des Schöpfers der Sonne"; Kraus, der die Sonne für eines der מעשה ידיו hält und daraus, daß Gott ihr ein Zelt bereitet habe, schließt: "Der שמש ist also keine selbständige, höchste Macht, sondern eines von den Werken der Hände Gottes (2b)." Auch A.Ohler, Mythologische Elemente im Alten Testament, 137, spricht im Zusammenhang mit Ps 19,1-7 von der "Erschaffung des Himmels und der Sonne".

19 R.Eisler, Jahves Hochzeit mit der Sonne, 49, ergänzt nach I Reg 8 (vgl. 39-46) die Zeilen: "Jahve beschloß, im Dunkeln (Bei-)Lager zu halten / Die Sonne hat er erkannt in den Himmeln" (später korrigierte er: Statt von Jahwe habe der Text ursprünglich von El gesprochen [Nochmals zum neunzehnten Psalm 22f.]); zurückgewiesen von K.Budde (vgl. besonders 257f.263f.), der ebenfalls - allerdings nicht wegen des בהם - eine ausgefallene Zeile zu rekonstruieren versucht (שמש יקימו משנתו oder להקים; לשמש יקראו משנתו oder השמש משנתו; 265). G.Bickell, Carmina Veteris Testamenti metrice, 12, vermutet ausgefallenes *"Nam Deus extendit coelos"*. Auch A.Bertholet (HSAT[K]), Kraus; A.Lauha, Die Geschichtsmotive in den

sehen von der einhelligen Textüberlieferung, ist diese Auffassung wegen der klar gegliederten Struktur sowohl der v.5b-7
als auch des gesamten Psalms unwahrscheinlich;

(2) durch Emendation von בהם in בים oder בתהום[20]: das Zelt
der Sonne befände sich im Meer, in dem sie sich des Nachts
aufhalte[21]. Diese Deutung hat jedoch im Alten Testament keine
Parallele. Und wo "im Meer" soll sich das Zelt befinden?;

(3) indem man בהם auf שמים in v.2 bezieht und die Präposition ב lokal versteht: Jahwe habe der Sonne "an ihm" = "am
Himmel" ein Zelt gebaut, das meist an der Ostseite des Himmels
lokalisiert wird[22]. Diese Vorstellung ist jedoch schwierig
(wann hat die Sonne ihr Zelt nach ihrem unterirdischen Rückweg
erreicht? wie lange hält sie sich in ihm auf?) und weder im
Alten Testament noch im Alten Orient bezeugt[23].

Anlaß zu diesen Interpretationen hat wohl vor allem der Vergleich in v.6a gegeben (daß es sich um einen solchen handelt,
ist freilich nicht immer beachtet worden[24]). Aufgrund der
Strukturanalyse der v.5b-7 ist aber zunächst festzustellen,

---

alttestamentlichen Psalmen, 29 mit Anm.1; O.Loretz, Psalmenstudien III,
186 Anm.62, Olshausen z.B. vermuten einen ausgefallenen Satz.

20 So zuerst Graetz bzw. Duhm, dem sich z.B. K.Budde 261, Gunkel, Weiser
angeschlossen haben. Abwegig ist der Vorschlag R.Eislers, Nochmals zum
neunzehnten Psalm, 34f., בָּהֶם ("Hirtenzelt") zu vokalisieren.

21 Vgl. Gunkel: "Einst hat man in der Sonne einen Gott gesehen, der seine
Stätte 'im Meere' besitzt", er erreicht "jeden Abend seine Ruhestätte;
aber...am Morgen steigt er wieder empor..."; K.Budde 261 hält dies für
eine allgemein verbreitete, geläufige Vorstellung: Die Sonne "geht wie
ein gesittetes Menschenkind jeden Abend unter ihr Zelt zur Ruhe, und
jedes Kind weiss, wo das aufgeschlagen ist, nämlich nirgends anders als
im Meere..."; vgl. auch Weiser, der hier eine Anspielung findet "auf
die uralte mythische Vorstellung von der Wohnung, die sich der Sonnengott selbst gebaut" habe, der "des Nachts im Meer in den Armen seiner
Geliebten ausruht".

22 Vgl. z.B. Duhm: "Das Zelt scheint er [der Dichter] sich nach v.7 im
Osten zu denken und nimmt wahrscheinlich wie die Aegypter an, daß die
Sonne in der Nacht von Westen nach Osten unter der Erde durchgeht."
Ähnlich z.B. D.Fokos-Fuchs 141, Kittel, J.Morgenstern 512, O.H.Steck
321 ("das im Osten liegende Ende der Himmelsfeste"); auch Kraus denkt
an die "nächtliche Unterkunft des שמש". Unklarer Delitzsch ("Dort an
den Himmeln hat Gott der Sonne ihre feste Stätte angewiesen, von wo sie
aufgehend ausgeht und wohin sie untergehend zurückgeht"; "dort an des
Erdkreises Ende"), Kissane (die Himmel sind das Zelt, "from which the
sun emerges each morning to run its course"; Hervorhebung von mir).

23 Vgl. A.H. van Zyl 149. Nach altorientalischer Vorstellung kommt der
Sonnengott am Morgen zwischen zwei Bergen hervor (vgl. ANEP pl.683).

24 Keineswegs wird "der Sonnengott חתן 'Bräutigam' genannt" (O.Schroeder
70; Hervorhebung von mir).

daß v.6a nicht zu v.5b, sondern zu v.6b gehört. V.6 vergleicht
den Glanz und die strahlende Kraft der am Himmel entlangzie-
henden Sonne mit einem aus seinem Brautgemach herauskommenden
Bräutigam und mit einem Helden.

Vergleichspunkt ist nicht das Verlassen des Zeltes (oder gar
das Verlassen des Hochzeitszeltes als Bräutigam), sondern die
Art und Weise, wie die Sonne am Himmel entlangzieht: stets anzusehen wie ein gerade aus seinem Brautgemach herausgehender
Bräutigam, freudig wie ein Held. Das Partizip יצא zeigt gegenüber dem finiten Verb in v.6b, daß der *ganze* Ausdruck כחתן יצא
מחפתו als Vergleich fungiert. Die v.6f. handeln somit ausschließlich vom Weg der Sonne entlang der Himmelsfeste, weder
in besonderer Weise von ihrem Aufgang noch von ihrem unterirdischen Rückweg[25].

Struktur und Syntax verbieten somit, die in v.6a erwähnte
חפה mit dem אהל in v.5b in Verbindung zu bringen und ihn *des-*
halb als nächtliche Wohnung der Sonne aufzufassen[26].

Wenn es mithin noch immer am wahrscheinlichsten ist, daß v.
5b tatsächlich vom Aufstellen des *Himmel*zeltes für die Sonne
spricht, bleibt nur folgende, aufs Ganze gesehen, naheliegend-
ste Erklärungsmöglichkeit: Das syntaktisch auf sehr vielfältige Weise verwendbare ב ist zwar auf den Himmel zu beziehen,
von dem der gesamte vorangehende Text, vor allem auch die gemeinsame Überschrift in v.2, handelt, aber nicht lokal, sondern
"instrumental" zu verstehen: *Mit* der bzw. *durch* die Errichtung
der Himmelsfeste hat Jahwe der Sonne ein Zelt errichtet.

So wird Gott auch in v.5b als Schöpfer der Himmelsfeste gepriesen[27], die er als Zelt für die Sonne errichtet hat. Dabei
ist offensichtlich in Kauf genommen, daß dem Vergleich des Himmels mit einem Zelt das Entlanglaufen der Sonne an der Himmelsfeste nicht entspricht, doch wird er nach v.5b auch nicht mehr
aufgegriffen.

25 Gegen O.H.Steck 322f.
26 Am weitesten in dieser Deutung ging R.Eisler (zuerst in "Weltenmantel
   und Himmelszelt" II, 601f., dann sehr viel ausführlicher in dem "Jahves
   Hochzeit mit der Sonne" titulierten Aufsatz), wonach Gott als Mondgott-
   heit das Hochzeitszelt für seine Braut, die Sonne, errichtet habe. K.
   Budde hat sich mit seinen Thesen ausführlich auseinandergesetzt und sie
   energisch zurückgewiesen; gleichwohl hat R.Eisler seine Deutung mit einigen Korrekturen später wiederholt ("Nochmals zum neunzehnten Psalm").
27 V.5b bestätigt also die von O.H.Steck 319f. bestrittene Deutung von v.2.

2.4 Die Funktion der mythischen Elemente

Die mythische Vorstellung von der urzeitlichen Errichtung
der Himmelsfeste durch Jahwe ist in Ps 19 A von zentraler Bedeutung. Sie bestimmt, indirekt, die Überschrift und den ganzen ihr folgenden Abschnitt und wird in v.5b direkt formuliert
wenn dieser Vers auch vor allem die Sonne als neues Thema einführt (invertierte Wortstellung).

Gemäß v.2 stehen Gottes Herrlichkeit und Werk im Mittelpunkt
des Psalms. Von ihnen kündet die Himmelsfeste, die von der
Herrlichkeit *Gottes* deshalb zu erzählen vermag, weil und inder
sie beständig an ihren Ursprung, ihre Erschaffung durch Gott,
erinnert: Sie ist der מעשה ידיו (v.2b), er hat sie errichtet
(v.5b). Dies wird nicht als abstrakte theologische Feststellung lediglich referiert, sondern durch den Gedanken des jeweils einander Kunde gebenden Tages- und Nachthimmels veranschaulicht. Es ist gleichsam die ihnen selbst abgelauschte
Kunde: Sie selbst geben dieses Wissen ständig weiter[28].

Denn natürlich ist die Verkündigung des Himmels *verständlich*
und *wahrnehmbar*. Ausdrücklich betont v.5a den umfassenden Wir-
kungsbereich ihrer 'Stimme' und Worte. V.4 weist lediglich
- als eine Besonderheit dieses "Redens" - darauf hin, daß es
akustisch nicht vernehmbar ist. Doch ist es weder unhörbar[29]
noch allein Eingeweihten verständlich[30] und erfolgt weder
durch Sphärenklänge[31] noch durch die Himmelsschrift[32] - beides

---

28 Subjekt des Verkündigens ist die Himmelsfeste. Es ist unsachgemäß, es
   undifferenziert auf die gesamte Schöpfung oder Natur auszudehnen; so
   z.B. A.Jirku 631 ("Ganz eindeutig ist hier von einer Sprache der Natur
   die Rede"), A.Ohler, Mythologische Elemente im Alten Testament, 138
   ("Sprache und Schrift der Natur"); N.Sarna 171 ("all the elements of
   natur rhapsodize their Maker"), J.A.Soggin 208 ("the motif of nature's
   language clearly appears").
29 So z.B. A.Jirku 631 ("Sprache der Natur..., die laut durch das Weltall
   schallt, die aber der sterbliche Mensch nicht hören und verstehen kann"
   Kraus ("Die glossolalischen Chiffren der naturinneren Überlieferung, di
   den Schöpfer lobt und ehrt, kann kein Mensch vernehmen."), A.Ohler, Mythologische Elemente im Alten Testament, 136 Anm.15 ("Schrift oder
   Sprache der Natur ist dem Menschen unverständlich").
30 So etwa Duhm.
31 So Gunkel, ebenso D.Fokos-Fuchs 141f.; J.Morgenstern 509f.
32 So z.B. N.H.Tur-Sinai, Šiṭir šamê, die Himmelsschrift; R.J.Tournay 271-
   274, Deissler; vgl. A.Ohler, Mythologische Elemente im Alten Testament,
   136 Anm.15. 138.

dem Alten Testament fremde Vorstellungen. Tages- und Nachthim-
mel bezeugen vielmehr "selbstredend" ihre eigene Erschaffung
und geben dieses Zeugnis ständig und allumfassend weiter.
Der an der Himmelsfeste aufgrund ihrer "Erzählung" von ihrer
Erschaffung wahrnehmbare כבוד־אל hat eine universale Reichweite: Ihre Rede ist nicht an eine bestimmte Sprache gebunden (v.
4), aber - gerade deshalb - auf der ganzen Erde, über der sie
sich wölbt (v.5a), vernehmbar. Der Hervorhebung oder Veran-
schaulichung dieser Universalität der Herrlichkeit Gottes könnten auch die von der Sonne handelnden Zeilen dienen: Sie zieht
von einem Ende zum andern an der Himmelsfeste entlang, und
nichts ist vor ihr verborgen (v.7).

So dienen die mythischen Elemente dem Lob Gottes: Seine allumfassende Herrlichkeit erstreckt sich über die ganze Erde, da
er das alles überwölbende Himmelszelt errichtet hat.

2.5 Datierung

Die Datierung von Ps 19 A ist umstritten, doch macht vor allem der Wortgebrauch die Annahme einer vorexilischen Entstehung[33] höchst unwahrscheinlich: Das aram. Verb חוה (v.3b) begegnet nur noch 5mal im Hiobbuch (15,17; 32,6.10.17; 36,2), und
zwar 1mal in Parallele zu ספר pi. (15,17; vgl. Ps 19,2b) sowie
3mal mit דע "Wissen" als Objekt (32,6.10.17), wobei sich allein
4 Belege in der später hinzugefügten Elihu-Rede finden; das
einzige Derivatum (אחוה) ist nur in Hi 13,17 bezeugt. Die Wurzel taucht außeralttestamentlich zuerst in den Elephantine-
Papyri auf[34]. - Das ebenfalls aram. Wort מלה (v.5a) begegnet
fast ausschließlich im Hiobbuch (34mal), sonst noch in II Sam
23,2; Ps 139,4 und Prov 23,9, חפה (v.6a) nur noch in Jes 4,5b
(spätere Ergänzung eines nachexilischen Textes[35]) und Joel 2,
16, חמה (v.7b) außerdem lediglich in Jes 24,23; 30,26 [2mal];

---

33 Sie wird oft mehr intuitiv für wahrscheinlich oder sicher gehalten. Nach
   Gunkel gehört der Psalm, dem er "urwüchsige Kraft und altertümliche
   Schönheit" zuschreibt, "in die beste Zeit der hebräischen Dichtung", ohne daß er dies näher begründete; nach Kraus trägt Ps 19 A "alle Kennzeichen eines hohen Alters", doch erfährt man nicht, worin sie bestehen.
34 Vgl. J.A.Soggin 205f.
35 Vgl. O.Kaiser, ATD 17, 41; H.Wildberger, BK X/1, 153.

Hi 30,28 (wahrscheinlich aber verderbt[36]) und Cant 6,10.

Weder eine angebliche ugaritische Vorlage oder Parallele noch etwaige Anklänge an altorientalische Sonnenhymnen vermögen eine Frühdatierung zu stützen. Der oft herangezogene ugaritische Text (CTA 3 C 17b-28; vgl. 3 D 57-64; 1 III 13-17)[37] lautet:

> Siehe, ein Wort habe ich und ich will es dir kundtun;
> Eine Kunde, und ich will sie dir wiederholen:
> Das Wort des Baumes und das Lispeln des Steines;
> Das Seufzen des Himmels mit der Erde,
> Der Ozeane mit den Sternen.
> Ich erschuf den Blitz, damit ihn erkenne der Himmel.
> Ein Wort, das nicht kennen die Menschen,
> Und das nicht verstehen die Bewohner der Erde.
> Komm, und ich will es dir zeigen auf meinem göttlichen Berge Sapon,
> Auf meinem Heiligtum, dem Hügel meines Besitztums,
> Auf dem lieblichen Berge des Sieges[38].

Sowohl die Beschränkung des "Redens" in Ps 19 A auf die Himmelsfeste - im ugaritischen Text sprechen auch Baum, Erde, Ozeane und Sterne - als auch die Vernehmbarkeit - im ugaritischen Text wird gerade die Nichtvernehmbarkeit durch die Menschen betont[39] -, schließen eine Verwandtschaft mit Ps 19 A aus[40]. Und daß gewisse in Ps 19,5b-7 vorkommende Ausdrücke im Alten Orient auf den Sonnengott angewendet worden sind, besagt nicht, daß diese Verse (ursprünglich) einen alten Sonnenhymnus darstellen[41].

Ps 19 A dürfte in nachexilischer Zeit gedichtet worden sein.

---

36 Vgl. G.Fohrer, KAT XVI, 414.
37 Besonders A.Jirku 631, aber schon J.Aistleitner, Die Anat-Texte aus Ras Schamra, 200, haben auf eine Verbindung mit Ps 19,3f. aufmerksam machen wollen; vgl. auch Kraus; A.Ohler, Mythologische Elemente im Alten Testament, 138 und Anm.21; J.A.Soggin 207f., der die v.3-5a deshalb sehr früh datiert, weil er jene ugaritischen Texte für interpoliert und noch älter als ihren Kontext hält; Weiser.
38 Übersetzung nach A.Jirku 631 (dort teilweise gesperrt); Z.28 wurde nach A.Jirku, Kanaanäische Mythen und Epen aus Ras Schamra-Ugarit, 30, ergänzt.
39 Man wird das l in den Z.24f. wohl als Negation (so H.Donner, Ugaritismen in der Psalmenforschung, 330; H.Gese, Die Religionen Altsyriens, 54 und Anm.15; A.Jirku 631) und nicht als Bekräftigung einer Absicht (so A.Jirku, Kanaanäische Mythen und Epen aus Ras Schamra-Ugarit, 30) zu verstehen haben; J.A.Soggin 208 Anm.21 läßt die Frage offen.
40 Gegen eine Parallelisierung wenden sich nachdrücklich H.Donner, Ugaritismen in der Psalmenforschung, 330f.; A.H. van Zyl 146f.
41 So R.Albertz, Weltschöpfung und Menschenschöpfung, 219 Anm.29; Gunkel, O.Schroeder, u.a.

3. Psalm 24 A

3.0 Literarkritik

Ps 24 läßt drei klar voneinander abgrenzbare Teile erkennen:
(1) v.1-2; (2) v.3-6; (3) v.7-10[1]. Sie sind weder durch Vor-
oder Rückweiser noch durch einen gemeinsamen Begriff gleicher
Bedeutung und Verwendung miteinander verbunden: Dreimal begegnet zwar das Interrogativpronomen מי (v.3.8.10), doch bezieht
es sich im zweiten Teil des Psalms auf Menschen, im dritten
auf Gott[2]. Unterschiedliche Bedeutungen haben ebenso die Formen der Wurzel נשא in den v.4f. (jeweils qal) und 7.9 (beidemale - wohl auch ursprünglich in v.9 - ni.). - Die drei Abschnitte weisen darüber hinaus ein jeweils unterschiedliches
Metrum auf: 3+3 Hebungen in den v.1f.; wechselnd in den v.3-6;
3+3+3 Hebungen in den v.7-9 bzw. 4+2+3 in v.10. - Auch der Inhalt der einzelnen Versgruppen ist ganz verschiedenartig: Die
v.1f. erklären und begründen, daß Jahwe die Erde gehört; die
v.3-6 nennen die Bedingungen, die erfüllt sein müssen, um sich
Jahwe nahen und von ihm Segen und Heil erwarten zu dürfen; die
v.7-10 handeln vom Kommen des gewaltigen und herrlichen Jahwe.
Es lassen sich keinerlei Verbindungslinien zwischen den einzelnen Stücken erkennen[3].

Die Einheitlichkeit des Liedes kann denn auch nur durch die
Annahme begründet werden, die einzelnen Abschnitte seien unterschiedlichen Szenen eines zusammenhängenden kultisch-liturgischen Vorgangs zuzuordnen[4]. Alle Versuche, den inneren Bezug,

---

1 Irrig ist die Annahme Kissanes, v.3 gehöre zu v.1f. (er erhält auf diese
Weise vier gleich lange Strophen); ebenso Rogerson - McKay.
2 Aufgrund dieses Wortes kann also nicht die literarische Integrität des
Psalms begründet werden; gegen V.V.Hueso 245 und M.Treves, 433, der *deshalb*
(vgl. Anm.1) formuliert: "The style is uniform throughout the Psalm."
3 J.D.Smart sieht das einigende Band in der eschatologischen Ausrichtung
des gesamten Psalms, doch ist diese Interpretation, vor allem wegen der
v.3-6, ganz unwahrscheinlich.
4 Vgl. z.B. Dahood, V.V.Hueso 253: "una sola composición literaria, litúr-
gica"; Kraus. S.Mowinckel, Psalmenstudien II, 118-120, ordnet die ein-

der die Einzelteile miteinander verbindet, aufzuzeigen, laufen
aber in jedem Fall auf recht ungesicherte Vermutungen hinaus.
Es empfiehlt sich daher, sie jeweils gesondert und unabhängig
voneinander zu interpretieren. Vielleicht ist Ps 24 tatsächlich erst sekundär - möglicherweise zum Zweck der Komposition
einer Liturgie - aus verschiedenen Stücken zusammengesetzt
worden[5].

3.1 Der Text

1 Jahwe gehört die Erde und ihre Fülle,
    das Festland und die, die es bewohnen,

2 denn *er* hat es auf Meere gegründet,
    und es auf Fluten gefestigt.

3.2 Aufbau, Inhalt, Absicht

Ps 24 A besteht aus zwei jeweils synonymen Doppelzeilen:
V.1 stellt fest, daß Jahwe die Erde mit allem, was sich auf
ihr befindet, gehört, v.2 begründet dies damit, daß er sie auf
das Wasser gestellt hat.

Beide Verse sind nicht nur durch die Kausativpartikel, sondern auch durch ihre Konzentration auf Jahwe miteinander verklammert: V.1 beginnt mit ליהוה, und im folgenden invertierten
Verbalsatz (v.2) steht ebenfalls das betonende הוא nach der

---

zelnen Teile drei aufeinander folgenden Stationen des Thronbesteigungs-
festes zu.

5 So zuerst Duhm (vermutlich als erster Teil der Tempelweihfeier gesungen)
nachdem schon Ewald und, sich ihm anschließend, auch Baethgen den Psalm
als Komposition *zweier* ursprünglich selbständiger Einzelstücke angesehen
hatten (v.1-6/v.7-10). - Nach O.Loretz, Ugarit-Texte und israelitische
Religionsgeschichte, 244, gehören die v.1-2 und 7-9 zusammen, die erst
später durch den Einschub der v.3-6 auseinandergerissen worden seien (v
10 betrachtet er als sekundären Zusatz); er leitet aus dieser Vermutung
weitreichende, aber sehr hypothetische Folgerungen ab, denen jede alttestamentliche Parallele fehlt: Es handle sich um einen alten, von der
Tempelliturgie und der kanaanäischen Umwelt mitgeprägten Text, in dem
"ursprünglich das Motiv der Weltentstehung mit der Heimkehr des Siegrei-
chen Gottes verbunden" gewesen sei, der nach seinem Sieg im kosmologischen Urkampf "nun zu seinem Tempel auf dem Berg" zurückkehre.

Partikel כי voran. Das Gewicht beider Wörter wird nochmals dadurch verstärkt, daß auch die jeweils zweite Vershälfte syntaktisch von ihnen abhängt.

3.3 Die mythischen Elemente

1   Jahwe gehört die Erde und ihre Fülle,
        das Festland und die, die es bewohnen,
2   denn *er* hat es auf Meere gegründet
        und es auf Fluten gefestigt.

V.2 erzählt, daß Jahwe die Erde bzw. das Festland[6] auf Meere
gegründet bzw. auf Fluten gefestigt hat. Er besteht wie v.1
aus zwei synonymen Zeilen: Zumindest ים und נהר werden auch
sonst parallel verwendet[7], aber auch יסד qal[8] und כון pol.[9]
dürften einander entsprechen, obgleich weitere Belege für eine
synonyme Verwendung fehlen; jedenfalls können beide Verben ארץ
bzw. תבל zum Objekt haben, ohne daß sich ein Bedeutungsunter-
schied feststellen ließe[10]. V.2 besagt also, daß Jahwe die Erde
auf das Wasser gestellt hat[11]. Nähere Einzelheiten zu dieser
Vorstellung sind dem folgenden Exkurs zu entnehmen.

---

6 Beide Nomina werden synonym verwendet: vgl. I Sam 2,8; Jes 14,21; 18,3;
  24,4; 26,9.18; 34,1; Jer 10,12 = 51,15; Nah 1,5; Ps 19,5; 33,8; 89,12;
  96,13; 98,9; Hi 18,17f.; 34,13; Prov 8,26; Thr 4,12. - Kaum ist ארץ allgemeiner als תבל zu verstehen (so Keßler).
7 Jes 48,18; Ez 32,3 (wird jedoch meist emendiert); Hab 3,8; Ps 66,6 (hier
  sind aber vielleicht auch zwei Ereignisse, der Durchzug durch das Meer
  und die Durchquerung des Jordan, gemeint); Ps 80,12 (möglicherweise
  handelt es sich jedoch um das Mittelmeer einerseits und den Euphrat andererseits); 89,26; vgl. Jon 2,4; Ps 93,3f.
8 Siehe dazu oben S.70f.
9 Siehe dazu oben S.78.
10 Siehe den folgenden Exkurs. - Da gemäß v.1 und aufgrund des Inhalts und
   der übrigen Entsprechungsbegriffe auch v.2 als *synonymer* Parallelismus
   anzusehen ist, muß das יכוננה in v.2b perfektisch aufgefaßt werden; G
   übersetzt beidemale mit Aorist. Vielleicht ist Textverderbnis anzunehmen (so z.B. D.Michel, Tempora und Satzstellung in den Psalmen, § 36,15,
   der den Tempuswechsel als "unerklärbar" bezeichnet; vgl. auch H.Bardtke
   [BHS]). V.2b betont jedenfalls nicht die Erhaltung gegenüber der Schöpfung in v.2a (so z.B. Baethgen, Hengstenberg).
11 Von einem vorangegangenen Kampf Jahwes mit dem Meer verlautet nichts;
   gegen O.Loretz, Ugarit-Texte und israelitische Religionsgeschichte, 244
   (es sei der Sieg Jahwes im "kosmologischen Urkampf" angesprochen), und
   Weiser (die Erde sei dadurch "festgegründet", "daß die chaotischen Mächte des Urmeers von Gott besiegt und in ihre Schranken gewiesen sind").

Exkurs 3: Die Entstehung der Erde[12]

a) Die Texte

Siehe Tabelle III in der Innentasche am Schluß des Buches.

b) Anmerkungen

(1) Für die Verteilung der *Texte* auf die einzelnen alttestamentlichen Bücher gilt ähnliches wie für die von der Entstehung des Himmels handelnden[14].

(2) *Anstelle* oder *neben* ארץ begegnen die Nomina תבל (6mal), יבשה bzw. יבשת (3mal) und 1mal חוצות sowie verschiedene Konstruktusverbindungen (die "Enden der Erde": Jes 40,28aα; Prov 30,4; vgl. auch Ps 74,17a; die "Säulen der Erde": Ps 75,4; Prov 8,29b; vgl. noch Prov 8,26).

(3) Ausschließlich von der Entstehung der Erde ist nur in I Sam 2,8bβ; Jes 40,28aα; Ps 24,2; 75,4; 119,90b die Rede. Als relativ selbständiges Thema unter anderen findet es sich in Gen 1,9f.; Ps 104,5; Hi 38,4-6 und Prov 8,26.29b. Nur diese Texte enthalten ausführlichere Hinweise auf die mit diesem mythischen Ereignis verbundenen Vorstellungen.

(4) Für die Entstehung der Erde wird am häufigsten das *Verb* עשה verwendet (21mal, davon 12mal im Zusammenhang mit der polaren Wortverbindung "Himmel und Erde"); sodann begegnen 11mal יסד, 5mal כון pol. bzw. hi., jeweils 3mal יצר, ברא und רקע, 2mal קנה und jeweils 1mal חקק, כום hi., נצב hi., שית, תכן pi. und תלה.

(5) Die Texte repräsentieren zum Teil verschiedene Vorstellungen von der die Erde betreffenden mythischen Tat Jahwes:

---

12 Viele der folgenden Texte sind schon in Exkurs 1 (S.74-76 mit Tabelle I) genannt worden; in diesen Fällen sei insbesondere auf die Anmerkungen zu Tabelle I verwiesen. Auch in Teil b) des folgenden Exkurses werden Angaben zu den formelhaften Wortverbindungen und zu verschiedenen in Exkurs 1b) unter Punkt (5) aufgeführten Phänomenen nicht wiederholt.

13 Meist wird I Sam 2,1-10, vor allem wegen des מלך in v.10b, in die Königszeit datiert. V.8b fehlt allerdings in G. J.B.Stoebe, KAT VIII/1, 105, findet v.8b "in seiner kosmischen Weite nach V.aβ und dessen besonderer Absicht befremdend", rechnet ihn aber zum Lied hinzu, das er für "eine sekundäre Komposition unter Verwendung verschiedener älterer Motive" hält (106). P.A.H. de Boer, Einige Bemerkungen und Gedanken zum Lied 1.Samuel 2,1-10, 56, sieht v.8b als Erweiterung an: "es handelt sich um eine Zeile aus einem Schöpfungshymnus, die Jhwhs Macht hervorhebt, aber mit dem Vorhergehenden nicht in innerem Zusammenhang steht". Manchmal wird auch v.10b für sekundär gehalten oder das מלכו anders interpretiert (vgl. dazu J.T.Willis, The Song of Hannah and Psalm 113, 148).

14 Die häufig in Ps 93,1b vorgenommene, mit den alten Übersetzungen belegbare Korrektur des תִּכּוֹן (Impf.*Ni.*) in תִּכֵּן (Perf.Pi. von תכן = "Er hat den Erdkreis festgestellt"; vgl. Ps 75,4) ist vor allem wegen des v.1b parallelen v.2a (Part.*Ni.* von כון: die Festigkeit des Thrones Jahwes "von jeher") unwahrscheinlich. Der Psalm beschreibt auch sonst Zustände und keine aktuell-einmaligen Handlungen: v.1a die Pracht und Stärke Jahwes (ähnlich Ps 104,1; vgl. auch Hi 40,10), die v.3f. seine über das Brausen der Wasser weit erhabene Herrlichkeit (v.4 ist ein reiner Nominalsatz, so daß die finiten Verben in v.3 in generell-durativem Sinn zu verstehen sind). Zu Ps 96,10aβ siehe unten S.184 Textanm.a.

Häufig verglich man die Entstehung der Erde offenbar mit dem Bau eines
Hauses: Nach Hi 38,4-6 hat Jahwe ihre Maße bestimmt, die Meßschnur über
sie ausgespannt, ihre Pfeiler eingesenkt und ihren Eckstein gelegt. In
diesen Zusammenhang gehört auch das häufige Vorkommen des auch sonst etwa
für den Hausbau verwendeten Verbs יסד[15].

Eine wichtige Rolle spielen dabei die Säulen, auf denen die Erde ruht:
So heißt es in I Sam 2,8bβ und Ps 104,5a, daß Jahwe den Erdkreis auf Säulen gestellt hat, und in Ps 75,4a und Prov 8,29b ist überhaupt nur die
Festigung der Säulen der Erde erwähnt (hierher gehören vermutlich auch
die Texte, die das Verb כון verwenden[16]).

Die Vorstellung, daß die Erdscheibe auf Säulen bzw. Pfeilern oder auf
Sockeln (Hi 38,6a) ruht, ist im Alten Testament mehrmals bezeugt; vgl. Hi.
38,6a (אדן); II Sam 22,16aβ = Ps 18,16aβ; Jes 24,18bβ; Jer 31,37aβ; Mi 6,
2aβ; Ps 82,5b; Prov 8,29b (jeweils מוסד); Ps 104,5a (מכון); I Sam 2,8b
(מצוק); Ps 75,4b; Hi 9,6b (jeweils עמוד). Vielleicht sind die die Erde tragenden Säulen teilweise mit den nur in Hi 26,11 erwähnten Pfeilern des Himmels (אמודי שמים) identisch. Vom Menschen sind sie nicht zu erkunden (Jer
31,37a), doch Jahwe vermag sie im Unwetter aufzudecken (II Sam 22,16aβ = Ps
18,16aβ). Sie können erbeben (Jes 24,18bβ; Ps 82,5b; Hi 9,6) und damit die
Erdscheibe erschüttern (vgl. Jes 24,19f.), doch begegnet daneben auch die
Feststellung, daß die Erde, gerade weil sie auf Pfeilern ruht, niemals
wankt (Ps 104,5; vgl. Ps 75,4[17]).

Andererseits wollen Ps 24,2 und 136,6a offenbar die wunderbare Tatsache
betonen, daß die Erde auf dem Meer aufruht, ohne unterzugehen oder hin und
her zu schwanken (hier werden die Säulen der Erde gerade nicht erwähnt).
Ganz eigentümlich und singulär ist schließlich die in Hi 26,7b bezeugte
Auffassung, wonach Jahwe die Erde über dem Nichts aufgehängt hat.

Nach Gen 1,9f. ist die Erde mit Sicherheit "materiell" schon vorhanden[18],
jedoch noch nicht als trockenes Land (anders als noch in v.2 ist erst ab
v.10aα die Trockenheit ihr Kennzeichen, wird das "Trockene" explizit "Erde"
genannt). Dieses entsteht dadurch, daß das Wasser an einem bestimmten Ort
zusammenfließt und die Erdoberfläche freigibt. Eine ähnliche Vorstellung
begegnet in Ps 74,15[19]; auch hier ist nach v.12 die Erde als solche schon
vorhanden (in Ps 104,5-9 wird beides, ihre Gründung auf Säulen und die Vertreibung des Wassers, berichtet). Die Entstehung der trockenen Erde hängt
unmittelbar mit der Begrenzung des Wassers zusammen[20]. Dem entspricht, daß
in den beiden Texten, die statt יבשה ארץ bzw. יבשת bieten, entweder innerhalb einer wohl stehenden Wendung (Jon 1,9, jedoch nur hier belegt) oder
im parallelen Satzglied (Ps 95,5) von der Erschaffung des Meeres die Rede
ist.

Doch hat Jahwe die Erde nicht als Wüste, sondern zum Wohnen geschaffen,
wie Jes 48,18a hervorhebt. In Prov 8,26 werden die Fluren und Schollen des
Erdreichs genannt, in Jes 42,5aβ die Ausbreitung der Erde und ihrer Gewächse in einem Atemzug erwähnt.

(6) Die meisten Texte stammen aus exilischer oder nachexilischer *Zeit*,
doch ist nicht auszuschließen, daß das Motiv auch schon früher geläufig
war[21].

---

15 Siehe oben S.70f.
16 Zu Ps 24 siehe jedoch unten S.100.
17 Siehe dazu unten S.153-155.
18 Vgl. C.Westermann, BK I/1, 167f.
19 Siehe dazu unten S.143-145.
20 Siehe dazu unten Exkurs 4 (S.111f.).
21 Das Thema "Erschaffung der Erde" ist eventuell auch in der Umwelt
   Israels bezeugt. In der Karatepe-Inschrift von etwa 720 v.Chr. heißt
   es: ᵓl qn ᵓrṣ, "El, der die Erde erschaffen hat" (KAI 26 A III 18),

Die Bedeutung der in Ps 24,2 geschilderten Tat Jahwes erläutert v.1, den v.2 durch einleitendes kausales כֵי begründet:
Jahwe gehört die Erde samt allem, was sich auf ihr befindet.
Die Feststellung göttlichen Besitztums ist auch anderwärts im
Alten Testament mit dem uranfänglichen Schöpfungshandeln Jah-
was verbunden (vgl. Ps 74,16; 89,12; 95,5, auch I Sam 2,8b;
Jer 27,5). Zwar fehlt dort eine kausale Partikel (nach G, σ´,
ϑ´ auch in Ps 24[23],2), doch dürfte die das Eigentumsrecht
begründende Funktion der mythischen Tat gerade wegen der in
allen Fällen vorliegenden und kaum anders zu interpretierenden
Verknüpfung der beiden Elemente nicht zweifelhaft sein. Es
gilt die selbstverständliche Gleichung: Schöpfer = Besitzer.
Daß sich das Besitztum auch auf das, was die Erde füllt, erstreckt, folgt aus dem Hinstellen der Erde als der Grundlage
allen Lebens, ohne daß weitere göttliche Schöpfungstaten eigens
erwähnt werden müßten.

3.4 Die Funktion der mythischen Elemente

V.2 begründet die umfassende Herrschaft Jahwes über die Erde,
wobei die Tatsache, daß er sie "auf Meere gegründet", "auf Fluten gefestigt" hat, ohne daß Stützen oder dergleichen erwähnt
würden, seine Größe besonders hervorhebt.

3.5 Datierung

Eine genauere Datierung der v.1f. ist nicht möglich.

"eine im kanaanäischen Sprachraum nur hier und in einer pun. Inschrift
aus Leptis...bezeugte Gottheit" (KAI II, 42f.; dort auch weitere Parallelen und Literatur). Zum Verb קנה siehe jedoch oben S.74 Anm.68.

4. Psalm 33

4.1 Der Text

1 Jubelt, ihr Frommen, über Jahwe!
   Den Gerechten sei lieblich der Lobgesang!

2 Preist Jahwe mit der Zither!
   Lobt ihn mit der zehnsaitigen Harfe!

3 Singt ihm ein neues Lied!
   Spielt schön zum Jubelgesang!

4 Fürwahr: Jahwes Wort ist zuverlässig
   und all sein Tun wahrhaftig.

5 Er liebt Gerechtigkeit und Recht.
   Die Erde ist voll der Güte Jahwes.

6 Durch Jahwes Wort ist der Himmel gemacht worden
   und durch den Hauch seines Mundes sein ganzes Heer.

7 Es hat die Wasser des Meeres wie durch einen Damm[a] gesam-
   Es hat die Urfluten in Vorratsbehälter gegeben.   [melt.

8 Die ganze Erde fürchte Jahwe!
   Ihn mögen alle Bewohner des Festlands anerkennen!

9 Fürwahr: *Er* sprach, und es geschah;
   er befahl, und es stand da.

10 Jahwe vereitelt das Vorhaben der Nationen.
    Er verhindert die Pläne der Völker.

11 Doch das Vorhaben Jahwes steht allezeit fest,
    die Pläne seines Herzens für immer.

12 Glücklich das Volk, dessen Gott Jahwe ist,
    das Volk, das er sich zum Eigentum erwählt hat.

13   Vom Himmel blickt Jahwe herab,
      er sieht alle Menschen.

14   Von seinem Wohnort schaut er herab
      auf alle Bewohner der Erde:

15   Er, der ihrer aller[b] Herz gebildet hat.
      Er, der um all ihre Taten weiß.

16   Dem König wird nicht durch sein großes Heer geholfen.
      Der Held wird nicht durch seine große Kraft gerettet.

17   Es ist eine Täuschung, von Pferden Hilfe zu erwarten.
      Auch durch ihre große Kraft retten sie nicht.

18   Doch das Auge Jahwes ruht auf denen, die ihn fürchten,
      auf denen, die mit seiner Güte rechnen:

19   sie vom Tod zu erretten,
      sie in der Hungersnot am Leben zu erhalten.

20   Wir warten auf Jahwe.
      Er ist unsere Hilfe und unser Schild.

21   Fürwahr: An ihm freuen wir uns.
      Fürwahr: Auf seinen heiligen Namen vertrauen wir.

22   Laß uns deine Güte erfahren,
      denn wir rechnen mit dir!

a Meist wird vorgeschlagen, statt כַּנֵּד mit G (ὡς ἀσκὸν), Hier, T, σ´ כְּנֹד
= כְּנֹאד zu lesen ("wie in einem/einen Schlauch")[1]. נֹאד steht jedoch sonst
nie im Zusammenhang mit den "Wassern des Meeres", sondern bezeichnet den
Behälter für Wein (Jos 9,4.13; I Sam 16,20; Ps 119,83), Milch (Jdc 4,19)
oder, in übertragenem Sinn, der Tränen (Ps 56,9). Zudem ist die zweikonso-
nantische Form nicht belegt. Auch der Parallelismus ist kein überzeugendes
Argument für eine Textemendation[2], da statt כְּנֹד dann בְּנֹד gelesen werden
müßte[3]. Weitere Gründe, die für die Beibehaltung des masoretischen Textes

1 So z.B. R.Albertz, Weltschöpfung und Menschenschöpfung, 92; Baethgen, A.
  Bertholet (HSAT[K]), Bonkamp, Briggs, Buttenwieser, F.Delitzsch, Die Le-
  se- und Schreibfehler im Alten Testament, § 14b.72b; Duhm, Ehrlich, Ewald
  Gunkel, Herkenne, Kissane, Kittel, K.Koch, Wort und Einheit des Schöpfer-
  gottes in Memphis und Jersualem, 274; König, Kraus, McCullough - Taylor,
  Nötscher, Olshausen, van der Ploeg, Podechard, Rogerson - McKay, Schmidt,
  L.Vosberg, Studien zum Reden vom Schöpfer in den Psalmen, 86 Anm.70; Wei-
  ser, J.Wellhausen, Bemerkungen zu den Psalmen, 172f.
2 Auf ihn verweisen in diesem Zusammenhang etwa Baethgen, Kraus, van der
  Ploeg.

sprechen, werden noch genannt werden.

b Da es in den v.13-15 nicht um die Einzigkeit Jahwes, sondern darum
geht, daß er alle Menschen sieht und kennt, ist die masoretische Vokalisierung der Konsonanten יחד der Lesart, die die Septuaginta voraussetzt
(κατὰ μόνας = יַחַד), vorzuziehen.

4.2 Aufbau, Inhalt, Absicht

Ps 33 ist ein alphabetisierendes Lied: Die Zahl der Verse
entspricht der Zahl der Buchstaben des hebräischen Alphabets
(vgl. noch Ps 38; Thr 5, eventuell auch Ps 103)[4]. Es besteht
jedoch kein Grund, wie etwa bei alphabetischen Liedern[5] von
vornherein mit einem losen Aufbau zu rechnen[6].

Das Lied läßt sich in fünf verschieden lange Abschnitte einteilen:

Den Rahmen bilden zwei jeweils gleich lange Stücke (v.1-3
und 20-22). Sie heben sich einerseits durch den Modus der Verben (Imperative, nur in den v.1-3), andererseits durch das
Subjekt (1.Person Plural, nur in den v.20-22) vom übrigen
Psalm ab. Die v.1-3 enthalten Aufforderungen zum Lobpreis Jahwes (wegen des Kontexts wird auch v.1b imperativisch zu verstehen sein), während abschließend die Sprechenden ihr Vertrauen auf Jahwe bekennen (v.20f.) und den Erweis seiner Güte
erbitten (v.22)[7].

Das der Beteuerung und Bekräftigung dienende כי[8] am Anfang
der v.4 und 9 umklammert den folgenden, Jahwes Wort in den

---

3 Den masoretischen Text behalten bei G.Bickell, Carmina Veteris Testamenti metrice, 21; P.E.Bonnard 37; Deissler, Delitzsch, Hengstenberg, Hupfeld, Keßler, J.M.Vincent 443; auch N.H.Ridderbos, Die Psalmen, 241 Anm.
  7, bezweifelt die Berechtigung einer Korrektur.
4 Verfehlt ist der Versuch W.W.Martins, Ps 33 durch Umstellungen und Text-
  änderungen in ein alphabetisches Lied zu verwandeln.
5 Doch vgl. N.H.Ridderbos, Die Psalmen, 87.
6 So z.B. G.Bickell, Carmina Veteris Testamenti metrice, 21: "defectu
  strictionis cohaerentiae..."; Gunkel.
7 V.22 ist kein Zusatz (so z.B. F.Crüsemann, Studien zur Formgeschichte
  von Hymnus und Danklied in Israel, 129f. Anm.6, wegen des doppelten
  Schlusses [Vertrauensaussage im Wir-Stil in den v.20f., Bitte als Anrede
  an Jahwe in v.22], Ehrlich, Staerk); er erweist sich vielmehr durch die
  Verwendung des mehrmals vorkommenden Nomens חסד (vgl. v.5b.18b) und des
  Verbs יחל (vgl. v.18b), aber auch aufgrund der Entsprechung zu den v.1-3
  als fester Bestandteil des Psalms.
8 Zu dieser Funktion von כי vgl. GK § 149a; R.Meyer, Hebräische Grammatik
  III, § 122,5b (so wohl auch beidemale in v.21).

Mittelpunkt stellenden Abschnitt, der sich wiederum in drei
Teile zu jeweils zwei Doppelzeilen untergliedern läßt[9]: Der
erste Unterabschnitt (v.4f.) macht grundsätzliche und umfassende Aussagen vor allem über Jahwes Wort (דבר als Leitwort
des gesamten Teils begegnet gleich in der ersten Zeile), aber
auch über Jahwe selbst, sein Handeln und seine Güte. - Das Stich
wort דבר ist am Anfang des nächsten Abschnitts (v.6f.) aufgenommen und durch die invertierte Wortstellung besonders betont
An der erneuten Nennung Jahwes ist zu erkennen, daß ein neuer
Absatz beginnt[10]. Beide Verse erzählen von der Wirksamkeit des
Wortes Jahwes in der Urzeit[11]. - V.8 - das יהוה, der Subjekt-
wechsel und das finite Verb markieren den Neueinsatz - ruft
alle Bewohner der Erde[12] zur Jahwefurcht auf[13]. V.9 hebt durch

---

9 Weder v.4 (so K.Koch, Wort und Einheit des Schöpfergottes in Memphis
und Jerusalem 273f.) noch die v.4f. (so R.Albertz, Weltschöpfung und
Menschenschöpfung, 92; N.H.Ridderbos, Die Psalmen, 240f.; C.Westermann,
Lob und Klage in den Psalmen, 94 [der ganze Psalm sei eine Entfaltung
der v.4 und 5]) dürfen als eigenständiger Abschnitt von den v.6-9 abgetrennt werden. Auch F.Crüsemann, Studien zur Formgeschichte von Hymnus
und Danklied in Israel, 129, und, im Anschluß an ihn, L.Vosberg, Studien zum Reden vom Schöpfer in den Psalmen, 85, setzen fälschlich die
v.1-4, die sie für einen eigenen imperativischen Hymnus halten, vom
Folgenden ab.
10 Eine Emendation in בדברו (so z.B. McCullough - Taylor, Schmidt, Staerk)
ist nicht gerechtfertigt.
11 Da Jahwes Wort nach v.6a die Entstehung des Himmels bewirkt hat und der
ganze Abschnitt der v.4-9 darauf zentriert ist, dürften sich auch die
beiden Partizipien der v.6b und 7a auf den דבר־יהוה beziehen; so K.Koch
Wort und Einheit des Schöpfergottes in Memphis und Jerusalem, 274 Anm.
74 (in v.4b jedoch ist mit מעשהו das Werk Jahwes, nicht das Werk seines
Wortes gemeint, da es der Konstruktusverbindung דבר־יהוה in v.4a entspricht, sein Suffix sich daher auf יהוה, nicht aber auf den Ausdruck
דבר־יהוה insgesamt beziehen dürfte. Auf Jahwe bezieht sich auch das
Partizip in v.5a; K.Koch übersetzt v.5b, um ein anderes Subjekt zu vermeiden, etwas gezwungen: "indem(?) von der Bundestreue Jahwäs die Erde
(oder: das Land) erfüllt ist", 274). - R.Albertz, Weltschöpfung und
Menschenschöpfung, 217 Anm.14; F.Crüsemann, Studien zur Formgeschichte
von Hymnus und Danklied in Israel, 131 Anm.1, und J.M.Vincent 452 Anm.
22 lehnen einen solchen Bezug aus gattungskritischen Gründen ab: Partizipien innerhalb von Hymnen bezögen sich sonst stets auf Gott selbst.
Das Gewicht des Kontexts ist jedoch höher zu bewerten.
12 ארץ ist hier Kollektivbezeichnung, deshalb ייראו (vgl. GK § 145e).
13 Ebenso möglich, aber weniger wahrscheinlich, ist ein indikativisches
Verständnis des v.8; Kraus etwa zieht es vor ("Der Hymnus bricht immer
wieder aus in visionäre Schilderungen der Weltlage, in denen alle Krea-
tur allein auf Jahwe bezogen ist"; vgl. auch H.Gunkel - J.Begrich, Einleitung in die Psalmen, § 2,30; K.Koch, Wort und Einheit des Schöpfergottes in Memphis und Jerusalem, 277). Der Psalmist betont jedoch an
anderer Stelle, daß Jahwe nur denen gnädig ist, die ihn fürchten (v.18)
wobei er keineswegs davon ausgeht, daß dies für alle Menschen gilt: Er

zwei völlig synonyme Satzglieder (vorgeschaltet ist nur das
betonende und als Klammer fungierende כי) nochmals nachdrücklich die Wirksamkeit und Zuverlässigkeit des Wortes Jahwes
hervor.

Der folgende Abschnitt (v.10-12) setzt mit יהוה wiederum
neu ein, doch steht nun nicht mehr Jahwes Wort im Mittelpunkt:
Die v.10f. stellen zunächst antithetisch das Vorhaben der Völker dem Vorhaben Jahwes gegenüber, während v.12, der durch die
Aufnahme von גוי und עם aus v.10 mit dem Vorangehenden zusammengeschlossen ist, sodann das Volk glücklich preist, dessen
Gott Jahwe ist und das er sich erwählt hat.

Auch im nächsten Teil (v.13-19), dessen erste Zeile erneut
Jahwe namentlich erwähnt, sind zunächst die beiden ersten Dop-
pelverse (v.13f.) enger miteinander verbunden, allerdings hier
nicht durch antithetische, sondern durch synonyme Formulierung:
Jahwe hat vom Himmel aus alle Menschen im Blick. Durch die No-
minalsuffixe ist v.15 mit ihnen verknüpft: Jahwe weiß als einer,
der ihr Herz gebildet hat, um alle Taten der Menschen. - Da
Jahwe in v.16 nicht vorkommt, andererseits das יהוה עין in v.
18a auf die v.13f. zurückweisen dürfte, sind die v.16-19 noch
hinzuzurechnen[14], die allerdings sowohl inhaltlich als auch
durch das nur in den v.16-19 verwendete und verklammernde Verb
נצל etwas abgehoben sind: Sie stellen der Vergeblichkeit des
Vertrauens auf irdische Macht und Kraft (v.16f.) in einer durch
einleitendes הנה hervorgehobenen Antithese die Hilfe Jahwes für
die, die ihm vertrauen (v.18f.), gegenüber.

Somit weist Ps 33 eine beinahe symmetrische Struktur auf:
Aus jeweils drei Versen bestehende Abschnitte bilden Rahmen
und Mitte und schließen zwei sechs bzw. sieben Verse umfassende Teile ein, die aus jeweils zu zwei Versen geordneten Unter-
abschnitten bestehen; nur v.15 macht eine Ausnahme[15].

Daß die v.10-12 den Angelpunkt des Psalms bilden, die v.13-19
somit trotz dieser Unregelmäßigkeit den v.4-9 gegenüberstehen

---

stellt den Jahwefürchtigen die, die auf ihre eigene Macht vertrauen,
gegenüber (v.16f.) und weiß, daß die Pläne der Völker denen Jahwes
durchaus nicht entsprechen (v.10).
14 Viele Kommentatoren lassen mit v.16 einen neuen Abschnitt beginnen.
15 Ob er um der beabsichtigten alphabetisierenden Form willen das ansonsten ganz klare Aufbauschema durchbricht?

und zusammengehören, ist nicht nur an dem in v.16 fehlenden,
aber offensichtlich den Beginn der einzelnen Absätze (und
ebenso der Unterabschnitte der v.4-9) markierenden יהוה, sondern auch daran zu erkennen, daß gerade dieses wohl mit Be-
dacht verwendete יהוה ausschließlich im Abschnitt der v.10-12
in jedem Vers vorkommt, und zwar immer in seiner ersten Hälfte. Dadurch erhält der Mittelteil nochmals eine besondere Betonung, so daß bei der Frage nach Inhalt und Absicht des
Psalms von ihm auszugehen ist.

Die Betenden scheinen sich durch die Pläne anderer Völker
aufs Stärkste bedroht zu fühlen (ähnliches klingt auch in den
v.16f. an). Dem aber setzen sie ihr Vertrauen auf Jahwe entgegen, der jene Absichten vereitelt (v.10) und dessen unumstößliche Pläne durch nichts gefährdet werden können (v.11).
Dies ist deshalb ein Grund der Hoffnung und Zuversicht, weil
Jahwes Hilfe denen gilt, die ihn fürchten (v.18f.). Dazu rechnen sich die Beter als das "Volk, dessen Gott Jahwe ist" und
das er sich erwählt hat (v.12, durch die אשרי-Formel besonders
hervorgehoben; von "Israel" ist nicht die Rede, der an alle
Bewohner der Erde gerichtete Appell zur Jahwefurcht in v.8
läßt vielmehr darauf schließen, daß auch Proselyten mit einbezogen sind). - Das Vertrauen der feindlichen Mächte auf ihre
eigene Kraft und militärische Stärke vermag jedoch nichts aus-
zurichten (v.16f.).

Diese Zuverlässigkeit Jahwes unterstreichen und begründen
insbesondere die v.4-9 anhand der großartigen Macht seines
Wortes (vgl. vor allem v.9). Er ist der Schöpfer aller Menschen und blickt vom Himmel auf sie herab (v.13-15). So ist
das Lied, obwohl die wegen der zentralen Stellung der v.10-12
wichtige konkrete geschichtliche Situation nicht übersehen
werden darf[16] (gewiß die der nachexilischen Zeit, in der sich
Israel politisch ohnmächtig den es umgebenden Völkern ausge-
liefert fühlte), letztlich ein Loblied (eine תהלה, vgl. v.1b)
auf Jahwe, der immer wieder und gerade auch in dem die Lage

16 Dies geschieht aber, wenn die v.4 bzw. 4f. als Thema des Psalms gelten
(so z.B. K.Koch, Wort und Einheit des Schöpfergottes in Memphis und Jerusalem, 273; C.Westermann, Lob und Klage in den Psalmen, 94; auch in
J.M. Vincents Strukturschema nehmen die v.4f. einen Sonderplatz ein
[450]).

seines Volkes in den Blick nehmenden Mittelteil mit Namen genannt wird, da er die alleinige Hoffnung der Betenden ist, auf
den sie auch weiterhin vertrauen wollen (v.20-22). Im Ganzen
hat das Lied zwar mehr den Charakter eines Bekenntnisses und
gegenseitigen Zuspruchs, doch der abschließende v.22 redet
Jahwe, wenn auch nur hier, direkt an.

4.3 Die mythischen Elemente

4.3.1 Vers 6

> Durch Jahwes Wort ist der Himmel gemacht worden
> und durch den Hauch seines Mundes sein ganzes Heer.

Jahwe hat durch sein Wort bzw. durch den Hauch seines Mundes[17] die Entstehung des Himmels und der Gestirne[18] bewirkt.
Trotz der Hervorhebung der Wortschöpfung scheint die Tatschöpfung nicht ganz ausgeblendet, sondern - allerdings abgeschwächt -
durch die Verwendung des Verbs עשׂה (dieses dritthäufigste Wort
im Alten Testament begegnet sehr oft in mythischen Zusammenhängen[19]) in eigentümlicher Weise mit ihr verknüpft zu sein:
Durch das *Wort* sind Himmel und Gestirne *gemacht* worden.

Auch in den entsprechenden, von der Erschaffung der Himmelsfeste und der Gestirne handelnden Abschnitten des priesterschriftlichen Schöpfungsberichts ist die Wortschöpfung mit der
Tatschöpfung kombiniert, allerdings lockerer, d.h. in selbständigen Sätzen, nebeneinandergestellt: Gen 1,6: Wortbericht
("Gott sprach: Es werde eine Feste inmitten der Wasser...") /

---

17 Beide Ausdrücke entsprechen einander (vgl. Ps 147,18). רוח in Verbindung mit einer Form von פה ist singulär, da in Hi 15,30 mit G פרחו ברוח
   statt פיו ברוח zu lesen ist, doch findet sich in Jes 11,4bβ der ganz
   ähnliche Ausdruck רוח שׂפתיו.
18 כל-צבאם dürfte sämtliche Gestirne meinen (vgl. Dtn 4,19, auch Jes 40,
   26; 45,12), nicht lediglich (trotz Jer 8,2, wo Sonne und Mond aber zusätzlich erwähnt sind) die Sterne (so z.B. Baethgen, Dahood, Duhm, Gunkel, Hupfeld - Nowack, Kittel, Kraus), noch aber auch zusätzlich Winde,
   Blitz und Donner (so K.Koch, Wort und Einheit des Schöpfergottes, 276,
   aufgrund der Annahme, daß unter dem "Heer des Himmels" in Ps 103,20ff.
   astrale und meteorologische Phänomene zu verstehen seien, die Jahwe als
   Diener und Täter seines Wortes zur Verfügung stünden).
19 Siehe die Tabellen I-III zu den Exkursen 1-3.

1,7: Tatbericht ("Gott machte die Feste..."); 1,14f.: Wortbericht ("Gott sprach: Es seien Lichter an der Himmelsfeste...") / 1,16: Tatbericht ("Gott machte zwei große Lichter...und die Sterne")[20].

4.3.2 Vers 7

> Es hat die Wasser des Meeres wie durch einen Damm gesammelt.
> Es hat die Urfluten in Vorratsbehälter gegeben.

Auch dieser Vers handelt von einem durch das Wort Jahwes
bewirkten Geschehen, das sich in der Vergangenheit zugetragen
hat[21]. Zunächst muß geklärt werden, ob ebenfalls an ein uranfängliches Tun oder etwa an das Meerwunder gedacht ist, auf
das der (hier beibehaltene) masoretische Text zum Teil von
denjenigen Wissenschaftlern bezogen wird, die נֵד in נֹ(א)ד
emendieren[22].

Tatsächlich wird נד an allen übrigen Stellen eindeutig als
Vergleich für die zurückgewichenen Wasser des Meeres (Ex 15,8;
Ps 78,13; jeweils כמו־נד) bzw. des Jordan (Jos 3,13.16) verwendet[23]. Auch die Konstruktusverbindung מי הים findet sich
nur noch in Ex 15,19, wo sie die über die Leute des Pharao
hereinbrechenden Wasser bezeichnet. Außerdem steht תהום des
öfteren für das Meer, durch das die Israeliten nach dem Auszug aus Ägypten gezogen sind (Ex 15,5.8; Jes 63,13; Ps 106,9).

Mit dieser Interpretation lassen sich jedoch sowohl der weitere Kontext als auch der unmittelbare Zusammenhang, in dem
v.7 steht, kaum vereinbaren. Im gesamten Psalm wird an keiner
Stelle auf die Exodusereignisse Bezug genommen; andererseits
meint der vorausgehende v.6, mit dem v.7 eng verbunden ist,
ohne Zweifel mythische und keine in die Geschichte Israels

---

20 Sowohl in v.7 als auch in v.16 (sonst nur noch in v.25) wird in Gen 1
   das Verb עשה verwendet. - Zu den Themen "Errichtung der Himmelsfeste"
   und "Erschaffung der Gestirne" siehe oben die Exkurse 1 und 2 (S.74-76
   mit Tabelle I bzw. S.79 mit Tabelle II).
21 Ein andauerndes Handeln Jahwes kann schon aufgrund des vorangehenden
   Verses nicht gemeint sein (so etwa Baethgen: die Partizipien drückten
   aus, was Jahwe fortwährend tut: "dass Gott das Meer in fester Gewalt
   hält, so dass es die Erde nicht überschwemmt").
22 Vgl. z.B. R.Albertz, Weltschöpfung und Menschenschöpfung, 92; Baethgen,
   Gunkel, Kraus, van der Ploeg.
23 Jes 17,11 ist verderbt (vgl. H.Wildberger, BK X/2, 638),

hineinwirkenden Handlungen Gottes. Außerdem werden in Ex 14f.
die Ereignisse, die den Durchzug der Israeliten ermöglicht
haben, nie auf ein sozusagen an das Wasser gerichtetes Wort
oder einen Befehl Jahwes zurückgeführt. Aber auch die Tatsache, daß Israel selbst im Psalm nicht erwähnt wird, sondern
ebenso Nichtisraeliten zu den Jahwefürchtigen gehören, macht
einen Rekurs auf die nationale Geschichte unwahrscheinlich.
Somit muß sich v.7, trotz der Beibehaltung des masoretischen
Textes, wie v.6 auf ein Ereignis der Urzeit beziehen[24].

Es ist nun zu klären, welche Wasser in v.7 gemeint sind.
Drei Möglichkeiten stehen offen: Es könnte an die Wasser auf
der Erde oder an die des Himmels oder auch an beide gedacht
sein.

V.7a nennt als Objekt des Sammelns die מי הים. Zwar bezeichnet מים das Wasser insgesamt, also auch das Wasser jenseits
der Himmelsfeste (vgl. z.B. Gen 1,6f.; Ps 148,4b), doch sind
immer dann, wenn מים mit ים verbunden ist, irdische Gewässer
gemeint (Gen 1,22; Ex 15,19; Jes 19,5; Hi 14,11), wie überhaupt das Nomen ים stets für das Wasser auf der Erde (oder für
das Becken, in dem es sich befindet) verwendet wird.

So erzählt v.7a aller Wahrscheinlichkeit nach von der Sammlung des Wassers auf der Erde[25] und vergleicht sie mit einer
Eindämmung[26]: So, wie mit einem Damm eine Wasserfläche einge-
faßt wird, habe Jahwe durch sein Wort Meere und Seen entstehen
lassen[27].

---

24 Unwahrscheinlich ist auch die Auffassung A.Deisslers, der eine Korrektur des masoretischen Textes von v.7 zwar ablehnt und ihn auf die Sammlung der irdischen Gewässer bezieht, gleichwohl aber annimmt, eine Anspielung auf die Exodusereignisse sei beabsichtigt (228).
25 Dies halten, obwohl sie in נ(א)ד konjizieren, z.B. auch Baethgen, Bonkamp, Ewald, Herkenne, Olshausen für das Wahrscheinlichere; nach Nötscher ist beides möglich.
26 Nicht aber das Wasser selbst mit einem Damm (so Delitzsch, Hengstenberg).
27 Zur Verwendung des Artikels bei Vergleichen vgl. GK § 126o, zum Gebrauch
   von כ GK § 118s.w. - J.M.Vincent 443 vermutet einen Bezug zu der weit
   verbreiteten ägyptischen Vorstellung, wonach die Wasser hinter einer
   Mauer angesammelt sind. - Unwahrscheinlich ist die Annahme Duhms, der
   Psalmist denke an das himmlische Wasser, scheine aber, da er das Wort
   ים verwendet, zu wissen, "daß das Meereswasser durch Verdunstung in die
   Höhe steigt und von Gott zum Nutzen der dürstenden Erde 'wie im Schlauch
   gesammelt' wird". Dieser Vorgang dürfte in alttestamentlicher Zeit noch
   nicht bekannt gewesen sein (zu Hi 36,27 [wird von Duhm angeführt] vgl.

Da beide Zeilen des v.6 vom Himmel handeln und die v.8f.
ebenfalls als synonyme Parallelismen formuliert sind, liegt
es zwar nahe, daß auch in v.7b von irdischen Gewässern die
Rede ist, doch soll auch in diesem Fall der Wortgebrauch über-
prüft werden[28].

Nach v.7b hat Jahwes Wort die Wasser in אצרות, in "Kammern",
gefüllt. Von Kammern irdischer Gewässer spricht das Alte Testa
ment sonst nirgendwo, wohl aber einmal von der himmlischen Kam
mer, die Jahwe öffnen und so der Erde Regen spenden kann (Dtn
28,12, im Unterschied zu Ps 33,7 aber singularisch; Hi 38,37
vergleicht die Wolken mit Vorratskrügen [שמים נבלי]). In Hi
38,22 erwähnt Gott die "Kammern" des Schnees und Hagels, und
nach Jer 10,13 = 51,16 sowie Ps 135,7 holt er den Wind aus
seinen "Kammern". - So könnten mit den in Ps 33,7b genannten
אצרות zwar die Wolken gemeint sein, doch stünde dem zunächst
das entsprechend v.6 und 7a anzunehmende perfektische Verständ
nis des Versteils entgegen: Das Einfüllen des Wassers in im
oder am Himmel befindliche Behälter wäre ein ständig zu wie-
derholender Vorgang.

Andererseits wird das Nomen תהום im Alten Testament sonst
nie für die Wasser des Himmels, sondern stets für irdische Gewässer oder für das unterhalb der Erdscheibe vorgestellte Meer
gebraucht. Ist dieses gemeint, wird manchmal das Wasser oberhalb der Himmelsfeste zusätzlich genannt, aber immer anders
bezeichnet (vgl. Gen 7,11; 8,2; 49,25; Dtn 33,13; auch Ps 107,
26). Zumal die in Ps 33,7b verwendete Pluralform wird mit Ausnahme von Ps 135,6 und Prov 3,20, wo an das unterirdische Meer
gedacht ist, und den Stellen, an denen das Nomen in übertragenem Sinn verwendet ist (Ps 71,20; 107,26), immer für irdische
Gewässer gebraucht (Ex 15,5.8; Dtn 8,7; Jes 63,13; Ps 77,17;
78,15; 106,9; 148,7; Prov 8,24). So dürfte תהומות auch in Ps
33,7 die irdischen Gewässer meinen[29].

G.Fohrer, KAT XVI, 481); ähnlich R.Hillmann, Wasser und Berg, 193: Es
dürfte "die Beobachtung von aus dem Meer im fernen Westen oder überhaupt vom Horizont her scheinbar zum Himmel aufsteigendem und herauf-
ziehendem Regengewölk zu Grunde liegen".

28 Daß einmal die irdischen und einmal die himmlischen Gewässer gemeint
seien, nehmen z.B. Briggs und Kissane an; Kittel denkt an die Sammlung
der überirdischen und der unterirdischen Gewässer.

29 Gegen C.Westermann, Art. תהום, 1028, der die Möglichkeit offenläßt oder

Aus der Prüfung des Wortgebrauchs ergibt sich somit ziemlich eindeutig, daß sowohl in v.7a als auch in v.7b von der Sammlung der irdischen Gewässer in See- oder Meeresbecken als für sie bestimmte Kammern die Rede ist.

Alttestamentliche Parallelen bestätigen dieses Verständnis. Während das urzeitliche "Sammeln" der himmlischen Gewässer im Alten Testament keine Parallele hätte, liegt eine Entsprechung zu v.7 wiederum im priesterschriftlichen Schöpfungsbericht vor: Gen 1,9 spricht unter Verwendung des Verbs קוה ni. vom Sammeln der מים מתחת השמים, und zwar ebenfalls ausschließlich durch das göttliche Wort[30].

So lassen sich die v.6f. insgesamt mit dem priesterschriftlichen Schöpfungsbericht vergleichen: Sie erzählen die Ereignisse, die Gen 1 als Werke des zweiten und als erstes Werk des dritten Schöpfungstages aufführt; nur v.6b nennt die Werke des vierten Tages (dazwischen liegt lediglich die Erschaffung der Pflanzen)[31].

Exkurs 4: Die Sammlung, Begrenzung oder Erschaffung des Meeres

Die recht unterschiedlichen und zum Teil eng mit anderen mythischen Aussagen in Verbindung stehenden Texte sollen hier nur kurz nach den bereits in der Überschrift angedeuteten verschiedenartigen Vorstellungen aufgeführt werden.

Ausschließlich von der *Sammlung* des Wassers berichtet - wie schon erwähnt - außer Ps 33,7 noch Gen 1,9:

Gott sprach: Die Wasser unterhalb der Himmelsfeste sollen sich an *einem* Ort sammeln, damit das Trockene zum Vorschein komme. Es geschah so.

Eine sehr ähnliche Vorstellung findet sich auch in Ps 104,6-8, wonach das Wasser ebenfalls durch Gottes Wort (sein Schelten, seine donnernde

sogar für wahrscheinlich hält, daß תהום nur an dieser Stelle auch den Himmelsozean umfaßt.

30 Zu weiteren Parallelen siehe den folgenden Exkurs. Vor allem die Parallelität mit Gen 1 bestätigt die Annahme, daß die Partizipien in v.7 auf Jahwes *Wort* zu beziehen sind.

31 Keineswegs können also "nach dem Zusammenhange mit 6...die so gesammelten Wasser nur die himmlischen sein" (Gunkel). Auf die Sammlung himmlischer Gewässer beziehen den ganzen v.7 auch R.Albertz, Weltschöpfung und Menschenschöpfung, 92; Duhm, K.Koch, Wort und Einheit des Schöpfergottes im Memphis und Jerusalem, 276; Kraus, McCullough - Taylor, Podechard. - Spuren eines Kampfes Jahwes mit dem Wasser lassen sich in diesen Versen nicht erkennen (gegen K.Koch, Wort und Einheit des Schöpfergottes in Memphis und Jerusalem, 276; Kraus, Leslie).

Stimme) von der Erde vertrieben worden ist; v.9 erwähnt darüber hinaus die
Grenze, die Jahwe ihm gesetzt hat[32].
Allein die *Begrenzung* des Meeres heben folgende Texte hervor:
Jer 5,22aß.γ:

> Ich habe dem Meer eine Sandgrenze gesetzt,
> eine dauernde Schranke, die es nicht überschreiten kann.

Hi 38,8-11:

8 'Wer hat' das Meer mit Toren 'abgesperrt'[a],
   als es hervorgebrochen und aus dem Mutterschoß herausgekommen ist,

9 als ich Wolken zu seinem Kleid gemacht habe
   und Wolkendunkel zu seinen Windeln?

10 Ich habe ihm mein Gesetz auferlegt.
    Ich habe ihm Riegel und Tore gemacht.

11 Ich habe gesprochen: Bis hierher darfst du kommen, aber nicht weiter!
    Hier sollen deine 'hohen' Wellen 'aufhören'[b].

a ויסך dürfte analog v.5.25 mit V in מָי סָך zu korrigieren sein.
b Statt בגאון ישית ist ישבת גאון zu lesen[33].

Prov 8,29a:

> Als er dem Meer sein Gesetz auferlegt hat,
> so daß die Wasser seinen Befehl nicht überschreiten...

Hierher gehört aber wohl auch Ps 65,8 (vgl. insbesondere Hi 38,11):

> Der das Tosen der Meere beschwichtigt hat,
> das Tosen ihrer Wellen.

In allen genannten Belegen ist das Meer eine vorgegebene, nicht etwa er-
schaffene Größe. Die mythischen Geschehnisse betreffen nicht die Entstehung, sondern die Zurückdrängung des Meeres. Erst in sehr späten Texten
(aber auch die zuvor genannten stammen frühestens aus exilischer Zeit, so
Jer 5,22[34]) und immer im Zusammenhang von Aufzählungen oder polaren Ent-
sprechungsbegriffen, die die Gesamtheit der Schöpfung zum Ausdruck bringen
kann schließlich auch von der *Erschaffung* des Meeres die Rede sein: in Ex
20,11aα[35]; Jon 1,9bß; Ps 95,5a und Neh 9,6aα.
    All die sich auf das Meer beziehenden mythischen Texte, die mit der Über-
windung des Meeresungeheuers zusammenhängen, werden in Exkurs 5 behandelt[36]

4.4 Die Funktion der mythischen Elemente

    Zunächst untermauert die Tatsache, daß einer der Unterab-
schnitte des Psalms ausschließlich mythische Aussagen enthält,
die These der Eigenständigkeit eines mythischen Vorstellungszusammenhangs (aufgrund des klar erkennbaren Aufbauschemas

---

32 Genaueres siehe unten S.211-213.
33 Vgl. z.B. G.Beer (BHK), G.Gerlemann (BHS).
34 Vgl. W.Rudolph, HAT 12,41.
35 Der Text ist von P abhängig (vgl. M.Noth, ATD 5, 132).
36 Siehe unten S.138-143.

dürfen die v.6f. nicht mit den folgenden v.8f. zusammengefaßt
werden!)[37]. Zwar weist der den ganzen Abschnitt beendende v.9
auf die v.6f. zurück[38], fügt den dort angesprochenen jedoch
kein neues mythisches Ereignis hinzu und ist zudem durch v.8
von ihnen abgetrennt[39]: Er schildert kein bestimmtes einmaliges Handeln Jahwes mehr, sondern reduziert und konzentriert
das in den v.6f. anschaulich Erzählte prägnant auf den Grund-
zusammenhang: Jahwes Sprechen - das durch sein Sprechen ausgelöste und bewirkte Geschehen.

Eben deshalb bietet v.9 zunächst diesen ersten Hinweis auf
die Funktion der v.6f.: Die dort erzählten mythischen Geschehe-
nisse zeigen und belegen die Mächtigkeit und Wirkungskraft des
Wortes Jahwes, dem Thema des gesamten durch כי begrenzten Abschnitts der v.4-9: Es hat den Himmel mit seinen Gestirnen entstehen lassen und die Wassermassen auf der Erde in Kammern gesammelt. So nehmen die v.6f. innerhalb der v.4-9 nicht nur
äußerlich eine zentrale Stellung ein.

Aus dem in diesen Versen Geschilderten leitet sich logisch
und konsequent die Aufforderung zur Verehrung Jahwes ab: Sein
umfassendes und grundlegendes Handeln begründet seinen Anspruch
auf Furcht und Anerkennung durch alle Menschen der Erde.

Jedoch ist trotz der zentralen Stellung der v.6f. innerhalb
der v.4-9 zu beachten, daß nicht auf ihnen das Schwergewicht
des Psalms liegt, sondern auf den folgenden v.10-12, in denen
insbesondere die Macht Jahwes hervorgehoben wird, das Vorhaben

---

37 Am Rande sei auf v.15a hingewiesen, der nicht von der uranfänglichen
   Menschenschöpfung, sondern von der grundsätzlichen Tatsache handelt,
   daß Jahwe *jeden* Menschen geschaffen hat. Daß er in einem ganz anderen
   Kontext und weit von den v.6f. getrennt steht, zeigt wiederum, wie unsachgemäß es wäre, hier wie dort in ununterscheidbarer Weise das Wort
   "Schöpfung" zu verwenden oder gar inhaltliche Bezüge aufweisen zu wollen (so z.B. Kraus: Die "makrokosmische Relation 'Schöpfer und Weltherr'"
   [v.4-9] werde "in 13-15 in den Bereich der zentralen menschlichen Le-
   bensäußerungen hineingezogen: der Schöpfer des Herzens ist der Herr und
   Richter des Menschen").
38 Möglicherweise sogar in chiastischem Bezug: v.9a verwiese dann auf v.7
   (durch Jahwes Wort "geschieht" die Sammlung der Wasser) und v.9b auf
   v.8 (durch Jahwes Befehl "standen" Himmel und Gestirne "da"; auch nach
   Jes 48,13b standen nach Jahwes Ruf [קרא] Erde und *Himmel* da [עמד]).
39 J.M.Vincent 452.454 hält v.9 für die jahwistische Interpretation einer
   in den v.6-8 vorliegenden vorisraelitischen Tradition jebusitischen Typs
   (zur Redaktion zählt er ebenso die v.12.18f.). Doch ist Ps 33 insgesamt
   ein junger Psalm (siehe unten S.114f.).

anderer Völker zu durchkreuzen und seine Pläne durchzusetzen.
Wie sind diese beiden Abschnitte einander zugeordnet?

Gleichsam als Transmissionsriemen fungiert offenbar v.9,
worauf zum einen seine Stellung, zum anderen die Wiederaufnahme von עמד (*letztes* Wort in v.9) in v.11 hindeuten. Er vermittelt das in dem Abschnitt, dem er selbst angehört, und hier
wieder vor allem das in den v.6f., auf die er insbesondere zurückweist, Gesagte mit der in den v̄.10-12 angesprochenen, offensichtlich bedrohlichen oder zur Sorge Anlaß gebenden Situation der Menschen, die den Psalm sprechen.

Es reicht also nicht aus, v.9 ausschließlich als eine allgemeine Zusammenfassung der v.6f. zu verstehen. Daß geschieht,
was Jahwe sagt, daß dasteht, was er befiehlt, gilt nicht nur
für seine einstmaligen Schöpfungstaten, wenn es auch an ihnen
abzulesen und zu erkennen ist und der Zusammenhang an ihnen
aufgezeigt wird, sondern ist von grundsätzlicher Relevanz[40]:
Mit der gleichen Wirkungskraft seines Wortes oder Tuns dürfen
die Beter auch gegenüber den feindlichen Plänen der Völker
rechnen. Jahwe wird seine Absicht durchsetzen und sein Volk
nicht zu Schaden kommen lassen. Er wird gewiß - so gewiß, wie
eingetroffen ist, was er befohlen hat - sein Volk bewahren
oder retten.

So dient die Schilderung mythischer Geschehnisse hier nicht
allein dazu, Jahwes Herrlichkeit zu preisen. Jene Ereignisse
begründen vielmehr das Vertrauen der Menschen, die diesen Jahwe fürchten, weil sie seine Verläßlichkeit erweisen.

4.5 Datierung

Die vorauszusetzende politische Machtlosigkeit Israels, die
starken Anklänge an den priesterschriftlichen Schöpfungsbericht in den v.6f.[41] und die Möglichkeit, daß zum Kreis der
Jahwefürchtigen auch Proselyten gehören, sind bereits erwähnt

---

40 Gleichwohl ist v.9 nicht präsentisch zu übersetzen (vgl. W.Groß, Verbform und Funktion, 132).
41 Auf sie weist auch A.Lauha, Die Geschichtsmotive in den alttestamentlichen Psalmen, 27, nachdrücklich hin.

worden und weisen insgesamt recht eindeutig auf eine nachexilische Entstehung des Liedes hin. Auch finden sich etwa die
Verben כנס (v.6) und שׁגח (v.14) (fast) ausschließlich in nachexilischen Texten: Ersteres wird, abgesehen vielleicht von Jes
28,20[42] und Ez 39,28[43], nur in nachexilischer Zeit verwendet
(Ps 147,2; Koh 2,8.26; 3,5; Est 4,16; Neh 12,44; I Chr 22,2;
Ez 22,21 dürfte eine Glosse sein, vgl. G, S), letzteres begegnet nur noch in Jes 14,16 und Cant 2,9.

---

42 O.Kaiser, ATD 18, 199, hält die v.20-22 für eine eschatologische Umin-
   terpretation.
43 Nach G.Fohrer, Die Propheten des Alten Testaments III, 187f. Anm.65,
   sind die v.23-29 als variierende Zusätze anzusehen.

5. Psalm 65 A

5.0 Literarkritik

Ps 65 ist vermutlich aus zwei ursprünglich selbständigen Einheiten zusammengesetzt (v.2-9 / v.10-14)[1]. Während es in Ps 65 A allgemein um die *Menschen* geht und erzählt wird, wie gnädig und gütig Jahwe sich ihnen gegenüber erweist, setzt Ps 65 B mit v.10aα neu ein und behandelt eine ganz spezielle Thematik: die *Fruchtbarkeit des Ackerbodens* durch den von Jahwe geschenkten Regen. Beide Psalmen könnten wegen des ähnlichen (aber gleichzeitig auch den markanten Unterschied verdeutlichenden) Abschlusses - die durch Jahwes Handeln ausgelöste Freude: hier der ganzen Welt, dort der Hügel, Weideplätze und Täler[2] - miteinander verbunden worden sein.

5.1 Der Text

2 Dir 'gebührt'[a] ein Loblied,
  Jahwe, auf Zion.
Dir erfüllt man Gelübde,
3   der du Gebete erhörst.

Zu dir 'bringt'[b] alles Fleisch
4 die Sünden.
Werden 'uns'[c] unsere Sünden zu groß,
  bedeckst *du* sie.

5 Glücklich, den du erwählst und den du nahen läßt,
  der in deinen Vorhöfen wohnen darf.

---

1 So z.B. auch Gunkel, Kraus; Briggs hält die v.10-14 für ein von zweiter Hand angefügtes Hymnenfragment, Buttenwieser verbindet sie mit Ps 68, 10f.
2 H.Bardtke (BHS), F.Buhl (BHK), Gunkel, Kraus z.B. schlagen freilich vor, v.14b an die Stelle des תרנין am Ende von v.9 zu setzen.

Wir wollen uns an der Schönheit deines Hauses sättigen;
'heilig'[d] ist dein Tempel.

6   Durch ehrfurchterregende Dinge antwortest du uns in Treue,
        Gott unserer Hilfe,
    du Vertrauen aller Enden der Erde
        und der fernen 'Küsten'[e].

7   Der in seiner Kraft die Berge hingestellt hat,
        gegürtet mit Stärke.

8   Der das Tosen der Meere beschwichtigt hat,
        das Tosen ihrer Wellen[f].

9   Vor deinen Zeichen fürchten sich die Bewohner der Enden
    Die Aufgänge des Morgens und Abends bringst du[(der Erde).
                                       [zum Jubeln.

   a Der masoretische Text ("dir ist Schweigen, Lobpreis" oder "dir ist Schweigen ein Lobpreis") ist sicher verderbt. Statt דֻמִיָּה ist nach G (πρέπει), S דְּמָיָה zu lesen.
   b Statt יָבֹא, das infolge einer falschen Zeilengliederung zustande gekommen sein dürfte - die ersten beiden Wörter von v.4 gehören zu v.3b - ist יָבִיאוּ zu lesen[3].
   c Statt מִנִּי ist nach dem Zusammenhang (vgl. das folgende פשעינו) mit wenigen masoretischen Handschriften und G מִנֻּ zu lesen.
   d "Sättigung an der Heiligkeit" (so der masoretische Text) ist schwierig; außerdem fehlt vor קדשׁ die gemäß vorhergehendem בטוב zu erwartende Präposition ב. Es ist deshalb falsche Vokalisierung zu vermuten. Entweder ist mit G (ἅγιος ὁ ναός σου) ursprüngliches קָדֹשׁ oder mit S, T קֹדֶשׁ anzunehmen.
   e Wahrscheinlich ist der masoretische Text ("und des Meeres der Fernen") zu korrigieren und וְאִיֵּם für וְיָם zu lesen[4] (vgl. Jes 66,19). Auch S und T haben den Text offenbar zu verbessern gesucht (vgl. BHS).
   f Die Wörter והמון לאמים dürften sowohl aus inhaltlichen als auch aus metrischen Gründen als sekundäre Hinzufügung zu beurteilen sein[5]. Weniger wahrscheinlich ist wegen der dann zerstörten Synonymität der Objekte (auch v.7b nimmt den Schluß von v.7a auf) die Annahme, daß das vorangehende שׁאון גליהם zu streichen sei[6]; mit einem Zusatz ist auch eher am Ende eines Verses zu rechnen.

3 So z.B. auch A.Bertholet (HSAT[K]), Gunkel, Kraus, Schmidt, Weiser.
4 So z.B. auch A.Bertholet (HSAT[K]), F.Delitzsch, Die Lese- und Schreibfehler im Alten Testament, § 14a; Ehrlich, Gunkel, Kraus, Schmidt, Weiser, Wellhausen; vgl. H.Bardtke (BHS), F.Buhl (BHK).
5 So z.B. auch Baethgen, Briggs, Gunkel, Kissane, Kraus, McCullough - Taylor, van der Ploeg, Rogerson - McKay; vgl. H.Bardtke (BHS).
6 Dies vermuten u.a. A.Bertholet (HSAT[K]), G.Bickell, Carmina Veteris Testamenti metrice, 42; Buttenwieser, F.Delitzsch, Die Lese- und Schreibfehler im Alten Testament, § 153c; Duhm, G.Rinaldi 117 und Anm.12, Weiser; vgl. F.Buhl (BHK).

5.2 Aufbau, Inhalt, Absicht

Mit Ausnahme des v.9 besteht jeder Abschnitt dieses Psalms
aus vier Zeilen, wobei jeweils die zweite bzw. vierte Zeile
von der ersten bzw. dritten entweder syntaktisch abhängt oder
doch eng an sie anzuschließen ist, so daß jeder Abschnitt wiederum aus zwei Teilen zusammengesetzt ist. Vom Inhalt abgesehen, sind auch der gleiche Zeilenbeginn der v.2a und 2b sowie
die am Anfang der v.7 und 8 stehenden Partizipien deutliche
äußere Merkmale für diese Aufteilung.

Ps 65 A besteht aus zwei Teilen:

Der erste (v.2-5) erzählt von der Gnade Jahwes gegenüber den
Menschen, die in seinen Tempel kommen. Er ist in drei Abschnit
te gegliedert: Der erste, zu dem wegen der Entsprechung zu v.
2aβ (Aussagen über Gott jeweils in der zweiten und vierten Zei
le) und des Metrums (bis auf v.9 durchgängig 3+2)[7] neben v.2
auch v.3a gehört[8], handelt von dem Jahwe gebührenden Lobpreis
und den aufgrund der erhörten Gebete zu erfüllenden Gelübden.
Thema des zweiten Abschnitts (v.3b.4; die beiden ersten Wörter
von v.4 sind die Objekte von v.3b und deshalb mit ihm zu verbinden[9]) ist die Vergebung der zu Jahwe gebrachten Sünden. -
In dem mit אשרי eingeleiteten dritten Abschnitt (v.5) stehen
die Freude über die Erwählung und Nähe Jahwes und die Schönheit und Heiligkeit des Tempels im Mittelpunkt.

Nicht von den Besuchern des Tempels, sondern von den Bewohnern der ganzen Erde spricht der wiederum aus drei Abschnitten
bestehende zweite Teil (v.6-9)[10]: Der erste Abschnitt (v.6)
leitet von der 1.Person Plural zu allgemeinen Aussagen und damit zu dem neuen Thema über. - Sodann erwähnen die jeweils
durch ein Partizip eingeleiteten Sätze des zweiten Abschnitts
(v.7f.) zwei gewaltige Taten Jahwes: Er hat die Berge hingestellt und das Tosen des Meeres beschwichtigt. - Seine Zeichen

---

7 Einige Septuaginta-Handschriften, nicht jedoch der Vaticanus und Sinai-
  ticus, ergänzen nach v.2b ἐν Ιερουσαλημ.
8 So schon G.Bickell, Carmina Veteris Testamenti metrice, 41, und praktisch alle neueren Kommentare.
9 So wiederum schon bei G.Bickell, Carmina Veteris Testamenti metrice,
  41, und in fast allen neueren Kommentaren.
10 Aus diesem Grund ist v.6 zu den v.7-9 zu nehmen und nicht mit den vorangehenden zu verbinden (so z.B. Kraus).

erwecken[11] Furcht und Jubel bei allen Menschen: V.9 bildet als
ein aus nur zwei, aber jeweils vierhebigen Zeilen bestehender
Abschnitt den Schluß des Psalms.

Dieses Loblied auf Jahwe (vgl. v.2a) stellt insbesondere
seine Verbundenheit mit den Menschen heraus: Er erhört ihre
Gebete und vergibt ihre Sünden (Teil 1), seine Macht erweckt
Ehrfucht und Vertrauen bei allen Bewohnern der Erde (Teil 2).
Der Psalmist geht davon aus, daß Jahwes Handeln allen Menschen gilt. Zwar preisen die ersten beiden Zeilen von v.5 ganz
bestimmte Menschen glücklich, nämlich diejenigen, die Jahwe
sich erwählt hat, die er sich nahen läßt und die in seinen Vorhöfen wohnen dürfen, doch bestimmt besonders den zweiten Teil,
zumindest von v.6b an, gerade hinsichtlich des Verhältnisses
der Menschen zu Jahwe, eine universalistische Terminologie:
כל־קצוי־ארץ, עים' רחקים 'עים' (v.6b), ישבי קצות (gemeint sind analog v.6b die קצוי־ארץ) (v.9a), מוצאי־בקר וערב (v.9b). Der "auf
Zion" wohnende Jahwe ist der Gott aller Menschen[12].

5.3 Die mythischen Elemente

5.3.1 Vers 7

> Der in seiner Kraft die Berge hingestellt hat,
> gegürtet mit Stärke.

Ob v.7 eine mythische Aussage enthält, ist umstritten. Zum
Teil versteht man ihn als Feststellung eines dauernden Zustands:
Jahwe hält die Berge fest o.ä.[13], oder ist der Ansicht, es sei

---

11 Zum Tempus von וייראו am Anfang von v.9 vgl. W.Groß, Verform und Funktion, 104f.
12 Anders Eerdmans, der den Ausdruck כל־קצוי־ארץ in v.6b nicht auf die Bewohner, sondern lediglich auf geografische Bereiche bezieht und annimmt,
   in v.6, dessen Text er beläßt, sei von denselben Personen wie in Teil 1
   die Rede: "...they could be sure of being heard by God when staying in
   remote countries or travelling on seas far away"; er mißachtet den Übergang von der ersten zur dritten Person Plural.
13 Vgl. - neben vielen Bibelübersetzungen - z.B. F.Crüsemann, Studien zur
   Formgeschichte von Hymnus und Danklied in Israel, 140 ("der die Berge
   gründet mit seiner Kraft"); Gunkel, der übersetzt: "Der die Berge feststellt in seiner Kraft", im Kommentar aber ausführt: "Der Psalmist
   preist Gott als Schöpfer und Erhalter der Welt..., der die Berge kraft-
   voll hingestellt hat..." (Hervorhebung von mir).

sowohl das einmalige Hinstellen als auch das dauernde Festhal
ten bzw. Erhalten gemeint[14]. Ein Blick auf die Verwendungswei
des Verbs כון hi. dürfte das Problem lösen.

Zwar kann die Bedeutung von כון hi. nicht präzise eingegren
werden[15] - es wird häufig für die Bereitstellung von Geräten
oder Materialien verwendet und bedeutet übertragen "einrichte
ordnen; festsetzen, bestimmen; festigen, sichern; achten auf,
erforschen, suchen"[16] -, doch ist stets ein bestimmtes einmal
ges Handeln gemeint. Dementsprechend wird es mehrmals für ver
schiedene urzeitliche Taten Jahwes verwendet: Jer 10,12 = 51,
(pt.; Objekt: Erde); Ps 74,16 (pf.; Objekte: Mond und Sterne)
Prov 8,27 (inf.; Objekt: Himmel).

All dies spricht eindeutig dafür, Ps 65,7 perfektisch zu ve
stehen: Er handelt vom urzeitlichen Aufrichten der Berge durc
Jahwe. Das Partizip ist perfektisch zu übersetzen und v.7 den
mythischen Elementen zuzurechnen.

Daß Jahwe die Berge gemacht habe, erwähnt explizit nur noch
Am 4,13[17]:

> Siehe,
> er hat die Berge[a] gebildet und den Wind geschaffen...[18]

a G liest anstelle von הרים βροντήν = רעם ("Donner"), was zwar besser
zum folgenden רוח paßt, aber gerade deshalb als Erleichterung zu beurteilen ist; die Textüberlieferung stützt ansonsten einhellig den masoretische
Text.

---

14 So etwa Baethgen, Olshausen; vgl. Gunkel (siehe oben S.119 Anm.13).
15 Vgl. E.Gerstenberger, Art. כון, 815 ("weit und blaß in seiner Bedeutung").
16 Nach E.Gerstenberger, Art. כון, 815f.
17 Zwei weitere Texte, Ps 90,2aα ("Bevor die Berge geboren wurden [und
   Erde und Festland geboren wurden, / von Ewigkeit zu Ewigkeit bist du
   Gott]") und Prov 8,25 ("Bevor die Berge eingesenkt wurden, / vor den
   Hügeln [wurde ich geboren]") erzählen passivisch (ילד pu. bzw. טבע ho.)
   vom Entstehen der Berge und können deshalb nicht zu den mythischen Elementen gerechnet werden; sie dienen lediglich der Verdeutlichung eines
   sehr frühen Zeitpunkts, nämlich des Daseins Jahwes bzw. der Weisheit
   (beidemale הרים בטרם). - Die Frage:"(Wer) hat die Berge mit der Waage
   gewogen / und die Hügel mit Waagschalen?" in Jes 40,12b beschreibt nich
   die Schöpfertätigkeit Jahwes, sondern zielt auf die Unfaßbarkeit der vo
   Jahwe geschaffenen Werke durch den Menschen (das gleiche gilt für v.
   12a). Das מי am Beginn des Verses bezieht sich auf die Menschen, nicht
   auf Jahwe (Antwort: "niemand"); so mit K.Elliger, BK XI/1, 47.
18 Ob Berge und Wind, wie W.Rudolph, KAT XIII/2, 182, annimmt, Gegensatz-
   begriffe sind ("das Festeste und das Beweglichste, zugleich das Nicht-
   zuübersehende und das Niesichtbare"), Jahwe somit imgrunde als Schöpfer
   des Alls bezeichnet wird, ist allerdings fraglich. - H.W.Wolff, BK XIV/
   264, deutet im Alten Testament singuläre Nebeneinanderstellung so:
   "neben das sichtbar Gewaltige tritt das unsichtbar Gewaltige".

5.3.2 Vers 8

> Der das Tosen der Meere beschwichtigt hat,
> das Tosen ihrer Wellen.

Auch hinsichtlich dieses Verses besteht keine einheitliche
Auffassung darüber, ob ein einmalig-grundlegendes Geschehen
in der Urzeit oder ein in der geschichtlichen Zeit sich zu-
tragendes bzw. ein andauerndes Tun Jahwes angesprochen ist.
Für ein perfektisch-urzeitliches Verständnis spricht aber vor
allem die durch das jeweils einleitende Partizip und die Gesamtgliederung des Psalms gegebene Parallelität mit v.7, der
eindeutig ein mythisches Geschehnis meint[19]. Außerdem lassen
sich für das mythische Motiv von der Beschwichtigung des Meeres alttestamentliche Parallelen beibringen[20].Somit besagt v.8,
daß Jahwe einst das Meer ein für allemal beruhigt hat[21]. Es
geht weder um einen andauernden Zustand[22] noch wird auf die
Seefahrt[23] oder auf geschichtliche Ereignisse[24] angespielt.

5.4 Die Funktion der mythischen Elemente

Sowohl v.7 wie v.8 erzählen also urzeitliche Geschehnisse.
Sie gehören eng zusammen und sind deutlich gegenüber ihrem

---

19 Dies lassen z.B. Nötscher, Staerk, Wutz außer acht, wenn sie v.7 perfektisch, v.8 aber präsentisch übersetzen.
20 Vgl. insbesondere Hi 38,11 und überhaupt Exkurs 4 (S.111f.), aber auch
   Ps 89,10f. und Exkurs 5 (S.138-143).
21 Für ein mythisches Verständnis plädieren u.a. auch Kittel, Kraus,
   McCullough - Taylor, A.Ohler, Mythologische Elemente im Alten Testament, 89; van der Ploeg. - Die Vermutung, Ps 65 stehe mit dem Neujahrs-
   fest in Zusammenhang, hat Leslie offenbar dazu veranlaßt, fälschlich
   auch v.9 in den mythischen Zusammenhang miteinzubeziehen ("Then He
   created the orderly world, with morning followed by evening, day by
   night.") - Auch S.Mowinckel stellt eine Verbindung zu v.9 her; er nimmt
   - offenbar wegen v.8 - an, bei den in v.9 erwähnten קצות ישבי (diese
   Verbindung ist im Alten Testament singulär) sei an "die furchtbaren
   Ungeheuer, die das um die Erde gelagerte Meer bevölkern, 'die Helfer
   Rahabs'" gedacht (Psalmenstudien II 139f.). Die v.7f. bilden jedoch
   einen in sich geschlossenen Zusammenhang (siehe unten S.121f.).
22 So etwa Gunkel; siehe auch oben Anm.19.
23 So Eerdmans.
24 So Buttenwieser (Bündnis gegen Cyrus), der zwar statt der letzten beiden Wörter das vierte und fünfte Wort streicht, aber offenbar auch den
   Anfang des Verses geschichtlich deutet.

Kontext abgegrenzt: Nur diese beiden Verse (von den nur aus
Nomina bestehenden abgesehen) weisen statt eines finiten Verbs
eine Partizipialform auf (נאזר in v.7b dürfte rein adjektivi-
sche Bedeutung haben). Weiterhin sind sie nicht nur dadurch
miteinander verknüpft, daß nur sie mit einem Partizip beginn-
nen, sondern auch, da es sich um Hifil-Formen handelt, jeweils
mit מ einsetzen. Ihre Zusammengehörigkeit entspricht dem Ge-
samtaufbau des Ps 65 A[25].

Parallelität und Eigenständigkeit der v.7f. beweisen, daß
beide Taten Jahwes, die sie erzählen, vom Verfasser einander
zugeordnet worden sind. Es wäre deshalb unsachgemäß, lediglich
ein Motiv, etwa das mit dem "Chaoskampf" in Verbindung gebrach-
te von der Beruhigung des Meeres, eine mythische Vorstellung
zu nennen[26]. Vielmehr zeigt Ps 65,7f. in aller Deutlichkeit,
daß *beide* Themen den *mythischen* Elementen zugerechnet werden
müssen.

Die v.7f. stehen im Zentrum des zweiten Teils von Ps 65 A.
Ihr Rahmen weist eine gewisse Gemeinsamkeit auf: V.6 leitet
vom Wir der im Tempel Anbetenden (v.6a) zur ganzen Menschheit
(v.6b) über, und auch v.9 hat die Bewohner der ganzen Erde im
Blick. Diese Beobachtung läßt einen ersten Schluß auf die
Funktion der mythischen Elemente zu: Sie sollen offenbar Jahwes universale Herrschaft begründen und verdeutlichen. Die
vorwegnehmend geschilderte Gottesbeziehung aller Menschen läßt
sich nicht mit der Aufzählung von Ereignissen aus der Geschichte Israels[27] noch mit dem Bericht von persönlichen oder mehr
für Israel geltenden Gotteserfahrungen (vgl. v.2-4) in Verbindung bringen, wohl aber mit Taten Jahwes, die die ganze Erde betroffen haben und deren Ergebnis, die Berge und das be-
sänftigte Meer, jeder beliebige Bewohner der Erde beobachten
und mit dem einen Gott Jahwe in Beziehung setzen kann und muß.
In diesem Zusammenhang kommt den mythischen Elementen also
- formal wie inhaltlich - zentrale Bedeutung zu.

---

25 Dies rechtfertigt nochmals die textkritische Entscheidung (siehe oben
   S.117 Textanm.f).
26 So z.B. Gunkel, Kraus.
27 Delitzsch gibt den v.6-9 deshalb zu Unrecht die Überschrift: "Preis
   Gottes ob der Gnade, die Israel als Volk unter den Völkern erlebt
   hat."

Überhaupt verherrlichen die v.7f. Jahwes Stärke und Macht
(vgl. vor allem v.7), die sich an der Vorstellung, daß er die
Berge hingestellt und das gewaltige Tosen der Meere beschwichtigt hat, am ehesten erkennen und am besten verdeutlichen lassen[28]. Seine urzeitlichen Taten begründen somit nicht zuletzt
seine Vertrauenswürdigkeit (vgl. den unmittelbar vorangehenden
v.6b) und sind Grund für die Verehrung Jahwes und den Jubel
aller Menschen (v.9)[29].

5.5 Datierung

Da die v.6b und 9 die eschatologische Erwartung einer uni-
versalen Anerkennung Jahwes vorwegnehmend als bereits erfüllt
hinzustellen scheinen und der Verfasser von der Einzigkeit
Jahwes als einer nicht mehr besonders zu betonenden Glaubens-
grundlage ausgeht, ist eine nachexilische Entstehung des Psalms
sehr wahrscheinlich.

---

28 Es ist deshalb unwahrscheinlich, daß das in v.7 geschilderte Aufrichten
   der Berge lediglich als "poetische Spezialisierung der Schöpfertätigkeit
   Gottes" insgesamt zu verstehen sei (so Duhm); ähnlich Anderson: Gemeint
   sei die Erschaffung der ganzen Erde.
29 Da Ps 65 aus zwei ursprünglich selbständigen Liedern besteht (siehe oben
   S.116), scheidet die ohnehin nicht sehr wahrscheinliche Deutung O.Keels
   aus, die v.10-14 bezögen sich insofern auf die v.7f. zurück, als die von
   Jahwe besiegten und gebändigten chaotischen Wasser nun die Erde erfreu-
   ten und Pflanzen und Tiere tränkten (Die Welt der altorientalischen
   Bildsymbolik und das Alte Testament 40, vgl. 194); v.8 bezieht sich eindeutig ausschließlich auf die Wasser des Meeres ("Tosen", "Wellen"),
   nicht auf das Wasser über der Himmelsfeste, das aber in Ps 65 B die
   alleinige Quelle der Fruchtbarkeit ist (vgl. v.11; zum "Bach Gottes"
   in v.10 vgl. Gunkel). - Auch S.Mowinckels Annahme, der Dichter sehe in
   den v.10-14 "eine Wiederholung und Weiterführung des Schöpferwerkes"
   (Psalmenstudien II 140), ist verfehlt.

6. Psalm 74

6.0 Literarkritik

   Sind die v.12-17 sekundär in den ursprünglich nur die v.1-1
18-23 umfassenden Psalm eingeschoben worden[1]? Der Abschnitt,
dem die Überschrift in v.12 und das häufige, fast stereotype
אתה eine große Geschlossenheit verleihen, hebt sich in mehrfacher Hinsicht von seinem Kontext ab:
   (1) Während die v.1-11.18-23 eine notvolle geschichtliche
Situation beklagen und um Gottes Eingreifen bitten, zählen di∢
v.12-17 "Heilstaten" (v.12) auf, die Jahwe einst in der Urzei∢
vollbracht hat. Dies besagt aufgrund des Folgenden die Zeitbe∢
stimmung מקדם in v.12a, während sich das קדם in v.2a eindeuti∢
auf die Frühzeit Israels bezieht.
   (2) Die v.18ff. könnten unmittelbar an v.11 anschließen.
Zum einen entsprechen die v.10f.18ff. dem Schema der v.1-3a:
Auf mehrere Fragen (v.10f., vgl. v.1) folgen eine mit זכר ein∢
geleitete Aufforderung (v.18, vgl. v.2), sodann Imperative (v
19-23, vgl. v.3a). Weiterhin dürfte sich das זאת in v.18a zwa∢
am ehesten auf die im unmittelbaren Anschluß daran nochmals
erwähnten Schmähungen der Feinde beziehen[2]; sollte es jedoch
(auch) auf das Vorangehende zurückweisen, ist wegen der dem
זאת folgenden Worte eine Verbindung zu den v.4-11 viel wahrscheinlicher als zu den in den v.13-17 genannten urzeitlichen
Taten Jahwes[3]. Schließlich ist in den v.18ff. trotz des in de∢
v.12-17 Erinnerten keine Änderung in der Haltung der Betenden
zu erkennen.
   (3) Zumindest die v.1-11 werden nach v.9 von mehreren Perso∢

---

1 Dies nimmt - allerdings für die v.12-*18* - z.B. J.Morgenstern, Jerusalem
  485 B.C., 131 Anm.58, an: "Vv. 12-18 are unquestionaвly a rather late,
  didactic interpolation and have no immediate connection with the thought
  and purpose of the psalm proper."
2 Vgl. GK § 136a.
3 So aber Gunkel.

nen gesprochen, wenigstens die v.12-17 jedoch wegen des מלכי
in v.12a von einem einzelnen[4].

Mehrere Gründe sprechen jedoch gegen eine Ausgrenzung der
v.12-17:

(1) Eine Erinnerung an Jahwes frühere Heilstaten ist mehrmals in den Psalmen Bestandteil eines "Klageliedes des Volkes"
(vgl. v.1-9 in Ps 44, v.9-12 in Ps 80)[5].

(2) Die Geschlossenheit der v.18-23 ist zumindest in formaler Hinsicht größer als ihre oben aufgezeigte Verbindung zu
den den v.12-17 vorangehenden Versen. Die Zeilenanfänge folgen einem strengen Schema, das sich in den v.1-11 nicht beobachten läßt: Auf einen Imperativ am Anfang der v.18.20 und 22
folgt jeweils ein mit einem Vetitiv eingeleiteter Vers (v.19.
21.23). Wenn man nicht annehmen will, daß die v.18-23 eine
erneute Hinzufügung darstellen, könnten die v.12-17 die Beter
ermuntert haben, Jahwe nochmals und noch eindringlicher um
Hilfe anzurufen. Dafür spricht auch, daß v.18 viele Ausdrücke
enthält, die in v.10 ebenfalls vorkommen (חרף pi., אויב, נאץ
pi. + שם)[6]; es liegt aber viel näher, daß er erst nach dem
"Exkurs" der v.12-17 Formulierungen des v.10 aufnimmt, als
daß beide Verse ursprünglich einmal eng aufeinander gefolgt
sind.

(3) Schwierig bleibt jedoch der merkwürdige Personenwechsel.
Am wahrscheinlichsten ist wohl die Annahme, daß die v.12-17,
anders als der übrige Psalm, von einem einzelnen Vorsänger
rezitiert worden sind[7]. Sie erklärte auch gut einerseits die
Eigenständigkeit der v.12-17, andererseits die Parallelen,
die die v.1-11 und 18-23 miteinander verbinden.

---

4 L.Vosberg, Studien zum Reden vom Schöpfer in den Psalmen, 28, hält den
  Psalm trotz v.9 für das "Fürbittgebet eines Einzelnen"; mit dem Plural
  stelle sich dieser solidarisch in die Not seines Volkes hinein. Hätte
  er dann aber nicht auch in v.12 pluralisch formuliert?
5 Vgl. auch H.Gunkel - J.Begrich, Einleitung in die Psalmen, 134f.
6 Unwahrscheinlich ist demgegenüber die Annahme W.A.Youngs, das Wortspiel
  mit der Wurzel חרף verbinde die v.17 und 18 miteinander (137).
7 So z.B. auch Gunkel, Kraus; vgl. Nötscher.

6.1 Der Text

1   Warum, Jahwe, hast du uns ganz und gar[a] verstoßen,
    raucht dein Zorn über den Schafen deiner Herde?

2   Gedenke deiner Gemeinde, die du einst erworben hast[b],
    des Berges Zion, auf dem du Wohnung genommen hast.

3   Mache dich zu dem völlig[a] Zertrümmerten auf den Weg!
    Alles hat der Feind im Heiligtum zerstört.

4   Gebrüllt haben deine Widersacher inmitten deiner Versamm-
                                              [lungsstätte
    .....

5   .....
    .....

6   .....
    .....

7   Sie haben dein Heiligtum in Brand gesteckt.
    Sie haben die Wohnstatt deines Namens bis auf den Grund
                                              [entweiht
8   Sie haben in ihrem Herzen gesprochen:.....
    Sie haben alle Versammlungsstätten Gottes im Lande ver-
                                              [brannt
9   Zeichen für uns sehen wir nicht, kein Prophet ist mehr da
    und keiner ist bei uns, der wüßte, bis wann.

10 Wie lange, Jahwe, darf der Bedränger noch höhnen,
    darf er deinen Namen zügellos[a] schmähen?

11 Warum hast du deine Hand zurückgezogen,
    hältst deine Recht 'in'[d] deinem Gewandbausch[e] 'zurück'[f]?

12 Jahwe ist mein[g] König von Urzeit an.
    Er hat Heilstaten auf Erden vollbracht:

13 *Du* hast mit deiner Kraft das Meer aufgestört.
    Du hast die Köpfe 'Tannins'[h] über dem Wasser zerschmetter

14 *Du* hast die Köpfe Livjatans zerbrochen,
    hast ihn den 'Haifischen'[i] zu fressen gegeben.

15 *Du* hast Quelle und Bach aufgebrochen.
    Du hast dauernd wasserführende Flüsse austrocknen lassen.

16   Dein ist der Tag, dein auch die Nacht.
      Du hast Mond und Sonne gemacht.

17   *Du* hast alle Grenzen der Erde festgelegt.
      Sommer und Winter hast *du* geschaffen.

18   Denke daran: Der Feind höhnt, Jahwe,
      das unverständige Volk schmäht deinen Namen.

19   Gib das Leben deiner Taube nicht 'den Raubtieren'[j]
          Vergiß das Leben deiner Armen nicht ganz und [preis!
                                                        [gar[a]!
20   Blicke.....
      .....

21   Der Bedrückte möge nicht in Schanden davonziehen!
          Der Arme und der Elende möge deinen Namen preisen!

22   Erhebe dich, Jahwe! Führe deinen Streit!
      Denke daran, daß du jeden Tag von Gottlosen geschmäht wirst!

23   Vergiß nicht das Geschrei deiner Widersacher,
          das Lärmen deiner Gegner, das sich ständig erhebt!

a Besonders in v.3 ist die superlativische Bedeutung von נצח[8] sehr viel
wahrscheinlicher als die temporale: Das Zerstörungswerk kann aufgrund der
v.4-8 noch nicht lange zurückliegen; außerdem entspricht sie dem כל in v.
3b. Sie wird deshalb auch für die v.1.10 und 19 anzunehmen sein.
   b V.2aβ ("du hast den Stamm befreit, dein Eigentum") erweist sich aus
zwei Gründen als Zusatz: זכר bezieht sich sowohl auf עדתך als auch - ohne
noch einmal wiederholt zu werden - auf הר־ציון (ebenso hängt v.1b von למה
in v.1a ab); v.2aβ zerdehnt diesen Bezug. Außerdem ist es unwahrscheinlich,
daß allein v.2 aus drei Satzgliedern bestehen soll; alle übrigen Verse sind
zweigliedrig[9].
   c Die v.4b-6 und 8aβ sind stark verderbt und kaum rekonstruierbar. Sie
beschreiben das Zerstörungswerk der Feinde[10].
   d Statt מִקֶּרֶב ist בְּקֶרֶב zu lesen[11].

8 Vgl. D.W.Thomas, The Use of נֵצַח as a Superlative in Hebrew, 106-109,
   insbesondere 107. J.Coppens, Le royauté de Yahvé dans le Psautier, 348,
   übersetzt ebenfalls: "Presse tes pas vers des ruines totales."
9 Vgl. F.Buhl (BHK), Kittel. G.Bickell, Carmina Veteris Testamenti metrice, 49, Duhm, Gunkel nehmen an, daß vor v.2b eine Zeile ausgefallen ist;
   dieser Vermutung steht jedoch die Struktur des Liedes entgegen (siehe
   unten S.128-130).
10 Zu diesen Versen vgl. H.Donner 45-47, S.Mowinckel, Notes on the Psalms,
   154, und speziell zu v.4 P.R.Ackroyd, Some Notes on the Psalms, 392, sowie zu v.5 J.A.Emerton, Notes on Three Passages in Psalms Book III, 374-
   377; A.Robinson 120f.
11 So auch G.Bickell, Carmina Veteris Testamenti metrice, 50; K.Budde, Zum
   Text der Psalmen, 190; Duhm, Gunkel, Schmidt, Weiser u.a.; vgl. F.Buhl

e Mit vielen masoretischen Handschriften und den Versionen ist das Qere
(חִיקֶךָ) dem Ketib (חוֹקֶךָ) vorzuziehen.
f Die masoretische Lesart כַּלֵּה ("beende") ist verderbt. Dem Parallelismus
entspricht am besten eine Korrektur in תִּכְלָא[12], aber auch כְּלָאה wäre möglich
g Die Lesarten von G (ὁ δὲ θεὸς βασιλεὺς ἡμῶν) und S ("unser Gott ist König") sind als Angleichungen an v.9 zu beurteilen und daher abzulehnen[14].
h Zur Begründung dieser Korrektur siehe unten S.139.
i Der Ausdruck לְעָם לְצִיִּים (wörtlich: "dem Volk, den Dämonen") dürfte zu
korrigieren sein. Am ehesten ist nach einem Vorschlag I.Löws[15] לְעַמְלְצֵי יָם
(wörtlich: "den Glatten [von dem im alttestamentlichen Hebräisch nicht belegten עָמְלֵץ = "schlüpfrig, glatt"] des Meeres" = "den Haifischen") zu lesen[16].
j Die Konstruktusform לְחַיַּת ist problematisch (es fehlt ein nomen rectum)
Konjiziertes לַמָּוֶת[17] weicht zu stark von der überlieferten Textgestalt ab.
Am ehesten wird G (entsprechend Hier, T) zu folgen (τοῖς θηρίοις) und - oh
Änderung des Konsonantenbestandes - לְחַיַּת zu lesen sein. Dafür spricht, daß
auch andere alttestamentliche Texte die Feinde mit Tieren vergleichen (vgl
z.B. Ps 124,3.7; für die bedrängten Beter ist dort ebenfalls das Nomen נפש
verwendet)[18].

6.2 Aufbau, Inhalt, Absicht

Ps 74 läßt sich in fünf Abschnitte einteilen:

(BHK).
12 So z.B. A.Bertholet (HSAT[K]), G.Bickell, Carmina Veteris Testamenti metrice, 50; K.Budde, Zum Text der Psalmen, 190; Gunkel, Kittel, Schmidt,
   Weiser; vgl. F.Buhl (BHK).
13 So Kraus (er übersetzt allerdings ein תִּכְלָא); vgl. H.Bardtke (BHS). Für
   weitere Konjekturvorschläge vgl. J.A.Emerton, Notes on Three Passages
   in Psalms Book III, 378f., der seinerseits aufgrund der Lesart der Pe-
   schitta für חִיקְךָ כלה ursprüngliches קְהָלְךָ ("deine Versammlung") annimmt
   und den Vers übersetzt: "Why drawest thou back thy hand, / Even thy
   right hand from the midst of thine assembly?" (379f.).
14 Zur Erklärung des Singulars siehe oben S.125. - Nach H.D.Hummel, Enclit
   mem in Early Northwest Semitic, Especially Hebrew, 97, lautete der Text
   ursprünglich מלכים קדם "Ancient King" (Konstruktusverbindung). An eine
   alte Konstruktusform denkt auch D.Michel, Tempora und Satzstellung in d
   Psalmen, § 28c. Es handelt sich jedoch um einen jungen Text (siehe unte
   S.150.
15 Geäußert in einem Brief vom 30.12.1923 an F.Perles; zitiert in: F.Perle
   Zur biblischen Fauna und Flora, 161.
16 So z.B. auch Buttenwieser, Deissler, Kraus, Nötscher, Schmidt; kritisch
   W.A.Young 101 Anm.150. - M.Dahood 262f. versteht עַם als Adjektiv ("the
   Powerful"), das לְ als Vokativzeichen und übersetzt v.14b: "you gave him
   as food, O Cunning One, to the dwellers of the desert". Th.H.Gaster 382
   konjiziert in לָעוֹף וּלְצִיִּים ("to fowl and to jackals").
17 So z.B. Kraus, E.Schrader, Zur Textkritik der Psalmen, 632; vgl. H.Bard
   ke (BHS).
18 Andere Konjekturvorschläge sind ebenfalls unwahrscheinlich: לָאַיָּה ("dem
   Habicht"), vgl. z.B. F.Buhl (BHK); לַהַוּוֹת ("dem Frevel"), so nach S z.B.
   J.Coppens, Le royauté de Yahvé dans le psautier, 350; Gunkel; vgl. A.
   Bertholet [HSAT(K)]; לַשַּׁחַת ("dem Verderben"), so z.B. Ehrlich.

(1) In den v.1-3 wird Jahwe zunächst nach dem Grund gefragt, aus dem er sein Volk verstoßen habe und ihm zürne (v.1), und sodann durch zwei Imperative am Anfang der v.2 und 3 aufgefordert, an seine Gemeinde zu denken und sich zu dem zerstörten Heiligtum auf den Weg zu machen.

(2) Die v.4-8 beschreiben ausführlich das Zerstörungswerk, das die Feinde angerichtet haben.

(3) Die v.9-11 beklagen die gegenwärtige Hoffnungslosigkeit (v.9; vgl. die häufigen Negationspartikel) und richten mehrere Fragen an Jahwe: nach der Dauer der feindlichen Bedrückung und dem Grund für seine Untätigkeit (v.10f.). Wie in den v.1-3 gehören somit die beiden letzten Verse, die jeweils mit einer Fragepartikel einsetzen, enger zusammen. Dies verklammert die ersten drei Teile des Psalms miteinander: Parallel gebaute und (abgesehen von v.9) in direkter Rede an Jahwe gerichtete sechszeilige Rahmenstücke umschließen die v.4-8[19].

(4) Eingeleitet durch v.12, führen dann die v.13-17 die "Heilstaten" Jahwes auf. Sie erweisen sich insbesondere durch das häufige אתה, das in v.12 fehlt[20], als zusammengehörig.

(5) Mit mehreren nachdrücklichen Aufforderungen, seinem Volk beizustehen, die sich in jeweils drei Verspaare unterteilen lassen[21], schließt der Psalm (v.18-25).

Aufs Ganze gesehen, ergibt sich, daß die drei von Klagen und Bitten bestimmten Abschnitte (1), (3) und (5) - die ersten beiden bestehen aus drei Doppelzeilen, der letzte aus der doppelten Zahl von Zeilenpaaren - durch zwei längere beschreibende oder aufzählende Passagen unterbrochen sind. Diese Abfolge spricht noch einmal dafür, daß die v.12-17 von Anfang an ein Bestandteil des Psalms gewesen sind (auch die v.4-8 könnten von einem einzelnen gesprochen worden sein).

Der Psalm ist also sehr kunstvoll gegliedert: Die symmetrische Struktur der v.1-11 wiederholt sich auf der Ebene des gesamten Psalms ein weiteres Mal. Da der letzte Abschnitt doppelt

---

19 Die v.9-11 werden manchmal mit den v.4-8 zusammengenommen (vgl. z.B. Kittel, van der Ploeg), doch markiert v.9 mit Sicherheit einen Neueinsatz (siehe auch unten S.130 Anm.22)
20 Es ist keinesfalls in v.12 zu ergänzen (gegen Anderson, H.Bardtke [BHS], A.Bertholet [HSAT(K)], F.Buhl [BHK], Gunkel, Kraus).
21 Siehe oben S.125.

so lang ist wie der erste und dritte, andererseits genauso
viele Zeilen enthält wie der vierte, kann man sogar fragen,
ob nicht insgesamt auch die Abschnitte (1)-(3), (4) und (5)
einander symmetrisch zugeordnet sind, dies insbesondere deshalb, weil die v.9-11 wegen ihrer engen Zugehörigkeit zu den
v.1-3 und auch wegen ihres vom letzten Abschnitt stark abweichenden Umfangs schwerlich als Mitte des Liedes fungieren können[22].

Ps 74 ist ein in einer ganz bestimmten geschichtlichen Situation, entweder nach der Zerstörung des Tempels durch Nebukadnezar im Jahr 587 v.Chr. oder nach der Entweihung des Tempels
durch Antiochus IV. Epiphanes im Jahr 168 v.Chr., entstandene
Gebet. Jahwe wird in den Teilen (1), (3) und (5) aufgefordert
seinem bedrängten Volk beizustehen und es nicht zuzulassen,
daß sein Name geschmäht und verhöhnt wird. Die Teile (2) und
(4) verleihen diesen Bitten besonderen Nachdruck.

6.3 Die mythischen Elemente

6.3.1 Vers 13-14

13 *Du* hast mit deiner Kraft das Meer aufgestört.
    Du hast die Köpfe 'Tannins' über dem Wasser zerschmettert.

14 *Du* hast die Köpfe Livjatans zerbrochen,
    hast ihn den 'Haifischen' zu fressen gegeben.

Diese vier Zeilen erweisen sich durch ihre chiastische

---

22 M.Weiss, Die Methode der "Total-Interpretation", 98-100, gliedert in
   Eingangsstrophe (v.1-3) und Hauptteil (v.4-23), die sich nach zeitlichen Gesichtspunkten unterteilen ließen und einander entsprächen: V.1
   und Strophe I (v.4-11) beträfen die Gegenwart, v.2 und Strophe II (v.
   12-17) die Vergangenheit, v.3 und Strophe III (v.18-23) die Zukunft.
   V.2 handelt jedoch von einer anderen "Vergangenheit" als die v.12-17
   (M.Weiss denkt bei letzteren allerdings auch an die Exodus-Ereignisse;
   102), v.3b spricht von derselben Zeit wie die v.4-8 (Vergangenheit bzw
   nach M.Weiss, Gegenwart) und dient eindeutig als Überleitung zum Folgenden, und die v.9-11 müssen aus den oben genannten Gründen von den
   v.4-8 gesondert werden, um nur einige Argumente zu nennen, die gegen
   diesen Gliederungsversuch sprechen. - Unwahrscheinlich ist auch die Au-
   teilung der v.1-11 durch H.Donner 48 Anm.13; er gliedert in 1.Klage (v
   1), 1.Bitte (v.2), 2.Klage (v.3-11), hymnische Digression (v.12-17),
   2.Bitte (v.18-23).

Struktur als zusammengehörig: Sowohl in v.13b als auch in v.14a
begegnet die Konstruktusform ראשי, die jeweils mit dem Namen
von Tieren verbunden ist, die beide auch in Jes 27,1 genannt
werden. Die Verben שבר pi. (v.13b) und רצץ pi. (v.14a) dürften
Synonyma sein, was aufgrund der seltenen Bezeugung von רצץ pi.
(nur noch in Hi 20,19 und II Chr 16,10) zwar nicht zu beweisen,
aber doch sehr wahrscheinlich ist. V.14b schildert mit Sicherheit den Abschluß des in v.14a Erzählten; dementsprechend könnte v.13a gut als Auftakt interpretiert werden, so daß beide
Zeilen einen Rahmen um das hauptsächliche Ereignis bildeten.
Trifft die Konjektur in v.14b zu, entsprächen sich die v.13a
und 14b darüber hinaus durch das sie jeweils abschließende ים.

Das die v.13 und 14 jeweils einleitende אתה ist kein entscheidender Hinderungsgrund für die Annahme einer chiastischen
Struktur, denn es fungiert offensichtlich nicht als Gliederungsmerkmal: Es steht auch in v.15 und 17 am Versbeginn, jedoch nicht in v.16a, begegnet auch zweimal am Anfang des zweiten Versteils (v.15b.16b) und außerdem mitten in v.17b. Innerhalb der v.13-17 ist es als solches ein das Subjekt der Handlungen, Jahwe, betonendes Element, ohne daß es auf seine Stellung allzusehr angekommen zu sein scheint.

Geht man von einer chiastischen Struktur der v.13f. aus, lösen sich mehrere Probleme:

a) פרר II

Wenn v.13b nicht v.13a, sondern v.14a parallelläuft, beweist
שבר pi. in v.13b nicht, daß פרר in v.13a mit "brechen, spalten"
o.ä. zu übersetzen ist[23]. Meist unterscheidet man auch von der
Wurzel פרר I ("brechen, zerstören"; nur im Hi. und Ho. belegt)
eine Wurzel פרר II[24], die im Qal und Hitpo. "ins Schwanken versetzt werden, hin und her schwanken" (Jes 24,19bα), im Po.
"aufstören" (Ps 74,13a) und im Pilp. "schütteln" (Hi 16,12aα)

23 H.Gunkel, Schöpfung und Chaos in Urzeit und Endzeit, 41f., der die v.12-
17 fälschlich in jeweils aus zwei Versen bestehende Abschnitte gliedert
(v.12f./v.14f./v.16f.), übersetzt mit "spalten" und bemerkt: "Auch hier
ist die Besiegung des Meeres und des Drachen parallel." - E.Kutsch, Art.
פרר, 487, stellt vielmehr fest: "Hinsichtlich der Objekte unterscheidet
sich prr hi. deutlich etwa von šbr 'zerbrechen'...und šḥt pi. 'vernichten'".
24 So Ges-B 662, KBL 782, E.Kutsch, Art. פרר, 487.

bedeutet. Dafür spricht deutlich der Kontext der Belegstellen:
Auf פפר in Jes 24,19bα folgen die Verben מוט (v.19bβ), נוע
(v.20aα) und נוד (v.20aβ), wobei in den letzten beiden Sätzen
Vergleiche mit einem Betrunkenen und einer (leicht gebauten)
Hütte (oder Hängematte)[25] hinzutreten. In Hi 16,12aα geht dem
ויפרפרני der Ausdruck שלו הייתי voraus, der den Zustand beschreibt, in dem Hiob sich zuvor befand; die Bedeutung "schütteln" liegt somit wesentlich näher als eine Übersetzung mit
"zerbrechen"[26]. Ähnlich ist nach Ps 74,13a das Meer von Jahwe
aus einem Zustand der Ruhe heraus ins Schwanken versetzt worden

b) ים

Die Tatsache, daß ים in v.13a ohne Artikel steht, könnte vermuten lassen, es sei hier als Gottesname aufzufassen. Dies allein wäre jedoch kein ausreichendes Argument, da ים des öfteren
indeterminiert, aber durchaus nicht als Eigenname verwendet ist
(vgl. z.B. Ex 15,8; II Sam 22,16; Jes 16,8; 23,2). Nur aus Hi
7,12a und eventuell, falls Textverderbnis anzunehmen ist[27],
auch aus Hi 3,8a (text.emend.) wäre eine solche Bedeutung unter
Umständen zu erschließen. Nicht in mythischem Sinn begegnet ים
(indeterminiert) als Person in Jes 23,4aβ: Das Meer spricht
hier von sich als einer kinderlosen Frau (v.4b)[28]. Für Ps 74,
13a kann jedoch *nicht* auf die Parallelität mit 'תנין' (bzw.
לויתן) verwiesen werden[29]. Die Struktur der v.13f. spricht

---

25 Vgl. H.Wildberger, BK X/2, 933.
26 So jedoch M.K.Wakeman, God's Battle with the Monster, 62 Anm.3, die bei-
    de Wurzeln nicht unterscheidet; sie nimmt für alle Belege die Bedeutung
    "brechen" an (in Jes 24,19 und Hi 16,12f. "in a more physical sense"),
    doch können - gegen M.K.Wakeman - in Hi 16 die Verben פצע pilp. (v.12aβ)
    פלח (v.13aβ) und פרץ (v.14a) diese Übersetzung nicht stützen, da in den
    v.12-14 einander vier (oder, wenn man v.12a teilt, fünf) *thematisch ver-
    schiedene* Vergleiche folgen.
27 So H.Gunkel, Schöpfung und Chaos in Urzeit und Endzeit, 59 Anm.1; F.
    Horst, BK XVI, 37; dagegen: G.Fohrer, KAT XVI, 110.
28 O.Kaiser, ATD 18, 130 Anm.8, schlägt allerdings vor, האמרת statt כי־אמר
    ים zu lesen.
29 So z.B. O.Eißfeldt, Gott und das Meer in der Bibel, 259; er übersetzt
    v.13a: "Du hast gebrochen durch deine Kraft Jam"; vgl. ebenso M.K.Wake-
    man, God's Battle with the Monster, 98. - Auch wenn O.Kaiser, Die mythi-
    sche Bedeutung des Meeres in Ägypten, Ugarit und Israel, 146, die v.13f.
    als klimaktischen Parallelismus (a-b-b-c) verstehen will, legt dies
    nicht "die Gleichsetzung von Jam und Leviathan nahe"; die Erregung des
    Meeres bildete auch hier lediglich den Auftakt, obgleich, was allerdings
    wenig wahrscheinlich ist, erst mit v.14b die höchste Stufe erreicht

vielmehr eher *gegen* die Annahme, ים sei hier ein Gottesname.

c) Tannin, Liwjatan und Rahab

Da die Nomina תנין und לויתן in Jes 27,1 und Ps 74,13f., andererseits die Nomina רהב und תנין in Jes 51,9b im selben Zusammenhang stehen, somit zumindest in diesen Texten mit einer gewissen Bedeutungsverwandtschaft zu rechnen ist, sollen sie hier, unter Einschluß des in Ps 74 nicht begegnenden רהב, gemeinsam behandelt werden.

(1) Tannin

Über die Etymologie des Nomens תנין bzw. תנים (Ez 29,3; 32, 2)[30] liegen keine sicheren Erkenntnisse vor[31]. Es findet sich 15mal im Alten Testament und bezeichnet an allen Stellen ein Tier.

Mit Ps 74,13b am nächsten verwandt sind drei Texte, in denen תנין ebenso als feindlicher Widerpart Gottes erscheint, nämlich als ein von ihm vernichtetes (Jes 51,9; so auch Ps 74,13) oder besiegtes (Hi 7,12) oder noch zu tötendes (Jes 27,1) Seeungeheuer[32].

9mal bezeichnet תנין bzw. תנים allgemein ein Meerestier: In Gen 1,21 sind die von Gott zuerst erschaffenen תנינם גדלים allerdings anscheinend ebenfalls Lebewesen besonderer Art, da sie an erster Stelle genannt und von "*allen* sich regenden Lebewesen, die im Wasser wimmeln, nach ihrer Art" abgehoben sind[33]. Ähnlich könnte es sich in Ps 148,7 verhalten, wo die תנינים viel früher als die anderen Tiere (erst in v.10 begegnen die Landtiere und Vögel) erwähnt werden[34]. – In Jer 51,34

wäre; das Schwergewicht dürfte aber auf der Vernichtung des Ungeheuers liegen, von der ausführlich in zwei Zeilen berichtet wird.

30 Wahrscheinlich ist kein Textfehler, sondern, da beide Ezechielstellen das gleiche Wort bieten, eher eine Nebenform von תנין anzunehmen (so W.Zimmerli, BK XIII/2, 703).

31 G.R.Driver, Mythical Monsters in the Old Testament, 248, denkt an eine Verwandtschaft mit aram. $t^e nan\bar{a}$, $t\breve{a}n(n)^e n\bar{a}$ = syr. *tenanā* "Rauch", die beide von einer – allerdings als Verb nicht belegten – Wurzel *tnn* "sich winden, spiralförmig sein" abgeleitet sein könnten. St.I.Norin, Er spaltete das Meer, 71, vermutet eine Lehnübersetzung aus ägypt. *mḥn* (als Verb: "sich ringeln").

32 Abgesehen von Jes 27,1; siehe dazu unten Exkurs 5 (S.138-143).

33 Es sollten deshalb kaum nur große und kleine Wassertiere unterschieden werden (so H.Gunkel, Genesis, 109f.; C.Westermann, BK I/1, 190f.).

wird Nebukadnezar mit einem תנין als einem gefräßigen Tier verglichen, und in Ez 29,3 und 32,2 steht תנים für den Pharao: Er
lagert im Nil (29,3), sprudelt mit seinen Nüstern, trübt mit
seinen Füßen das Wasser und wühlt Ströme auf (32,2, zum Teil
emendiert). Hier wie vermutlich auch in Jer 51,34 dürfte an
ein Krokodil gedacht sein[35].

5mal bedeutet תנין "Schlange", und zwar eine auf dem Land
(nicht im Wasser) lebende: תנין in Ex 7,9.10.12 (Quellenschicht
P[36]) entspricht נחש in Ex 4,3 (vgl. Ex 7,15b; Quellenschicht J
bzw. L)[37]; in Dtn 32,33 und Ps 91,13 korrespondiert תנין im
Parallelismus פתן ("Kobra").

Schließlich gab es nach Neh 2,13 in Jerusalem eine עין התנין
genannte Quelle, die Nehemia bei seinem nächtlichen Ritt um
den Südosthügel passierte[38].

(2) Liwjatan

Das wohl von der Wurzel לוה I* ("sich winden") abzuleitende[39]
Nomen לויתן findet sich, stets im Singular und indeterminiert,
abgesehen von Ps 74,14a, noch 5mal (davon 2mal in Jes 27,1) im
Alten Testament: In Jes 27,1 wird לויתן "נחש ברח" und "נחש
עקלתון" genannt, den Jahwe mit seinem Schwert heimsuchen wird.
Daß ein der göttlichen Sphäre angehörendes Wesen gemeint ist,
legt ein ugaritischer, terminologisch eng verwandter Text nahe
(CTA 5 I 1-3, in Z.27-30 [stark zerstört] wohl wiederholt)[40],

---

34 Eine Wasserhose ist trotz v.8 kaum gemeint (so G.R.Driver, Mythical Monsters in the Old Testament, 247).
35 Vgl. W.Zimmerli, BK XIII/2, 703.
36 Auffällig ist, daß תנין von denselben Verfassern in zweierlei Weise verwendet wird ("Schlange", "Meerestier" in Gen 1).
37 M.K.Wakeman, God's Battle with the Monster, 77f., überinterpetiert vermutlich die Verwendung des Nomens תנין, wenn sie annimmt, die Wirksamkeit des תנין genannten Stabes zeige hier die Herrschaft an, die Jahwe
   durch seinen Sieg über das Ungeheuer errungen hat.
38 Nach G.R.Driver, Mythical Monsters in the Old Testament, 243f., ist hier
   eher an eine Schlange als an einen Drachen zu denken, "since a dragon
   is unlikely in the heart of Jerusalem and the snake is well-known as a
   guardian of valuable property".
39 Vgl. Ges-B 382: von לויה "gewunden", das sich wiederum von לוה I "winden, drehen" (380) herleite; Eerdmans ("dolphin"), KBL 477 leiten von
   לוה II "begleiten" ab. - St.I.L.Norin, Er spaltete das Meer, 68f., denkt
   an eine Lehnübersetzung des ägypt. mḥn (als Verb: "sich ringeln", speziell von Schlangen).
40 Zum Text vgl. H.Donner, Ugaritismen in der Psalmenforschung, 341.

in dem *ltn* (= לויתן)[41] *b̲tn brḫ̲, b̲tn* ᶜ*qltn* und *šljt.d.šb*ᶜ.*rašm*
("'Herrscher' mit sieben Köpfen") genannt wird. - Von Leuten,
die in der Lage sind, Liwjatan aufzustören, ist in Hi 3,8 die
Rede.

In Ps 104,26 bezeichnet לויתן ein Meerestier, das Jahwe geschaffen hat, um mit ihm zu spielen, jedoch - wie die תננים in
Gen 1,21 und vielleicht in Ps 148,7 - anscheinend ein besonderes, denn es ist von den anderen Tieren, von denen das Meer
wimmelt, und zwar sowohl von den kleinen als auch den großen
(v.25), abgehoben. - Um ein Krokodil dürfte es in Hi 40,25
(-41,26) gehen[42].

(3) Rahab

Das Substantiv רהב[43] findet sich 7mal im Alten Testament:
2mal im Jesajabuch (30,7; 51,9), 3mal in den Psalmen (40,5
[pl.]; 87,4; 89,11) und 2mal im Hiobbuch (9,13; 26,12). Wie
תנין und לויתן dürfte es mehrmals ein von Jahwe besiegtes Meeresungeheuer bezeichnen, so in Jes 51,9; Ps 89,11; Hi 26,12
(vgl. Hi 9,13f.)[44]. Den Übergang zu einer anderen Bedeutung
scheint Jes 30,6f. zu dokumentieren; der Text lautet:

6   Spruch: Tiere des Südens.
     Im Land der Not und Bedrängnis.
     Löwen und Leuen sind 'unter'[a] ihnen, Ottern und geflügelte Schlangen.

     Sie tragen ihr Vermögen auf dem Rücken von Eseln,
     auf dem Höcker von Kamelen ihre Schätze

     zu einem Volk, das nichts nützt,
7   nach Ägypten, dessen Hilfe leer und nichtig ist.

     Darum nenne ich es רהב, 'die gebändigt worden ist'[b].

a Statt מֵהֶם dürfte בָּהֶם zu lesen sein[45].
b V.7bβ ist aller Wahrscheinlichkeit nach verderbt. Eine am masoretischen

---

41 Vgl. H.Gese, Die Religionen Altsyriens, 60; M.K.Wakeman,God's Battle
   with the Monster, 64 und Anm.5. H.Donner, Ugaritismen in der Psalmenforschung, 343, merkt allerdings an, daß "noch niemand die sprachliche
   Zusammengehörigkeit beider Wörter befriedigend hat erklären können".
   Eine Erklärung versucht St.I.L.Norin, Er spaltete das Meer, 69f.
42 Vgl. G.Fohrer, KAT XVI, 528 (zu anderen Deutungen vgl. Anm.2); ebenso
   J.V.Kinnier Wilson, A Return to the Problems of Behemot and Leviathan,
   1-5.
43 Es ist im Ugaritischen nicht belegt; zu anderen altorientalischen Entsprechungen der zugrunde liegenden Wurzel vgl. Ges-B 747; KBL 875f.
44 Zu diesen Texten siehe unten Exkurs 5 (S.138-143).
45 So K.-D.Schunck, Jes 30,6-8 und die Deutung der Rahab im Alten Testament, 51 (auf S.50f. Diskussion weiterer Vorschläge).

Text festhaltende Übersetzung könnte etwa lauten: "Rahab sind sie? - Untätigkeit!"[46]; das vorangehende קראתי לזאת wäre dann mit "Ich sage dazu" o.ä. wiederzugeben. קרא + ל ist jedoch Terminus technicus des Benennens, dem gewöhnlich der Name folgt; dieser aber dürfte hier in dem indeterminiert verwendeten רהב vorliegen, der durch das folgende הם שבת offenbar erläutert werden soll. Das verderbte masoretische הֵם שָׁבֶת (pluralisches הם gegenüber singularischem לזאת und שבה) wird am ehesten unter Wahrung des Konsonantenbestands in הַמָּשְׁבָּת zusammenzuziehen sein[47].

Das Jesajawort weist vermutlich drei spätere Zusätze auf:

(1) die Überschrift und wohl auch die folgenden Wörter (mit Ausnahme vielleicht von "Im Land der Not und Bedrängnis") in v.6a.ba[48];

(2) ומצרים in v.7: Die Angeredeten werden gewußt haben, welches Volk gemeint war; erst spätere Leser bedurften einer Erläuterung. Auch metrische Gründe sprechen für die Annahme eine Glosse[49].

(3) Schließlich wird der das Wort רהב enthaltende v.7b von noch späterer Hand stammen. Dies legen mehrere Gründe nahe[50]: a) Da לזאת kann sich nicht auf עם (m.!), sondern nur auf מצרים beziehen[51], das aber seinerseits ein erläuternder Zusatz ist. V.7b muß dem Text daher noch später als jener angefügt worden sein. b) V.7b enthält keine inhaltlich neue Aussage. Die Zwecklosigkeit, von Ägypten Hilfe zu erwarten, wurde schon in v.6bγ.7a festgestellt.

רהב wird hier als Eigenname und gleichzeitig als Bezeichnung

---

46 So O.Kaiser, ATD 18, 229. Zwei weitere Übersetzungsvarianten nennt K.-D. Schunck, Jes 30,6-8 und die Deutung der Rahab im Alten Testament, 52 Anm.32.

47 So nach dem Vorgang H.Henslers H.Gunkel, Schöpfung und Chaos in Urzeit und Endzeit, 39 Anm.1, und mit ihm viele andere. - Ohne Eingriffe in den Konsonantenbestand ginge es auch bei folgenden, jedoch weniger wahr scheinlichen Korrekturen ab: רַהַב הַמָּשְׁבָּת, "die zurückgebrachte Rahab" bzw "die zurückgeführte Rahab" (so z.B. K.-D.Schunck, Jes 30,6-8 und die Deutung der Rahab im Alten Testament, 52, der Rahab als "Symbolwort" für den über Ägypten kommenden chaotischen Zustand versteht), רָהֲבָה מָשְׁבָת "sein Lärmen hört auf" (weitere Konjekturen führt O.Kaiser, ATD 18, 229 Anm.6, auf).

48 Vgl. F.Huber, Jahwe, Juda und die anderen Völker beim Propheten Jesaja, 118f.

49 So mit den meisten Auslegern (vgl. K.-D.Schunck, Jes 30,6-8 und die Deutung der Rahab im Alten Testament, 51f.).

50 Vgl. F.Huber, Jahwe, Juda und die anderen Völker beim Propheten Jesaja, 119f.

51 Schwerlich ist es neutrisch zu verstehen und auf die zuvor geschilderte Situation im Lande zu beziehen (so K.-D.Schunck, Jes 30,6-8 und die Deutung der Rahab im Alten Testament, 54 Anm.44).

für Ägypten gebraucht. Andererseits muß mit "Rahab" etwas geschehen sein, aus dem ein Zustand der Machtlosigkeit und Untätigkeit resultierte (vgl. v.6bγ.7a)[52]. Dann ist aber anzunehmen, daß die Vorstellung von dem von Jahwe besiegten Meeresungeheuer die Benennung bedingt hat. Die Verwendung von רהב
als Bezeichnung Ägyptens ist also mit Sicherheit sekundär, da
sie die ursprüngliche und eigentliche Bedeutung des Nomens voraussetzt. Vermutlich hat der Glossator das Wort hier sogar
erstmals auf Ägypten bezogen[53]. - In Ps 87,4a ist diese Verwendung schon geläufig: רהב steht hier im Zusammenhang mit anderen geografischen Bezeichnungen (Babel, Philistäa, Zur, Kusch)
als Name für Ägypten.

In Ps 40,5 schließlich werden die רהבים (einziger Beleg der
Pluralform) zusammen mit "denen, die zur Lüge abweichen", ge-
nannt, bezeichnen also wohl Menschen, die entgegen dem Willen
Jahwes leben (vgl. v.5a).

Das Substantiv רֹהַב begegnet in Ps 90,10 und könnte mit "Stolz"[54] oder
"Drängen"[55] wiedergegeben werden; vielleicht ist der Text aber auch verderbt und nach G, S, T besser in רֻבָּם ("das meiste davon") oder רָחְבָּם (wörtlich: "ihre Breite" = "auf ganzer Länge")[56] zu ändern.
   In Jes 14,4bβ wird seit J.D.Michaelis meist statt des offensichtlich ver-
derbten מַדְהֵבָה ein von der Wurzel רהב abgeleitetes, jedoch im Alten Testament nicht belegtes ursprüngliches מַרְהֵבָה "Stürmen, Ansturm" angenommen,
das נגש im parallelen v.4b gut entsprechen würde (vgl. Jes 3,5!). Durch
1QJes[a] dürfte diese Lesart gesichert sein[57].
   Das Verb רהב begegnet 4mal: im Qal in Jes 3,5, wo es so etwas wie eine
Explikation des נגש in v.5a darstellen muß und wohl am besten mit "anstür-

52 Auch dieser Text deutet darauf hin, daß שבת hi. nicht "zerstören" oder
   dgl. bedeutet, denn die im Alten Testament nicht belegte, aber hier anzunehmende Hofal-Form dürfte Rahab = Ägypten schwerlich als "vernichtet",
   viel eher aber als "gebändigt, bezwungen" bezeichnen (siehe oben S.72-
   74). Demgegenüber hält F.Huber, Jahwe, Juda und die anderen Völker beim
   Propheten Jesaja, 117 Anm.147, beide Bedeutungen für möglich.
53 So auch K.-D.Schunck, Jes 30,6-8 und die Deutung der Rahab im Alten Testament, 54 (allerdings nicht durch einen Glossator, sondern durch Jesaja selbst).
54 So Ges-B 747.
55 So KBL 876.
56 Vgl. Kraus.
57 H.M.Orlinsky, Madhebah in Isaiah XIV 4, 203, hält sie allerdings für
   eine Texterleichterung; מדהבה sei von der Wurzel דבא abzuleiten und be-
   deute "Macht, Stärke, Bedrückung" o.ä. Vgl. dazu aber H.Wildberger, BK
   X/2, 533; dort sind auch die Lesarten der Versionen aufgeführt und weitere Erklärungsversuche diskutiert. H.Wildberger seinerseits vermutet
   ursprüngliches Part.hi. מַרְהִיב (eventuell auch Part.pi. מְרַהֵב), was aber
   eine zusätzliche Änderung von שַׁבְתָה in שַׁבָת erforderlich macht.

men"[58], "bestürmen, zusetzen"[59] oder "losfahren"[60] wiederzugeben ist[61], und in Prov 6,3: In den v.1-5 ermahnt ein Vater seinen Sohn, alles daranzusetzen (v.4f.), aus einer Abhängigkeit, in die er einem andern gegenüber geraten ist, zu entkommen und diesen zu רהב; auch hier wird das Verb somit "bestürmen" bedeuten[62]. Im Hi. findet es sich in Cant 6,5 und dürfte nach Cant 4,9bα mit "unruhig machen, bedrängen, verwirren" zu übersetzen sein[63], der masoretische Text von Ps 138,3b ist verderbt[64].

Es fällt auf, daß sich die Bedeutungen der drei Nomina teilweise überschneiden: Sowohl תנין wie לויתן kann "Schlange" (oder doch ein schlangenartiges Wesen: Jes 27,1) oder "Krokodil" bedeuten, beide bezeichnen Meerestiere, die Jahwe geschaffen hat, wenn auch, was wiederum für beide Termini gilt, solche ganz eigener Art. Letzteres dürfte durch eine Verwendung bedingt sein, die ihnen allen gemeinsam ist: Sowohl רהב als auch תנין und לויתן begegnen als Wesen, mit denen Jahwe sich einmal auseinandergesetzt hat. Wenn auch schon hinsichtlich der übrigen Belegstellen eine Bedeutungsverwandtschaft oder -gleichheit zu konstatieren ist, so kommen die *verschieden* bezeichneten Tiere in *diesem* Bereich und nur hier manchmal in ein und demselben Zusammenhang und in enger Verbindung miteinander vor Sie stehen zum Teil in parallelen Sätzen, und über sie werden ganz ähnliche Aussagen gemacht. Im folgenden Exkurs seien deshalb zunächst alle diesbezüglichen mythischen Texte in der Rei henfolge ihres Vorkommens aufgeführt.

Exkurs 5: Jahwes Auseinandersetzung mit dem Meeresungeheuer

a) Die Texte

   Jes 51,9-10a:

9   Reg dich, reg dich, bekleide dich mit Kraft,
        Arm Jahwes!
     Reg dich wie in den Tagen der Vorzeit,
        den Geschlechtern der Urzeit!

---

58 Vgl. Ges-B 747.
59 Vgl. KBL 876.
60 So H.Wildberger, BK X/1, 116.
61 O.Kaiser, ATD 17, 31, übersetzt mit "beben", was aber nicht so gut paßt.
62 Vgl. Ges-B 747; KBL 876.
63 Vgl. Ges-B 747; KBL 876.
64 G liest πολυωρήσεις με, was hebr. הַרְבֵּנִי entspräche (so auch T); am besten ist aber wohl mit S תַּרְבֶּה (vgl. Ps 18,36) zu lesen.

Bist *du* es nicht, der Rahab 'zerschlagen' hat,
Tannin durchbohrt hat?
10   Bist *du* es nicht, der das Meer ausgetrocknet hat,
die Wasser der großen Urflut?

Ps 74,13f.:

13   *Du* hast mit deiner Kraft das Meer aufgestört.
Du hast die Köpfe 'Tannins' über dem Wasser zerschmettert.

14   *Du* hast die Köpfe Liwjatans zerbrochen,
hast ihn den 'Haifischen' zu fressen gegeben.

Ps 89,10f.:

10   *Du* beherrschst die Empörung des Meeres.
Wenn seine Wellen 'tosen', beschwichtigst *du* sie.

11   *Du* hast Rahab wie einen Durchbohrten zermalmt.
Mit deinem starken Arm hast du deine Feinde zerstreut.

Hi 7,12:

Bin ich das Meer oder Tannin,
daß du eine Wache über mich setzt?

Hi 9,13f.:

13   Gott nimmt seinen Zorn nicht zurück;
die Helfer Rahabs mußten sich unter ihm ducken.

14   Wieviel weniger kann ich ihm Rede stehen,
meine Worte bei ihm auswählen?

Hi 26,12:

Durch seine Stärke hat er das Meer erregt.
Durch sein Geschick hat er Rahab zerschlagen.

b) Anmerkungen

(1) Da רהב, לויתן und תנין in diesen Texten stets indeterminiert begegnen,
muß es sich um Eigennamen handeln. Dementsprechend stehen sie mit Ausnahme
von Ps 74,13b stets im Singular. Es liegt deshalb - auch aufgrund der Parallelität der v.13b und 14a - nahe, hier ebenfalls eine ursprüngliche Singularform anzunehmen[65] (auch in den mythischen Texten aus Ugarit findet sich
ausschließlich singularisches *tnn*). Daß dabei verschiedene Wesen gemeint
sind, ist ganz unwahrscheinlich: In Jes 51,9f. verhält sich "Rahab" zu "Tannin" wie die "Tage der Vorzeit" zu den "Geschlechtern der Urzeit" und wie
"das Meer" zu den "Wassern der großen Urflut" im parallelen v.10a. Da letz-

---

65 So z.B. auch O.Eißfeldt, Gott und das Meer in der Bibel, 259 Anm.2; J.
Wellhausen, Bemerkungen zu den Psalmen, 179; vgl. auch A.Bertholet
(HSAT[K]); O.Kaiser, Die mythische Bedeutung des Meeres in Ägypten,
Ugarit und Israel, 146. M.Dahood 262 nimmt einen pluralis majestatis
an, und für M.K.Wakeman, God's Battle with the Monster, 68 Anm.5, "the
simplest explanation is that enclitic mem has been misread as a plural
termination". - Gunkel hält am Plural fest und denkt gemäß Hi 9,13 an
die "Bundesgenossen" Liwjatans, die "Helfer Rahabs".

tere als Synonyma verwendet werden[66], dürften auch Rahab und Tannin ein
und dasselbe Wesen bezeichnen. Die Identität von Tannin und Liwjatan andererseits zeigt die Parallelität der v.13b und 14a in Ps 74 (beide Namen
hängen von ראשי ab)[67]. Für eine Identifizierung spricht schließlich, daß
allein in Verbindung mit diesen drei Namen (eventuell zusätzlich mit ים
in Hi 7,12) eine bestimmte, zwar nicht einheitliche, aber doch in den wesentlichen Zügen übereinstimmende Vorstellung begegnet[68], ohne daß sich
die Nuancierungen auf je verschiedene der gebrauchten Nomina aufteilen ließen[69]. Nach Ps 89,11b und Hi 9,13b wurde das Ungeheuer allerdings offensichtlich von anderen, ihm untergeordneten Tieren als "Helfern" begleitet.

(2) Wie man sich dieses Wesen vorstellte, bleibt unklar. Berücksichtigt
man die anderen Bedeutungen von לויתן und תנין, ist es möglich, daß man
sich das Ungeheuer krokodilartig dachte[70]. Nach Ps 74,13b.14a hat es allerdings mehrere Köpfe[71]. Daß es übermenschliche, ja fast göttliche Kräfte
hat, geht aus Hi 9,13f. hervor.

(3) In welcher Beziehung steht das Ungeheuer zum Meer? Einige Texte
scheinen die Annahme nahezulegen, es sei geradezu mit ihm identisch. So
besteht in Hi 7,12a zwischen ים und תנין kein Unterschied; es könnte hier
aber auch auf die ursprüngliche Gottesbezeichnung Jam zurückgegriffen und
mit Jam bzw. (אם) Tannin - nur verschieden bezeichnet - ein und dasselbe
Ungeheuer gemeint sein. In Jes 51 ist aufgrund der Zusammengehörigkeit der
v.9b und 10a die Tötung des Ungeheuers eng mit der Austrocknung des Meeres
verbunden. Doch wird man beide Ereignisse nicht miteinander identifizieren
dürfen[72]: Auch v.9aα und 9aβ enthalten, obgleich sie ebenfalls mit jeweils
dem gleichen Wort beginnen, unterschiedliche Aussagen. Vielmehr wird die
Zusammenstellung beider Zeilen eher so zu verstehen sein, daß die Vernichtung des Meeresungeheuers Rahab bzw. Tannin das Austrocknen des vielleicht
ursprünglich die ganze Erde bedeckenden Wassers *ermöglicht* hat. - In anderen Texten ist das Meer eindeutig der Lebensraum des Ungeheuers: Nach Ps
Ps 74,13b ragen seine Köpfe über die Wasseroberfläche hinaus, und nach Ps
74,13a und Hi 26,12a[73] ist das Aufstören des Meeres von seiner Vernichtung

---

66 Siehe oben S.39 und 51f.

67 Vgl. auch Jes 27,1.

68 Genaueres siehe unter (4).

69 Demgegenüber beantwortet H.Gunkel seine Frage, ob der Prophet in Jes 51
   "*ein* Ungeheuer, den Drachen Rahab, oder zwei Wesen, Rahab *und* den Drachen meine" (Schöpfung und Chaos in Urzeit und Endzeit 32), in letzterem
   Sinne: Die beiden Wesen entsprächen Tiamat und Kingu im babylonischen
   Mythos Enuma Elisch (37). - M.K.Wakeman, God's Battle with the Monster,
   79, hält Liwjatan und Rahab für zwei Namen ein und desselben Ungeheuers,
   Tannin jedoch für eine mehr allgemeine Gattungsbezeichnung.

70 In ägyptischen Darstellungen begegnet das Krokodil als (besiegter) Feind
   des Gottes Horus häufig (vgl. O.Keel, Jahwes Entgegnung an Ijob, 143-
   151).

71 Dem entspricht, daß ebenso in dem Jes 27,1 ähnlichen ugarit. Text (siehe
   oben S.134f.) *ltn* u.a. "'Herrscher'" mit sieben Köpfen" genannt wird.
   Sieben Köpfe haben auch ein auf einem mesopotamischen Siegel von Tell
   Asmar (25.Jh.) sowie auf einer Muschel unbekannter Herkunft dargestellte
   Tier (vgl. zu ersterem ANEP 691 und C.H.Gordon, Leviathan: Symbol of
   Evil, 4 und Anm.1; zu letzterem ANEP 671).

72 So H.Gunkel, Schöpfung und Chaos in Urzeit und Endzeit, 32: "Rahabs Zer-
   schmetterung ist die Austrocknung der Wasser des grossen 'Ozeans'".

73 Beide Texte ähneln sich: Sie bestehen aus einem identischen Objekt, eine
   wohl synonymen Prädikat und der Umstandsbestimmung בעזן bzw. בכחו, die
   noch in Hi 26,2; Prov 24,5; vgl. Lev 26,19f., als parallele Entspre-

zu unterscheiden: Im ersteren Text ergibt sich aus der Versstruktur, daß
die Erregung des Meeres gewissermaßen die einleitende Handlung Jahwes darstellt, was aber wahrscheinlich, trotz der synonymen Einleitung beider Zeilen[74] und ihrem völlig gleichartigen Aufbau, schon aufgrund der verschiedenen Bedeutungen der verwendeten Verben auch für Hi 26,12 anzunehmen ist; im
übrigen ist die Reihenfolge: Erregung des Meeres - Vernichtung des Ungeheuers dieselbe wie in Ps 74,13-14a. Vielmehr dürfte die Parallelität in Hi
26,12 darauf hindeuten, daß dem Thema "Aufstören des Meeres" eine eigenständige Bedeutung zugemessen werden kann, dies umso mehr, als zwei mit
großer Wahrscheinlichkeit mythische Texte[75] (in identischer Formulierung)
vom Erregen des Meeres durch Jahwe handeln, ohne seine Auseinandersetzung
mit dem Meeresungeheuer zu erwähnen:

Jes 51,15a:

> *Ich* bin Jahwe, dein Gott,
> der das Meer erregt hat, so daß seine Wellen brausen.
> Jahwe Zebaot ist sein Name.

Jer 31,35:

> So spricht Jahwe,
> der die Sonne zum Licht des Tages bestimmt hat,
> '' den Mond und die Sterne zum Licht der Nacht,
> der das Meer erregt hat, so daß seine Wellen brausen.
> Jahwe Zebaot ist sein Name.

So wird man das Ungeheuer - jedenfalls in den meisten Fällen - kaum mit dem
Meer identifizieren oder als dessen Personifikation[76] ansehen dürfen[77], auch
wenn es mit ihm in enger Verbindung steht und die Vernichtung des Ungeheuers
gleichzeitig seine Macht gebrochen hat (vgl. Jes 51,10; Ps 89,10; Hi 7,12;
die Begrenzung des Meeres könnte als Resultat dieser Auseinandersetzung aufgefaßt worden sein[78]).
(4) Das Ergebnis der Auseinandersetzung hat man sich unterschiedlich vorgestellt. Einerseits ist das Ungeheuer von Jahwe vernichtet worden (Jes 51,
9b; Ps 74,13b.14a; 89,11a[79]; Hi 26,12b), was in Ps 74,14b noch dadurch unterstrichen ist, daß er seinen Leichnam den 'Haifischen' zum Fraß gegeben
hat. Andererseits dachte man es sich offenbar als weiterhin lebendig, jedoch von Jahwe bewacht (Hi 7,12)[80], und nach Ps 89,11b und Hi 9,13 sind jedenfalls seine Helfer am Leben geblieben. Dem entspricht, daß es nach Hi 3,

---

chungsbegriffe verwendet sind; in Ps 74,13a tritt lediglich noch das
Personalpronomen hinzu.

74 בכחו bzw. ובתבונתו (K), Synonyma noch in Jer 10,12 = 51,15; Ps 147,5.

75 Nicht nur Jer 31,35 (siehe Text), sondern auch Jes 51,11-16 enthält weitere mythische Aussagen: vgl. v.13aα.16bα.

76 So etwa G.R.Driver, Mythical Monsters in the Old Testament, 248 (in bezug auf Rahab).

77 Vgl. auch A.Heidel, The Babylonian Genesis, 105; A.Ohler, Mythologische
Elemente im Alten Testament, 105.

78 Siehe oben Exkurs 4 (S.111f.).

79 דכא kann zwar neben "zerstoßen, zerstampfen, zerschlagen" auch "unter-
drücken, mißhandeln" bedeuten (vgl. H.F.Fuhs, Art. דכא, 208), doch läßt
der Vergleich mit einem Durchbohrten (חלל) nur die zuerst genannten
Übersetzungen zu.

80 Gegenüber Hi 26,12a liegt insofern kein Widerspruch vor, als jener Text
zu einem hymnischen Zusatz gehört (vgl. G.Fohrer, KAT XVI, 383).

8b Leute gibt, die in der Lage sind, Liwjatan aufzustören[81], und daß Jes
27,1 ankündigt, Jahwe werde das Ungeheuer einst (endgültig) vernichten. Dar
über hinaus könnten die Bedeutungen der Nomina רֹהַב (?) und מַרְהֵבָה* sowie
des Verbs רהב darauf hindeuten, daß man das (lebendige) Ungeheuer als Ursache der Unruhe des gegen das Land anstürmenden Meeres angesehen hat. - In
beiden Fällen ist das Meer als Gegenspieler Jahwes jedenfalls auf Dauer un-
terjocht worden: Es wurde zwar aufgewühlt und seine Wogen tosen - gleichsa
als Nachwirkung jener Auseinandersetzung - noch jetzt (vgl. Jes 51,15; Jer
31,35; Hi 26,12), doch Jahwe beherrscht es und beschwichtigt es immer wieder (vgl. Ps 89,10; auch an Ps 65,8 ist hier noch einmal zu erinnern) bzw.
hat es (zum Teil) ausgetrocknet (vgl. Jes 51,10a). Seine Macht ist gebrochen, sein Herrschaftsraum fortan begrenzt[83].

    (5) Oft sind die von der Auseinandersetzung Jahwes mit dem Meeresungeheu-
er erzählenden Texte mit den Exodusereignissen in Verbindung gebracht worden; auch für Ps 74,13f. nimmt man manchmal an, hier seien in Wirklichkeit
die Vernichtung der die Israeliten verfolgenden Ägypter und der Durchzug
durchs Meer gemeint[84] oder werde zumindest über die Schilderung mythischer
Geschehnisse hinaus auch auf diese Ereignisse angespielt[85]. Eine solche In
terpretation verbietet sich jedoch sowohl in den meisten Fällen aufgrund
des Kontexts (er erwähnt nicht nur, außer Jes 51,9f.[86], die Exodusereigniss
nicht, sondern berichtet vielmehr häufig weitere eindeutig *mythische* Geschehnisse[87] [Ps 89,12b.13a; Hi 26,7.10.13, ebenso zumindest Ps 74,16b.17]
als auch aus sachlichen Gründen (so ist nach Hi 7,12 das Ungeheuer am Lebe
geblieben, und entgegen einer derartigen Interpretation von Ps 89,10f. hat
Jahwe die Ägypter nicht etwa zerstreut [v.11b], sondern vollkommen vernich

---

81 Auch diese Stelle spricht im Vergleich mit Hi 7,12 für eine Identifizie
   rung von לויתן und תנין.
82 Nach M.K.Wakeman, God's Battle with the Monster, 59, haben die Verbformen die Bedeutung "to act like Rahab" (vgl. auch 61).
83 Vgl. auch Ps 8,3 von den Wassern über der Himmelsfeste; hier dürfte tat
   sächlich eine Personifizierung vorliegen (Wasser = Feinde Jahwes). Weil
   das besiegte Ungeheuer schwach und kraftlos ist, kann Rahab in Jes 30,7
   von einem Glossator als Bezeichnung Ägyptens verwendet werden. Daß Ägyp
   ten auch deshalb "Rahab" genannt worden ist, weil man sie sich als Rie-
   senschlange oder Krokodil vorstellte, dessen langgestreckter Gestalt di
   Form des Landes Ägypten entspricht (vgl. A.Heidel, The Babylonian Genesis, 105, und, im Anschluß an ihn, O.Kaiser, Die mythische Bedeutung de
   Meeres in Ägypten, Ugarit und Israel, 141), läßt sich nicht beweisen.
84 So vor allem frühere Exegeten, z.B. E.Hertlein, Rahab, 146-148 (v.13a:
   Spaltung des Meeres; v.13b.14a: Tötung der mit den תנינים und לויתן ver
   glichenen Ägyptern); Baethgen (Krokodile = Symbol der Ägypter, deren
   Köpfe aus dem Wasser emporragen); so jetzt auch wieder St.I.L.Norin, Er
   spaltete das Meer, 111f., ohne jedoch durchschlagendere Argumente anzu-
   bieten; er arbeitet mehr mit Vermutungen und Prämissen, als daß er über
   zeugende Beweise liefern könnte (vgl. seine recht oberflächliche Behand
   lung von Ps 74,13-17 auf den S.113f.).
85 Vgl. z.B. Kraus, A.Lauha, Das Schilfmeermotiv im Alten Testament, 42;
   Weiser, dem sich O.Kaiser, Die mythische Bedeutung des Meeres in Ägypten, Ugarit und Israel, 146, anschließt. Auch J.A.Emerton 133 möchte di
   Möglichkeit nicht ausschließen, "that the reader is intended to think c
   the exodus in addition to those of primeval times".
86 Zu diesem Text siehe aber oben S.38-40.
87 Zum Ausdruck ישועות in Ps 74,12b siehe unten S.148. Gerade auch in den
   Texten, in denen Rahab eindeutig eine Bezeichnung für Ägypten ist (Jes
   30,7; Ps 87,4), liegt keinerlei Bezug zu den Exodusereignissen vor.

tet - nicht nur den Pharao [der etwa, nach dieser Deutung, mit Rahab gemeint wäre], sondern mit ihm seine ganze Streitmacht [Ex 14,17b.28.30 [88]];
vgl. Hi 9,13b).

(6) Die ältesten Texte, die die Vorstellung von einer Auseinandersetzung
Jahwes mit dem Meeresungeheuer bezeugen, dürften aus dem 6.Jh. stammen (Jes
51,9f.; Jer 31,35bα[89]).

6.3.2 Vers 15

> *Du* hast Quelle und Bach aufgebrochen.
> *Du* hast dauernd wasserführende Flüsse austrocknen lassen.

Die völlig identische syntaktische Struktur zeigt, daß einander eng korrespondierende Vorgänge geschildert werden. Was
aber ist gemeint? Handelt es sich überhaupt um einen mythischen
Text?

Die Möglichkeit, daß an ein ständig wiederkehrendes Geschehen
gedacht ist[90], scheidet zunächst aus: Die Tempora, die denen
der v.13.14a (und 16b.17) entsprechen, bezeichnen wie diese
einen einmaligen, in der Vergangenheit liegenden Vorgang. Außerdem sind das Aufbrechen von Quellen und das Austrocknen dauernd
wasserführender Flüsse[91] keine ständig wiederkehrenden Phänomene.

Häufig wird indes vermutet, v.15 beziehe sich auf die Wüsten-
wanderung und den Einzug in Palästina: Nach Ex 17,1-7 und Num
20,1-13 spaltete Mose in der Wüste auf den Befehl Gottes hin
für die dürstenden Israeliten einen Felsen; in beiden Texten
ist allerdings Mose Subjekt des Handelns, und es werden weder
das Verb בקע noch die Nomina מעין und נחל verwendet. Jes 48,21
hingegen gebraucht in diesem Zusammenhang das Verb בקע, Ps 114,

---

88 Auch J.H.Kroeze, Remarks and Questions Regarding Some Creation-Passages
   in the Old Testament, 15, spricht sich gegen eine Beziehung von Ps 89,
   10f. auf die Exodusgeschehnisse aus; neben v.12, der von der Schöpfung
   handle, fügt er als weiteres Argument hinzu, daß "in verse 9 the *raging*
   of the sea is mentioned and it is said that God calms the waves which
   rise. Yet it is not necessary to think of a stormy sea when Israel passed
   through. Even a calm sea was an insuperable barrier to the Israelites on
   the march".
89 Vgl. W.Rudolph, HAT 12, 205.
90 So z.B. Nötscher.
91 איתן wird gerade für perennierende Gewässer verwendet, während für inter-
   mittierende נחל gebräuchlich ist (vgl. H.Donner, Einführung in die biblische Landes- und Altertumskunde, 36).

8 und Ps 78,20a die Nomina מעין bzw. נחלים. V.15a könnte somit
auf das Quellwunder anspielen. Dann läge es nahe, v.15b mit
der Durchquerung des Jordan beim Einzug in Palästina (Jos 3)
in Zusammenhang zu bringen (vgl. Jos 4,23a; 5,1a: jeweils יבש
hi.)[92]. Eine solche Deutung stünde jedoch in starker Spannung
zum Kontext, der eindeutig vor- bzw. urzeitliche Geschehnisse
erzählt.

Ist es aber denkbar, was dem Zusammenhang freilich am besten
entspräche, daß sich v.15 auf ein mythisches Ereignis bezieht?
So könnte in v.15a zwar die urzeitliche "Bewässerung" der Erde
gemeint sein (vgl. Gen 2,6; Prov 3,20a; 8,24)[93], doch v.15b,
der gerade vom Gegenteil, der Austrocknung, handelt, verbietet
eine solche Interpretation[94].

Nun begegnen מעין bzw. נחל noch in zwei weiteren alttestamentlichen Texten in Verbindung mit dem Verb בקע[95]. Der eine,
Jes 35,6b, bezieht sich auf die eschatologische Zukunft und
kann unberücksichtigt bleiben. In Gen 7,11bα aber, dem zweiten
Text, ist im Zusammenhang mit der Sintflut von einem einmaligen
Ereignis in der Vergangenheit die Rede: "An diesem Tage brachen
alle Quellen der großen Urflut auf". Nun handelt Ps 74 gewiß
nicht von der Sintflut, sondern von "Heilstaten" (v.12b). Und
doch liefert die Sintfluterzählung den vielleicht entscheidenden Hinweis auf das rechte Verständnis des v.15. Die Sintflut
ist dadurch bedingt, daß Jahwe wegen der Bosheit der Menschen
die Schöpfung zumindest der Lebewesen rückgängig machen will
(vgl. Gen 6,5-7, J; 6,12f., P). So soll das Aufbrechen der
Quellen offensichtlich - zumindest nach der priesterschriftlichen Urgeschichte - einen Zustand herbeiführen, der demjenigen

---

92 So z.B. Baethgen, Briggs, Delitzsch, Herkenne, Hupfeld - Nowack, Keßler
   König, St.I.L.Norin, Er spaltete das Meer, 113; Olshausen.
93 So versteht z.B. J.L.McKenzie 281 v.15a: "...God's creative activity,
   by opening the sources, causes the waters of the lower abyss to rise
   to the surface of the earth".
94 Nach J.L.McKenzie 281 handelt v.15b vom Vertrocknen des die Erde ursprünglich bedeckenden Urmeers. Wenn dem so wäre, müßten aber die beiden Verszeilen in umgekehrter Reihenfolge stehen; vgl. auch J.A.Emerton
   123f. - Daß die "Neuordnung der Welt nach der Vernichtung des großen
   Feindes" mit einer "Umordnung der Wasser", der "Schöpfung neuer" und
   der "Austrocknung alter", eingesetzt habe (so Gunkel), ist wenig wahrscheinlich.
95 Dem Folgenden liegt der Interpretationsvorschlag J.A.Emertons zugrunde
   (127-130).

vor der Schöpfung entspricht (vgl. Gen 1,2). Dann könnte Ps 74,
15 aber die *Überwindung* dieses Zustands in der Urzeit erzählen.
V.15 wäre nicht, wie es zunächst scheinen könnte, als syntheti-
scher, sondern als synonymer Parallelismus aufzufassen[96]. Er
besagte, daß Quellen und Bach gespalten wurden, um das die Erde
bedeckende Wasser zum Abfließen zu bringen. Allerdings wird in
Gen 8,2a (P) das Ende der Flut u.a. gerade durch das Verschließen der Quellen der Urflut herbeigeführt, doch kann es durchaus
in bezug auf die Schöpfung eine andere Vorstellung gegeben haben. Immerhin läßt das Alte Testament die Frage offen, was nach
dem Verschließen der Quellen mit dem auf der Erde befindlichen
Wasser geschehen ist[97]. Für dieses Verständnis spricht auch die
Mittelstellung des v.15 innerhalb der v.13-17: Er leitet von
der Überwindung des Meeresungeheuers zur Schöpfung der Welt
über.

6.3.3 Vers 16

> Dein ist der Tag, dein auch die Nacht
> *Du* hast Mond und Sonne gemacht.

V.16b enthält eine mythische Aussage. Einer Rechtfertigung
bedarf die Übersetzung von מאור mit "Mond"[98]. Imgrunde stehen
zwei Möglichkeiten zur Wahl: Entweder bedeutet das Nomen "Licht"
im allgemeinen Sinn[99] bzw. als eine von den Gestirnen unabhängige, eigenständige Größe (vgl. Gen 1,3-5 und Koh 12,2, wo
nacheinander Sonne, Licht [אור], Mond und Sterne genannt sind),
oder, was im Alten Testament allerdings singulär wäre, es bezeichnet den Mond[100]. Wegen der jedenfalls zum Teil mit Sicherheit chiastischen Struktur des v.16 (יום entspricht שמש)[101]

---

96 Im übrigen ist es der einzige Vers dieses Abschnitts, dessen beide Zeilen mit אתה beginnen, was in diesem Fall vielleicht *kein* Zufall ist.
97 Nach I Hen 89,7f. und Jub 5,29; 6,26 flossen die Wasser durch Öffnungen
   in der Erde ab (vgl. J.A.Emerton 128f.).
98 Zu כון hi. siehe oben S.120.
99 So z.B. Hupfeld - Nowack ("das Allg. neben dem Besonderen").
100 Dort, wo es um kosmische Phänomene geht, sind mit מאור entweder sämt-
    liche Gestirne gemeint (Gen 1,14f.; Ez 32,8) oder doch sowohl Sonne als
    auch Mond (Gen 1,16). - In der Priesterschrift meint מאור den kultischen
    Leuchter (Ex 25,6; 27,20; 35,8.14.28; 39,37; Lev 24,2; Num 4,9.16), in
    Ps 90,8 das Licht des Angesichts Gottes, in Prov 15,30 das der Augen.
101 Eine Konjektur des מאור ושמש in למאור שמש (so Gunkel, Schmidt) wider-

ist letzteres das wahrscheinlichere[102], obgleich mit Ausnahme
von Jes 24,23; Ps 104,19 und Cant 6,10 die Sonne sonst stets
vor dem Mond genannt wird[103].

Beide Gestirne repräsentieren sozusagen Tag und Nacht. Dies
geht aus v.16a hervor: Weil Gott *Mond* und *Sonne* gemacht hat,
gehören ihm *Tag* und *Nacht* (v.16b dürfte v.16a begründen)[104].

6.3.4 Vers 17a

Du hast alle Grenzen der Erde festgelegt.

Auch hier ist gewiß ein urzeitlicher Vorgang angesprochen,
der jedoch nicht ohne weiteres verständlich ist. Die Nomina
גבול bzw. גבולה werden sonst nie in dieser allgemeinen Weise
(auf die ganze Erdscheibe bezogen) verwendet[105]. In Dtn 32,8
ist zwar ebenfalls das Verb נצב mit der Form גבלת verbunden,
jedoch die urzeitliche Festlegung der Wohngebiete der *Völker*
gemeint[106], so daß dieser Text schwerlich die Annahme begründen kann, in Ps 74 sei an diejenigen Grenzen gedacht, die die
Erde in verschiedene Bereiche aufteilen[107]. Eher wird die ganze Erde selbst gemeint sein. Dann liegt es aber nahe, daß es
um diejenigen Grenzen geht, von denen es sonst heißt, daß das
Meer sie nicht überschreiten dürfe (vgl. Jer 5,22; Ps 104,9;
beidemale ist das Nomen גבול verwendet). Stattdessen wäre in

---

spricht dem Parallelismus.
102 So z.B. auch S.Aalen, Art. אור, 166; R.Albertz, Weltschöpfung und Menschenschöpfung, 226 Anm.141; Anderson, Briggs, Delitzsch, Duhm (er ändert allerdings in aram. *sahar*), Ehrlich, Keßler, Kittel, Kraus, Nötscher, W.A.Young 106 und Anm.177.
103 Gen 1,16; 37,9; Dtn 4,19; 17,3; Jos 10,12f.; II Reg 23,5; Jes 13,10;
60,19f.; Jer 8,2; 31,35; Ez 32,7; Joel 2,10; 3,4; 4,15; Hab 3,11; Ps
72,5; 89,37f.; 121,6; 136,8f.; 148,3; Hi 31,26 (hier, wie auch in 37,
21, steht אור für die Sonne); Koh 12,2.
104 Zum Thema "Erschaffung der Gestirne" siehe oben Exkurs 2 (S.79).
105 Von der Grenze oder dem Gebiet (גבול bzw. גבולה) der Erde ist im Alten
Testament sonst nur in bezug auf das Land Israels die Rede (vgl. Num
34,2.12; Dtn 19,3; Jos 19,49 und Ez 47,15).
106 Vgl. Jes 10,13, hier in umgekehrtem Sinn: Es geht um das Entfernen
(סור hi.) der גבולת עמים.
107 So Delitzsch u.a. ("die Naturgrenzen des Binnenlandes"), Duhm u.a.
("die natürlichen Völkerscheiden, die durch Gebirge..., Wüsten, Binnen-
meere entstehen"). - Daß wegen v.17b Klimazonen gemeint seien, wie nac
Ehrlich z.B. auch Gunkel und W.A.Young 107 annehmen, ist weder aus v.
17b zu erschließen (dort geht es um Jahreszeiten) noch anhand einer
alttestamentlichen Parallele wahrscheinlich zu machen.

Ps 74,17a von den Grenzen der *Erde* die Rede[108], die gut im Zusammenhang mit dem Versickern des Wassers, von dem v.15 han-
delte, festgelegt worden sein könnten[109].

6.3.5 Vers 17b

Sommer und Winter hast *du* geschaffen.

Das Verb יצר wird häufig in mythischen Zusammenhängen verwendet. Ursprünglich meint es die konkret-menschliche Tätigkeit
des Formens oder Bildens, etwa aus Ton (vgl. auch das als Be-
rufsbezeichnung dienende Nomen יוצר) oder auch aus Metall[110].
Auf Jahwes urzeitliche Taten bezogen, begegnen als Objekte:
das All (Jer 10,16 = 51,19); die Erde (Jes 45,18 [2mal]; Ps
95,5), die Berge (Am 4,13), der Mensch (Gen 2,7f.; vgl. Sach
12,1), Tiere (Gen 2,19; Ps 104,26) und eben Sommer und Winter
(Ps 74,17b).

Das meristische Wortpaar קיץ וחרף ist nur noch in Gen 8,22
belegt und meint dort den Rhythmus des Jahres in seiner Ganzheit[111]. Ebendies dürfte auch in Ps 74 gemeint sein: Jahwe hat
am Anfang den Ablauf der Jahreszeiten ein für allemal festgelegt, eine im Alten Testament singuläre mythische Aussage.

6.3.6 Vers 13-17

Zusammenfassend ist festzustellen, daß die einzelnen mythischen Ereignisse offensichtlich nicht nur lose aneinandergereiht, sondern in einer gewissen "chronologischen" und logi-
schen Abfolge geschildert werden: Nachdem Jahwe das Meer aufgewühlt und das Meeresungeheuer vernichtet hat (v.13f.), bringt
er das auf der Erde befindliche Wasser zum Abfließen (v.15);
sodann erschafft er Licht und Sonne und legt die Grenzen der
Erde gegenüber dem Meer und den Ablauf der Jahreszeiten
fest[112].

---

108 So z.B. u.a. (siehe oben S.146 Anm.107) auch Delitzsch, Duhm.
109 Zur Thematik siehe oben Exkurs 3 (S.98f. und Tabelle III).
110 Vgl. P.Humbert, Emploi et portée bibliques du verbe yaṣar et de ses
    dérivés substantifs, 83; W.H.Schmidt, Art. יצר, 762f.
111 Vgl. C.Westermann, BK I/1, 614. - Auffällig ist, daß sich somit außer
    v.15 auch v.17b eng mit der Terminologie der Sintfluterzählung berührt

6.4 Die Funktion der mythischen Elemente

Mit Ausnahme des freilich mit v.16b unmittelbar zusammenhängenden v.16a schildern die v.13-17 ausschließlich durch קדם in
v.12 "zeitlich" fixierte mythische Ereignisse[113]. Die vorliegende Verknüpfung verschiedener, aber durch bestimmte, eben
jene den Mythos charakterisierende Momente gekennzeichneten
Aussagen und die Geschlossenheit des Abschnitts innerhalb des
Psalms weisen wiederum und wegen der Verbindung ganz unterschiedlicher Einzelthemen deutlicher als die bisher behandelten Texte darauf hin, daß tatsächlich hinsichtlich des Alten
Testaments ein spezifisch mythischer Motivkomplex anzunehmen
ist[114].

Einen wichtigen Hinweis auf die Funktion des Abschnitts gibt
zunächst der als Überschrift dienende v.12, der all die im folgenden erzählten Taten unter den Begriff ישועות subsumiert. Er
besagt, daß den mythischen Geschehnissen heilvolle Bedeutung
zukommt[115]: Jahwe hat die Erde nicht den chaotischen Mächten
überlassen, sondern darin seine Macht erwiesen, daß er nach
der Vernichtung des Ungeheuers die Wasser hat abfließen lassen
und eine geordnete (Sonne und Mond, Sommer und Winter) Welt
geschaffen und die Grenzen der Erdscheibe festgelegt hat.

All dies hat sich "auf der Erde" zugetragen. Die Wendung בקרב

(hier allerdings mit der jahwistischen Schicht).

112 Das Gegenargument, die Reihenfolge könne schon deshalb nicht chronolo-
gisch gemeint sein, da nach v.12 die Erde schon existiert haben müsse
(so z.B. A.Heidel, The Babylonian Genesis, 113), läßt sich leicht ent-
kräften: Die v.13-17 erzählen nicht von der *Erschaffung* der Erde, sondern von ihrer *Austrocknung* (v.15); dies entspricht Gen 1, wo ebenfalls
schon in v.2 das Nomen ארץ vorkommt, jedoch als ungeordnete, "chaoti-
sche" Größe; auch nach diesem Bericht fließen erst später die Wasser
ab (v.9f.; siehe auch oben Exkurs 3, Nr.(5) [S.98f.]).

113 Ihren exklusiv mythischen Charakter betont A.Lelièvre, YHWH et la mer
dans les Psaumes, 274f.

114 Einen Bezug des Abschnitts zu v.2a nimmt L.Vosberg, Studien zum Reden
vom Schöpfer in den Psalmen, 32, aufgrund des auch dort vorkommenden
קדם an und folgert: "Daß Gott als Schöpfer (*qnh*) seiner Gemeinde bezeichnet werden kann, erführe dann in V.13-17 seine Begründung." Es
handelt sich jedoch um völlig verschiedene Zusammenhänge.

115 Obwohl das Wort in mythischen Zusammenhängen sonst nicht begegnet, sondern sich auf geschichtliche Rettungstaten bezieht, weist allein diese
Verwendung keineswegs bereits darauf hin, daß im folgenden geschichtliche Ereignisse gemeint sein müssen (so St.I.L.Norin, Er spaltete das
Meer, 113). Dem widerspricht eindeutig der Inhalt der v.13-17.

הארץ bedeutet immer soviel wie "überall auf der Erde, auf der
(ganzen) Erde (vgl. Jes 10,23), die ganze Erde betreffend" (Gen
45,6; 48,16; Ex 8,18; Dtn 4,5; Jes 5,8; 6,12; 7,22; 19,24; 24,
13)[116]. Wichtig scheint dem Psalmisten an dieser ausdrücklichen
"Ortsbestimmung" zu sein, daß sich jene Ereignisse grundsätzlich dort zugetragen haben, wo Jahwe auch jetzt handelnd einschreiten sollte.

So liegt die Funktion dieses "Rückblicks" auf der Hand: Er
soll Jahwe an sein früheres heilvolles Handeln erinnern, ihm
den Kontrast zwischen Einst und Jetzt vor Augen führen und ihn
so zum Eingreifen in der gegenwärtigen Not bewegen. Er fordert
Jahwe auf, sein "von Urzeit an" durch eben jene Taten unumstöß-
lich erwiesenes König-Sein (vgl. das מלכי in v.12) zur Geltung
und zur Auswirkung zu bringen.

Welches Gewicht kommt dem mythischen Passus innerhalb des
gesamten Psalms zu? Zunächst stehen die v.12-17 den ebenfalls
ausschließlich referierenden, keine ausdrücklich klagenden oder
bittenden Elemente enthaltenden v.4-8 gegenüber: dort das jet-
zige Handeln der Feinde - hier Jahwes urzeitliche Taten. So
dienen beide Abschnitte der Unterstützung der Bitten und Klagen
der Teile (1), (3) und (5).

Oben wurde jedoch darüber hinaus die Frage gestellt, ob nicht
auch die Teile (1)-(3), (4) und (5) einander symmetrisch zugeordnet sein könnten. Aufgrund der Analyse der v.13-17 wird sie
zu bejahen und dieses Strukturmerkmal als das beherrschende
und wichtigste in diesem kunstvoll aufgebauten Psalm zu bezeichnen sein, denn innerhalb *dieser* Verse war *wiederum* ein
symmetrischer Aufbau zu erkennen gewesen: In der Mitte steht
v.15, voran gehen die einander chiastisch (!) zugeordneten und
daher zusammengehörigen v.13f., denen die verschiedene Aussagen enthaltenden v.16f. gegenüberstehen. Dies aber dürfte darauf hindeuten, daß den v.(12)13-17 insgesamt zentrale Bedeutung
zukommt: Das hier Geschilderte ist ein ganz wesentlicher Grund
für die Hoffnung, daß Jahwe auch jetzt gegen seine Feinde einschreiten und die Ordnung wiederherstellen wird.

---

116 Sie weist also nicht auf einen bestimmten Punkt auf der Erde hin, we-
    der auf Jerusalem als dem Nabel (vgl. Dahood) noch auf den Tempel als
    dem Mittelpunkt der Welt (so F.Stolz, Art. ישע, 788).

6.5 Datierung

Vor allem die v.3-11, die ungewöhnlich konkrete Angaben ent-
halten, lassen den Schluß zu, daß Ps 74 entweder nach 587 v.
Chr. (Zerstörung des salomonischen Tempels) in der frühexili-
schen Zeit oder zwischen 168 und 165 v.Chr. (Entweihung und
Wiedereinweihung des zweiten Tempels) entstanden sein muß[117].
Eine sichere Entscheidung ist nicht möglich[118].

---

117 Zur Datierung in die dazwischenliegende Zeit (so etwa Gunkel; Dahood
    denkt u.a. an die Verwüstung des Tempels durch die Edomiter ca. 485
    v.Chr.) vgl. H.Donner 48 Anm.15. - Nach F.Willesen, für den der ganze
    Psalm keinerlei Beziehung zu einem historischen Ereignis aufweist, son-
    dern rein kultisch zu verstehen ist und ursprünglich an einer bestimm-
    ten Stelle im kultischen Drama des Neujahrsfestes seinen Platz hatte
    (289), besteht freilich keine Möglichkeit einer genaueren Datierung:
    "Only the theological and ritual ideas give us a hint that it belongs
    to the preexilic life of Israel." (306) Vgl. aber die Kritik von H.
    Donner 48 Anm.14 und Kraus.
118 H.Donner, der sich ausführlich mit den jeweiligen Argumenten befaßt,
    kommt zu dem Ergebnis, daß der spätere Ansatz der wahrscheinlichere
    sei.

7. Psalm 75

7.1 Der Text

2　Wir preisen dich,
　　Jahwe, wir preisen dich.

　　Nahe ist dein Name denen,
　　die deine Wundertaten erzählen.

3　"Wenn ich auch eine Zeitlang warte,
　　ich richte gerecht.

4　Mögen auch die Erde und alle, die sie bewohnen, hin und
　　Ich habe ihre Säulen fest hingestellt."　[her schwanken.
　　　　　　　　　　　　　　　　　　　　　　　[Sela.

5　Ich sage zu den Prahlenden: Prahlt nicht!,
　　und zu den Frevlern: Erhebt nicht euer Horn!

6　Hebt euer Horn nicht in die Höhe!
　　Sprecht nicht Freches 'gegen den Fels'[a]!

7　Nicht vom Aufgang und vom Untergang,
　　und nicht.....!

8　Jahwe ist Richter.
　　Den einen erniedrigt er, den andern erhöht er.

9　Denn ein Becher ist in der Hand Jahwes.
　　Der Wein schäumt, ist voller Zusätze.

　　Er gießt ihn aus 'von einem zum andern'[b]:

　　Sie müssen die Hefe ausschlürfen.
　　Alle Frevler der Erde müssen sie trinken.

10　Aber *ich* 'jauchze'[c] allezeit.
　　Ich will dem Gott Jakobs singen.

11   Alle Hörner der Frevler 'schlägt er ab'[d],

doch erhöht sind die Hörner der Gerechten.

a Statt בצואר ("mit dem Hals") dürfte nach G (κατὰ τοῦ θεοῦ), die an vielen Stellen ein sich auf Gott beziehendes צור mit θεός übersetzt[1], בצור zu lesen sein.

b Mit G (καὶ ἔκλινεν ἐκ τούτου εἰς τοῦτο) ist im hebräischen Text nach מזה ein אל־זה oder לזה zu ergänzen. Es könnte fortgefallen sein, um die Strophe durch Kürzung an die übrigen anzugleichen[2].

c Dem masoretischen אגיד fehlt ein Objekt. Besser ist deshalb nach G (ἀγαλλιάσομαι) אגיל zu lesen.

d Statt אגדע ("ich schlage ab") wird wegen v.8 (Jahwe richtet!) יגדע zu lesen sein[3], da v.11 schwerlich wiederum als Jahwerede stilisiert ist[4].

7.2 Aufbau, Inhalt, Absicht

Ps 75 läßt sich in sechs Strophen gliedern, die mit Ausnahme der fünften aus jeweils zwei Zeilenpaaren bestehen.

In der 1.Strophe (v.2) preisen die Betenden Jahwe, der denen nahe ist, die seine Wundertaten erzählen; das zweite Zeilenpaar ist auch durch Endreim verbunden.

Die 2.Strophe (v.3f.) ist als Jahwerede stilisiert: Jahwe stellt fest, daß er gerecht richtet, wenn der Zeitpunkt zum Gericht gekommen sein wird[5]. Auch wenn die Erde samt Bewohnern hin und her schwankt, hat er doch ihre Säulen fest hingestellt. Die betonenden Personalpronomina אנכי bzw. אנכי am Beginn der zweiten und vierten Zeile weisen darauf hin, daß beide Zeilenpaare eng aufeinander bezogen sind.

In der 3.Strophe (v.5f.) sind beide Zeilenpaare durch eine chiastische Anordnung miteinander verknüpft: Die v.5a und 6b sowie 5b und 6a entsprechen einander. Die Prahlenden und die Frevler werden vom Beter[6] nachdrücklich aufgefordert, von dem

---

1 Dtn 32,4.15.18.30f.; Ps 18(17),32.47; 28(27),1; 62(61),7f.; 73(72),26; 92(91),16; 95(94),1; 144(143),1; Jes 30,29.
2 Ausführlich erörtert E.Wiesenberg das Problem; er schlägt vor, מזה als ein von נזה abgeleitetes Nomen zu verstehen, und übersetzt: "he caused a spurt to gush forth" (438).
3 So z.B. H.Bardtke (BHS), A.Bertholet (HSAT[K]), F.Buhl (BHK), Duhm, Kraus, Schmidt, Weiser.
4 So z.B. Eerdmans, Rogerson - McKay.
5 Die Bedeutung der singulären Wendung אקח מועד ist allerdings nicht sicher
6 Wegen v.6b (text.emend.) kann nicht Jahwe der Sprecher dieser Verse sein (so Delitzsch, van der Ploeg, Schmidt, Weiser u.a.).

für sie typischen Verhalten abzulassen.

Die ersten zwei Zeilen der 4.Strophe (v.7f.) sind teilweise verderbt und unverständlich. Die beiden letzten Zeilen stellen fest, daß Jahwe der Richter ist, der den einen erniedrigt und den andern erhöht.

Die 5.Strophe (v.9) erhält durch ihre Länge - zwischen die Zeilenpaare ist noch eine weitere Zeile eingeschoben - besonderes Gewicht. Sie beschreibt mit drastischen Worten das Richten Jahwes: In seiner Hand ist ein Becher mit Wein und Zusätzen, den er jeden Frevler zu trinken zwingt[7].

Die letzte Strophe (v.10f.) kehrt zum Lobpreis zurück (vgl. v.2): Der Psalmist will Jahwe unablässig loben, da er die Frevler bestraft, aber den Gerechten erhöht. Das zweite Zeilenpaar ist durch den Anschluß mit waw-copulativum mit dem ersten verknüpft.

Ps 75 preist Jahwe als den gerechten Richter der Menschen, der die Frevler bestrafen und die Gerechten belohnen wird (vgl. die v.2 und 10f.). Das Lied ist offenbar dadurch veranlaßt, daß einerseits Sünder sich immer mehr breitmachen (vgl. v.5f.), andererseits Jahwes richtende Gerechtigkeit sich noch im Verborgenen hält (vgl. v.3f.). Letzteres dürfte die ausführliche Beschreibung seines künftigen Richtens in der 5. Strophe provoziert haben, die aufgrund ihrer abweichenden Länge und als Abschluß des von der 1. und 6. Strophe als Rahmen umschlossenen Hauptteils den Höhepunkt des Psalms bildet: Jahwe wird sich gewiß in Kürze als gerechter Richter erweisen und die Gerechtigkeit durch Bestrafung (und Belohnung) wiederherstellen (v.3.8f.). So besteht aller Grund, ihm zu lobsingen (v.10f.).

7.3 Die mythischen Elemente

4   Mögen auch die Erde und alle, die sie bewohnen, hin und her schwanken:
     Ich habe ihre Säulen fest hingestellt.

---

7 Sein Inhalt versetzt nach alttestamentlichen Parallelstellen in Raserei und kann zum Tod führen (Jes 51,17-23; Jer 25,15-38; 49,12; 51,7; Ez 23, 31-34; Hab 2,16; Ps 11,6; Thr 4,21; vgl. Jer 51,39; Ob 16; Nah 3,11; Sach 12,2; Ps 60,5).

Da v.4b offenkundig dem Themenbereich "Entstehung der Erde"
zuzurechnen ist, muß er zu den mythischen Elementen in den
Psalmen gezählt werden. תכנתי ist somit als echtes Perfekt zu
verstehen; es beschreibt weder einen andauernden Zustand[9] noc
weist es auf ein zukünftiges Geschehen hin[10].

Das Verb תכן begegnet im Pi. noch 3mal im Alten Testament.
Seine Bedeutung ist in allen Fällen nicht leicht zu präzisie-
ren. In Hi 28,25b wird es ebenfalls für eine mythische Aussage verwendet. Der Halbvers ist Teil einer vierfältigen Aufzählung von Taten in der Urzeit (v.25f.), wobei vor allem die
geheimnisvolle Ordnung bestimmter Naturphänomene durch Jahwe
hervorgehoben wird[11], so auch des Wassers (v.25b). Aufgrund
des näherbestimmenden במדה ist wohl an das Festlegen, Bemesse
der gewaltigen Wassermassen gedacht[12]. Diese Bedeutung entspricht dem Kontext: Jahwe hat auch dem Wind sein Gewicht, de
Regen sein Gesetz und der Gewitterwolke ihren Weg "gemacht"
(jeweils עשה) = bestimmt, festgelegt. Des weiteren begegnet
das Verb noch in Jes 40,12aα und 13a in offenbar ähnlichem
Sinn (Objekte: "Himmel" bzw. "Geist Jahwes"; Näherbestimmung
in v.12a: בזרת)[13]. - Aufgrund dieser Texte und wegen des Op-
positums מוג in v.4a ist in Ps 75 die Bedeutung "fest hinstel
len" anzunehmen[14].

Ps 75,4 ist der einzige alttestamentliche Text, der merk-
würdigerweise einerseits betont, daß die Säulen der Erde fest
stehen (v.4b), andererseits aber gleichzeitig einräumt, daß
die Erde mitsamt ihren Bewohnern hin und her schwanken kann

---

8 Siehe oben Exkurs 3 (S.98f. und Tabelle III).
9 Vgl. z.B. Kittel, der übersetzt: "ich selbst halte fest ihre Säulen".
10 So z.B. Gunkel ("Wenn alle Hoffnung verloren scheint, wird er selber
   einschreiten! Wenn die Erde aus den Fugen weicht, daß ihre Grundlagen
   schwanken..., dann stellt er ihre Pfeiler fest...; das Feststellen der
   Erdensäulen versinnbildlicht die neue, ewige Gottesordnung").
11 Vgl. G.Fohrer, KAT XVI, 399.
12 Letzteres ist nach G.Fohrer, KAT XVI, 392, die eigentliche Bedeutung
   von תכן pi.; er übersetzt jedoch mit "begrenzen" (390).
13 Nach K.Elliger, BK XI/1, 48 Anm.1, hier "im Sinne von 'ausmessen, etwa
   nach Länge, Breite, Tiefe, Gewicht, Inhalt bestimmen'".
14 Vgl. K.Elliger, BK XI/1, 48 Anm.1, zu dieser Stelle: "Gott hat die Säu
   len der Erde richtig gemacht = fest hingestellt". Als Grundbedeutung
   der Wurzel vermutet M.Delcor, Art. תכן, 1043, "bemessen, nach Maß, Gewicht usw. bestimmen". G.R.Driver, Hebrew Notes, 243, hält "adjusted
   (to standart), set right" sogar für die ursprüngliche und überall passende Bedeutung.

(v.4a)[15]. Daß Jahwe die Säulen erzittern und somit die Erdscheibe erbeben läßt (vgl. z.B. Jes 24,18bβ-20) oder aber die
feststehenden Pfeiler bewirken, daß die Erde gerade nicht ins
Schwanken gerät (vgl. Ps 104,5), ist demgegenüber einleuch-
tend. Diese Auffälligkeit hängt unmittelbar mit der Frage nach
der Funktion von v.4b zusammen.

7.4 Die Funktion der mythischen Elemente

Um die Funktion des v.4b zu ermitteln, ist zunächst von der
Situation auszugehen, die der Psalmist vor Augen hat und auf
die sich seine Worte insgesamt beziehen: das schamlose und
freche Auftreten der Angeber und Frevler (vgl. v.5f.)[16]. Die
Ordnung auf der Erde, auf der eigentlich die Gerechten be-
lohnt und die Sünder bestraft werden müßten, ist ins Wanken
geraten. Diesen Zustand drückt v.3a direkt und v.4a - beide
Zeilen laufen einander parallel - dann offensichtlich bildhaft aus: Daß die Erde und alle ihre Bewohner hin und her
schwanken, heißt nichts anderes, als daß die gerechten, das
menschliche Zusammenleben tragenden Ordnungen in Gefahr sind
einzustürzen.

Für diese Interpretation sprechen andere alttestamentliche
Texte, in denen ebenfalls kosmologische Vorstellungen metapho-
risch angewendet werden. So ist in Ps 82,5b das Schwanken der
Grundpfeiler der Erde ein Bild für die Ungerechtigkeit der irdischen oder göttlichen Richter; etwas ähnliches scheint Ps 11,
3 auszusagen. Umgekehrt sind Festigkeit und Unverrückbarkeit

---

15 Keineswegs bezieht sich auch v.4a auf die Schöpfung der Erde, wie Kissane meint ("The meaning is: when the whole universe was a mass of waters,
   God created the earth"); von ihren Bewohnern könnte dann noch nicht die
   Rede sein. - S.Mowinckel, Psalmenstudien III, 48, bringt v.4a mit "den
   Chaosungeheuern im Tiamatmythus" in Zusammenhang; "durch ihr rasendes
   und vermessenes Treiben haben die feindlichen Mächte aus dem Kosmos beinahe oder fast ganz ein Chaos gemacht, die Pfeiler der Erde ins Wanken
   versetzt". Abgesehen von der Willkürlichkeit dieser Interpretation und
   dem Fehlen jeder Parallele, ist das Ungeheuer nach alttestamentlicher
   Vorstellung endgültig besiegt und daher zu einer solchen Aktion unfähig
   (siehe oben Exkurs 5 [S.138-143]).
16 Daß diese sich "über das Ausbleiben des Gerichts lustig machten" (so
   Nötscher), ist allerdings reine Vermutung.

der Erde nach Ps 96,10aß nach Meinung des Redaktors[17] anscheinend ein Sinnbild für Jahwes gerechtes Richten. In Ps 46,3 veranschaulichen die schwankende Erde und die ins Meer taumelnder
Berge die Gewalt der Bedrohungen. In Jes 24,18b-20 stehen Sünd
und Erdbeben - hier allerdings wohl im wörtlichen Sinn - in ur
mittelbarem Zusammenhang: Der Frevel, der auf der Erde lastet
(v.20b), läßt sie taumeln und bringt sie schrecklich zu Fall.
Nach Ps 89,15a; 97,2b; Prov 16,12b ist die Gerechtigkeit die
Stütze des göttlichen oder königlichen Throns.

Jahwe wird jedoch die Ordnung auf Erden gewiß wiederherstellen (v.3), nämlich Gericht üben (v.9) und die Frevler bestrafen, aber die Gerechten erhöhen (v.8.11). Wenn nun in v.4b betont wird, daß Jahwe es ist, der die Säulen der Erde fest hingestellt hat, besagt dies offenbar - entsprechend dem Gleich-
nischarakter von v.4a -, daß, unter rein metaphorischer Verwendung der mythischen Vorstellung von der Gründung der Erde,
die Säulen für die Ordnungen stehen, die Jahwe von Anfang an
(wie die Säulen, die die Erdscheibe tragen) eingesetzt hat. So
aber, wie er die Säulen der Erde fest hingestellt hat, wird er
auch für die Wiederherstellung und Durchsetzung dieser Ordnunge
sorgen. Die beiden in v.4 verwendeten Bilder meinen also Verschiedenes: Das Bild von der schwankenden Erdscheibe veranschaulicht das Wanken der Ordnungen, die Tatsache, daß Jahwe
einst die Säulen der Erde fest hingestellt hat, ihre unbedingte und letztlich unumstößliche Gültigkeit.

V.4b bringt demnach mit Hilfe eines mythischen Vergleichs
eine unbedingte Gewißheit zum Ausdruck, auf die sich die bedrängten Frommen fest verlassen können, und erhärtet damit die
in v.3b formulierte Ankündigung, daß Jahwe der Gerechtigkeit
zum Sieg verhelfen wird; der Ton liegt jeweils auf den beiden
nachgestellten, mit Personalpronomina eingeleiteten Hauptsät-
zen (v.3b und 4b).

Darüber hinaus liefert v.4b aber auch eine Begründung für
die Macht Jahwes: Die Erde ist in seiner Hand, da er sie gegründet hat. Dies verbürgt ihre Ordnung und ihr geordnetes
Weiterbestehen. Ganz ähnlich spricht I Sam 2,8b - hier aller-

---

17 Siehe unten S.184 Textanm.a.

dings im Hinblick auf die *Tatsache* des gerechten Handelns Jahwes (vgl. v.7-8a.9a; v.7b entspricht Ps 75,8b fast wörtlich[18]) - von den Säulen, auf die Jahwe die Erde gestellt hat, und betont, daß Jahwe, weil er die Erde gegründet hat, die Macht besitzt, bestehende bzw. verkehrte Ordnungen umzustoßen.

7.5 Datierung

Für einen Datierungsversuch fehlen klare Anhaltspunkte[19].

---

18 In I Sam 2 wird Jahwe ebenfalls "Fels" genannt (v.2b; vgl. Ps 75,6b text.ememd.); vgl. auch v.3a mit Ps 75,5a.6b; v.10aβ mit Ps 75,3b; v.10bβ mit Ps 75,11b.
19 Auch Gunkel, Herkenne, Kraus, Rogerson - McKay bezeichnen die Datierungsfrage als nicht lösbar.

8. Psalm 78

8.1 Der Text

Es wird nur der unmittelbare Kontext der mythischen Motive in Übersetzung geboten. Ausführlichere Bemerkungen zum Psalm als ganzem finden sich unter "Aufbau, Inhalt, Absicht".

67 Er (Jahwe) hat das Zelt Josephs verworfen.
Den Stamm Ephraim hat er nicht erwählt.

68 Er hat den Stamm Juda erwählt,
den Berg Zion, den er liebt.

69 Er hat sein Heiligtum wie die 'Himmelshöhe'[a] errichtet,
wie die Erde, die er für allezeit gegründet hat.

70 Er hat David, seinen Knecht, erwählt.
Er hat ihn von den Schafhürden weggenommen.

71 Er hat ihn von den Mutterschafen weggeholt,
damit er sein Volk Jakob weide[b].

72 Er hat sie 'mit'[c] lauterem Herzen geweidet.
Mit kluger Hand hat er sie geführt.

a Das Partizip רם wird sonst immer als Adjektiv gebraucht ("hoch, erhaben"). Da die Verbindung כמו־רמים dem כְּאָרֶץ in v.69b parallelläuft, ist ein entsprechendes Substantiv zu erwarten[1]. Deshalb wird statt כמו־רמים besser כְּמָרֹמִים zu lesen sein[2]. Aufgrund der Parallelität mit שמים in Hi 16, 19 (pl.) ist die Bedeutung "Himmelshöhen" gesichert (vgl. aber auch z.B. II Sam 22,17 = Ps 18,17; Jes 33,5; 57,15; Mi 6,6; Ps 93,4; 148,1; Hi 25,2; 31,2; Thr 1,13).

---

1 Auch die Verbindung von רם mit הר (vgl. Dtn 12,2; Jes 2,14) rechtfertigt nicht die Übersetzung des alleinstehenden רמים mit "Höhen" (so etwa Baethgen: entweder Berge oder Himmelshöhen).

2 So z.B. auch H.Bardtke (BHS), F.Buhl (BHK), Deissler, Duhm, O.Eißfeldt 31 Anm.1; Gunkel, Kraus, Schmidt, Weiser. Da auch כאָרץ ohne Artikel steht, ist diese Lesung dem von Briggs, F.Delitzsch, Die Lese- und Schreibfehler im Alten Testament, § 5a; Hitzig, Kittel u.a. konjizierten כַּמְּרֹמִים vorzuziehen, wollte man nicht auch כָּאָרֶץ lesen (so A.Bertholet (HSAT[K]), F.Buhl [BHK], Gunkel; zum Teil neben כְּמָרֹמִים). Ehrlich konjiziert gleich in שמים. Unwahrscheinlich ist der von Wutz geäußerte Vorschlag, רָמִים statt רָמִים zu lesen.

b Die Wörter ובישראל נֶחְלתו sprengen das Metrum und dürften sekundär angefügt worden sein[3].

c Statt כתם wird mit vielen masoretischen Handschriften und den Versionen בתם zu lesen sein (vgl. das entsprechende וּבתבונות).

8.2 Aufbau, Inhalt, Absicht

Ps 78, der keinen regelmäßigen Strophenbau aufweist[4], setzt
mit einigen Vorbemerkungen ein (v.1-8)[5]: Nach einer Bitte um
Aufmerksamkeit (v.1) kündigt der Psalmist an, worum es ihm
geht: Er will aus der Frühzeit erzählen, was von den Vätern
überliefert worden ist (v.2f.). Schon deren Kindern seien die
Taten Jahwes erzählt worden, wie Jahwe es bestimmt habe, damit
die kommenden Generationen auf Gott vertrauten, seine Gebote
einhielten und ihm nicht, wie ihre Väter, untreu würden (v.4-
8). Die Ephraimiten sind Gott jedoch ungehorsam geworden und
haben seine Taten vergessen (v.9-11).

Daraufhin eröffnet v.12 einen geschichtlichen Rückblick, der
die Zeit vom Aufenthalt Israels in Ägypten bis zur frühen Königszeit umfaßt (v.12-72):

Trotz Meerwunder, Führung in der Wüste und Tränkung mit Wasser aus dem Felsen (v.13-16) versündigte sich das Volk, indem
es Jahwes Fähigkeiten, ihm nun auch noch Speise zu verschaffen,
in Frage stellte (v.17-20). Jahwe erzürnte (v.21f.), beschenk-
te es gleichwohl mit Manna (v.23-29), um es danach dennoch zu
bestrafen (v.30f.).

Die v.32-53 beklagen allgemein das treulose Verhalten der
Israeliten, die sich höchstens nach einer harten Strafe Jahwe
wieder zuwendeten (v.34f.) und selbst dann nicht ehrlichen Herzens (v.36f.); dennoch war Jahwe ihnen immer wieder gnädig (v.
38f.). Sie vergaßen und versuchten ihn in der Wüste immer wieder, trotz aller Zeichen und Wunder, die er in Ägypten getan
hatte (v.40-53).

---

3 Mit Baethgen, Briggs, Kittel, Rogerson - McKay, Schmidt, Weiser; vgl. A.
  Bertholet (HSAT[K]), F.Buhl (BHK).
4 Alle Versuche, einen solchen zu rekonstruieren (vgl. z.B. Delitzsch,
  Duhm, Ewald, Kissane), müssen als verfehlt angesehen werden.
5 Er beginnt wie eine Weisheitsrede (vgl. H.Gunkel - J.Begrich, Einleitung
  in die Psalmen, 388).

Das gleiche wiederholt sich daraufhin in Palästina: Obwohl
Jahwe es in sein Land geführt und es ihm zu eigen gegeben hat
(v.54f.), fällt das Volk von Jahwe ab "wie ihre Väter" (v.56-
58). Jahwe ist nun zutiefst erzürnt: Jetzt verwirft er Israel
ganz und gar (מאד) und verläßt seine Wohnstatt in Silo (v.59f.
Er gibt die Lade und sein Volk in die Hand der Feinde (v.59-
64). Dann erwacht er jedoch wie aus tiefem Schlaf und schlägt
seine Feinde zurück (v.65f.)[6].

Aber das Nordreich (Ephraim) bleibt verworfen (vgl. v.67 mit
v.59); Jahwe erwählt sich nun Juda und den Berg Zion, auf dem
sein Heiligtum entsteht, er erwählt David und setzt ihn als
Herrscher ein. David aber hat sein Volk "'mit' lauterem Herzen
geweidet und sich damit ganz anders verhalten als die Väter
(v.67-72).

Worum geht es dem Psalmisten? Oberflächlich betrachtet, könnte man aufgrund der v.1-8 zunächst vermuten, er verfolge hauptsächlich ein didaktisches Interesse im Sinn einer Ermahnung de
Hörer anhand der Erfahrungen des Volkes in der Vergangenheit[7].
Dem widerspricht aber, daß eine belehrende Absicht gerade am
Schluß des Psalms völlig fehlt; wenn sie die wesentliche Intention des Psalms ausmachte, würde sie dort gewiß noch einmal
hervorgehoben worden sein[8]. Der Schlußteil ist vielmehr ganz
vom Thema der Erwählung Judas beherrscht. Auf sie laufen der
Psalm und die Geschichte Gottes mit seinem Volk hinaus.

Die Geschichte hat vielmehr gerade gezeigt, daß die beabsichtigte Belehrung der Nachkommen der Väter, die Jahwe aus
Ägypten herausgeführt hat (vgl. v.4-8), gänzlich fehlgeschla-
gen ist (für Juda wird eine derartige Beauftragung auch nicht

---

6 Es sind dieselben Feinde wie in v.61 gemeint (gleiches Nomen) - die Fein
  de seines Volkes sind auch die Feinde Jahwes -, nicht etwa die Israeliten. So mit O.Eißfeldt 35 und den meisten Auslegern gegen A.Bertholet
  (HSAT[K]), Duhm, J.Hofbauer 42, die sie mit den von Gott verstoßenen
  Nordisraeliten (v.59-64) gleichsetzen; diese sind jedoch schon bestraft
  worden und zum Teil zu Tode gekommen (vgl. v.62-64).
7 So z.B. Baethgen, Delitzsch, Ewald, Gunkel, Hupfeld - Nowack, Kissane,
  J.Kühlewein, Geschichte in den Psalmen, 89-91; Olshausen; zum Teil, aber
  nicht ausschließlich, auch Weiser.
8 Gunkel vermutet, daß ein abschließender, von der Sünde Judas handelnder
  Abschnitt später weggelassen worden sei, doch ist dies eine unbeweisbare
  und darüber hinaus - wie sich zeigen wird - unwahrscheinliche Hypothese;
  schon Duhm hielt den Psalm für eventuell unvollständig.

wiederholt!): Zwar sollten ihre Söhne nicht so werden wie sie,
doch verhielten sie sich dann gleichwohl ebenso treulos כאבותם
(v.57a). So hat Jahwe sie endgültig verworfen (v.59b).
Diese Söhne bilden sozusagen die Perspektive, unter der der
geschichtliche Rückblick in erster Linie steht. Durch das Suffix in v.12a (אבותם) sind die im folgenden erzählten Ereignisse
in besonderer Weise auf die zuvor genannten בני־אפרים (v.9[9])
bezogen[10]. So spricht der Psalmist distanziert (vgl. mit v.3)
nur von "ihren" oder "den Söhnen" (v.4-6) - jedoch auch von
"unseren Vätern" (v.3.5). Dies aber heißt - die Indifferenz
scheint beabsichtigt zu sein -, daß die v.12ff. nicht *ausschließlich* von Ephraim, also den Nordstämmen, erzählen; vielmehr sind die in der Wüste treulos gewordenen Väter auch *seine*
Vorfahren; die großen Taten Jahwes, die sie erfahren haben,
gelten insofern auch *ihm*. Lediglich die von v.54 an geschilderten Geschehnisse scheinen ausschließlich die nordisraelitischen Stämme zu betreffen: *Sie* sind Jahwe auch in Palästina,
wie ihre Väter, treulos geworden. So hat Jahwe Israel bzw. die
Ephraimiten (vgl. v.67 mit v.59b) völlig verworfen, hat sie
nicht erwählt (v.67b)[11]. Dem entspricht, daß noch in v.5 die
Eigennamen Jakob (nach v.71 [text.ememd.] = Juda) und Israel
synonym verwendet, in v.21 (wenn v.21b Zusatz sein sollte) sogar allein Jakob, aber in v.55 und 59 nur Israel und entsprechend in v.67 Joseph bzw. Ephraim genannt werden[12].
    So intendiert der Psalm nicht Ermahnung und Belehrung - eine
abschließende Warnung an die Adresse der Judäer fehlt wie gesagt -, sondern möchte die Erwählung Judas hervorheben, der die

---

9 Daß eine Streichung von v.9, die etwa Baethgen, Eerdmans, Herkenne, Hitzig, Hupfeld - Nowack, Kittel, Kraus, Nötscher, vgl. H.Bardtke (BHS), A.
  Bertholet (HSAT[K]), empfehlen, nicht gerechtfertigt ist, betonen O.Eiß-
  feldt 33, H.Junker 490f. und J.Schildenberger 236.
10 Ermöglicht hat dies nach J.Hofbauer die führende Rolle Ephraims in der
  vom Psalm behandelten Zeit (47-49), obgleich es sich um Verfehlungen
  handle, "an welchen offenkundig ganz Israel beteiligt war oder die ausdrücklich von anderen Stämmen berichtet werden" (42).
11 Von der *Erwählung* Ephraims ist nirgends die Rede; daß das לא בחר in v.
  67b besagt, die Erwählung Ephraims sei "rückgängig gemacht" worden (so
  J.Hofbauer 41), ist reine Vermutung und eher unwahrscheinlich. Erwählt
  ist nur Juda, und seine Erwählung wird nicht rückgängig gemacht werden
  (siehe unten S.163f.).
12 Auch dies spricht dafür, daß v.71b Zusatz ist (siehe oben S.159 Text-
  anm.b).

Verwerfung Ephraims aufgrund seines bis zum Schluß treulosen
Verhaltens kontrastiert. Zugleich *erklärt* und *legitimiert* der
bisherige Verlauf der Geschichte aber auch die Erwählung Judas
und den Übergang aller Ansprüche auf Juda-Jerusalem[13]. Mit Juda und David beginnt ein ganz neuer Abschnitt in der Geschichte Gottes mit seinem Volk[14].

8.3 Die mythischen Elemente

69   Er hat sein Heiligtum wie die 'Himmelshöhe' errichtet,
      wie die Erde, die er für allezeit gegründet hat.

Ohne weiteres ist deutlich, daß in v.69b mythische Rede vorliegt: Wie Jahwe einst die Erde gebaut hat, so hat er jetzt
sein Heiligtum errichtet. Darüber hinaus greift aber auch v.
69a das mythische Thema "Errichtung der Himmelsfeste" auf, da
er nicht, wie der parallele v.69b beweist, zwei Gegenstände
- Heiligtum und Himmelsfeste -, sondern zwei Tätigkeiten miteinander vergleicht: die *Errichtung* des Heiligtums mit der *Errichtung* der Himmelshöhe.

Da keine Einzelheiten besonderer Erklärung bedürfen[15], ist
sogleich die Funktion der mythischen Elemente zu untersuchen.

8.4 Die Funktion der mythischen Elemente

Nur durch die Aussage, daß Jahwe selbst es gewesen sei, der

---

13 So etwa auch R.P.Carroll 135, Duhm, O.Eißfeldt 33.42.
14 Ob dem Psalm ein älteres Lied zugrunde liegt, läßt sich nicht sicher
   erweisen. D.Michel, Tempora und Satzstellung in den Psalmen, § 3,3,
   nimmt an, daß der Verfasser "einen geprägten Stoff, der eine Geschichts
   betrachtung unter dem Motiv 'Abfall des Volkes' enthielt, aufgenommen
   und mit Einleitung (vv.1-8) und Schluß (vv.65-72) versehen" habe, "wobe
   er den Schluß wiederum aus einer vorgefundenen Tradition entnahm". Er
   hält diese Annahme deshalb für erforderlich, weil in den v.60-62 die Be
   drängnis auf ein strafendes Handeln Jahwes, in den v.65f. jedoch auf
   sein Schlafen zurückgeführt werde; doch steht beides nicht im Widerspruch: Israel erleidet die Strafe, weil Jahwe nicht aktiv hilft, sondern untätig bleibt.
15 Zu den beiden auch sonst oft miteinander verbundenen Themen "Errichtung
   der Himmelsfeste" und "Entstehung der Erde" siehe oben Exkurs 1 (S.74-
   76 und Tabelle I) und 3 (S.98f. und Tabelle III).

das Heiligtum errichtet hat, und nicht etwa Menschen, kann der
Tempelbau in Analogie zu jenen mythischen Geschehnissen treten.
Was besagt dieser Vergleich? Hebt er allein oder vornehmlich
auf die Beständigkeit und Unvergänglichkeit des Tempels ab[16]?
Das Thema des Schlußteils (und letztlich des gesamten Psalms)
ist die Erwählung des Südreichs, der in v.67 die Verwerfung des
"Zeltes Josephs", also des nordisraelitischen Heiligtums in Silo[17], und die Nicht-Erwählung Ephraims gegenübergestellt sind.
Beide Zeilen des v.67 besagen dasselbe: Die Nicht-Erwählung
Ephraims manifestiert sich gleichsam in der Verwerfung des
nordisraelitischen Heiligtums (ebenso in den v.59f.). In offen-
sichtlicher Entsprechung zu v.67 handeln dann die v.68f. von
der Erwählung Judas (v.68a ist die direkte Antithese zu v.67b;
beidemale begegnen בחר und שבט) und des Berges Zion mit dem auf
ihm errichteten Tempel (v.67a stehen somit andererseits die v.
68b und 69 gegenüber)[18]. So wie die beiden Zeilen des v.67 imgrunde dieselbe Aussage enthalten, entsprechen sich auch die
durch gleiches Prädikat in v.68a und bα verknüpften v.68a (Erwählung des Stammes Juda) und 68b.69 (Erwählung des Berges Zion,
auf dem Jahwe seinen Tempel errichtet hat). Wenn aber die v.68a
und 68b.69 ebenso eng miteinander verbunden sind wie die v.67a
und 67b, muß gefolgert werden, daß v.69 nicht von der Errichtung des Tempels als einem zur Erwählung Judas bzw. des Zion
hinzutretenden Ereignis erzählt; gemeint ist vielmehr, daß sich
die Erwählung Judas an der gerade durch den *göttlichen* Tempelbau gleichsam dokumentierten Erwählung des Zion ablesen läßt.
Aus dem Vergleich des Tempelbaus mit den mythischen Ereignissen
der Errichtung der Himmelsfeste und der Gründung der Erde resultiert dann aber, daß die Erwählung Judas selbst wie ein mythisches Ereignis erscheinen soll. Nicht die Unzerstörbarkeit
des Tempels also wird behauptet, sondern der Verfasser verwen-

---

16 So z.B. Delitzsch, Duhm, Herkenne, Kissane, Podechard.
17 Dies ist, vor allem aufgrund des Parallelismus in v.60, hier die konkrete Bedeutung der im Alten Testament singulären Verbindung אהל־יוסף,
   zumal die folgenden v.68f. demgegenüber das Heiligtum auf dem Berg Zion
   herausstellen. Kaum ist mit der Verwerfung des Zeltes Josephs mehr allgemein die "Annullierung der Prärogative der mittelpalästinischen Stäm-
   megruppe des Hauses Joseph" gemeint (so Kraus).
18 Der Bezug, in dem gerade die beiden *Heiligtümer* zueinander stehen,
   spricht gegen O.Eißfeldts Annahme, מקדש sei hier eine Bezeichnung Jerusalems oder des Zion (36).

det die mit dem Tempelbau verbundenen mythischen Motive in der
Absicht, die Erwählung Judas selbst wie einen mythischen Ereig
nissen vergleichbaren grundlegenden Beginn und damit als einen
irreversiblen Zustand erscheinen zu lassen.

Für diese enge Verknüpfung des Tempelbaus mit der Erwählung
Judas spricht nicht nur der chiastische Bezug, in dem die v.
68f. insgesamt zum vorangehenden v.67 stehen, sondern auch die
Tatsache, daß die v.70-72 wie v.68a mit ויבחר beginnen. Auch
dies macht deutlich, daß nicht der Tempelbau einerseits und
die Erwählung Davids andererseits als die beiden anfänglichen
Ereignisse dem Thema "Erwählung Judas" jeweils untergeordnet
sind, v.69 sich also tatsächlich nur auf den Tempelbau bezöge.
Vielmehr schlägt v.70 ein eigenes Thema an: Nach der grundsätz
lichen Erwählung Judas (zum Ausdruck gekommen in der mit mythi
schen Ereignissen verglichenen Errichtung des Tempels auf dem
Berg Zion) geht es nun um die Erwählung eines einzelnen Judä-
ers, Davids. Dem entspricht, daß die v.67-69 und 70-72 zwei
jeweils zusammengehörige Abschnitte gleicher Länge bilden.

Diese Interpretation der mythischen Motive des v.69 bestätig
das oben zur Intention des Psalms Ausgeführte. Nach v.69 könnt
die Erwählung Judas auch durch Verfehlungen grundsätzlich nich
gefährdet werden (deshalb fehlt jegliche Ermahnung), denn sie
währt - wie die in der Urzeit gegründete Himmelsfeste und Erdscheibe - לעולם, allezeit (v.69b).

8.5 Datierung

Eine einigermaßen sichere Datierung des Psalms ist nicht mög
lich. Die Ansätze weichen stark voneinander ab. Da der geschichtliche Rückblick mit der Erwähnung Davids und des Tempelbaus endet, vermuten manche, der Verfasser sei mit ihr in
seiner eigenen Gegenwart angelangt, der Psalm also in der frühen Königszeit verfaßt worden[19]. Konnte aber bereits in dieser

---

19 So etwa Eerdmans, O.Eißfeldt 36f.41 (da die Reichstrennung nicht erwähnt
   wird, vor 930; Diskussion anderer Ansätze 37-41), Herkenne; J.Hofbauer
   43 versteht den Psalm "als Ausdruck flammender Entrüstung Asaph's über
   den Abfall der Nordstämme".

Zeit in derart krasser und definitiver Weise von der völligen
Verwerfung des Nordreichs gesprochen werden? So denkt man auch
an eine spätvorexilische Entstehungszeit, zumal der Psalm Anklänge an das Deuteronomium (Betonung Jerusalems) und Parallelen zur deuteronomistischen Geschichtsschreibung (religiöse Ge-
schichtsbetrachtung) erkennen läßt[20]. Eine nachexilische Entstehung wird jedoch nicht ausgeschlossen: Der Psalm könnte
nordisraelitischen Ansprüchen entgegengetreten sein[21]. Die Zerstörung des Tempels ist jedenfalls kein terminus ad quem[22], da
der Psalmist seine Unzerstörbarkeit nicht hat behaupten wollen[23].

Umstritten ist ebenso, ob und gegebenenfalls welche schriftlichen Quellen der Verfasser benutzt haben könnte. Hat er allein aus mündlicher Tradition geschöpft[24], oder lagen ihm bestimmte Quellenschichten (J?[25], J und E?[26], P?[27]), vielleicht
sogar der ganze Pentateuch abgeschlossen vor[28]?

---

20 So denkt H.Junker 497-499 an die Zeit Hiskias; vgl. auch Anderson (eher
   spät- als frühvorexilisch), Nötscher, Schmidt.
21 Vgl. Deissler, Kraus.
22 So etwa Kissane, Weiser.
23 Für nachexilische Entstehungszeit plädieren auch Baethgen, R.P.Carroll
   147, vgl. 50 (Diskussion weiterer Ansätze 144-147), Duhm, Gunkel, Keßler, Kittel, A.Ohler, Mythologische Elemente im Alten Testament, 142;
   Olshausen.
24 So O.Eißfeldt 34, demzufolge sich eine literarische Abhängigkeit von
   den Quellenschichten des Pentateuch "in keinem einzigen Falle aufzeigen" läßt.
25 So etwa J.W.Rothstein; auch J.Schildenberger 240-256 kommt, zumindest
   hinsichtlich der von den Plagen und dem Wachtelwunder handelnden Abschnitte (vgl. besonders 255), zu diesem Ergebnis.
26 So z.B. Delitzsch, Deissler.
27 So z.B. A.Ohler, Mythologische Elemente im Alten Testament, 77, wegen
   der "Tradition vom Schilfmeerwunder, die von der Spaltung der Wasser
   spricht" und erst in den priesterschriftlichen Abschnitten von Ex 14
   bezeugt sei; doch ist nicht sicher, ob Ex 14 überhaupt priesterschrift-
   liche Elemente enthält.
28 So etwa Baethgen, Gunkel.

9. Psalm 89 A

9.0 Literarkritik

Ps 89 ist von zwei völlig verschiedenen Thematiken bestimmt:
Die v.2f. und 6-19 verherrlichen Jahwe, während die v.4f. und
20-52 die Erwählung Davids (v.2f.20-38) mit der gegenwärtigen
Notsituation konfrontieren (v.39-46) und Jahwe um sein Eingreifen bitten (v.47-52). (V.53 bildet den doxologischen Abschluß
des 3.Psalmbuches.) Der Lobpreis der "Güte Jahwes" und seiner
"Treue" (v.2) und die glückliche Lage des Volkes, die die v.16-
19 widerspiegeln, stehen in krassem Gegensatz zur Klage der v.
39-46 und der anschließenden Bitte um Hilfe. Da auch metrische
Differenzen bestehen, die allerdings nicht überbewertet werden
dürfen[1] (die v.2f.6-19 bestehen überwiegend aus vierhebigen,
die v.4f. und der größte Teil der v.20ff. jedoch aus dreihebi-
gen Zeilen), erscheint es unumgänglich, die v.2f.6-19 vom übrigen Psalm zu sondern[2]. V.6 schließt durch die Aufnahme von מים
und אמונתך an v.3 an[3], während die im Gegensatz zu ihrem Kontext, aber in Übereinstimmung mit den v.20ff. als Jahwerede
stilisierten v.4f. enge Parallelen mit dem zweiten Teil des
Psalms aufweisen (vgl. zu v.4a die v.20b.29b.35a, zu v.4b v.
21a.36a und zu v.4 insgesamt v.40a; zu v.5 vgl. die v.29f.34-
38).

---

1 Vgl. J.M.Ward 322.
2 Ob darüber hinaus innerhalb der v.20-52 noch weitere literarkritische
  Operationen vorgenommen werden müssen - so werden öfters die v.39-52
  (vgl. z.B. J.-B.Dumortier 176 Anm.4, Gunkel, J.Hofbauer 504f., N.M.Sarna
  30-33) oder 47-52 (vgl. z.B. Briggs, Podechard) nochmals abgesetzt, auch
  mögen die v.48f. mit Duhm als späterer Einschub auszuschalten sein -
  braucht hier nicht entschieden zu werden. Zum Teil aufgrund einer kultisch-liturgischen Interpretation treten z.B. Kissane, A.Lelièvre, YHWH
  et la mer dans les Psaumes, 265 Anm.21; J.M.Ward 321-327 für die Einheitlichkeit des Psalms ein.
3 Die v.2f. dürfen deshalb nicht von den v.6-19 abgetrennt werden (J.-B.
  Dumortier 192, Kittel, Leslie, Nötscher etwa halten lediglich die v.6-19
  für einen selbständigen Hymnus).

9.1 Der Text

2 Von Jahwes Güte^a will ich 'immerfort'^{b} singen,
   von Geschlecht zu Geschlecht mit meinem Mund deine Treue
                                                    [kundtun.
3 . . . . .
   . . . . .^{c}

6 Der Himmel preist dein Wundertun, Jahwe,
   auch 'die Gemeinde'^{d} der Heiligen deine Treue.

7 Denn wer im Gewölk kann sich mit Jahwe vergleichen,
   käme Jahwe gleich unter den Göttern?

8 Gott ist furchtbar in der Versammlung der Heiligen,
   groß^e und gefürchtet bei allen rings um ihn her.

9 Jahwe, Gott der Heerscharen, wer ist wie du?
   Deine Güte^f und deine Treue sind rings um dich her.

10 *Du* beherrschst die Empörung des Meeres.
    Wenn seine Wellen 'tosen'^{g}, beschwichtigst *du* sie.

11 *Du* hast Rahab wie einen Durchbohrten zermalmt.
    Mit deinem starken Arm hast du deine Feinde zerstreut.

12 Dein ist der Himmel, dein auch die Erde.
    Das Festland und das, was es füllt, hast *du* gegründet.

13 Nord und Süd hast *du* erschaffen.
    Tabor und Hermon bejubeln deinen Namen.

14 Du hast einen Arm voll Kraft.
    Deine Hand ist stark, deine Rechte erhoben.

15 Gerechtigkeit und Recht sind die Stütze deines Throns.
    Güte und Wahrhaftigkeit gehen dir voran.

16 Glücklich das Volk, das den Jubelschrei kennt.
    Jahwe, sie wandeln in deinem Licht.

17 Während des ganzen Tages jauchzen sie über deinen Namen.

Sie erheben 'ihre Stimme'[h] wegen deiner Gerechtigkeit.

18   Fürwahr: Der Schmuck 'unserer'[i] Stärke bist *du*.
      Nach deinem Willen erhebt sich[j] unser Horn.

19   Fürwahr: Jahwe 'ist'[k] unser Schild,
      und 'der'[k] Heilige Israels unser König.

a Statt חסדי lesen G, ϑ' τὰ ἐλέησου (= חסדיך). Es handelt sich wohl um eine den Personenwechsel in v.2b beseitigende Texterleichterung, der aber auch sonst am Anfang von Psalmen begegnet (vgl. Ps 9,2; 92,2).

b Statt עולם ist mit vielen masoretischen Handschriften, G, σ', S, T, Hier לעולם zu lesen.

c V.3 ist mehrfach verderbt, seine Wiederherstellung schwierig und in jedem Fall problematisch[4].

d Statt לקהל ist aufgrund des parallelen שמים in v.6a קהל zu lesen[5].

e רבה bereitet Schwierigkeiten. Sollte es - gemäß der masoretischen Versteilung - zu v.8a gehören, wäre es adverbiell zu verstehen (= "Gott ist *überaus* furchtbar")[6]. Bezieht man es auf סוד (vgl. σ': ἐν ὁμιλίᾳ ἁγίων πολλῇ), müßte eine maskuline Form stehen. Besser ist der Vers wohl mit G nach קדשים zu trennen, wofür auch metrische Gründe geltend gemacht werden können (jetzt jeweils vier Hebungen), und in רב zu korrigieren.

f Der Vers ist mit G nach כמוך zu teilen, und statt der Wörter חסין יה (חסין ist im Alten Testament singulär) ist חסדיך zu lesen; vgl. das folgende אמונתך, das auch in den v.2f. im Zusammenhang mit חסד begegnet[7]. Weniger wahrscheinlich ist deshalb eine Korrektur in חסנך[8].

g Statt des ungewöhnlichen בשוא, das als ein nur hier belegter verkürzter inf.constr. anzusehen wäre[9], dürfte ursprüngliches בשאון anzunehmen sein. G könnte diese Korrektur stützen; sie liest τὸν δὲ σάλον. Auch in Ps 65,8 begegnen שאון in Konstruktusverbindung mit גליהם als Objekt von שבח (dort hi.) und das Nomen ים.

h Statt des schwierigen ירומו dürfte, entsprechend v.17a und metri causa, ירימו קולם zu lesen sein[10].

---

4 Gunkel konjiziert, einem brieflichen Vorschlag H.Greßmanns folgend, das כי־אמרתי in כְּאדָמַת, so daß sich in v.3a, nicht jedoch - ungewöhnlich genug ebenso in v.3b, obwohl dort vom Himmel (allerdings nicht von seiner Errichtung!) die Rede ist , der Vergleich mit einem mythischen Geschehen (ähnlich wie in Ps 78,68) ergäbe: "denn wie der ewige Erdboden ward... deine Gnade erbaut, die Himmel - ...deine Treue steht fest wie sie"; die Erde wird jedoch sonst nie in diesem Zusammenhang mit dem Nomen אדמה bezeichnet noch das Verb בנה verwendet (siehe oben S.98). - Singulär im Alten Testament wären auch die (mythischen) Sätze, die S.Mowinckel, Notes on the Psalms, 157, rekonstruiert: Er versetzt das כי־אמרתי an den Anfang von v.4 und liest: תכן אמונתך כסאך בהם / עולם חסדך יבנה שמים ("of old thy חסד has built the heavens", "and thy אמונה raised up thy throne there").

5 So mit F.Buhl (BHK), Duhm, Kraus, E.Podechard 12; vgl. H.Bardtke (BHS).

6 Vgl. Hier (*nimio*); so auch G.W.Ahlström 58.

7 So etwa auch Briggs, Weiser.

8 So z.B. Gunkel, Kraus, Oesterley, Podechard; vgl. H.Bardtke (BHS), F. Buhl (BHK). Gunkel, Oesterley, Podechard korrigieren allerdings auch das folgende ואמונתך in וְאִימָתְךָ (vgl. F.Buhl [BHK]).

9 Vgl. GK § 76b.

i Gemäß den Suffixen in den v.18b und 19 ist mit S עֻזֵּנוּ statt עֻזָּמוֹ zu lesen.

j Mit vielen masoretischen Handschriften, G, S, T ist das Qere zu lesen (הרום); das Ketib lautet הרים.

k In v.19 dürfte S ebenfalls (siehe oben Textanm.i) den ursprünglichen Text bewahrt haben: Wie im gesamten Ps 89 A wird es auch hier um Jahwe, nicht aber um den König gehen, so daß die Präpositionen vor יהוה und קדוש entweder als emphatische Partikel zu verstehen[11] oder zu streichen sind (sie könnten infolge der Zusammenfügung des Ps 89 A mit dem Folgenden eingefügt worden sein, um eine Verbindung herzustellen)[12].

9.2 Aufbau, Inhalt, Absicht

Ps 89 A ist in zweiversige Abschnitte untergliedert; zweimal lassen sich zwei solcher Absätze einander enger zuordnen.

Er setzt in den v.2f. mit einer Selbstaufforderung zum Jahwelob ein[13].

Die v.6-9 besingen Jahwes himmlische Hoheit. Die ersten beiden sind durch die Entsprechungsbegriffe שמים und שחק[14] im jeweils ersten Versteil zusammengeschlossen, wobei v.7 v.6 begründet (כי), die v.8f. durch die jeweils am Anfang der Verse stehenden Gottesbezeichnungen sowie durch das (suffigierte) סביב am Versende. Beide Verspaare weisen jedoch darüber hinaus zahlreiche Querbezüge auf: Sowohl v.7 als auch v.9a enthalten eine mit מי eingeleitete rhetorische Frage, die Jahwes Unvergleichlichkeit hervorhebt, sowohl v.6b als auch v.8a nennen die Gemeinde bzw. Versammlung[15] der Heiligen, womit aufgrund des Kontexts nur die Jahwe untergeordneten Gottheiten gemeint sein können. Außerdem sind die v.6-9 einander insofern chiastisch

---

10 Vgl. H.Bardtke (BHS), F.Buhl (BHK). - Baethgen, A.Bertholet (HSAT[K]), Gunkel, Herkenne, Nötscher, Podechard, J.Wellhausen, Bemerkungen zu den Psalmen, 181, ändern in יְרַנֵּנוּ, was sich aber nicht so gut mit dem Metrum vereinbaren läßt.

11 Vgl. GK § 143e; so z.B. Dahood, dem sich St.I.L.Norin, Er spaltete das Meer, 116 mit Anm.20, anschließt.

12 G.W.Ahlström 96f. Anm.8 stellt die verschiedenen Auffassungen zusammen; er selbst denkt freilich an den irdischen König (96f.).

13 Wegen der Aufnahme der Nomina עולם und חסד aus v.2a in v.3a und der Form אמונתך aus v.2b in v.3b, vielleicht, falls das Wort nicht verderbt ist, auch wegen des dem אשירה in v.2b entsprechenden Verbum dicendi אמר in v.3a, ist v.3 mit v.2 zu verbinden.

14 Synonyma in Dtn 33,26b; Jes 45,8a; Jer 51,9b; Ps 36,6; 57,11; 78,23; 108,5; Hi 35,5; 38,37.

15 Synonyma noch in Gen 49,6a.

zugeordnet, als die v.6 und 9 Jahwe in der 2.Person anreden,
während die v.7 und 8 von ihm in der 3.Person sprechen.

Die v.10f. beginnen jeweils mit אתה und erzählen von Jahwes
Herrschaft über das Meer (v.10) sowie der Vernichtung Rahabs
und der Zerstreuung seiner Feinde (v.11). Die v.12f. nennen
verschiedene urzeitliche Schöpfungstaten Jahwes (v.12b.13a)
und stellen fest, daß ihm Himmel und Erde gehören (v.12a) und
Tabor und Hermon zujubeln (v.13b). Durch das nur in diesem Tei
in jedem Vers mindestens einmal vorkommende אתה (v.10a.10b.11a
12b.13a - sonst nur noch in v.18a) sind wiederum beide Verspaare eng miteinander verbunden[16].

Jahwes Stärke und weitere Eigenschaften erwähnen die v.14f.,
die wegen des fehlenden אתה von den vorhergehenden abzusetzen
sind[17].

Das Volk, dem Jahwe Grund zum Jubel gibt, darf sich glücklic
schätzen (v.16 setzt mit אשרי neu ein); es lobsingt ihm unablässig (v.16f.).

Durch das einleitende כי zusammengehalten, verherrlichen die
v.18f. Jahwe als den starken Beschützer derjenigen, die den
Psalm sprechen (1.Person Plural gegenüber der 3.Person Plural
in den v.16f.).

Insgesamt gesehen, besingt der Psalm Jahwes überragende, un-
vergleichliche Macht und, worauf das Lied schließlich zielt,
seine Verbundenheit mit seinem Volk, das sich ihretwegen glück
lich schätzen darf.

9.3 Die mythischen Elemente

9.3.1 Vers 10-11

10   *Du* beherrschst die Empörung des Meeres.
     Wenn seine Wellen 'tosen', beschwichtigst *du* sie.

---

16 Dies hebt auch J.M.Ward 325 hervor: Die v.10-13 "are bound together by
   the constant repetition of the second person pronoun. The recurring אתה
   (10a,10b,11a,12b,13a) and ך- (twice in 11b, twice in 12a, once in 13b)
   produce a staccato that sounds consistently through the whole unit".
17 Gegen O.Kaiser, Die mythische Bedeutung des Meeres in Ägypten, Ugarit
   und Israel, 142, der sie mit den v.10-13 verbindet.

11 *Du* hast Rahab wie einen Durchbohrten zermalmt.
    Mit deinem starken Arm hast du deine Feinde zerstreut.

Beide Verse gehören zusammen: Der Sieg Jahwes über die Unge-
heuer in der Urzeit (v.11)[18] begründet seine Herrschaft über
das Meer (v.10). Sein wohl wegen der einstigen Bezwingung durch
Jahwe noch immer empörtes Tosen bezeugt Jahwes überlegene
Macht, der es immer wieder beschwichtigt, nachdem Rahab tot
und ihre Helfer zerstreut sind. Das Partizip מושל bringt ihre
Dauerhaftigkeit und Beständigkeit gleich eingangs zum Ausdruck.
So geht es in v.10 im Unterschied von Ps 65,8 um einen aus dem
Sieg resultierenden *Zustand*; darauf weist auch das Imperfekt
in v.10b gegenüber den Perfekta in den v.11.12b und 13a hin.

9.3.2 Vers 12

> Dein ist der Himmel, dein auch die Erde.
> Das Festland und das, was es füllt, hast *du* gegründet.

Ähnlich wie in Ps 74,16 (vgl. aber auch Ps 89,10f.) folgt
auf die Feststellung einer grundsätzlichen Tatsache eine offensichtlich begründend auf sie bezogene mythische Aussage
(v.12b)[19]. Allerdings betrifft sie nur das zweite Glied von
v.12a: Sie begründet, daß *auch die Erde* (vgl. das verstärkende
אף am Anfang des zweiten Teils von v.12a) Jahwe gehört. Das
לך שמים hingegen bedarf offensichtlich keiner besonderen Legi-
timierung. Daß mit ארץ in v.12a nicht nur die Erdscheibe gemeint ist, sondern auch das, was sich auf ihr befindet, besagt
nicht nur die Verwendung des eine Ganzheit bezeichnenden polaren Begriffspaars "Himmel und Erde", sondern auch v.12b, der
ausdrücklich feststellt, daß Jahwe das Festland und das, was
es füllt, geschaffen hat.

9.3.3 Vers 13

> Nord und Süd hast *du* erschaffen.
> Tabor und Hermon bejubeln deinen Namen.

---

18 Zu allen Einzelheiten von v.11 sowie zu dem angesprochenen mythischen
   Thema selbst siehe oben Exkurs 5 (S.138-143).
19 Zum Thema "Erschaffung der Erde" siehe oben Exkurs 3 (S.98f. und Tabelle III), zum Verb יסד siehe oben S.70f.

Das besonders häufig in deuterojesajanischen Texten und in
der Priesterschrift begegnende Verb ברא hat stets Gott zum Sub
jekt, ist aber nie mit der Angabe des Stoffs verbunden, aus
dem er etwas schafft. Überhaupt läßt sich den Texten keinerle
anschauliche Vorstellung von diesem göttlichen Schaffen gewinnen[20], so daß anzunehmen ist, daß es gerade seine Außerordent-
lichkeit und Unvergleichlichkeit zum Ausdruck bringt[21]. In mythischen Texten fungieren als Objekte mit Abstand am häufigste
die Menschen (Gen 1,27 [3mal]; 5,1f. [3mal]; 6,7; Dtn 4,32; Je
45,12), ansonsten Himmel und Erde (Gen 1,1; vgl. 2,4a), der
Himmel (Jes 42,5; 45,18), die Gestirne (Jes 40,26); die Erde
(Jes 40,28; 45,18), Tiere (Gen 1,21), der Wind (Am 4,13), Nord
und Süd (Ps 89,13) sowie verschiedenes (Ps 148,5: die Himmelsfeste und alles, was sich an bzw. über ihr befindet; vgl. Gen
2,3: alle Schöpfungswerke).

Die Verbindung צפון וימין ist im Alten Testament singulär.
Manchmal hat man deshalb (auch um des Bezugs zu v.13b willen)
vermutet, daß der Text zu ändern und durch in diesem Zusammenhang naheliegendere Termini zu ersetzen sei, wozu auch die
Wiedergabe des v.13a durch die Septuaginta veranlassen könnte;
sie liest τὸν βορρᾶν καὶ θαλάσσας σὺ ἔκτισας (der Alexandrinus
bietet singularisches τὴν θαλάσσαν), was ein ימים (bzw. ים)
anstelle von ימין vorauszusetzen scheint. Ursprünglich wäre
dann von der Erschaffung des Zaphon bzw. der Berge und des Mee
res erzählt worden[22]. Eine derartige mythische Aussage findet
sich jedoch weder in dieser Zusammenstellung noch mit dem Nome
צפון in der hier angenommenen Bedeutung anderswo im Alten Testament, während das polare Begriffspaar "Norden und Süden",
obgleich unter Verwendung anderer Termini für "Süden", auch
sonst bezeugt ist[23]. So dürfte G ימין in ימים verlesen haben.

---

20 Vgl. W.H.Schmidt, Art. ברא, 338.
21 Vgl. A.Angerstorfer, Der Schöpfergott des Alten Testaments, 45f.; F.
   Böhl, ברא, bārā, als Terminus der Weltschöpfung im alttestamentlichen
   Sprachgebrauch, 45; J.Körner, Die Bedeutung der Wurzel bārā im Alten
   Testament, 537 ("Analogieloses Schaffen Gottes ist der Sinn der hebräischen Vokabel bārā im Alten Testament.").
22 So etwa St.I.L.Norin, Er spaltete das Meer, 116: "Jhwh ist sowohl der
   Schöpfer des Gottesberges sapôn wie auch seines eigenen Widersachers
   jam. Von diesem Ausgangspunkt her lässt sich die Anknüpfung an die folgenden Berge Karmel und Hermon leicht verstehen."
23 Vgl. J.Krašovec, Der Merismus im Biblisch-Hebräischen und Nordwestsemi-

Man hat aber nicht nur durch die Annahme, auch in v.13a sei
unter anderem von Bergen die Rede, einen Zusammenhang zwischen
beiden Versteilen aufzeigen, sondern darüber hinaus grundsätzlich ihre Parallelität erweisen oder wiederherstellen wollen.
So ist erwogen worden, daß auch in v.13b zwei *Himmelsrichtungen*
angegeben würden: Einerseits meinte man, der Tabor repräsen-
tiere den Süden, der Hermon den Norden[24], doch ist vor allem
ersteres wenig wahrscheinlich. Andererseits nahm man an, der
Tabor stünde für den Westen, der Hermon für den Osten[25]. Gegen
dieses Verständnis wurde jedoch zu Recht eingewendet, daß unmöglich der Tabor den Westen und ausgerechnet der im äußersten
Norden liegende Hermon den Osten bezeichnen könne; außerdem
wäre zu fragen, warum der Psalmist nicht auch die beiden anderen Himmelsrichtungen durch Bergnamen ersetzt hat[26]. Demgegenüber vertreten andere die Auffassung, daß auch in v.13a zwei
Berge genannt seien: צפון bezeichne den aus ugaritischen Texten bekannten Götterberg im Norden, während mit ימין hier entweder der Sinai[27], der Zion[28], der dem *dschebel ʾel-ʾaḳraʿ* süd-
lich vorgelagerte Kara Dugan[29] oder der Amanus, ein Teil des
Antilibanon[30], gemeint seien. ימין als Bergname ist jedoch
nicht belegt und eine Verschreibung aus אמנה unwahrscheinlich.
    Allein die Unterschiedlichkeit der Prädikate beider Zeilen
verwehrt jedoch die Annahme, daß in v.13 ein synonymer Parallelismus vorliegt. Vielmehr dürfte v.13a chiastisch auf die
Schöpfungsaussage in *v.12b* bezogen sein[31], wofür auch die Gliederung des Psalms in Verspaare spricht, während v.13b mit ihm
in keinem unmittelbaren Zusammenhang steht. Dies ist nicht nur

---

tischen, 137f.
24 So z.B. G.W.Ahlström 75, Anderson, McCullough - Taylor, E.Podechard 14.
25 So z.B. Delitzsch, Herkenne, Hupfeld - Nowack, Keßler, Kissane.
26 So vor allem J.Boehmer 314.
27 Vgl. J.Boehmer 319 (u.a.), O.Eißfeldt, Baal Zaphon, Zeus Kasios und der
   Durchzug der Israeliten durchs Meer, 12 (u.a.).
28 So J.Boehmer 319 (u.a.).
29 So O.Eißfeldt, Baal Zaphon, Zeus Kasios und der Durchzug der Israeliten
   durchs Meer, 12f. (u.a.).
30 So etwa Deissler, J.-B.Dumortier 182 Anm.3; O.Eißfeldt, Baal Zaphon,
   Zeus Kasios und der Durchzug der Israeliten durchs Meer, 13 (u.a.); O.
   Mowan 16, Rogerson - McKay, Schmidt, zum Teil unter Annahme einer Textverderbnis.
31 Vgl. auch J.Krašovec, Der Merismus im Biblisch-Hebräischen und Nordwestsemitischen, 45.

aus seinem Inhalt zu ersehen, sondern geht auch aus der Tatsach
hervor, daß seine konstatierende Feststellung, anders als die
v.10 und 12a, der mythischen Aussage nicht vorangestellt ist,
sondern ihr folgt.

So besagt v.13a unter Verwendung der polaren Begriffe "Nord"
und "Süd", daß Jahwe *alles* geschaffen hat. Dies bedeutet eine
Steigerung gegenüber v.14b, in dem lediglich von der Gründung
des Festlands die Rede war. Vielleicht ist deshalb auch erst
jetzt das theologisch gewichtigste Schöpfungsverb ברא eingeführt worden. So bildet der Satz vom Jubel der Berge über den
Namen Jahwes nach der vorangehenden Totalitätsaussage den Abschluß der v.12f., aber auch des gesamten Abschnitts der v.10-
13.

9.3.4 Vers 10-13

Aufgrund thematischer Bezüge und des jeweils charakteristischen אתה weist Ps 89,10-13 eine gewisse Ähnlichkeit mit Ps
74,13-17 auf. Auch hier sind die Bezwingung des Meeresungeheuers und die Schöpfung der Welt in gleicher Reihenfolge miteinander verbunden; allerdings fehlt ein Ps 74,15 entsprechendes
Zwischenglied. Und auch aus anderen Gründen kann man fragen,
ob das zuerst Erzählte, wie für Ps 74 noch anzunehmen war, als
Bedingung für das Folgende verstanden, also der Sieg Gottes
über seine Widersacher als Voraussetzung für seine Schöpfungstätigkeit angesehen worden ist[32]. Da zwischen den v.10f. und
12f. ein deutlicher Absatz besteht - beidemale geht eine grunc
sätzliche Aussage voran, auf die dann jeweils mythisches Gut
folgt -, ist in diesem Fall eher von einer parallelen Neben-
einanderordnung beider Themen - allerdings in einer offenbar
vorgegebenen Abfolge[33] - zu sprechen.

---

32 So etwa Gunkel (weil Jahwe "Rahabs Macht zerbrochen hat, darum gehört
   ihm jetzt Himmel und Erde") und Kraus ("Indem Jahwe alle chaotischen
   Urmächte überwunden hat, wurde er zum Herrn Himmels und der Erde").
33 Andererseits geht in Ps 65,7f. die Schöpfung der Berge der Beschwichtigung des Meeres voran. Dies zeigt, daß nicht von vornherein angenommen
   werden muß, daß die Reihenfolge sachlich-logisch bedingt ist.

9.4 Die Funktion der mythischen Elemente

Die anhand der Strukturanalyse erwiesene formale Geschlossenheit des mythischen Teils ist wiederum ein deutlicher Hinweis
auf die Eigenständigkeit eines aus verschiedenen Einzelthemen
bestehenden mythischen Motivzusammenhangs.

Die gegenüber Ps 74 stärkere Hervorhebung der aus Jahwes urzeitlichen Taten resultierenden Zustände dürfte unmittelbar mit
der Funktion der Verse zusammenhängen: Ps 89 A besingt vor allem Jahwes überragende Größe und Herrlichkeit; erst ab v.16
wird seine Verbundenheit mit seinem Volk zum freilich schon in
den v.2f. durch die Nomina חסד und אמונה angedeuteten Thema.
In Ps 74 jedoch stand die Bitte um sein Eingreifen im Vordergrund; dies dürfte dort die Betonung gerade der urzeitlichen
Taten, weniger ihres Resultats, veranlaßt haben.

Die v.10-13 begründen und veranschaulichen Jahwes Überlegenheit und Unvergleichlichkeit, somit auch seine Herrschaft über
die anderen Mitglieder der himmlischen Versammlung, die die v.
6-9 in den Mittelpunkt gestellt haben. V.14 scheint jedoch darüber hinaus auch eine Beziehung zwischen den urzeitlichen Taten
Jahwes und der im folgenden gepriesenen Hilfe Jahwes für sein
Volk herzustellen, denn er greift offenbar auf v.11b zurück:
Die Betenden können jubeln (vgl. auch die v.16f. mit v.13b),
daß ihnen ein Gott zur Seite steht, der seine Kraft einst durch
so gewaltige Taten erwiesen hat.

So stellen die v.10-13 nicht nur einen eigenen Abschnitt dar,
sondern bilden - formal wie inhaltlich - die Mitte des Psalms:
Die v.2f.6-9[34] laufen auf ihn zu und finden in ihm Höhepunkt
und Begründung, die v.14-19 kommen von dem in ihm Erzählten
her als dem Anlaß für den Jubel und Stolz des Volkes Gottes.

9.5 Datierung

Der Gebrauch der Verben דכא[35] und ברא und die Verwandtschaft

---

34 Durch die Aufnahme der Nomina חסד in v.9b und אמונה in v.6b und 9b und
   den Gebrauch eines Verbum dicendi in v.6a besteht eine gewisse Verbindung auch zwischen den v.2f. und 6-9.

der v.10-13 mit Ps 74,13-17 scheinen zwar eher für eine relativ späte Entstehung des Psalms zu sprechen, doch ist eine
einigermaßen sichere Entscheidung nicht möglich. Da v.19b nicht
vom irdischen König handelt, überhaupt als Grund des Jubels
und Lobpreises in den v.16-19 nicht irdisch-geschichtliche Erfahrungen, sondern eher Jahwes in der Urzeit erwiesene Macht
(v.10-13) und seine himmlische Hoheit (v.6-9) anzusehen sind,
kommt jedenfalls nicht nur eine vorexilische Datierung in Frage[36].

---

35 Vgl. H.F.Fuhs, Art. דכא, 208.210f.
36 So datiert Gunkel wegen der Erwähnung des Königs in v.19b in die vorexilische Zeit.

10. Psalm 95 A

10.0 Literarkritik

Ps 95 zerfällt in zwei völlig verschiedene Teile: Aufrufen zum Lob und zur Anbetung Gottes mit jeweiligen Begründungen (v.1-7a) steht eine Ermahnung zum Gehorsam gegenüber (v.7b-11). Ob man nun den v.1-7a einen anderen Ort und Zeitpunkt innerhalb ein und desselben kultisch-liturgischen Ereignisses zuweist als den v.7b-11[1] oder stärker der Annahme zuneigt, daß der erste Teil des Psalms einmal selbständig existiert hat[2], die folgenden Verse also ursprünglich in einem anderen Zusammenhang gestanden haben und ein Fragment darstellen, da sie schwerlich mit v.11 geendet[3] und auch kaum unvermittelt mit v.7b begonnen haben können[4] - in jedem Fall sind die v.1-7a und 7b-11 gesondert zu behandeln und zu interpretieren, zumal dem Psalm selbst keinerlei Hinweise auf die Art ihrer Zusammengehörigkeit und ihres gegenseitigen Bezugs zu entnehmen sind.

10.1 Der Text

1   Auf, laßt uns Jahwe preisen!
    Laßt uns jauchzen dem Fels unseres Heils!

2   Laßt uns seinem Angesicht mit Dank entgegengehen!
    Mit Gesängen laßt uns ihm jauchzen!

---

1 So z.B. Duhm, Gunkel, Kittel, Kraus, Leslie, S.Mowinckel, Notes on the Psalms, 158; Nötscher, Schmidt.
2 So z.B. Hupfeld - Nowack, Olshausen. Unverständlich ist jedoch die von O.Loretz, Psalmenstudien III, 201, geäußerte Ansicht, die v.4-11 seien in späterer Zeit angefügt worden.
3 Nach G.H.Davies 193 folgte auf die v.7b-11 vielleicht eine Opferhandlung; Kraus versucht den plötzlichen Schluß mit der Vermutung zu erklären, daß in den v.7b-11 "auf eine Promulgation des Gottesrechts vorbereitet und hingewiesen wird".
4 Vgl. A.Bertholet (HSAT[K]).

3   Denn ein großer Gott ist Jahwe,
      ein großer[a] König über alle Götter:

4   [b]In seiner Hand sind die Tiefen[c] der Erde.
      Die Spitzen der Berge gehören ihm.

5   [b] Ihm gehört das Meer, *er* hat es gemacht,
      und das trockene Land, das seine Hände gebildet haben.

6   Kommt, laßt uns niederfallen und uns beugen!
      Laßt uns niederknien[d] vor Jahwe, der uns gemacht hat!

7   Denn *er* ist unser Gott,
      und wir 'sein' Volk
      und 'Schafe seiner Weide'[e].

a גדול nach מלך ist durchweg bezeugt und gewiß beabsichtigt, denn die synonymen Versglieder wollen gerade die Größe Jahwes hervorheben. Es muß deshalb beibehalten und darf keineswegs als Versehen beurteilt und gestrichen werden[5].

b Ähnliches gilt für das אשר am Anfang der v.4 und 5[6].

c Obgleich eine masoretische Handschrift מֶרְחֲקֵי ("Weiten") anstelle des Hapax legomenon מֶחְקְרֵי liest - erstere Lesart könnte auch G (τὰ πέρατα) zugrunde liegen[7] (vgl. Jes 8,9: ebenfalls מרחקי־ארץ, von G allerdings mit ἔσχατον τῆς γῆς wiedergegeben) -, kann der masoretische Text beibehalten werden. Das von חקר abzuleitende Nomen מֶחְקָר muß nicht "Forschung" bedeuten, was freilich sinnlos wäre[8], sondern kann, wie manchmal auch חֵקֶר, das andere Derivat von חקר (vgl. Hi 11,7 und besonders 38,16), "Grund, Tiefe" meinen.

d G bietet anstelle von נברכה καὶ κλαύσωμεν, was hebr. וְנִבְכֶּה entsprechen könnte. Es besteht jedoch kein Anlaß, den masoretischen Text zu ändern[9]. - Eine Streichung des נברכה oder des יהוה[10] wäre willkürlich.

e V.7a dürfte verderbt sein. עם in Konstruktusverbindung mit einer Form des Nomens מרעית und צאן in Konstruktusverbindung mit einer Form von יד sind sonst nirgendwo bezeugt. Wahrscheinlich sind mit einer masoretischen Handschrift und S, vgl. T, für עם מרעיתו וצאן ידו die Wörter וְצֹאן מַרְעִיתוֹ zu lesen (vgl. Ps 79,13 und 100,3, aber auch Jer 23,1; Ez 34,31 und Ps 74, 1). - Vor ידו, das somit zum zweiten Versteil gehört, dürfte infolge Haplografie ein דְּעוּ ausgefallen sein[11].

5 So Baethgen, Briggs, Gunkel ("aus 3a hereingekommen"), Kraus, Podechard, Schmidt; vgl. H.Bardtke (BHS), A.Bertholet (HSAT[K]), F.Buhl (BHK).

6 Für Streichung plädieren z.B. Baethgen, F.Delitzsch, Die Lese- und Schreibfehler im Alten Testament, § 159*; Gunkel, Kraus, Podechard; vgl. H.Bardtke (BHS), F.Buhl (BHK).

7 J.Finkel 34f. führt diese Lesart auf theologische oder philosophische Erwägungen, nicht aber auf eine abweichende Vorlage zurück.

8 So Gunkel, der deshalb מרחקי liest.

9 W.E.Barnes, Two Psalm Notes, 387, vermutet, daß der hebräische Text in einigen Handschriften entsprechend der G-Lesart abgeändert wurde, nachdem die v.7b-11 angefügt worden waren.

10 So Gunkel; vgl. F.Buhl (BHK).

10.2 Aufbau, Inhalt, Absicht

Ps 95 A gliedert sich in zwei parallele Abschnitte. Diese
bestehen wiederum aus jeweils zwei Teilen, die im ersten Abschnitt doppelt so lang sind wie im zweiten. Beide beginnen
mit vier- bzw. zweizeiligen Reihen von Kohortativen, deren
erste mit dem Imperativ לכו und deren zweite mit dem Imperativ באו eingeleitet ist.

Dem Aufruf zu Lobpreis und Dank in den v.1f. ist mit כי eine
sechszeilige Begründung angeschlossen (v.3-5). Ihr Thema, die
Größe Jahwes, gibt v.3 (zweimaliges גדול) an; es wird dann in
zwei jeweils durch אשר eingeleiteten und zusammengehaltenen
Doppelzeilen entfaltet, die einander auch chiastisch insofern
zugeordnet sind, als in v.4a und 5b das Nomen יד verwendet ist
sowie in v.4b und 5a die Partikel לו begegnet. Die v.4f. verdeutlichen den Umfang der Größe Jahwes daran, daß sowohl "die
Tiefen der Erde" und "die Spitzen der Berge", d.h. alles vom
tiefsten Punkt der Erde, vermutlich der Scheol[12], bis zu ihren
höchsten Erhebungen, als auch - jetzt in der horizontalen Ebene - das trockene Land wie das Meer in seiner Hand sind bzw.
ihm gehören[13].

Der Aufforderung zur Anbetung in v.6 folgt in v.7a ebenfalls
eine mit כי eingeleitete, hier jedoch nur dreizeilige Begründung, die das Verhältnis Gottes zu seinem Volk zum Inhalt hat.
Die beiden dem כי-Satz folgenden Zeilen wären, wenn die Emendation des Textes zutrifft, wie die v.4f. durch eine einleitende Partikel - hier waw copulativum - miteinander verklammert.
Das Subjekt beider כי-Sätze ist Jahwe[14].

---

11 Dies vermuten z.B. H.Bardtke (BHS), F.Buhl (BHK), Gunkel, Kraus.
12 Vgl. zu dieser Bedeutung von nicht näher durch ein Adjektiv bestimmtem
   ארץ Ex 15,12; Jon 2,7; Ps 22,30 und besonders Ps 71,20 (תהמות הארץ);
   vgl. auch M.Ottosson, Art. אֶרֶץ, 430, und Schmidt.
13 Für J.Krašovec, Der Merismus im Biblisch-Hebräischen und Nordwestsemitischen, 119, sind die v.4f. "ein schönes Beispiel der vertikal-horizon-
   talen Viergliederung" - ein weiteres Indiz für die enge Zusammengehörigkeit der v.4f.
14 Auch im Rahmen einer kultischen Interpretation werden manchmal noch weitere Aufgliederungen insbesondere des ersten Teils vorgenommen: Nach
   Kittel sind die v.1-5 ein Hymnus, die v.6-7a Priesterwort. G.H.Davies
   188-195 teilt die v.1-7a in vier Abschnitte ein: Es folgten einander
   eine von einem einzelnen gesprochene Einladung, am Gottesdienst teil-

Den zwei Hauptabschnitten des Ps 95 A entspricht ein doppel-
tes Anliegen, wobei dem ersteren aufgrund des doppelt so langen
Textes ein größeres Gewicht zukommt: Der Psalmist fordert einer
seits zum Lobpreis Jahwes auf (v.1f.) und möchte andererseits
seine Hörer veranlassen, sich vor Gott zu beugen (v.6). Zwischen
beidem besteht ein Zusammenhang: Nachdem zunächst das Lob im
Vordergrund gestanden hat und in den v.3-6 dementsprechend von
der Größe Jahwes die Rede gewesen ist, kommt danach wie selbstverständlich das Verhältnis derer, die eben seine Macht bejubel
haben, zu diesem Gott in den Blick: Die Betenden sollen vor ihm
niederfallen, ist er doch ihr Gott und gehören sie zu seinem
Volk, zu den Schafen seiner Weide, wie v.7 - wiederum der vorangegangenen Aufforderung entsprechend, die das vertraute Verhältnis betont (vgl. vor allem v.6b Ende), - ausführt.

10.3 Die mythischen Elemente

5   Ihm gehört das Meer, *er* hat es gemacht,
      und das trockene Land, das seine Hände gebildet haben.

Statt der obigen Übersetzung des v.5b, nach der die beiden
letzten Wörter von v.5b als Relativsatz aufgefaßt werden, wäre
es auch möglich, ihn mit "und das trockene Land haben seine
Hände gebildet" wiederzugeben. Dies ist jedoch wegen der Sel-
tenheit der Folge Objekt-Subjekt-Verb[15] und aufgrund der Parallelität mit v.5a, die es nahelegt, daß יבשת in v.5b syntaktisch dem הים in v.5a entspricht, wenig wahrscheinlich. Da als
Objekte der Schöpfungsverben die meristischen Begriffe "Meer"
und "trockenes Land"[16] fungieren, dürfte nicht in erster Linie

---

zunehmen (v.1f.), ein Hymnus der Gottesdienstteilnehmer bei ihrem Weg
durch das Tor in den Tempelbezirk (v.3-5), ein weiterer Aufruf zur Anbetung (v.6) und eine weitere Chorantwort (v.7a) (daran schließe sich
die Ermahnung der v.7b-11 an). Es ist allerdings zu betonen, daß die
Einzelabschnitte des Ps 95 A im Gegensatz zu Ps 95 B sehr eng aufeinander bezogen sind und ihre Abfolge einsichtig ist; der Bruch zwischen
v.7a und v.7b ist viel markanter. - Verfehlt ist die Strophenaufteilung
Duhms (v.1f./3f./5f./7a); er mißachtet die klaren Gliederungshinweise
im Text.
15 Vgl. GK § 142f.d.
16 Zu den Themen "Entstehung des Meeres" und "Entstehung der Erde" siehe
   oben die Exkurse 4 (S.111f.) und 3 (S.98f. und Tabelle III). Bei der

an zwei selbständige Schöpfungstaten gedacht[17], sondern zum
Ausdruck gebracht sein, daß Jahwe *alles* gemacht hat (vgl. auch
v.4: = alles vom tiefsten bis zum höchsten Punkt).

Die mythischen Aussagen begründen, ähnlich wie in I Sam 2,8b;
Ps 24,1f.; 74,16; 89,12; vgl. Jer 27,5, das Eigentumsrecht Jahwes; das waw-copulativum vor הוא in v.5a dürfte kausal zu verstehen sein[18].

10.4 Die Funktion der mythischen Elemente

V.5 gehört zur Entfaltung der Feststellung des v.3. Aufgrund
alttestamentlicher Parallelen (vgl. Jes 44,24b; 45,5-7.18; Ps
96,5 = I Chr 16,26; Hi 9,8a; Neh 9,6aα, auch - negativ - Jer
10,11) liegt deshalb die Annahme nahe, daß die mythischen Sätze
insbesondere auch die Überlegenheit Jahwes über alle anderen
Götter begründen wollen, die v.3b explizit herausstellt, also
auf jenen Versteil zu beziehen sind. V.3a entspräche dann v.
4, der Jahwes Größe allgemein, ohne Rekurs auf die Urzeit veranschaulicht. Die aufgezeigten Querverbindungen liefen dem Ge-
samtaufbau des Ps 95 A, der offensichtlich sogsam geplant war,
parallel (v.1f.//v.6, v.3-5//v.7a, entsprechend v.3a//v.4, v.
3b//v.5).

Der völlig parallele Aufbau der beiden Hauptabschnitte des
Ps 95 A beweist im übrigen, daß die mythischen Aussagen des v.
5 keinesfalls mit v.6b in Verbindung gebracht werden dürfen.
Damit bestätigt sich noch einmal die These, daß die Rede von
der Schöpfung jedes einzelnen Menschen durch Jahwe motivkri-
tisch einer anderen, nicht-mythischen Kategorie angehört. Zwar
verwenden sowohl v.5a als auch v.6b das Verb עשה, doch spricht
der durch vielerlei Texthinweise klar ersichtliche Aufbau dagegen, daß dadurch eine inhaltliche Beziehung angedeutet werden soll oder gegeben ist. V.6b gehört zur erneuten Aufforde-

---

Behandlung des ersteren Themas fiel bereits auf, daß von der Entstehung
des Meeres nie als eigenem, selbständigen Schöpfungswerk die Rede ist,
sondern immer in als Totalitätsaussagen zu interpretierenden Sätzen.
17 Vgl. J.Krašovec, Der Merismus im Biblisch-Hebräischen und Nordwestsemitischen, 107.
18 Vgl. GK § 158a.

rung und nicht wie v.5a zur Begründung der Aufforderung der
v.1f., die den ersten Abschnitt von Ps 95 A abschließt[19].

10.5 Datierung

Ps 95 A dürfte in nachexilischer Zeit entstanden sein. Zwar
müßte der Psalm aus vorexilischer Zeit stammen, wenn nach v.3
tatsächlich noch die Existenz anderer Götter angenommen würde[20],
doch ist dies sehr fraglich: Höchstwahrscheinlich liegt formelhafte Ausdrucksweise vor[21]. Dafür, daß der theoretische Monotheismus längst zur allgemein verbindlichen Grundlage geworden ist, spricht insbesondere, daß אלהים nicht durchweg pluralisch (wie in v.3), sondern ebenso für Jahwe gebraucht wird
(vgl. v.7a). Überhaupt ist die Uneinheitlichkeit der Gottesbezeichnungen auffällig: יהוה (v.1.3a.6b) steht neben אל (v.3a)
und אלהים (v.7a); sie aber ist für die Spätzeit des Alten Testaments charakteristisch (vgl. I/II Chr).

---

19 Gegen Kraus, der den "Gedanken, daß der Weltschöpfer (5) auch Israel
   geschaffen hat (עשׂה in 6b)", als "'Überleitung'" vom ersten zum zweiten
   Teil versteht, und gegen Ch.B.Riding 418, der die Ausdrucksseite des
   Textes zu wenig berücksichtigt und den Inhalt des v.1b unangemessen
   stark gegenüber seinem Kontext hervorhebt, somit die v.1-7a fälschlich
   als "Large Chiasm" versteht (A: v.1f. = Savior / B: v.3-5 = Creator /
   B: v.6 = Maker / A: v.7a = Savior) und dementsprechend zu v.6 feststellen kann: "As well as being the Creator of the whole world, and more
   importantly, YHWH is OUR Maker." Eine Beziehung beider Aussagen vermutet auch L.Vosberg, Studien zum Reden vom Schöpfer in den Psalmen,
   100-102; vgl. auch Kissane.
20 So G.H.Davies 195 (weitere Gründe bezieht er aus den v.7b-11).
21 Dies vermuten auch Baethgen, Gunkel, Hupfeld - Nowack, Kissane.

11. Psalm 96

11.1 Der Text

1 Singt Jahwe ein neues Lied!
   Singt Jahwe, alle Länder der Erde!

2 Singt Jahwe, preist seinen Namen!
   Verkündet tagtäglich sein Heil!

3 Erzählt unter den Nationen seine Herrlichkeit,
   unter allen Völkern seine Wunder!

4 Denn groß ist Jahwe und sehr zu preisen.
   Gefürchtet ist er über alle Götter.

5 Denn alle Götter der Völker sind Nichtse,
   aber Jahwe hat den Himmel gemacht.

6 Hoheit und Pracht sind vor seinem Angesicht.
   Macht und Glanz sind in seinem Heiligtum.

7 Bringt Jahwe, Stämme der Völker,
   bringt Jahwe Herrlichkeit und Macht!

8 Bringt Jahwe die Herrlichkeit seines Namens!
   Tragt die Opfergabe herbei und kommt zu seinen Vorhöfen!

9 Fallt nieder vor Jahwe in heiligem Schmuck!
   Bebt vor seinem Angesicht, alle Länder der Erde!

10 Sagt es unter den Nationen: Jahwe herrscht als König! ''[a]
   Er richtet die Völker gerecht.

11 Es freue sich der Himmel, es juble die Erde!
   Es brause das Meer und was es füllt!

12 Es frohlocke das Feld und alles, was auf ihm wächst!

'Auch'[b] sollen jubeln alle Bäume des Waldes -

13   vor Jahwe, denn er kommt,

     denn er kommt, um die Erde zu richten.

     Er richtet den Erdkreis in Gerechtigkeit

     und die Völker in seiner Treue.

Viele Abweichungen in der Textüberlieferung sind auf das Bemühen zurückzuführen, Ps 96 mit seiner Parallele in I Chr 16,23-33 in Einklang zu bringen. Der ursprüngliche Text ist jedoch in Ps 96 besser erhalten[1]; so hat
der Chronist z.B. v.6b und 8b offensichtlich deshalb abgeändert, weil es
in der Zeit Davids, in die er den Psalm einordnet, weder das "Heiligtum"
(= Tempel) noch "Vorhöfe" gegeben hat.
   a V.10aβ ("auch steht der Erdkreis fest, er wankt nicht") dürfte Ps
93,1 entnommen und sekundär - als Parenthese - eingeschoben worden sein[2].
Dafür spricht, daß das Subjekt des v.10aβ nicht wie das des ihm vorangehenden und folgenden Satzes Jahwe ist (anders allerdings G, entsprechend
σ', S, T, die κατώρθωσεν [τὴν οἰκουμένην] = יִכֹּ֖ן liest[3], damit aber wohl
den sekundären Versteil nachträglich angleichen wollte[4]) und somit deren
Zusammenhang unterbrochen wird. Unwahrscheinlicher ist deshalb auch eine
Streichung von v.10b nach I Chr 16,31[5]; dort sind jedoch die Satzteile
überhaupt anders geordnet (Reihenfolge: 9b.10aβ.11a.10aα.11b).
   b Statt אז ist ursprüngliches אף anzunehmen (Hörfehler?)[6].

11.2 Aufbau, Inhalt, Absicht

Ps 96 ist kunstvoll gegliedert. Er läßt sich aufgrund inhaltlicher Zusammengehörigkeit und verschiedener formaler Entsprechungen in vier Abschnitte zu zweimal sechs und zweimal acht
Zeilen einteilen.

Die v.1-3 fordern durch sechs Imperative "alle Länder der
Erde" zum Lob Jahwes und zur Weiterverkündigung seines Handeln

---

1 Vgl. Gunkel, Kraus, Olshausen.
2 So auch Briggs, F.Buhl (BHK); vgl. H.Bardtke (BHS).
3 Ihr folgen z.B. Baethgen, A.Bertholet (HSAT[K]), K.Budde, Zum Text der
  Psalmen, 191; F.Buhl (BHK), Deissler, Gunkel, Hupfeld - Nowack, Kissane,
  Kittel, Weiser.
4 Eine direkte Verbindung zur sekundären G-Lesart von Ps 93(92),1b dürfte
  nicht bestehen, da dort ein anderes Verb verwendet ist (στερεόω).
5 So Baethgen (Vorwegnahme von v.13), K.Budde, Zum Text der Psalmen, 191;
  Briggs, F.Buhl (BHK; zusätzlich zu v.10aβ [siehe oben Anm.2]), Gunkel,
  Kittel; vgl. A.Bertholet (HSAT[K]). - Duhm, Herkenne streichen den gan-
  zen Vers.
6 So u.a. auch G.Bickell, Carmina Veteris Testamenti metrice, 67; K.Budde,
  Zum Text der Psalmen, 191; Duhm, Ehrlich, Gunkel, Hupfeld - Nowack,
  Kissane, Kittel, Kraus, Nötscher, Olshausen, Weiser; vgl. F.Buhl (BHK).

auf. Die drei ersten Zeilen beginnen jeweils mit שירו ליהוה.
Da v.3 jedoch offensichtlich einen zweizeiligen Parallelismus
bildet, ist v.2a nicht mit v.1 zu verbinden, sondern mit v.2b
zusammenzunehmen (ähnliches gilt für die v.7-9).

Die Begründung für die Aufforderungen liefern die v.4-6, die
in drei Doppelzeilen gegliedert sind, deren erste beiden durch
das sie jeweils einleitende כי einander enger zugeordnet sind:
Jahwe überragt alle Götter und ist von Hoheit und Pracht, Macht
und Glanz umgeben[7].

Die Imperative der v.7-10 rufen nochmals alle Völker zur Verehrung und Anbetung Jahwes (v.7-9) sowie zur Weiterverkündigung
auf (v.10, der aufgrund dieser inhaltlichen Differenz etwas von
den vorangehenden Versen abzusetzen ist).

Die v.11-13 lassen zwei gleich lange Teile unterscheiden, deren letzter jedoch syntaktisch vom ersten abhängt. Dieser enthält Aufforderungen zum Jubel, jener ist von der Ankündigung
des Weltgerichts beherrscht. Die Verbformen der v.11f. sind
wohl als jussivische Aufforderungen zur Freude zu verstehen,
die hier kosmischen Größen (dem Himmel, der Erde und dem Meer:
v.11) und der Vegetation (dem Feld mit seinen Gewächsen und
den Bäumen des Waldes: v.12) gelten[8].

Trotz der etwas unterschiedlichen Struktur entsprechen sich
der erste und dritte Abschnitt weitgehend: Beide weisen am An-

---

7 Zu einer Streichung von v.5 besteht kein Anlaß. Der Vers macht weder
durch den Hinweis auf die Nichtigkeit der heidnischen Götter den Gedanken von v.4b nichtssagend (so Hupfeld - Nowack), sondern ist eher als
Steigerung des in v.4b offenbar ähnlich wie in Ps 95,3b mehr formelhaft
Festgestellten gemeint, noch handelt es sich, wie F.Crüsemann, Studien
zur Formgeschichte von Hymnus und Danklied in Israel, 71 Anm.2, vermutet,
um eine bloße inhaltliche Erläuterung von v.4, die wegen des doppelten
כי verdächtig sei, während v.6 stilistisch (Jahwe sei Subjekt) und inhaltlich (Beschreibung der Hoheit Jahwes) an v.4 anschließe: V.5 enthält
als eigenständige Aussage immerhin die Feststellung, daß Jahwe den Himmel gemacht hat, das doppelte כי ist zwar auffällig, aber beabsichtigt,
und v.6 schlösse an v.4 kaum besser an als an v.5, zumal Jahwe keineswegs das Subjekt von v.6 ist und die Beschreibung seiner Hoheit v.5
ebenso wie v.4 entspricht. - Ewald vermutet (wahrscheinlich, um einen
regelmäßigen Strophenbau rekonstruieren zu können), daß die v.5f. "aus
einem andern ähnlichen liede hieher verschlagen" worden seien.
8 Sowohl durch den Modus als auch die Art des Objekts (im Gegensatz zu v.
10 in den v.11f. ausschließlich nichtmenschlich) unterscheiden sich die
v.11f. deutlich von v.10, der somit auch deshalb nicht von v.9 abgetrennt
und mit v.11 verbunden werden darf (gegen Anderson, Deissler, Delitzsch,
Gunkel, Hupfeld - Nowack, Kraus, Schmidt).

fang jeweils drei identische Imperative auf, denen sowohl in
der ersten als auch in der dritten Strophe ein ליהוה folgt,
beide schließen mit der Aufforderung, unter den Völkern von
der Herrlichkeit und Herrschaft Jahwes zu erzählen; in der
ersten Zeile von v.3 und 10 ist dabei גוים, in der zweiten
עמים gebraucht.

Durch gleiche Länge sind aber auch die ersten und letzten
beiden Absätze miteinander verbunden. Die beiden letzten Strophen schließen jeweils mit einem Hinweis auf das gerechte Gericht Jahwes[9].

Dabei kommt v.10, der sowohl v.3 als auch v.13 parallelläuft
also sowohl mit dem ersten als auch mit dem letzten Abschnitt
verknüpft ist und damit der eigentliche Knotenpunkt des Psalms
zu sein scheint, außerdem innerhalb des dritten Absatzes ein
eigenständiges Element darstellt, offenbar zentrale Bedeutung
zu: Einerseits fordert er zur weltweiten Proklamation der uni-
versalen Herrschaft Jahwes auf (v.10a). Dieses Anliegen und
Thema beherrscht den gesamten vorangehenden Teil: Schon den
ersten Abschnitt bestimmen das Lob Jahwes und der Aufruf zur
weltweiten Verkündigung seiner Herrlichkeit; alle Völker sollen nach Jerusalem kommen und Jahwe anbeten (v.7-9), denn er
ist über alle anderen Götter weit erhaben (v.4b), ja diese
sind "Nichtse" vor ihm (v.5a). Andererseits leitet v.10b ein,
worauf der Psalm hinausläuft: die Ankündigung des Weltgerichts
Jahwes; darüber soll die ganze Welt in Jubel ausbrechen (v.
11f.): Jahwe, der Herr der Welt, wird kommen, um alle Völker
in Gerechtigkeit und Treue zu richten (v.13)[10].

---

9 Der klare Aufbau macht weitere Streichungen (abgesehen von v.10aβ [sie-
  he oben S.184 Textanm.a], die durch das Gliederungsprinzip des Psalms
  nochmals bestätigt wird) unwahrscheinlich; so erklärt etwa O.Loretz,
  Stichometrische und textologische Probleme in den Thronbesteigungs-
  Psalmen, 220, v.2 zu einem späteren ausgestaltenden Zusatz, die v.7-9a
  zu einer aus Ps 29 (v.1f.) adaptierten und erweiterten Einfügung und
  v.13a zu einer aus Ps 98 (v.9) stammenden Glosse (letzteres müßte dann
  aber auch für v.13b gelten).
10 Beide Aspekte hebt auch R.Martin-Achard, Israël, peuple sacerdotal, 26,
  hervor: "Ce psaume chante Yahvé, souverain et juge de tout l'univers."

11.3 Die mythischen Elemente

5   Denn alle Götter der Völker sind Nichtse,
     aber Jahwe hat den Himmel gemacht.

Zur mythischen Aussage des v.5b sind keine weiteren Erläuterungen erforderlich[11].

11.4 Die Funktion der mythischen Elemente

Der Satz, daß Jahwe den Himmel gemacht hat, steht zunächst
in enger Verbindung mit v.5a: Das Subjekt des v.5b, Jahwe, ist
betont voran- und gleichzeitig dem Subjekt des vorausgehenden
Nominalsatzes (כל-אלהי העמים) gegenübergestellt. *Sie* sind
"Nichtse", אלילים, ein Ausdruck, der (pluralisch) im Alten
Testament als geringschätzige Bezeichnung für fremde Götter
verwendet wird[12], - *Jahwe* hat den Himmel gemacht. Da somit
deutlich eine Antithese vorliegt, ist das waw vor יהוה in v.5b
in erster Linie adversativ und nicht kausal zu verstehen.

Allerdings dient v.5b doch auch als Begründung für die Feststellung des v.5a. Der Gebrauch des Wortes אלילים in Ps 96
unterscheidet sich nämlich insofern von anderen Verwendungsweisen, als es hier nicht wie sonst als *Synonym* für die "Götter
der Völker" fungiert, sondern ihnen als Prädikator *zugesprochen*
wird. Dann ist aber anzunehmen, daß die Berechtigung dieser
Prädizierung durch v.5b zugleich auch begründet werden soll:
Die Unterlegenheit und Bedeutungslosigkeit der anderen Götter
sind für den Psalmisten offenbar daran am besten zu erkennen
und zu verdeutlichen, daß Jahwe den Himmel gemacht hat[13]. Die
Errichtung der Himmelsfeste ist wahrscheinlich deshalb der
schlagkräftigste Beweis ihrer absoluten Nichtigkeit, als an
ihr zugleich die Einzigkeit Jahwes abzulesen ist: Nur ein Gott,
nur der einzige Gott Jahwe kann sie erschaffen haben.

---

11 Zur Vorstellung von der Entstehung des Himmels siehe oben Exkurs 1 (S.
   74-76 und Tabelle I).
12 Vgl. S.Schwertner, Art. אֱלִיל, 167f.
13 Die Behauptung Weisers, hier scheine noch ein Rest der Vorstellung vom
   Chaoskampf durch, "der der Schöpfung vorausging und mit der Entmächti-
   gung der Götter durch den Schöpfergott geendet hat", hat keinen Anhalt
   am Text.

All dem entspricht, daß v.5 noch ganz auf die Seite der die
weltweite Herrschaft Jahwes proklamierenden Sätze des Psalms
gehört, von denen zumindest die ersten beiden Strophen bestimm
sind.

Darüber hinaus dürfte v.5b auf v.4a zurückweisen: Beide Zeilen enthalten die Gottesbezeichnung "Jahwe", während andererseits die v.4b und 5a einander durch die Erwähnung der "Götter
entsprechen. Beide Verse sind somit nicht nur durch das sie
jeweils eröffnende כי, sondern auch durch Chiasmus verknüpft
und von v.6 abgesetzt (vgl. v.10 am Ende des dritten Abschnitt
Die Erschaffung des Himmels erweist mithin auch die Größe Jahwes selbst und begründet die Notwendigkeit, ihn zu preisen. So
ist das mythische Motiv ein wesentlicher Bestandteil der Funktion des gesamten zweiten Abschnitts, die Aufforderungen der
ersten Strophe zum Lobpreis und zur Verkündigung Jahwes gerade
unter den anderen Völkern zu begründen.

11.5 Datierung

Die nachexilische Abfassungszeit des Psalms ist so gut wie
unbestritten. Terminus ad quem ist die Zeit seiner Einfügung
in das chronistische Geschichtswerk.

12. Psalm 102,26-28

12.0 Literarkritik

Ps 102 weist starke Spannungen auf und dürfte mehrfach erweitert worden sein. Er beginnt mit der Klage eines einzelnen
(v.2-12), der Jahwe anruft und ihm ausführlich seine persönliche Not schildert; sie schließt mit der Feststellung, daß
sich das Leben des Beters seinem Ende zuneigt. Dem folgt in v.
13 der Satz, daß Jahwes Herrschaft ohne Ende ist; sodann wird
auf vielfältige Weise zum Ausdruck gebracht, daß Jahwe die Not,
die das ganze Volk betroffen hat und in der Zerstörung Jerusalems besteht (v.15), gewiß in Kürze beenden wird (v.13-23).
Die v.24 und 25a enthalten eine wiederum persönlich formulierte
Klage über die eigene Vergänglichkeit und eine entsprechende
Bitte[1], woran sich - v.13 analog - v.25b mit dem Theologumenon
von der Unvergänglichkeit Jahwes anschließt. Die v.26-28 stellen der Vergänglichkeit der Schöpfung die Unvergänglichkeit
und Unveränderlichkeit Jahwes gegenüber. Das Ganze wird durch
v.29 mit einer neuen Aussage abgeschlossen: Die Generationen-
folge der Knechte Jahwes wird nicht abbrechen.
   Folgender Werdegang dieses disparaten Textes[2] läßt sich rekonstruieren:
   Zunächst hat offenbar ein individuelles Klagelied vorgelegen
(v.2-12)[3]. Dieses ist sekundär mittels einer in gewisser Weise
an es anknüpfenden kontrastierenden Überleitung (v.13) um die
v.13-23 erweitert und dabei auf die Situation des ganzen Volkes
bezogen worden[4]. Möglicherweise ist sein ursprünglicher Ab-

---

1 Der Text von v.24 ist verderbt. 4QPs[b], viele masoretische Handschriften,
  σ', S, T, Hier lesen כֹּחִי (Q) statt כֹּחוֹ (K), dem G entspricht, die darüber hinaus aber auch die Konsonanten ענה und קצר anders auffaßt, ebenso diejenigen der beiden ersten Wörter des v.25, die sie zu v.24 zieht.
  In diesem Vers scheinen jedenfalls die früh gebrochene Lebenskraft und
  das schon nahende Lebensende beklagt zu werden.
2 Kraus bezeichnet ihn als "ein seltsam monströses Gebilde".
3 Vgl. auch J.Becker, Israel deutet seine Psalmen, 44.

schluß dabei fortgefallen. Die v.13-23 sind - völlig anders
als die v.2-12 - ganz von der Gewißheit der Erhörung geprägt;
klagende Elemente sind äußerst selten[5].

Eine nochmalige und in sich mehrschichtige Erweiterung stellen sodann die v.24-29 dar, die durch eine erneute individuelle Klage (v.24-25a) vom vorhergehenden Teil abgesetzt sind[6].
Die v.24f. greifen den durch die Zusammenstellung der v.2-12
und 13-23 hergestellten Kontrast: Vergänglichkeit des Menschen,
Unvergänglichkeit Jahwes (v.24-25a - v.25b // v.12 - v.13) auf.
Von ihnen heben sich wiederum die folgenden v.26-28 insofern
ab, als sie der Unvergänglichkeit Jahwes nicht die Vergänglichkeit des *Menschen*, sondern die Vergänglichkeit seiner
Schöpfung entgegensetzen, andererseits als einem weiteren
gleichberechtigten Thema, das im Vorangehenden ohne Parallele
ist, von der *Unveränderlichkeit* Jahwes handeln[7]. An die v.26-
28 ist dann der schlecht passende v.29 angefügt worden, der
nun, vielleicht im Blick auf die v.13-23 (sowohl in v.15a als
auch in v.29a steht עבדיך), die Dauerhaftigkeit der Generationen der Knechte Jahwes feststellt[8].

---

4 So auch J.Becker, Israel deutet seine Psalmen, 44; Kittel, Nötscher.

5 Zwischen den v.2-12 und 13-23 scheiden literarkritisch z.B. auch J.Bek-
  ker, Israel deutet seine Psalmen, 43f.; Briggs, Duhm, Eerdmans, Herkenne, Kittel, Nötscher, Oesterley, Schmidt.

6 Auch J.Becker, Israel deutet seine Psalmen, 43; Eerdmans, Herkenne, Kittel, Nötscher, Oesterley, Schmidt setzen sie (öfters zusammen mit den
  folgenden Versen) vom Vorangehenden ab, verbinden sie jedoch zum Teil
  mit den v.2-12. Duhm läßt sie auf v.21 folgen und stellt die v.23f. an
  den Schluß, hält allerdings die v.24-25a für sekundär und zieht dies
  auch v.25b in Erwägung.

7 V.25b, der mit der Formulierung בדור דורים auf das לדר ודר in v.13b zurückweist, darf also nicht mit ihnen verbunden werden. Kissane zieht aus
  der angenommenen Zusammengehörigkeit der v.25b-28 weitreichende, aber
  durchaus nicht überzeugende Konsequenzen für die Gliederung der v.26f.:
  Es müsse in ihnen - eben wegen v.25b - neben der Unvergänglichkeit Jahwes über das Ende der Schöpfung *hinaus* auch um sein Dasein *vor* der Erschaffung der Erde gehen; deshalb konjiziert er לפנים am Anfang von v.26
  in לפני-יום ("before the day") und verbindet v.26a mit v.25b sowie v.26b
  mit v.27aα, womit er den klar erkennbaren Parallelismus der v.26a und
  26b (siehe auch S.75 [3]) zerstört. - Ob die inhaltlich abgerundeten v.
  26-28 einem Hymnus entnommen sind (nach G.Bickell, Carmina Veteris Testamenti metrice, 70, handelt es sich bei den v.*24*-28 um ein Fragment,
  dessen Anfang und Schluß nicht erhalten sind; für Briggs, der die v.24-
  25a sowie v.*25b*-28 als Glossen zweier verschiedener Verfasser ansieht,
  bildet die letztere "doubtless a fragment of a choice Ps. which has been
  lost") oder eine Erweiterung darstellen (L.Vosberg, Studien zum Reden
  vom Schöpfer in den Psalmen, 37f., beurteilt die v.26-28 als hymnische
  Erweiterung des v.25b), ist nicht mehr zu entscheiden.

Es geht nicht an, über die starken Spannungen im Text mit
formgeschichtlichen Erwägungen und Erklärungen leichten Schritts
hinwegzugehen[9]. Wohl finden sich in individuellen Klageliedern
Erinnerungen an Jahwes einstige Taten sowie mehrmals wiederkehrende klagende Partien, was beides den Rahmen eines solchen
Gebets nicht sprengt, doch ist die Verbindung mit einem Abschnitt, der sich mit keinem Wort mehr auf das persönliche Ergehen, das bislang im Mittelpunkt stand, sondern auf äußere
Zustände, die das ganze Volk betreffen, bezieht, ganz ungewöhnlich und ohne jede Parallele. Sind aber die v.13-23 als
literarisch sekundär erwiesen, dürften in den folgenden Versen
weitere Ergänzungen vorliegen, die wohl zum Teil den Zweck hatten, die offensichtliche Mehrschichtigkeit der v.2-23 zu ka-
schieren und beide Teile miteinander zu verknüpfen (vgl. insbesondere die v.24f.).

12.1 Der Text

26   Früher einmal hast du die Erde gegründet[a].
      Der Himmel ist das Werk deiner Hände.

27   *Sie* werden vergehen.
      Du wirst bleiben.

      Sie werden allesamt wie ein Kleid zerfallen.
      Wie ein Gewand wirst du sie wechseln, und sie werden dahin-
                                                    [fahren.
28   *Du* aber bleibst derselbe.
      Deine Jahre enden nie.

   a Passivisches נוסדה ist nur von Q bezeugt und wegen des ידיך in v.25b
(ebenfalls 2.Person Singular) kaum die ursprünglichere Lesart.

12.2 Aufbau, Inhalt, Absicht

   Der Aufbau der v.26-28 ist klar zu durchschauen. Sie bestehen

---

8 Auch Eerdmans hält v.29 für eine spätere Hinzufügung; Briggs und Herkenne
  verbinden ihn mit den v.13-23.
9 Gegen Gunkel, Kraus.

aus vier einander jeweils zugeordneten Doppelzeilen.

Das erste Zeilenpaar (v.26) handelt von der Gründung der Erde und dem Himmel als dem Werk der Hände Gottes. Offensichtlich ist die Schöpfung der ganzen Welt in allen ihren Teilen
gemeint.

V.26 bildet gleichsam den Auftakt zur Antithese des v.27aα,
dessen Sätze jeweils im folgenden entfaltet werden. Die Vergänglichkeit der geschaffenen Welt und das Bleiben Gottes sind
einander durch die Verwendung der Personalpronomina, die durch
Inversion am Anfang beider Zeilen zu stehen kommen, und den
völlig parallelen Aufbau beider Sätze scharf gegenübergestellt

Die v.27aβ.b und 28 beziehen sich jeweils auf v.27aα zurück:
Die beiden Zeilen des v.27aβ.b handeln von der Schöpfung und
vergleichen sie mit einem Kleid, knüpfen also an v.27aα$_1$ an,
v.28 handelt von Gott und knüpft damit an v.27aα$_2$ an. Diese
Erläuterungen des v.27aα sind jedoch in mehrfacher Weise auch
untereinander eng verbunden. Äußerlich sind sie zunächst darin
als zusammengehörig gekennzeichnet, daß alle vier Zeilen auf
den Vokal "u" enden. Dies beweist, daß das zweite Verb des v.
27b zum Vorangehenden und nicht zum Folgenden gehört[10]; dafür
spricht im übrigen auch die Paronomasie mit dem vorangehenden,
von der gleichen Wurzel gebildeten תחליפם[11]. Inhaltlich entfalten die v.27aβ.b.28 den v.27aα in zwei Richtungen: Einerseits stellen sie der Vergänglichkeit der Schöpfung (sie wird
zerfallen wie ein Kleid) die Unvergänglichkeit Jahwes (v.27aβ.
28b), andererseits der Wandelbarkeit der Schöpfung (sie wird
wechseln, wie man ein Kleid wechselt) die Unwandelbarkeit Jahwes (v.27b.28a) gegenüber. So sind sie einander auch chiastisch
zugeordnet.

12.3 Die mythischen Elemente

26   Früher einmal hast du die Erde gegründet.
      Der Himmel ist das Werk deiner Hände.

---

10 Anders z.B. H.Bardtke (BHS), Kissane, Kraus.
11 Vgl. Gunkel, der ויחלפו jedoch trotzdem streicht und fälschlich v.27b
   und 28a als erste Halbzeile mit v.28b als zweiter Halbzeile verbindet.

Näherer Erläuterung bedarf die mit anderen, im ersten Teil
dieser Arbeit behandelten nicht ohne weiteres vergleichbare
Zeitbestimmung לפנים[12].

Dieses Adverb begegnet - durchweg in temporaler Bedeutung -
19mal im Alten Testament[13]. Es bezieht sich immer auf einen
abgeschlossen in der Vergangenheit liegenden Tatbestand oder
eine Praxis, dem ein veränderter oder allenfalls erneuerter
gegenwärtiger Tatbestand oder Brauch implizit oder explizit
gegenübergestellt ist (vgl. Dtn 2,10.12.20: jeweils frühere
Besiedlung; Jos 14,15; 15,15; Jdc 1,10.11.23: jeweils früherer Name einer jetzt anders genannten Stadt; I Sam 9,9 [2mal]:
früher Seher, jetzt Prophet; I Chr 4,40: frühere Bewohner).
In Jos 11,10; Ruth 4,7; Neh 13,5 (vgl. v.7-9); I Chr 9,20 geht
es um einen früheren Zustand oder Brauch, die in der Gegenwart
nicht mehr anzutreffen oder beseitigt worden sind. Umgekehrt
besagen Jdc 3,2 und II Chr 9,11, daß das, was jetzt ist, in
der Vergangenheit noch nicht bestanden hat.

לפנים steht also nicht für Kontinuität, sondern für Diskon-
tinuität, es bezeichnet nicht einen Anfang, der einen Tatbestand geschaffen hat, in dem man jetzt lebt und weiter leben
wird, sondern weist auf eine zurückliegende Gegebenheit, die
durch einen neuen, gewöhnlich bis in die Gegenwart reichenden
Zustand abgelöst worden ist. Nur in Hi 42,11 ("frühere Bekann-
te" Hiobs) ist gemeint, daß ein früherer Zustand wiederherge-
stellt wird; doch es geht auch hier um die Anknüpfung an eine
frühere, zwischenzeitlich unterbrochene Gegebenheit. So wird
man am besten mit "früher einmal" übersetzen, um die Abgeschlos-
senheit des einst Gewesenen hervorzuheben, die für לפנים kennzeichnend ist.

Der Gebrauch gerade dieses Zeitadverbs entspricht dem Inhalt
von Ps 102,26-28: Offensichtlich ist hier nicht, wie in anderen mythischen Texten, nur die Urzeit selbst bezeichnet; vielmehr geht es in diesem Fall auch um die Zeit des *Bestehens* der
Schöpfungswerke, wobei jedoch - darauf weist die besondere Zeitbestimmung hin - ihre Aufhebung bereits impliziert ist. Ihre

---

12 Zum Verb יסד siehe oben S.70f., zu מעשה oben S.76f. und zu den Themen
   "Entstehung der Erde" und "Errichtung der Himmelsfeste" die Exkurse 3
   (S.98f. und Tabelle III) und 1 (S.74-76 und Tabelle I).
13 In Hi 17,6 ist nach G, S und V in לפניהם zu korrigieren.

Vergänglichkeit, ihren sozusagen periodischen Charakter betonen aber gerade die v.27f.

12.4 Die Funktion der mythischen Elemente

Die den Abschnitt eröffnenden mythischen Sätze des v.26 stehen in einem eigentümlichen, im Alten Testament sonst nicht
mehr anzutreffenden Zusammenhang: Angekündigt schon durch die
einleitende Zeitbestimmung, betonen die dem ansonsten durchaus traditionell formulierten v.26 folgenden Zeilen nicht die
Dauerhaftigkeit und Unwandelbarkeit der Schöpfungswerke Jahwes
(wie etwa Ps 78,69; 148,6), sondern stellen der Schöpfung der
Welt ihr Ende gegenüber und betonen gerade die Determiniert-
heit der (noch) bestehenden Schöpfungswerke. Insgesamt *kontrastieren* die mythischen Sätze somit die Unvergänglichkeit
und Unwandelbarkeit Jahwes.

Darauf, daß der Vergleich mit dem Wechsel des Gewands in v.
27b nicht auf eine Neuschöpfung der Welt anspielt[14], sondern
allein das *Ablegen* des Gewands als tertium comparationis anzusehen ist, weisen die eindeutig antithetische Formulierung des
v.27aα, aber auch das ויחלפו gerade am Ende des v.27b hin. Die
zugrunde liegende Vorstellung ist auf den Einfluß apokalypti-
schen Denkens zurückzuführen, das mit der völligen Aufhebung
der bestehenden Welt rechnete.

12.5 Datierung

Der Vergleich des Vergehens mit dem Zerfallen eines Kleides
findet sich sonst nur noch in deuterojesajanischen Texten: in

---

14 S.Mowinckel, Psalmenstudien II, 163, denkt an eine kultische Neuschöpfung: "Wenn die Welt alt und zerfallen geworden ist, so kommt der Schöpfer und König Jahwä im Fest und schafft sie wieder neu, flößt ihr neue
   Kräfte ein." "Von einem katastrophalen Weltuntergange steht hier nichts
   nur von dem immer sich wiederholenden Altwerden und 'Vergehen' der Welt
   redet der Dichter." Nach diesem Verständnis stünde also dem Untergang
   der Welt die Unvergänglichkeit Jahwes nicht antithetisch *gegenüber*, sondern Zerfall und Neuschöpfung der Welt *entsprächen* der Ewigkeit Jahwes.

Jes 51,6, hier jedoch allein auf das Vergehen der Erde, und
in Jes 50,9, hier auf die Widersacher des Propheten bezogen
(die Formulierung des letzteren Textes stimmt bis auf das Subjekt vollkommen mit Ps 102,27aβ überein, und auch in dem zuerst genannten ist neben בֶּגֶד das Verb בלה verwendet), doch
klingt in Ps 102,26-28 keine eschatologische Hoffnung an (ganz
anders in Jes 51,1-8), so daß aufgrund des bereits apokalyp-
tisch-deterministischen Weltbildes des Verfassers dieser Verse
mit einer nachexilischen Entstehung zu rechnen ist (vgl. auch
Jes 34,3b.4; Hi 14,12aβ).

13. Psalm 103

13.1 Der Text

1   Preise, meine Seele, Jahwe,
      und alles in mir seinen heiligen Namen!

2   Preise, meine Seele, Jahwe,
      und vergiß nicht all seine Taten:

3   der all deine Vergehen vergibt,
      der all deine Krankheiten heilt,

4   der dein Leben aus der Grube befreit,
      der dich mit Güte und Erbarmen krönt,

5   der dein 'Leben'[a] mit Gutem sättigt,
      so daß sich deine Jugend wie ein Adler erneuert.

6   Jahwe schafft Gerechtigkeit
      und allen Unterdrückten Recht.

7   Er hat Mose seine Wege mitgeteilt,
      den Israeliten seine Taten.

8   Barmherzig und gnädig ist Jahwe,
      langmütig und von großer Güte.

9   Er rechtet nicht ohne Ende
      und zürnt nicht für alle Zeit.

10   Nicht gemäß unseren Verfehlungen handelt er an uns,
      und nicht gemäß unseren Vergehen vergilt er uns.

11   Vielmehr: Wie sich der Himmel über die Erde wölbt,
      so mächtig[b] ist seine Güte über denen, die ihn fürchten.

12   So weit wie der Sonnenaufgang vom Sonnenuntergang entfernt
                                                       [ist,
      so weit entfernt er unsere Verbrechen von uns.

13 Wie sich ein Vater über seine Kinder erbarmt,
    so erbarmt sich Jahwe über die, die ihn fürchten.

14 Denn *er* weiß, was für Geschöpfe wir sind.
    Er denkt daran, daß wir nur Staub sind.

15 Die Tage des Menschen sind wie Gras.
    Er blüht wie die Blume des Feldes.

16 Aber wenn der Wind darüber weht, ist sie nicht mehr da.
    Der Ort, an dem sie stand, kennt sie nicht mehr.

17 Doch Jahwes Güte ist allezeit ''[c] über denen, die ihn
    und seine Gerechtigkeit mit den Kindeskindern,   [fürchten

18 mit denen, die seine Verpflichtung beachten
    und an seine Anweisungen denken, um danach zu handeln.

19 Jahwe hat seinen Thron im Himmel errichtet[d],
    und seine Königsherrschaft regiert alles.

20 Preist Jahwe, 'all'[e] seine Boten,
        ihr starken Helden, die ihr sein Wort ausführt ''[f]!

21 Preist Jahwe, all seine Heerscharen,
        seine Diener, die ihr seinen Willen tut!

22 Preist Jahwe, all seine Werke,
        an allen Orten seiner Herrschaft!

    Preise, meine Seele, Jahwe!

    a Das masoretische עדיך ("der *deinen Schmuck* sättigt mit Gutem") ist ver-
derbt. Am besten ist wohl in עֹדְכִי ("dein Leben"; vgl. Ps 104,33; 146,2) zu
korrigieren[1]. Andere lesen מַשְׂבִּיעֵכִי טוֹב וְעַד־דְּיֵכִי ("der dich reichlich sättigt mit Gutem")[2], doch spricht die größere Zahl der erforderlichen Konjekturen eher gegen diesen Vorschlag[3].
    b G (ἐκραταίωσεν) bezeugt ebenfalls die Konsonanten גבר, so daß es nicht
nötig ist, gemäß v.11a in גָּבַה zu korrigieren[4].

---

1 So z.B. auch Briggs, K.Budde, Zum Text der Psalmen, 192; Herkenne, Kissane, Kraus, Schmidt; vgl. H.Bardtke (BHS), F.Buhl (BHK).
2 So etwa F.Delitzsch, Die Lese- und Schreibfehler im Alten Testament,
  §107a.4a*; Gunkel; vgl. H.Bardtke (BHS), F.Buhl (BHK).
3 A.A.Macintosh, A Third Root עדה in Biblical Hebrew?, 467.469, leitet
  עדיך von einer Wurzel עדה III her und übersetzt v.5a: "Who enricheth /
  maketh abundant thy sustenance with good".

c V.17a ist überfüllt: Zumindest מעולם ו- ist wohl zu streichen[5] (oft
wird darüber hinaus noch על-יראיו als Zusatz angesehen[6] oder in der Form
ליראיו an den Anfang von v.18 gestellt[7]). Auch v.17b spricht nur von der
Zukunft.

d Eine Streichung des הכין[8] hat keinen Anhalt an der Textüberlieferung.
Die Konjektur gleicht an Ps 11,4aß an, den wiederum wenige masoretische
Handschriften durch Einfügung eines הכין an Ps 103,9 angepaßt haben.

e Vor מלאכיו ist mit vier masoretischen Handschriften und G gemäß v.21f.
und entsprechend Ps 148,2a ein כל- einzufügen.

f Die Wörter לשמע בקול דברו fehlen in S und dürften als Glosse auszuscheiden sein.

13.2 Aufbau, Inhalt, Absicht

Ps 103 weist keinen regelmäßigen Strophenbau auf[9]. Dennoch
lassen sich formal und inhaltlich mehrere Abschnitte und Unterabschnitte voneinander abheben.

Die v.1-5 und 20-22 rahmen den Psalm. Durch den jeweils identischen Vordersatz werden die v.1f. zusammengehalten, in denen
sich der Sänger selbst zum Lobpreis auffordert. Es folgen fünf
Partizipialsätze (wobei die determinierte Partizipialform jeweils am Anfang steht), die von der Errettung aus Sünde, Krank-
heit und Tod sowie von den reichen Gnadengaben Jahwes erzählen,
und ein wohl final zu verstehender Nachsatz (v.3-5)[10].

Die v.6 und 7 handeln davon, daß Jahwe den Unterdrückten
Recht schafft und Mose und den Israeliten seine Pläne und Vorhaben mitgeteilt hat. Beide Verse sind vermutlich nicht als

---

4 So H.Bardtke (BHS), A.Bertholet (HSAT[K]), K.Budde, Zum Text der Psalmen, 192; F.Delitzsch, Die Lese- und Schreibfehler im Alten Testament,
  § 116c; Duhm, Gunkel, Kraus, Weiser; vgl. F.Buhl (BHK), W.Th. In der
  Smitten 16 Anm.3.
5 So z.B. auch Baethgen, H.Bardtke (BHS), G.Bickell, Carmina Veteris Testamenti metrice, 71; K.Budde, Zum Text der Psalmen, 192; F.Buhl (BHK),
  Duhm, Herkenne, Kittel, Kraus, Weiser.
6 So Baethgen, G.Bickell, Carmina Veteris Testamenti metrice 71; Briggs,
  Duhm, Gunkel; vgl. F.Buhl (BHK).
7 So H.Bardtke (BHS), Kraus, Schmidt.
8 Vgl. Staerk, Weiser.
9 Falls es sich um ein alphabetisierendes Lied handelt (so etwa G.Bickell,
  Carmina Veteris Testamenti metrice, 71; Herkenne) - Ps 103 enthält 22
  Verse und einen Halbvers (v.22b) -, könnte dies auch damit zusammenhängen.
10 Da die Partizipien der v.3-5 von dem in den v.1f. genannten Jahwe abhängen, stellen sie nicht bereits ein erstes Hauptstück dar (so Kraus,
  der die v.6-18 als zweites Hauptstück bezeichnet), sondern gehören noch
  zum Rahmen.

Einzelaussagen zu beurteilen. Zum einen könnte in v.6 zumindest *auch* an die Befreiung von der Unterdrückung in Ägypten gedacht sein, zum anderen scheint im Hauptteil des Psalms Jahwe namentlich immer nur am Beginn neuer Abschnitte genannt zu werden[11], so in den v.6.8.13.17.19, die meist eine Art Überschrift bilden[12]. Somit dürfte v.7 mit v.6 zu verbinden sein.

Jahwes große Vergebungsbereitschaft stellen sodann die v.8-12 heraus. Die grundsätzliche Feststellung von v.8 wird in den v.9-12 entfaltet, wobei den vier jeweils mit לא(ו) eingeleiteten Sätzen der v.9f. die mit כי eröffneten und jeweils mit einem Vergleich beginnenden v.11f. folgen.

Im nächsten Abschnitt (v.13-16) wird Jahwes Erbarmen (v.13) in den v.14-16 mit seinem Wissen um die Geschöpflichkeit des Menschen begründet: Des Menschen Tage sind kurz und vergehen schnell.

Dem stellen die v.17f., eingeleitet durch ein waw-adversativum, die Güte und Gerechtigkeit Jahwes gegenüber, die denen gelten, die ihn fürchten und seine Gebote beachten.

V.19 spricht in einem ganz anderen Ton als das Vorangehende und steht mit ihm in keiner direkten Verbindung[13]. Vielleicht soll er zu den abschließenden v.20-22 überleiten[14]. Er handelt von Jahwes Thron im Himmel, dem Ort, dem auch die Boten und Heerscharen Jahwes zugehören (vgl. v.20f.), und seiner Herrschaft über alles (vgl. v.22a; auch könnte dem Nomen מלכות in v.19b das in v.22aβ gebrauchte ממשלת entsprechen; vgl. Ps 145, 13).

Die v.20-22a werden durch die jeden Vers einleitenden Wörter ברכו יהוה sowie überhaupt durch ihre - wie in den v.2-5 mit Ausnahme des letzten Versteils (v.22aβ) - parallele Struktur[15]

---

11 Ähnliches ließ sich für Ps 33 wahrscheinlich machen (siehe oben S.104ff.).
12 Die den Hauptteil betreffenden Einteilungsversuche weichen zum Teil stark voneinander ab; Dahood unterteilt in v.6-10/11-18, Gunkel in v.6-13/14-16/17/18/19f., Kissane in v.6-9/10-14/15-18, Kittel in v.6-13/14-18, Nötscher in v.6-10/11-19, N.H.Parker 193 und W.Th.In der Smitten 18 in v.6-10/11-14/15-18, Weiser in v.6-13/14-18 (zu Kraus siehe oben S.198 Anm. 10).
13 Gegen Nötscher, der ihn mit den v.17f. bzw. 11-18 zusammenstellt. Sehr scharf stellt Duhm den Neueinsatz heraus.
14 Nach Baethgen dient die "Erwähnung der Weltherrschaft Jahves" in v.19 "als Einleitung und Grundlage" für den Lobpreis; vgl. auch Hupfeld - Nowack, Keßler.

zusammengehalten[16]. Sie rufen Jahwes Boten, seine himmlischen
Heerscharen und seine Werke zum Lobpreis auf[17]. - Eine mit der
v.1a.2a identische Selbstaufforderung (v.22b) beendet den Psal
Der von einem einzelnen, jedoch im Namen von Jahwefürchtigen
verfaßte Psalm (vgl. die 1.Person Plural in den v.10.12.14)[18]
besingt Jahwes Güte und Erbarmen: 4mal, in v.4.8.11 und 17, be
gegnet das Nomen חסד, ebensooft, in den v.4.8 und 13 (2mal),
ein vom Stamm רחם gebildetes Wort. Die Barmherzigkeit Jahwes
erweist sich insbesondere durch die Vergebung der Schuld (v.3a
und 9-12) und gilt all denen, die ihn fürchten (v.11.13.17)
und seinen Willen tun (v.18), was für Jahwes Boten und Heerscharen selbstverständlich ist (v.20f.), ja worin geradezu ihre Eigenschaft zu bestehen scheint (vgl. die Partizipien in
diesen Versen). V.19 greift über Jahwes vertrautes Verhältnis
zu bestimmten Menschen oder Menschengruppen (zu einem einzelnen in den v.3-5, zu Israel in v.7 und zu denen, die ihn fürch
ten, in den v.8-18), das bisher - sieht man von den allgemein
vom Menschen handelnden Passagen der v.15f. einmal ab - allein
im Blick war, noch hinaus: Jahwe herrscht als König über die
ganze Welt.
Alle Aussagen des Psalms sind allgemein-grundsätzlicher Art[1]
worauf die herausragenden v.6.8.13.17 und 19 deutlich hinweisen.

---

15 Es folgen einander jeweils: כל + Nomen im Plural mit singularischem Suf
   fix der 3.Person, sodann im zweiten Versteil mit Ausnahme von v.22aß ei
   pluralisches Nomen, die Form עשׂה und ein singularisches, mit dem Suffix
   der 3.Person Singular verbundenes Nomen.
16 V.19 darf deshalb nicht ohne weiteres mit ihnen verbunden werden (so
   z.B. Dahood, Delitzsch, Gunkel, Kissane, Kittel, Kraus, McCullough -
   Taylor, Schmidt, Weiser).
17 Es besteht kein Grund, sie als liturgische Glosse auszuscheiden (so
   Briggs, zusammen mit v.19).
18 Vgl. F.Crüsemann, Studien zur Formgeschichte von Hymnus und Danklied in
   Israel, 304.
19 So mit F.Crüsemann, Studien zur Formgeschichte von Hymnus und Danklied
   in Israel, 303, gegen Kraus, der die v.3-5 auf die persönliche Situation des Beters bezieht und geneigt ist, auch aus den v.6.9 und 10 Rück-
   schlüsse auf das Erleben des Sängers zu ziehen, und gegen N.H.
   Parker 193.

13.3 Die mythischen Elemente

19   Jahwe hat seinen Thron im Himmel errichtet,
      und seine Königsherrschaft regiert alles.

Daß Jahwe seinen Thron im Himmel errichtet hat, erzählt nur
Ps 103,19a. Da dies vor aller Zeit stattgefunden haben muß,
steht Jahwes Thron doch fest von Anbeginn (Ps 93,2a), von Generation zu Generation (Thr 5,19), immer und ewig (Ps 45,7),
liegt gleichwohl mythische Rede vor, die die Konstituierung
eines dauernd gültigen Zustands beschreibt.

Von Jahwes Thron ist 24mal im Alten Testament die Rede. Daß
er sich im Himmel befindet, sagen explizit neben Ps 103,19
I Reg 22,19 = II Chr 18,18 (daß der Thron Jahwes hier als von
den himmlischen Heerscharen umgeben geschildert wird, erinnert
an Ps 103,21) und Ps 11,4 (vgl. auch Jes 14,13), implizit aber
auch Jes 6,1[20]; Ez 1,26 (2mal); 10,1; Ps 45,7; 47,9; 89,15;
93,2; 97,2; Thr 5,19; Dan 7,9 (2mal)[21]; Jes 66,1 betont, daß
der Himmel selbst der Thron Jahwes sei, und opponiert gegen
das Vorhaben, ihm einen Tempel zu errichten. - Daneben ist mehrfach die Vorstellung bezeugt, daß sich der Thron Jahwes im Je-
rusalemer Tempel befinde, so in Jer 14,21; 17,12; Ez 43,7 und
wohl auch in Ps 9,5.8 (vgl. v.12 und trotz Ps 10,5, wo Textverderbnis vorliegen und statt von Jahwes "Gerichten" von seinen
"Satzungen" die Rede gewesen sein dürfte[22]); Jerusalem selbst
wird einmal "Thron Jahwes" genannt (Jer 3,17). - Nach Jer 49,
38 wird Jahwe seinen Thron in Elam zum Gericht aufstellen. Während dort für das Aufrichten des Throns das Verb שׂים verwendet
ist, gebrauchen Ps 9,8 wie Ps 103,19 das Verb כון (pol. bzw.
hi.[23]).

Die Vorstellung, daß Jahwe einst seinen Thron im Himmel errichtet hat, ist nach Ps 103,19b Begründung und Ausdruck für
seine "alles" regierende Weltherrschaft[24].

---

20 Es ist zwar umstritten, ob hier vom irdischen Tempel oder der himmlischen Wohnstätte Jahwes die Rede ist, doch scheint mancherlei für das
   letztere zu sprechen (vgl. H.Wildberger, BK X/1, 245f.; O.Kaiser, ATD
   17, 58, spricht sich dagegen für die erste Möglichkeit aus).
21 Hi 26,9a ist verderbt (vgl. G.Fohrer, KAT XVI, 382).
22 Vgl. Gunkel.
23 Siehe zu letzterem oben S.120.
24 M.Metzger, Himmlische und irdische Wohnstatt Jahwes, 155 Anm.46, be-

13.4 Die Funktion der mythischen Elemente

V.19 nimmt eine eigentümliche Zwischenstellung ein: Einerseits markiert er durch die Nennung Jahwes einen Neueinsatz
innerhalb des Hauptteils, der jedoch schärfer ist als der durc
die v.6.8.13 und 17 bezeichnete, denn die gemeinsame Thematik
der durch sie eingeleiteten Abschnitte (die Barmherzigkeit und
Verbundenheit Jahwes) wird nicht mehr aufgenommen[25], andererseits ist er auch von den v.20ff. abzusetzen. Jetzt ist nicht
mehr von der Zuwendung Jahwes zu denen, die ihn fürchten, die
Rede, sondern er wird als der die ganze Welt regierende König
verherrlicht. Nun erst tritt eine mythische Vorstellung auf
den Plan: Die universalistische Aussage des v.19b wird damit
begründet und veranschaulicht, daß Jahwe seinen Thron im Himmel errichtet hat. So leitet v.19 über zu dem den Psalm abschließenden allumfassenden Gotteslob.

13.5 Datierung

Die nachexilische Entstehungszeit des Liedes ist nicht umstritten.

---

merkt in diesem Zusammenhang: "Daß der Thron als Manifestation der Herrschermacht verstanden wurde, zeigt sich u.a. darin, daß 'Thron' und 'Königsherrschaft' (*mmlkh, mmlkt, mlkwt*) synonym gebraucht werden können
(2 Sa 7,16; Jes 9,6; Ps 103,19; vergl. auch 1 Kön 2,45 mit V.46!). Die
Wendung 'den Thron aufrichten' (*śjm, ntn, kwm* hi.) bezeichnet das Aufrichten der Herrschermacht (2 Sa 3,10; 1 Kön 9,5; Jer 1,15; 43,10; 49,
38)."
25 Weder wird v.19 durch die vorhergehenden Aussagen über die Unendlich-
keit der göttlichen Gnade und Gerechtigkeit vorbereitet (so Keßler), da
diese dort nicht auf alle Menschen (die aber v.19 im Blick hat), sonderr
nur auf die Jahwefürchtigen bezogen war, noch ist eine immer großarti-
ger ansteigende Linie, die in den v.19-22 ihren Höhepunkt erreicht (so
Gunkel), feststellbar; die Aussagen der v.6-18 bewegen sich vielmehr
im wesentlichen auf derselben Ebene.

14. Psalm 104

14.1 Der Text

1   Preise, meine Seele, Jahwe!
    Jahwe, mein Gott, du bist sehr groß.

      Du bist mit Herrlichkeit und Erhabenheit gekleidet.
2   Du bist in Licht gehüllt^a wie in einen Mantel.

        Der den Himmel wie eine Zeltdecke ausgespannt hat^b.
3   Der sich im Wasser seine Obergemächer gezimmert hat.

        Der Wolken zu seinem Wagen macht.
        Der auf den Flügeln des Windes einherfährt.

4   Der Winde zu seinen Boten macht,
        Feuer und Lohe^c zu seinen Dienern.

5   Er hat die Erde auf ihre Pfeiler gegründet,
    so daß sie nie und nimmer wankt.

6   Die Urflut 'hat sie' wie ein Kleid 'bedeckt'^{d}.
        Über den Bergen hat das Wasser gestanden.

7   Vor deinem Schelten ist es geflohen.
        Von deiner donnernden Stimme ist es fortgetrieben
                                  [worden.
8   Es ist die Berge hinauf-, die Täler hinabgestiegen
        an den Ort, den du ihm bestimmt hast.

9   Du hast ihm eine Grenze gesetzt, die es nicht über-
        Es darf die Erde nicht noch einmal   [schreiten darf.
                                  [bedecken.

10   Der Quellen in die Täler entläßt -
      zwischen den Bergen fließen sie dahin.

11   Sie tränken alle Tiere des Feldes.
        Wildesel stillen ihren Durst.

12   An ihnen wohnen die Vögel des Himmels.
            Aus ihrem dichten Laub lassen sie ihre Stimme erklin
                                                              [gen

13   Der von seinen Obergemächern her die Berge tränkt.
      'Vom Naß deiner Kammern'^{e} wird die Erde satt.

14   Der für das Vieh Gras sprossen läßt
      und Saatgut für die Arbeit der Menschen,

            daß sie Brot aus der Erde gewinnen
15   und Wein, der das Herz der Menschen erfreut,

            daß sie durch Öl ihr Gesicht zum Glänzen bringen
            und Brot das Herz der Menschen stärke.

16   Die Bäume Jahwes werden satt,
            die Zedern des Libanon, die er gepflanzt hat.

17   Dort nisten die Vögel.
            Der Storch hat sein Haus 'in den Wipfeln'^{f}.

18   Hohe Berge gehören den Steinböcken.
            Felsen sind für die Klippdachse eine Zuflucht.

19   Er hat den Mond zur Zeiteinteilung geschaffen.
      Die Sonne kennt^j ihren Untergang.

20   Läßt du es finster werden, wird es Nacht.
            In ihr regt sich alles Getier des Waldes.

21   Die jungen Löwen brüllen nach Raub,
            verlangen von Gott ihre Nahrung.

22   Wenn die Sonne aufgeht, verschwinden sie wieder,
            liegen in ihren Verstecken.

23   Der Mensch zieht aus zu seinem Tagwerk,
            zu seiner Arbeit bis zum Abend.

24   Wie zahlreich sind deine Werke, Jahwe.
      Du hast sie alle in Weisheit gemacht.
      Die Erde ist voll von deinen Schöpfungen.

25   Da ist das Meer, groß und weit.

            Dort ist Getier ohne Zahl,

kleine Lebewesen mit großen.

26   Dort ziehen Schiffe[h] ihre Bahn,

Liwjatan, den du geschaffen hast,

um mit ihm zu spielen.

27   Sie alle warten auf dich,

daß du ihnen zur rechten Zeit ihre Nahrung gibst.

28   Wenn du ihnen gibst, sammeln sie auf.

Wenn du deine Hand öffnest, werden sie satt an Gutem.

29   Wenn du dein Angesicht verbirgst, erschrecken sie.

Wenn du ihren[i] Odem einziehst, sterben sie

und werden wieder zu Staub.

30   Wenn du deinen Odem aussendest, werden sie geschaffen.

Du erneuerst das Angesicht der Erde.

31   Jahwes Ehre währe allezeit!

Jahwe freue sich an seinen Werken!

32   Der die Erde anblickt, daß sie zittert,

die Berge anrührt, daß sie rauchen.

33   Ich will Jahwe singen, solange ich lebe!

Ich will meinem Gott spielen, solange ich bin!

34   Möge ihm mein Dichten gefallen! –

Ich freue mich an Jahwe.

35   Mögen die Sünder von der Erde verschwinden

und die Frevler nicht mehr sein!

Preise, meine Seele, Jahwe!

Hallelu-Jah!

a Die Form עטה dürfte gemäß dem parallelen v.1b in חָעֲטֶה zu konjizieren sein[1].

b Wegen des parallelen המקרה in v.3aα ist statt נוטה besser הנוטה zu lesen[2].

---

1 So z.B. F.Crüsemann, Studien zur Formgeschichte von Hymnus und Danklied in Israel, 287 Anm.2; Gunkel, Herkenne, Kraus; vgl. H.Bardtke (BHS), F. Buhl (BHK).

2 So z.B. F.Delitzsch, Die Lese- und Schreibfehler im Alten Testament,

c Das masoretische אש להט dürfte verderbt sein, da אש feminin ist. Q bezeugt die grammatikalisch richtige Form לוהטת (vgl. auch G: πῦρ φλέγον),
doch ist wegen des pluralischen משרתיו eher ursprüngliches וְלָהַט אֵשׁ anzunehmen[3].

d Das maskuline Suffix in כסיתו kongruiert nicht mit dem femininen ארץ
in v.5, auf das es sich beziehen müßte. α', ϑ', Hier, T lesen denn auch
[ה]כִּסָּתָה ("du hast sie bedeckt"), doch sind die Wasser im folgenden deutlich
als selbständiges (und jahwefeindliches) Element vorgestellt[4] und bilden
in den sich unmittelbar anschließenden v.6b-8 sowie in den v.9aβ.b das
Satzsubjekt. Am besten ist deshalb in כִּסָּתָה zu konjizieren[5].

e Das masoretische מפרי מעשיך ("von der Frucht deiner Werke") scheint
verderbt zu sein. An Korrekturen werden u.a. vorgeschlagen: מִפְּרִי שָׁמֶיךָ
("von der Gabe deines Himmels")[6] oder מְרִי אֲסָמֶיךָ ("vom Naß deiner Kammern")
Für letzteres spricht der Parallelismus. Das Nomen אָסָם ist in Dtn 28,8a und
Prov 3,10a bezeugt.

f Hier ist wohl G zu folgen, die v.17b mit τοῦ ἐρωδιοῦ ἡ οἰκία ἡγεῖται
αὐτῶν wiedergibt und damit anstelle von masoretischem ברושים ursprüngliches
בְּרֹאשָׁם vorauszusetzen scheint[8].

g Die masoretische Punktierung stimmt mit G überein (ἔγνω). α' und σ'
(ἐγνώρισε) gleichen hinsichtlich des Subjekts an v.19a an[9].

h Vorgeschlagene Korrekturen des masoretischen אניות in אֵימוֹת ("Schreck-
nisse")[10] oder תַּנִּינִם[11] haben keinen Anhalt an der Textüberlieferung und
sind nicht notwendig erforderlich. Da v.26 einen synthetischen Parallelismus darstellt, kann eine Konjektur nicht mit einer angeblich erforderlichen
Parallelität zum Nomen לויתן in v.8b begründet werden[12].

i Statt רוחם liest Q רוחכה und gleicht damit sowohl an die Suffixe der
2.Person Singular in den v.28b.29a als auch an רוחך in v.30a an. Der masoretische Text kann jedoch beibehalten werden: Jahwe nimmt den Lebewesen
ihren von ihm eingehauchten Odem oder schenkt ihnen *seinen* Odem (vgl. Gen
2,7aβ.b).

---

§ 7b,ה; Duhm, Kraus; vgl. H.Bardtke (BHS), F.Buhl (BHK).
3 So z.B. auch A.Bertholet (HSAT[K]), G.Bickell, Carmina Veteris Testamenti metrice, 71; Briggs, Duhm, Gunkel, Herkenne, Kraus, Nötscher,
Schmidt; vgl. H.Bardtke (BHS), F.Buhl (BHK), Olshausen.
4 Vgl. Gunkel.
5 So mit Anderson, K.Budde, Zum Text der Psalmen, 192; F.Buhl (BHK), F.
Crüsemann, Studien zur Formgeschichte von Hymnus und Danklied in Israel, 287 Anm.2; Gunkel, Kissane, Kittel, Kraus, Nötscher, Schmidt, Weiser; vgl. H.Bardtke (BHS).
6 So z.B. Schmidt, Weiser.
7 So z.B. Gunkel, Kraus; vgl. H.Bardtke (BHS), F.Buhl (BHK).
8 Ursprüngliches בְּרֹאשָׁם vermuten auch Deissler, F.Delitzsch, Die Lese- und
Schreibfehler im Alten Testament, § 14b; Kissane, Nötscher; vgl. F.Buhl
(BHK).
9 Letzterer Lesart folgen z.B. Baethgen, Gunkel, Herkenne, Nötscher, Roger
son - McKay.
10 So z.B. Gunkel, Kittel, Staerk; vgl. A.Bertholet (HSAT[K]).
11 So z.B. A.Ohler, Mythologische Elemente im Alten Testament, 113 Anm.40
(jedoch fehlt ein ausdrücklicher Hinweis auf die vorgenommene Textänderung), Weiser; vgl. F.Buhl (BHK), P.Humbert 20. - S.Grill, Textkritische
Notizen, 102, hält beide Korrekturen für "sehr naheliegend".
12 So z.B. Gunkel.

14.2 Aufbau, Inhalt, Absicht

Ps 104 läßt keinen regelmäßigen Strophenbau erkennen, kann
aber in mehrere Abschnitte eingeteilt werden.
Die Selbstaufforderungen "Preise, meine Seele, Jahwe!" (v.1aα.
35γ) rahmen das Lied, der Aufruf "Halleluja!" (v.35δ) schließt
es ab. Zum Rahmen gehören weiterhin v.1aβ, der wegen der folgenden parallelen Zeilenpaare noch zu v.1aα zu rechnen sein dürfte,
sowie die v.33-35, die den Vorsatz zum unablässigen Lob Gottes
und die Sehnsucht, daß es keine Sünder auf Erden mehr geben
möge, zum Ausdruck bringen.
    Die v.1b.2a (text.emend.) leiten die Beschreibung von Jahwes
am Himmel sich zeigender Größe und Herrlichkeit ein (v.1b-4).
Von seiner Wohnung im Himmel erzählen die v.2b.3aα, während die
folgenden beiden Verspaare seine Mobilität herausstellen: Wolken und Winde stehen ihm als Gefährte (v.3aβ.b), Winde und Feu-
erflammen als Boten zur Verfügung (v.4).
    Nachdem v.5 die Festigkeit der Erde hervorgehoben hat, schil-
dern die v.6-9 ausführlich die Vertreibung und Abgrenzung des
sie einst bedeckenden Wassers durch Jahwe.
    Jahwe entläßt Quellen, die den Tieren Nahrung und Wohnstätte
bieten (v.10-12),
    Er läßt es regnen und spendet dadurch Nahrung für Pflanzen,
Vieh und Menschen. In den Bäumen nisten die Vögel (v.17 schließt
unmittelbar an v.16 an), während Berge und Felsen den Steinböcken und Klippdachsen Lebensraum bieten (v.13-18). Dieser Abschnitt ist durch die die v.13f. einleitenden Hifil-Partizipi-
alformen und die die v.14aβ.15b einleitenden Infinitivformen +
ל auch formal gegliedert.
    Die v.19-23 erzählen von den Gestirnen - von der Erschaffung
des Mondes und von der Sonne -, die der Zeiteinteilung dienen:
Nachts regen sich die Tiere, am Tag tun die Menschen ihre Arbeit.
    Ab v.24 sind die Schöpfungswerke insgesamt im Blick: Jahwe
hat sie alle in Weisheit gemacht. Im Meer leben viele Tiere,
dort ziehen Schiffe und der Liwjatan ihre Bahn (v.25aβ und 26a
beginnen mit שם).
    Die v.27-30 betonen sodann ausführlich und nachdrücklich,

daß alle Lebewesen auf Jahwe angewiesen und ganz von ihm abhängig sind. V.30b scheint auch die Vegetation mit einzubeziehen. Durch weitgehende formale Parallelität sind die v.28-30 einander enger zugeordnet[13].

Mit Wünschen für Jahwe, dessen Blick die Erde erzittern und dessen Berührung die Berge rauchen läßt, endet das Korpus des Psalms (v.31f.).

Es fällt auf, daß allen Abschnitten des Hauptteils - bis auf die v.31f., die wohl schon zum Schlußteil überleiten - eine Art Überschrift vorangestellt ist, die von Jahwes einstigem oder dauerndem Handeln oder von grundsätzlichen Tatbeständen erzählen, die im folgenden entweder weiter ausgeführt, in ihren Konsequenzen für das Leben auf der Erde entfaltet oder auf noch andere Weise expliziert werden (vgl. v.1b.2a mit v.2b-4, v.5 mit v.6-9, v.10 mit v.11f., v.13.14a mit v.14b-18, v.19 mit v.20-23, v.24 mit v.25f., v.27 mit v.28-30)[14].

Im Rahmenteil sowie in den v.33f. tut der Psalmist seine Absicht kund: Er möchte mit seinem Lied Jahwe preisen und erfreuen und seine Größe herausstellen. So ist Jahwe immer das handelnde Subjekt oder doch derjenige, der das, was vom Leben auf Erden geschildert wird, bewirkt hat oder ständig bewirkt. Anreden (Verben oder Suffixe in der 2.Person Singular in den v.1aβ.b.7.8b.9a.13b.20a.24.26b.27-30) und Feststellungen (יהוה Gott, Verben in der 3.Person Singular, Partizipien in den v.2-5a.10a.13a.14a.16b.19a.[b.]21b.31.34) wechseln dabei ab.

Der Psalmist besingt und verherrlicht Jahwe, indem er die Beziehung der verschiedenen Erscheinungen in der ihn umgebenden Welt und Natur mit Jahwe als dem, der sie geschaffen hat, bewirkt oder ermöglicht, in ihrer ganzen Vielfalt aufzeigt: Licht, Himmel, Wolken, Wind und Blitze (?) als Zeichen der Pracht und

---

13 So beginnen die v.28a.29aα und 30a jeweils mit einem Imperfekt der 3. Person Singular, worauf jeweils ein Objekt und ein stets auf יַ- auslautendes Verb folgen.

14 Für Gunkel besteht der Psalm aus drei Teilen: Die v.2b-23, die besonders durch die zahlreichen (allerdings teilweise konjizierten) Partizipien vor allem an den Anfängen der einzelnen Absätze gekennzeichnet seien, bezögen sich auf die Vergangenheit, die v.24-30 auf die Gegenwart und die v.31-35 auf die Zukunft. Schon in den v.2b-23 geht es jedoch immer um die Gegenwart oder um die gegenwärtigen und andauernden Folgen der einstigen Taten Jahwes.

Herrlichkeit Jahwes (v.2-4); die Erde, die Jahwe fest hingestellt hat, sowie die Zurückdrängung und Begrenzung des Wassers, die das Leben auf ihr erst ermöglicht haben (v.5-9);
Quellen (v.10-12) und Regen (v.13-17) als Grund des Wachsens
der Vegetation, die wiederum Nahrung und Wohnstätte bietet;
Sonne und Mond als Grundlagen für die Einteilung der Zeiten
für Tier und Mensch (v.19-23); alle Lebewesen sind voll und
ganz auf Jahwe angewiesen (v.27-30). Diese Beziehung ist somit
zum einen ein Ausdruck der Herrlichkeit und Macht Jahwes (dies
betonen insbesondere die Verse am Beginn [v.1b-4] und am Schluß
[v.31f.] sowie v.24) und zum anderen, wobei beide Aspekte zwar
unterschieden, aber nicht voneinander getrennt werden können,
die Grundlage des Lebens von Tier und Mensch: Jahwes Ordnungen
und Fürsorge verdanken sie ihren Lebensraum, ihre Lebensweise
und ihre Nahrung - nicht etwa die Tiere allein ihren Raubzügen
(vgl. v.21b) oder die Menschen allein ihrer Arbeit (vgl. v.13-
15).

Auch in den v.10-23, die am ausführlichsten vom Leben der
Tiere und Menschen selbst erzählen, gerät diese Beziehung nie
aus dem Blickfeld: Jahwe ist es, der die segensreichen Zustände
und alles Geschehen in der Natur letztlich ermöglicht und bewirkt (hat), wie jeweils am Beginn der einzelnen Teile nachdrücklich betont wird[15].

Die Welt und alles Leben verdanken sich und verherrlichen
Jahwe. Ihn, an dem er sich freut (v.34b) und dem er sein Lied
widmet (v.34a), möchte der Dichter deshalb preisen.

14.3 Die mythischen Elemente

14.3.1 Vers 2b-3aα

2b   Der den Himmel wie eine Zeltdecke ausgespannt hat.
3aα Der sich im Wasser seine Obergemächer gezimmert hat.

---

15 Wenn der Aufweis bzw. die Formulierung dieser *Beziehung* die Thematik
   des Psalms ausmachen, wäre es ungenau, pauschal die Schöpfung zu seinem
   Thema zu erklären; so z.B. Hupfeld - Nowack ("Lob Gottes aus den Werken
   der Schöpfung"), ähnlich Kraus, Weiser.

Obwohl die in den v.2b-4 durchweg begegnenden Partizipialformen sehr häufig präsentisch übersetzt werden[16], beziehen
sich die v.2b und 3aα mit Sicherheit auf einmalige, in der
Vergangenheit geschehene Taten Jahwes[17].

Präsentisch müssen dagegen die letzten vier Zeilen aufgefaßt
werden. Dies legt vor allem v.3b nahe, der keinesfalls als per-
fektisch-einmalige Aussage gemeint sein kann. Dies gilt aber
auch für die sonst meist eine einmalige Handlung bezeichnenden
Verben שׂים und עשׂה: Jahwe benutzt immer wieder Wolken und Winde als Fortbewegungsmittel (v.3aβ.b) und macht immer wieder
Winde zu seinen Boten (v.4a); Feuer und Lohe (wahrscheinlich
sind Blitze gemeint) fungieren je neu als seine Diener (v.4b).
So erzählen die v.3aβ-4 von am Himmel zu beobachtenden oder
mit ihm in Verbindung stehenden Naturerscheinungen als Dienern
Jahwes: den Wolken, den Winden und dem Gewitter, und zwar
nicht von ihrer Entstehung, sondern von ihrer Funktion für
Jahwe, der sich ihrer immer wieder bedient. Darauf weist neben
v.3b auch die Tatsache hin, daß die v.3aβ.4a.b - anders als v.
3aα - jeweils einen doppelten Akkusativ enthalten, deren einer
immer den schon bestehenden Stoff oder Gegenstand bezeichnet
und deren anderer angibt, wozu dieser gemacht wird[18].

Zunächst wird also von Jahwes urzeitlichen Taten, sodann von
den ihm immer wieder dienstbaren Naturphänomenen erzählt. Die
offensichtlich unterschiedlichen Zeitstufen der Partizipien
sollten aber auch in der Übersetzung deutlich werden[19].

V.2b vergleicht die Errichtung der Himmelsfeste mit dem Ausspannen einer Zeltdecke[20], und nach v.3aα hat Jahwe sich in den

---

16 Vgl. z.B. A.Bertholet (HSAT[K]), Delitzsch, Duhm, Ewald, Gunkel, Hupfeld - Nowack, Keßler, Kittel, Kraus, Nötscher, Weiser. - Inkonsequen-
   terweise geben allerdings A.Bertholet (HSAT[K]), Gunkel, Weiser, Kraus
   das von ihnen als *Partizip* gelesene יסד in v.5 perfektisch wieder!
17 Dies bezweifeln die in Anm.16 genannten Kommentatoren in ihrer jeweiligen Erklärung der Verse freilich auch nicht; Rogerson - McKay nehmen
   allerdings unzutreffenderweise an, daß in den v.2-4 insgesamt "the use
   of the participles in the Hebrew suggests God's continuing involvement
   in his creation".
18 Vgl. z.B. Hi 38,9 und GK § 117ii.
19 Richtig übersetzen Deissler und Herkenne die v.2-4; Briggs, Kissane,
   König übersetzen durchweg imperfektisch, M.L.Ramlot 39 mit Ausnahme
   von v.3aα (Perf.) immer präsentisch.
20 Zur Vorstellung vom "Himmelszelt" und überhaupt zum Thema "Errichtung
   der Himmelsfeste" siehe oben Exkurs 1 (S.74-76 und Tabelle I).

Wassern über der Himmelsfeste seine Wohnung hergestellt. Die
Welt ist somit als riesiges Haus gedacht, auf dessen Dach Jahwes Obergemächer liegen[21]. Normalerweise befand sich auf dem
flachen Dach altorientalischer Häuser allenfalls eine einzige
עליה[22]; mehrere derartige Zimmer besaßen der Tempel (vgl. I Chr
28,11; II Chr 3,9) oder andere prächtige Gebäude (vgl. Jer 22,
13f.)[23]. - Einzige Parallele zu der in v.3aα bezeugten mythischen Vorstellung ist Am 9,6a:

> Der im Himmel seine Obergemächer gebaut hat
> und sein Gewölbe auf der Erde gegründet hat.

14.3.2 Vers 5-9

5   Er hat die Erde auf ihre Pfeiler gegründet,
      so daß sie nie und nimmer wankt.

6   Die Urflut 'hat sie' wie ein Kleid 'bedeckt'.
         Über den Bergen hat das Wasser gestanden.

7   Vor deinem Schelten ist es geflohen.
         Von deiner donnernden Stimme ist es fortgetrieben worden.

8   Es ist die Berge hinauf-, die Täler hinabgestiegen
         an den Ort, den du ihm bestimmt hast.

9   Du hast ihm eine Grenze gesetzt, die es nicht überschreiten darf.
         Es darf die Erde nicht noch einmal bedecken.

Die "Pfeiler" (v.5a) stützen die Erde ab und halten sie auf
dem Wasser fest[24], so daß sie nicht hin und her schwanken kann
(v.5b). Die v.6-9 erzählen, was sich nach der Entstehung der
Erde, aber noch in der Urzeit[25], ereignet hat. Während hinsichtlich der v.6 und 9 kaum Meinungsverschiedenheiten bestehen, bereiten die v.7f. Schwierigkeiten, wobei v.8a vor die
größten Probleme stellt. Soweit keine Umstellung[26] oder Strei-

---

21 Nach Nötscher dokumentieren die Vergleiche in den v.2b und 3a die Be-
   trachtungsweisen von Menschen unterschiedlicher Lebensbereiche: des Be-
   duinen (Zelt) und des städtischen Hausbewohners (Haus).
22 Vgl. H.Rösel, Art. Haus, 139.
23 Da nur von Jahwes *Obergemächern* die Rede ist, ist es unwahrscheinlich,
   daß an einen zweigeschossigen Palast *oberhalb des Himmelsozeans* gedacht
   ist; M.Metzger, Himmlische und irdische Wohnstatt Jahwes, 142 Anm.8,
   stellt beide Möglichkeiten zur Wahl.
24 Siehe dazu und zur mythischen Vorstellung von der Entstehung der Erde
   oben Exkurs 3 (S.98f. und Tabelle III).
25 Daß es sich um urzeitliche Vorgänge handelt, wird von den meisten Auslegern angenommen. Eerdmans allerdings versteht die Verse als Beschreibung gegenwärtiger Zustände oder wiederholbarer Vorgänge, so z.B. v.7
   als Schilderung eines Seesturms.

chung[27] vorgenommen werden, begegnen folgende Erklärungsversuche:

(1) Subjekt des gesamten Verses sind die Berge und Täler,
ירדו ist als unglücklicher Einsatz eines Abschreibers oder
Lesers zu streichen: Berge und Täler steigen aus dem Wasser
empor[28]. Diese Deutung ist vor allem wegen der einheitlichen
Überlieferung der masoretischen Textgestalt abzulehnen.

(2) Berge und Täler sind nur die Subjekte des v.8a, während
sich v.8b wieder auf das Wasser bezieht. Gemeint ist, daß sich
für einen Betrachter erst jetzt, während des Fortfließens des
Wassers, die Berge "erheben" und die Täler "senken". V.8b ist
als Parenthese zu verstehen[29]. עלה und ירד drücken jedoch stets
tatsächliche Bewegungen aus, können aber nicht, wie die Verben
"sich erheben" und "sich senken" im Deutschen, auch poetisch-
bildhaft gebraucht werden, um in Wirklichkeit einen Zustand zu
beschreiben. Die Annahme einer Parenthese ist darüber hinaus
unwahrscheinlich.

(3) V.8 handelt zwar insgesamt vom Wasser, schildert aber
einzig und allein sein Zu-Tal-Sinken[30]. Ein solches Verständnis zerstört die gewiß beabsichtigte formale und dann doch wohl
auch bedeutungsmäßige Parallelität der beiden Sätze des v.8a.

(4) Die v.7f. schildern wie Gen 1,6f. die Teilung in obere
und untere Gewässer[31]. In diesem Fall müßte jedoch die nach
allen alttestamentlichen Berichten die Trennung bedingende und
bewirkende Errichtung der Himmelsfeste unter allen Umständen
im Zusammenhang der v.6-9 erwähnt werden. Von ihr war aber
schon in v.2b die Rede, und v.3aα setzt offensichtlich die
Teilung der Wasser bereits voraus.

(5) Am meisten spricht für folgende Deutung: V.8 erzählt,

---

26 Kissane läßt v.8 auf v.5 folgen.
27 Baethgen, Hitzig, Wellhausen streichen v.8a, Briggs den ganzen Vers.
28 So Duhm, der außerdem v.8 auf v.9 folgen läßt.
29 So z.B. Delitzsch, Ewald, Hupfeld - Nowack, Keßler, Olshausen.
30 So Gunkel ("Zu Berge 'gestiegen' [עלו statt יעלו], sanken sie zu Tal";
    er versteht den Vers als dichterische Deutung der Naturkraft, die das
    Wasser nach unten zu laufen zwingt), S.Mowinckel, Notes on the Psalms,
    159 ("from over the mountains [מעל statt יעלו] they fled down into the
    valleys"); Nötscher ("*Sie* hatten die Berge erstiegen, in die Täler san-
    ken sie ab").
31 So G.Leonardi 238-240; ähnlich Dahood: Mit הרים seien hier die himmli-
    schen Berge gemeint.

daß die Wasser die Berge hinauf- und in die Täler hinabgeflos-
sen sind[32]. Zwar wird gegen diese Interpretation bisweilen der
Einwand erhoben, daß das gemäß v.6 über den Bergen stehende
Wasser nicht erst jetzt die Berge hinauffließen könne[33], doch
kann v.8a auch anders verstanden werden: Da v.7 vom Aufbruch
und v.8b mit v.9 vom Ziel des Wassers sprechen, dürfte er den
Weg "*über* Berg und Tal" zum Meer als seinem endgültigen Ort
beschreiben. So schildern die v.6-9 allein die Vertreibung des
die Erde einst vollständig bedeckenden Wassers. Insofern ist
auch die im Rahmen dieser Interpretationsmöglichkeit manchmal
vertretene Auffassung, Berge und Täler seien das *Ziel* des Auf-
und Absteigens, wo Quellen, Flüsse und Seen entstünden[34], unwahrscheinlich. V.8 ist nicht als synonymer, sondern als syn-
thetischer Parallelismus zu verstehen. Dafür spricht auch, daß
v.8b das Ziel des Wassers mit על einführt, das im Falle einer
synonymen Entsprechung beider Versteile aber auch in v.8a vor
הרים und בקעות zu erwarten wäre[35].

V.9 faßt zusammen: Das Wasser darf den für es bestimmten Ort
nicht mehr überschreiten. Erst jetzt ist die Erde zu gesicher-
tem und bewohnbarem Land geworden. Ihre Sicherheit ist durch
Jahwes Festsetzung garantiert[36].

14.3.3 Vers 19

Er hat den Mond zur Zeiteinteilung geschaffen.
Die Sonne kennt ihren Untergang.

V.19b könnte grammatikalisch auch von v.19a abhängig sein
und übersetzt werden: "...die Sonne, die ihren Untergang kennt".
Indes spricht mehr für die Selbständigkeit des zweiten Versteils, geht es doch in v.19, wie die v.20f. zeigen (erst danach ist vom Anbruch und Ablauf des Tages die Rede), ganz offensichtlich allein um die Voraussetzungen dafür, daß es Nacht

---

32 So z.B. Anderson, Kraus, A.Ohler, Mythologische Elemente im Alten Testament, 99; E.F.Sutcliffe 177-179; P.P.Szczgiel 44.
33 Vgl. Baethgen, Delitzsch, Hupfeld - Nowack, Keßler.
34 So etwa Anderson, Kraus, E.F.Sutcliffe 179.
35 Sowohl עלה als auch ירד können mit dem bloßen Akkusativ konstruiert
   werden (Beispiele gibt Gunkel).
36 Zur mythischen Vorstellung von der Sammlung und Abgrenzung des Wassers
   siehe oben Exkurs 4 (S.111f.).

werden kann: Dies geschieht, weil Jahwe den Mond erschaffen
hat und die Sonne weiß, daß sie abends untergehen muß. Eine
Erwähnung der *Erschaffung* der Sonne (und lediglich als eines
Himmelskörpers, der seinen Untergang kennt), ist in diesem Zusammenhang wenig wahrscheinlich[37].

Der Zweck der Erschaffung des Mondes wird durch das Wort
מועדים angegeben, das meistens "Festzeiten" bedeutet. Hier
dürfte jedoch ganz allgemein die Zeiteinteilung überhaupt angesprochen sein[38], zumal in den folgenden Versen ausschließlich der immerwährende, grundsätzliche Wechsel von Tag und
Nacht geschildert wird; weder kultische Festtermine noch andere herausragende Zeitpunkte spielen irgendeine Rolle[39]. Nach
dem Verständnis des Psalmisten ist durch die Erschaffung des
Mondes eine Unterscheidung von Zeitabschnitten allererst möglich geworden[40]. So stehen den Tieren einerseits und den Menschen andererseits je verschiedene Zeiträume zur Verfügung
(v.20-23).

14.3.4 Vers 26

> Dort ziehen Schiffe ihre Bahn,
> Liwjatan, den du geschaffen hast,
> um mit ihm zu spielen.

Während in der summarischen Zusammenfassung des v.24 gewiß
an Jahwes ständige Schöpfungen gedacht und insbesondere auf
die v.10-18 Bezug genommen ist - nur von diesen kann die Erde

---

37 Für dieses Verständnis entscheiden sich fast alle Kommentatoren; anders
   nur Deissler, Kraus, Weiser. Briggs hält die beiden letzten Wörter des
   Verses für eine Glosse.
38 Vgl. Gunkel, Kraus, Weiser.
39 In Gen 1,14b ist vielleicht ebenfalls die Bedeutung "Zeiteinteilung"
   anzunehmen. Der Vers wäre dann zu übersetzen: "und sie (die Leuchten)
   sollen zu Zeichen werden und der Zeiteinteilung dienen: sowohl für Tage
   als auch für Jahre". Für diese Deutung sprechen die v.16-18a, die lediglich von den den Gestirnen zugeteilten Zeitabschnitten (Tag und Nacht)
   und ihrer Funktion der Scheidung von Tag und Nacht (v.18aβ) handeln, von
   besonderen, aus dem Zeitablauf herausragenden Festen aber schweigen. Immerhin fehlt vor שנים die Partikel ל, so daß angenommen werden kann,
   daß die beiden letzten Nomina des Verses enger zusammengehören und stärker von den vorangehenden abgesetzt werden müssen.
40 Im Alten Orient war der Mond als Zeitmesser von primärer Bedeutung (vgl.
   A.Strobel, Art. Mond, 1235). - Zum Thema "Erschaffung der Gestirne" siehe oben Exkurs 2 (S.79 und Tabelle II).

erfüllt sein (v.24b) -, dürfte v.26b auf die urzeitliche Erschaffung Liwjatans zurückweisen, denn er enthält eine grundsätzliche Zweckangabe, die den *einstigen, ersten* Entschluß
Jahwes bestimmt haben muß.

Daß nicht lediglich eine bestimmte Art von Meerestieren,
sondern zumindest eine ganz besondere Gattung, vielleicht das
Meeresungeheuer selbst gemeint ist, machen Numerus (Singular)
und Kontext deutlich: Der Liwjatan ist offensichtlich nicht
einfach den in v.25b summarisch genannten kleinen und großen
Lebewesen des Meeres zuzurechnen, sondern wird in einem durch
שם eingeleiteten gesonderten Abschnitt erwähnt.

Ergänzend zur Erschaffung des Liwjatan ist noch ihr Motiv
genannt: לשחק-בו. Dieses בו kann auf zweierlei Weise verstanden werden, entweder lokal als Rückverweis auf ים ("um *in* ihm
zu spielen")[41] oder instrumental, um den Gegenstand des Spie-
lens zu bezeichnen ("um *mit* ihm zu spielen")[42]. Wegen des im
andern Fall großen Abstands zum Beziehungswort ים spricht mehr
für die letztere Deutung (so auch G; vgl. Hi 40,29a).

14.4 Die Funktion der mythischen Elemente

Zwar sind die mythischen Partien - abgesehen von den v.5-9 -
meist mit Sätzen über Jahwes ständiges, immer neues Handeln
verknüpft (vgl. v.2b.3aα/3aβ; v.19a/19bff.), doch stehen sie
- eben weil es sich um uranfängliche Taten handelt - meist an
erster Stelle eines Abschnitts oder Unterabschnitts und, aufs
Ganze gesehen, in großer Dichte überhaupt vor allem am Anfang
des Psalms. Sie lassen sich jedenfalls deutlich von den übrigen Aussagen abheben[43].

Die mythischen Elemente betonen vor allem die himmlische
Herrlichkeit Jahwes und die von ihm bewirkte grundsätzliche
Sicherung und Ordnung des Lebens auf der Erde.

---

41 So u.a. A.Bertholet (HSAT[K]), Delitzsch, Duhm, Hupfeld - Nowack, Keßler, Kissane, Nötscher.
42 So u.a. Baethgen, Ewald, Gunkel, Herkenne, König, Kraus, Olshausen,
   Schmidt, Weiser.
43 A.Bertholets Feststellung, daß "zwischen Weltschöpfung und Welterhal-
   tung gar nicht unterschieden wird", kann nicht zugestimmt werden.

Der erste Abschnitt beschreibt Jahwes Größe und Hoheit selbs
und an sich. Dies geschieht u.a. durch mythische Aussagen: Jah
we hat die Himmelsfeste und seine Obergemächer errichtet.
V.5 hebt hervor, daß die Erdscheibe fest steht und nicht wank
weil Jahwe sie auf ihren Grundfesten errichtet hat (v.5). Er
hat das Wasser, das sie einst bedeckte, vertrieben, ihm einen
Ort bestimmt und eine Grenze gesetzt (v.6-9). Durch die Erschaffung des Mondes und die damit ermöglichte Unterscheidung
von Nacht und Tag ist Tieren und Menschen ein jeweiliger zeitlicher Tätigkeitsbereich zugewiesen und ein Ordnungsmoment ge-
stiftet worden (v.19-23).

So dienen die mythischen Motive zu ihrem nicht unwesentli-
chen Teil der Absicht des Psalmisten, die den ganzen Psalm bestimmt: die Herrlichkeit Jahwes zu besingen und seine Ordnunge
und Fürsorge zu preisen, wie sie sich beide in den Phänomenen
und Gesetzen der Natur zu erkennen geben.

14.5 Datierung

Insbesondere die Parallelität sowohl vieler mythischer Motive als auch vor allem der Reihenfolge ihrer Erwähnung mit dem
priesterschriftlichen Schöpfungsbericht dürften eine nachexili
sche Datierung des Psalms nahelegen. Zwar bestehen nicht zu
übersehende Unterschiede: So ist in Gen 1 von Jahwes himmlischen Obergemächern und der Gründung der Erde, in Ps 104 von
der urzeitlichen Erschaffung der Pflanzen, Tiere (mit Ausnahme
des Liwjatan) und Menschen nicht die Rede, doch stimmt die Abfolge der Geschehnisse mit derjenigen von Gen 1 auffällig über
ein: Die Errichtung der Himmelsfeste geht - allerdings durch
einige andere Aussagen getrennt und nicht in unmittelbarer Ver
bindung mit ihr - der Austrocknung der Erde voran, die Erschaf
fung des Mondes wird relativ spät erwähnt, die des Liwjatan be
schließt den Reigen der urzeitlichen Schöpfungswerke[44].

---

44 Zur Feststellung *literarischer* Abhängigkeit gelangen P.Humbert 20 (Ps
   104 sei unzweifelhaft von Gen 1 abhängig) und A. van der Voort 346 (der
   Verfasser von Gen 1,1-2,4a habe Ps 104 benutzt) nur, weil sie auch die
   nichtmythischen Passagen des Psalms mit in Gen 1 erzählten urzeitlichen

Aufgrund des episodenhaften Charakters der Amarna-Periode
und des in jedem Fall beträchtlichen zeitlichen Abstands[45]
können gewisse auffällige Anklänge an den Sonnengesang des
Echn-Aton zur Frage der Datierung nicht viel beitragen. Überhaupt ist eher eine Beeinflussung durch spätere ägyptische
Sonnenhymnen anzunehmen, die Motive aus der Amarna-Zeit enthalten haben[46].

Schöpfungswerken in Beziehung setzen.
45 Vgl. besonders K.-H.Bernhardt 201-206.
46 Vgl. R.J.Williams, Art. Ägypten II, 499.

15. Psalm 115

15.0 Literarkritik

Ps 115 ist in vielen masoretischen Handschriften (auch in L) in G (als Ps 113), θ', S und Hier mit Ps 114 verbunden. Dieser erzählt jedoch ausschließlich von Ereignissen aus der Frühzeit der Geschichte Israels (Exodus, Meer- und Jordanwunder, Wasser aus dem Felsen), die Ps 115 nicht erwähnt und auf die er auch nicht anspielt. Zur Zusammenstellung könnte die Beobachtung geführt haben, daß im Gegensatz zu den umliegenden Ps 113.115-117 am Ende von Ps 114 ein הללו־יה fehlt und/oder daß Ps 135, dessen v.15-20 mit Ps 115,4-13 zum Teil sehr eng parallel gehen, wie Ps 114 zuvor, nämlich in den v.8-12, Ereignisse - allerdings andere als dort - aus der Frühzeit Israels erzählt (Plagen in Ägypten, Tötung der Könige Sihon und Og, Landgabe).

15.1 Der Text

1   Nicht uns, Jahwe, nicht uns,
    sondern deinem Namen gib Ehre,
    wegen deiner Güte, wegen deiner Treue.

2   Warum sollen die Völker sprechen:
    Wo ist denn ihr Gott?

3   Unser Gott ist im Himmel.
    Alles, was ihm gefällt, kann er tun.

4   Ihre Götzenbilder sind Silber und Gold,
    ein Werk von Menschenhand.

5   Sie haben einen Mund, können aber nicht sprechen.
    Sie haben Augen, können aber nicht sehen.

6   Sie haben Ohren, können aber nicht hören.

    Sie haben eine Nase, können aber nicht riechen.

7   Sie haben Hände^a, können aber nicht tasten.

    Sie haben Füße^a, können aber nicht gehen.

    Sie können keinen Laut in ihrer Kehle erzeugen.

8   Wie sie mögen diejenigen werden, die sie gemacht haben,

    jeder, der auf sie vertraut.

9   'Haus'^b Israel, vertraue auf Jahwe!

                         Er ist ihre Hilfe und ihr Schild.

10 Haus Aron, vertraue^c auf Jahwe!

                         Er ist ihre Hilfe und ihr Schild.

11 Die, die Jahwe fürchten, vertraut auf Jahwe!

                         Er ist ihre Hilfe und ihr Schild.

12 Jahwe hat an uns gedacht. Er segne!

    Er segne das Haus Israel!

    Er segne das Haus Aron!

13 Er segne die, die Jahwe fürchten,

    die Kleinen mit den Großen!

14 Jahwe mehre euch,

    euch und eure Söhne!

15 *Ihr* seid gesegnet von Jahwe,

    der Himmel und Erde gemacht hat.

16 Der Himmel ist Jahwes Himmel,

    die Erde hat er den Menschen gegeben.

17 Nicht die Toten loben Jah,

    all diejenigen nicht, die zum Ort des Schweigens hinabge-
                                    [stiegen sind.
18 *Wir* aber preisen Jah

    von nun an und allezeit.

    Hallelu-Jah!

a Statt ידיהם und רגליהם dürfte nach G analog den v.5a.5b.6a.6b ursprüngliches ידים להם bzw. רגלים להם anzunehmen sein.
b Mit vielen masoretischen Handschriften, G und S ist vor ישראל entsprechend v.10a.12aβ (vgl. Ps 135,19a) בית zu ergänzen.

c Statt בטחו ist mit G (S, Hier) eine ursprüngliche Singularform (ἤλπισε
jedoch kein Indikativ, sondern wie in v.9a und analog v.11a imperativische
בְּטַח anzunehmen.

15.2 Aufbau, Inhalt, Absicht

Ps 115 weist zwar keinen regelmäßigen Strophenbau auf, läßt
aber mehrere jeweils zusammenhängende Teilstücke erkennen[1].

V.1 hebt als einleitendes Lob Jahwes Güte und Treue hervor.

Auf die Frage der Völker, wo sich denn der Gott Israels befinde (v.2), antwortet v.3a; v.3b betont seine Allmacht. - Die
v.4-8 stellen ihr sodann verachtungsvoll und polemisch die umfassende Unfähigkeit der von Menschen angefertigten und dennoc
vertrauensvoll verehrten Götzenbilder gegenüber (dem ואלהינו
am Anfang von v.3 kontrastiert das עצביהם am Anfang von v.4).
Die bis auf die letzte Zeile (v.7b) parallellaufenden Satzrei-
hen der v.5-7 sind durch eine einleitende grundsätzliche Feststellung (v.4) und eine abschließende Verwünschung (v.8) gerahmt.

Die v.2-8 bilden einen ersten größeren Abschnitt, dessen
Stichwort mit הגוים (v.2a) gegeben ist. Einen zweiten stellen
die v.9-16 dar, in denen Israel, Aron und überhaupt alle Got-
tesfürchtigen im Mittelpunkt stehen.

Die mit den v.2-8 durch das Verb בטח (v.8b und 9a) verbundenen v.9-11[2] sind durch den jeweils identischen zweiten Verstei
zusammengehalten; Israel, das Haus Aron und die Jahwefürchtigen[3] sollen (im Gegensatz zu den Völkern) Jahwe, ihrer Hilfe
und ihrem Schild, vertrauen. Die in den v.9-11 angeredeten Men
schengruppen bilden sodann die Objekte der v.12-14[4]: Jahwe hat

---

1 Oft wird angenommen, daß sie im liturgischen Wechsel vorgetragen worden
  sind (so u.a. Deissler, Gunkel, Herkenne [für die v.9-18], Kittel, Kraus
  K.Luke 356f., Nötscher, Schmidt, Staerk, Weiser).
2 Dies spricht gegen die literarkritische Scheidung, die Briggs und O.Lo-
  retz, Psalmenstudien III, 182, an dieser Stelle vornehmen.
3 Damit dürften die Proselyten gemeint sein; vgl. Gunkel, der zudem das
  Haus Israel mit den Laien und das Haus Aron mit den Priestern identifiziert, Kraus u.v.a.; dagegen spricht sich S.Mowinckel, Psalmenstudien V,
  43 Anm.2, aus: V.11a fasse die beiden ersten Gruppen zusammen als "das
  ganze heilige und fromme Volk"; die v.9-11 laufen einander jedoch paralle
4 Deshalb kann mit v.12 kein neuer Psalm begonnen haben (so viele masoreti

an sie gedacht und möge sie segnen und mehren. Sie sind jedoch
bereits gesegnet von Jahwe, der Himmel und Erde gemacht hat -
jenen für sich selbst, diese für die Menschen (v.15f.).

Keinesfalls darf v.16 von v.15 getrennt werden[5], denn die
jeweils am Beginn der einander antithetisch zugeordneten Halbzeilen der v.16a und 16b stehenden Wörter שמים und ארץ beziehen sich auf das polare Wortpaar in v.15b zurück, gehören jedoch nicht mit v.17 zusammen. Für ihre Verbindung spricht weiterhin, daß jeweils der erste Halbvers mit ליהוה schließt. Daß
v.16 und v.17 die drei Bereiche der Welt bezeichnen wollen:
Himmel und Erde (v.16) sowie das Totenreich (v.17)[6], ist ganz
unwahrscheinlich.

Die abschließenden v.17f. stellen vielmehr den zum Lob Jahwes nicht mehr fähigen Toten die Jahwe immerzu preisenden Lebenden gegenüber (לא המתים - ואנחנו, jeweils am Anfang von v.
17 und 18). Auch enden sowohl v.17a als auch v.18a mit יה, was
wiederum ihre Zusammengehörigkeit erweist. Während jedoch das
ברוכים אתם in v.15a die v.15f. mit den voranstehenden Versen
zusammenschließt, bilden die v.17f., die zur 1.Person Plural
übergehen (v.18), den von ihnen abzusetzenden Schlußteil.

Der erste Teil des Psalms ist vom Gegensatz Gott Israels -
Götzen der Völker bestimmt: Diese sind trotz ihrer Organe vollkommen tot (v.4-7), aber Jahwe wohnt im Himmel und kann tun,
was er will (v.3)[7].

---

sche Handschriften). Nach Schmidt liegt hinter v.11 ein "tiefer trennen-
der Einschnitt"; zwischen v.11 und 12 sei "eine ausgedehnte Feier zu denken".

5 Gegen Buttenwieser, Deissler, Ewald, Gunkel, Hengstenberg, Herkenne, Hup-
feld - Nowack, Kissane, Kittel, Kraus, Leslie, McCullough - Taylor, S.
Mowinckel, Psalmenstudien V, 42, Nötscher, Oesterley, Olshausen, Staerk,
Weiser.

6 So Duhm, Herkenne, Keßler, Kittel, Kraus, Leslie, Nötscher, Oesterley,
Schmidt; nach Gunkel in der Reihenfolge Himmel, Totenreich, Erde (v.16:
Himmel [doch dieser Vers erwähnt auch, und zwar parallel dazu, die Erde],
v.17: Totenreich [der Vers spricht aber, anders als v.16, in erster Linie
von seinen Bewohnern], v.18: Erde [die hier aber nicht genannt wird]).

7 Gegen ein perfektisches (so Herkenne, Kissane, McCullough - Taylor,
Oesterley), eventuell auf die Schöpfung zu deutendes (so Weiser) und für
ein präsentisch-iteratives Verständnis des konstatierenden Perfekts in
v.3b (so Baethgen, Bonkamp, Briggs, Delitzsch, Deissler, Duhm, Eerdmans,
Ewald, Gunkel, Hengstenberg, Hupfeld - Nowack, Keßler, Kittel, Kraus,
Leslie, Staerk, D.Michel, Tempora und Satzstellung in den Psalmen, § 31,
47; vgl. auch L.Schmidt, De Deo, 77-80, und H.W.Wolff, BK XIV/3, 96f.,

Der zweite Teil stellt dann die enge Verbundenheit Jahwes
mit Israel, dem Haus Aron und all denen, die ihn fürchten, her
aus. Sie können seiner Hilfe und des erbetenen Segens gewiß
sein.

Alles in allem möchte der Psalmist, worauf insbesondere auch
Einleitung und Schluß hinweisen, Jahwe, den überlegenen, mäch-
tigen und Israel verbundenen Gott, verherrlichen. Dem dient
auch die beißend scharfe Polemik gegen die selbstgefertigten
Götter der Völker und ihre Hersteller[8].

15.3 Die mythischen Elemente

15 *Ihr* seid gesegnet von Jahwe,
    der Himmel und Erde gemacht hat.
16 Der Himmel ist Jahwes Himmel,
    die Erde hat er den Menschen gegeben.

In beiden Versen geht eine grundsätzliche Feststellung einer
mit ihr eng verbundenen mythischen Aussage voraus.

Ein Zusammenhang von Segnung und Schöpfung (v.15) ist auch
in Gen 1 und Ps 134,3 (vgl. Gen 14,19b.22b) gegeben: Jahwes
Schöpfermacht verbürgt seine Segenskraft. - In v.15b liegt ein
formelhafte Wendung vor, die sich noch in Ps 121,2b; 124,8b;
134,3b und 146,6a findet (vgl. auch Gen 14,19bβ.22bβ, dort jedoch קנה statt עשה). Während sie an diesen Stellen das gesamte
Schöpfungswerk zusammenfaßt (im Sinn von: Jahwe hat *alles* gemacht), zeigt Ps 115,16, daß hier an zwei bestimmte Schöpfungs
werke gedacht ist[9].

Jahwe verfügt über Himmel und Erde, da er als ihr souveräner
Schöpfer (v.15b) ihrer beider Eigentümer ist. Er beansprucht
jedoch nur den *Himmel* für sich selbst (v.16a; vgl. v.3a); die

---

im Zusammenhang mit dem fast identischen Satz Jon 1,14bβ) spricht der
Kontext: Der totalen Wirkungslosigkeit der Götzenbilder (v.4-8) soll das
allumfassende und *jederzeit* zu realisierende Vermögen Jahwes gegenübergestellt werden.

8 "...der Spott über die Götzen ist die Kehrseite des Preises Jahves..."
(Gunkel). - Manchmal wird angenommen, eine Erniedrigung durch Feinde hab
die Abfassung des Psalms veranlaßt (vgl. z.B. Kissane, Kraus); dafür feh
len aber sichere Hinweise.

9 Siehe dazu die Exkurse 1 (S.74-76 und Tabelle I) und 3 (S.98f. und Tabel
le III).

Erde, das andere Schöpfungswerk, hat er (vor aller Zeit) den
Menschen zugeeignet (v.16b). ליהוה am Ende von v.16a steht
לבני־אדם am Ende von v.16b gegenüber. Letzteres wird durch
die invertierte Satzstellung noch besonders hervorgehoben,
offenbar weil es ungewöhnlich ist: Normalerweise behält der
Schöpfer einer Sache diese in seinem Besitz[10]. - Über den
Zweck der Übereignung der Erde macht v.16b keine Aussage[11].

Die engste, bisher in diesem Zusammenhang nicht beachtete
Paralle findet sich in Gen 1,28 (vgl. aber auch Dtn 32,8).
Sie legt nahe, daß nicht nur v.15b, sondern auch die Gabe der
Erde mit dem Segenswort in v.15a in Verbindung steht, und ist
somit ein weiteres Indiz für die Zusammengehörigkeit der v.
15f. In Gen 1 scheint nämlich die Übereignung der Erde (וכבשה)
diejenige *Segens*bestimmung (vgl. v.28aα) zu sein, die speziell
die *Menschen* betrifft (vgl. לבני־אדם in Ps 115,16b), denn alle
übrigen Imperative in v.28aβ finden sich auch im Segenswort
an die Tiere (v.22), während v.28b lediglich die dort jedoch
nicht als Segen ausgesprochenen und hier wohl ebenfalls nicht
eigentlich als Segen gemeinten Formulierungen des v.26b aufnimmt[12]. Die Übereignung der von ihm geschaffenen Erde bezeugt
mithin Jahwes den Menschen schon erwiesenen Segen[13].

---

10 Ein den v.15f. ähnlicher Zusammenhang zwischen Schöpfung und Zuteilung
   findet sich in Jer 27,5, doch ist - im Unterschied zu Ps 115,16b - letztere hier nicht mythisch-grundsätzlich, sondern als ständig von Jahwe
   aufgrund der Tatsache, daß er der Schöpfer der Erde ist, neu wahrnehm-
   bares Recht verstanden: Jahwe, der die Erde gemacht hat sowie die Menschen und Tiere auf ihr, kann sie geben, wem er will, so z.B. in die
   Hand Nebukadnezars (v.6).
11 Anders etwa Briggs ("...for a residence and for the use of its prod-
   ucts"), Ewald ("damit diese [die Menschen] auf ihr ihn erkennen und
   preisen"), Keßler ("daß sie sich auf der Erde mehren u. sich ihres Segens erfreuen"), Kraus ("Jahwe hat sie [die Erde] dem Menschen als Statt-
   halter 'übergeben'"); diesen Interpretationen fehlt jedoch ein Anhalt
   am Text.
12 C.Westermann, BK I/1, 222, zieht das letzte Wort von v.28a (וכבשה) zu
   v.28b und bringt es mit dem folgenden ורדו in Zusammenhang, ohne zu beachten, daß das enklitische Personalpronomen eindeutig auf v.28a zurückweist. Für ihn liegt denn auch "der einzige Unterschied" zum Segenswort
   an die Tiere darin, daß es "in V.22 mit לאמר, in V.28 mit ויאמר להם eingeleitet ist", da die Menschen, anders als die Tiere, im Segenswort angesprochen werden könnten. "Abgesehen von diesem Unterschied aber ist es
   der gleiche Segen, den Mensch und Tier erhalten." (221)
13 Deshalb ist das ברוכים in v.15 anders als die vorhergehenden Jussive
   nicht als Wunsch, sondern als Feststellung zu verstehen.

15.4 Die Funktion der mythischen Elemente

Die mythischen Aussagen in Ps 115 finden sich in enger Zuordnung, allerdings wieder in unmittelbarer Verbindung mit
grundsätzlichen Aussagen, aber mit diesen zusammen von ihrem
Kontext abgrenzbar, am Schluß des Hauptteils und sind Bestand-
teile des die v.12-16 umfassenden, ganz vom Verb ברך (5mal) bestimmten Abschnitts. Der Grund für die Segens- und Mehrungs-
bitte (v.12-14) ist Jahwes durch seine Schöpfung erwiesene
Macht (v.15b) und die schon in der Urzeit durch die Übereignung der Erde grundsätzlich geschehene Segnung aller Menschen
(v.16b), an der auch die Angeredeten Anteil haben (vgl. das
אתם in v.15).

Im Blick auf die v.2-8 verherrlichen die v.15f. Jahwes Sou-
veränität: Im Unterschied zu den von Menschen produzierten
Götterbildern hat er Himmel und Erde gemacht. Er befindet sich
im Himmel (v.3.16a), nicht, wie die Götzen, auf der Erde. Diese ist vielmehr den *Menschen* übertragen und damit von dem Ort,
an dem Jahwe wohnt, strikt unterschieden. Jahwe ist Herr der
ganzen Welt, die er geschaffen hat. Daraus müßten die Völker
die rechten Konsequenzen ziehen und sich von Spott oder läster-
lichen Fragen (v.2) und von der Götzenverehrung (v.4-7) abwen-
den.

15.5 Datierung

Viele Indizien, so z.B. auch die Parallele zu v.3b im Jona-
buch (1,14bβ) und der Bezug der v.15f. zum priesterschriftlichen Schöpfungsbericht, machen eine nachexilische Entstehungszeit des Psalms sehr wahrscheinlich; für sie plädieren denn
auch die meisten Kommentatoren.

16. Psalm 119

16.1 Der Text

Ps 119 besteht aus 22 achtzeiligen Strophen, die sich in der Weise voneinander abheben, daß alle Zeilen jeder Strophe jeweils mit einem bestimmten Buchstaben des hebräischen Alphabets beginnen. Wegen dieses sehr künst-
lichen Aufbaus weist der Psalm keine inhaltliche Gesamtgliederung auf. In
jeder Strophe bringt der Psalmist vielmehr in immer neuen Wendungen oder
Wiederholungen den Reichtum der Weisungen Jahwes, seine Liebe zu ihnen und
seine Bitten zum Ausdruck, Jahwe möge ihm auf seinem Weg der Gesetzestreue
- insbesondere auch gegen seine Widersacher, von denen ebenfalls in fast
jeder Strophe die Rede ist - zur Seite stehen. Für die Untersuchung der
mythischen Elemente und ihrer Funktion ist deshalb eine Beschränkung auf
die Strophe, in der sie vorkommen, vertretbar.

89 Für alle Zeit, Jahwe, besteht dein Wort[a].

   Es steht fest 'wie'[b] der Himmel.

90 Von Generation zu Generation währt dein 'Spruch'[c].

   Du hast die Erde festgestellt, und sie bleibt bestehen[d].

91 Nach deinen Festsetzungen stehen sie heute da,

   denn sie sind allesamt deine Diener.

92 Wäre deine Weisung nicht meine Freude,

   wäre ich seinerzeit in meinem Elend zugrunde gegangen.

93 Nie werde ich deine Anweisungen vergessen,

   denn durch sie hast du mich am Leben erhalten.

94 Dein bin ich, hilf mir,

   denn deine Anweisungen suche ich.

95 Mir lauern Frevler auf, um mich zugrunde zu richten,

   aber ich achte auf deine Gesetze.

96 Ich sehe eine Grenze für alles Vollkommene[e],

   aber dein Gebot reicht sehr weit.

a דברך gehört wie אמונתך in v.90a noch zum ersten Teil des Verses[1].
b Die zweiten Abschnitte der v.89f. veranschaulichen oder verdeutlichen

---

1 So auch Baethgen, Gunkel, Kraus, Schmidt, Weiser; vgl. F.Buhl (BHK).

jeweils die Feststellungen des ersten Versteils. So dürfte in v.89b כשמים
statt בשמים zu lesen sein[2].

c Außer in den v.3.37.90 und 122 finden sich in jedem Vers mindestens
ein, manchmal auch zwei Ausdrücke für "Gesetz" (gemäß der Zeilenzahl der
Strophen hat der Psalmist acht verschiedene Wörter ausgewählt), doch läßt
sich auch in diesen Versen das jeweils fehlende Wort ohne allzugroße Eingriffe in den Konsonantenbestand wiederherstellen. In v.90 dürfte אִמְרָתֶךָ
statt אמונתך zu lesen sein[3]. Für diese Korrektur spricht weiterhin, daß
auch in der 7., 8., 11., 21. und 22. Strophe am Beginn zunächst דבר und
sodann das eng verwandte אמרה (parallel verwendet auch in Ps 105,19; 147,
15; Prov 30,5f.), am Beginn der 6.Strophe in umgekehrter Reihenfolge, verwendet werden und innerhalb der 18. und 19.Strophe ebenfalls aufeinander
folgen (v.139f.147f.).

d S gleicht an כוננת an, wenn sie anstelle von ותעמד w[c]qjmth = וַתַּעֲמִדָה
liest.

e Vielleicht ist קץ auch eine erklärende Glosse und לְכָל תָּכְלָה statt
לכל תכלה zu lesen[4].

16.2 Aufbau, Inhalt, Absicht

Die 12.Strophe, deren acht Zeilen jeweils mit dem Buchstaben
ל beginnen, setzt mit der Betonung der Dauerhaftigkeit und Beständigkeit des Wortes Jahwes ein und vergleicht sie mit der
Festigkeit des Himmels bzw. der Erde (v.89f.). V.91 faßt dies
noch einmal zusammen. - Anders als die v.89-91 sind die folgenden v.92-96 persönlich formuliert: Der Psalmist blickt auf
eine vergangene Notsituation zurück, in der ihn Jahwes Weisungen bewahrt haben (v.92f.), bittet Jahwe um Hilfe (v.94a), da
ihm Frevler auflauern (v.95a), und bekräftigt seine Gesetzestreue (v.94b.95b). Der schwierige v.96 hebt vielleicht die
überall sichtbare Begrenztheit von der Reichweite des Gebotes
Jahwes ab.

Der Lobpreis des Gesetzes und die Versicherung des Gehor-
sams bestimmen auch diese Strophe.

---

2 So auch Gunkel, Kissane, Kittel; vgl. H.Bardtke (BHS), F.Buhl (BHK).
3 So auch Duhm, Gunkel, Herkenne, Rogerson - McKay, Schmidt; vgl. F.Buhl
   (BHK).
4 So z.B. F.Buhl (BHK), F.Delitzsch, Die Lese- und Schreibfehler im Alten
   Testament, § 153b; Gunkel, Herkenne, Schmidt, Weiser.

16.3 Die mythischen Elemente

90b Du hast die Erde festgestellt, und sie bleibt bestehen.

An das כוננת ארץ[5] schließt sich das Verb ותעמד unmittelbar
an, das im Alten Testament sehr häufig absolut verwendet wird
und in diesem Fall die unveränderte Erhaltung und Dauerhaftigkeit einer Sache bezeichnet[6].

16.4 Die Funktion der mythischen Elemente

Dem Psalmisten geht es - wie schon das ותעמד in v.90b andeu-
tet - weniger um das mythische Geschehen der Schöpfung selbst
als um die dauerhafte Beständigkeit der Schöpfungs*werke*, die
er mit derjenigen des Wortes Jahwes vergleicht. Sie allein
wird in dem, abgesehen vom Schöpfungsverb, parallelen v.89b
betont, sie allein in dem zusammenfassenden v.91, der das Verb
עמד aufgreift und als dessen Subjekte שמים (v.89b) und ארץ
(v.90b) anzusehen sein dürften[7], herausgestellt. Das כוננת in
v.90b fällt aus der ansonsten völlig gleichartigen Struktur
der v.89f. heraus: Die v.89a und 90a entsprechen sich bis auf
die nur in v.89a, also am Strophenanfang, begegnende Anrede
יהוה, die v.89b und 90b durch die Verwendung der meristischen
Begriffe Himmel und Erde und die jeweilige Betonung ihrer Dauerhaftigkeit[8].
    Jahwes Gründung der Erde hat den Zustand der Festigkeit her-
beigeführt, den in bezug auf das Gesetz zu betonen das Anliegen des Psalmisten ist. So kann die mythische Aussage zum Bestandteil eines Vergleichs werden, der die Beständigkeit von
Jahwes Weisungen verherrlicht.

---

5 Zum Thema "Entstehung der Erde" siehe oben Exkurs 3 (S.98f. und Tabelle
   III).
6 Vgl. S.Amsler, Art. עמד, 329f.
7 So auch Baethgen, A.Bertholet (HSAT[K]), Bonkamp, Delitzsch, Gunkel, Hupfeld - Nowack, Keßler, Kissane, Olshausen.
8 נצב ni. (v.89b) kann in enger Entsprechung oder als Synonym zu עמד verwendet werden (vgl. Gen 45,1; Ex 33,8f.; I Sam 19,20aβ; Jes 3,13; 21,8b).

16.5 Datierung

Über die nachexilische Entstehungszeit des Psalms besteht
kein Zweifel.

17. Psalm 121

17.1 Der Text

1   Ich erhebe meine Augen zu den Bergen:
    Woher kommt mir Hilfe?

2   Hilfe kommt mir von Jahwe,
    der Himmel und Erde gemacht hat.

3   Er läßt deinen Fuß nicht wanken.
    Der, der dich behütet, schlummert nicht.

4   Siehe, es schlummert nicht und schläft nicht,
    der Israel behütet.

5   Jahwe behütet dich.
    Jahwe ist dein Schatten über deiner rechten Hand.

6   Tagsüber trifft dich die Sonne nicht
    noch der Mond in der Nacht.

7   Jahwe behütet dich vor allem Bösen.
    Er behütet dein Leben.

8   Jahwe behütet deinen Ausgang und deinen Eingang
    von jetzt an und für alle Zeit.

17.2 Aufbau, Inhalt, Absicht

Ps 121 läßt sich ·in vier jeweils aus zwei Doppelzeilen bestehende Abschnitte gliedern:

Die v.1f. sind durch das Nomen עֶזְר am Ende von v.1 und am
Anfang von v.2 (jeweils mit dem Suffix der 1.Person Singular)
eng verknüpft. Die Frage des v.1b wird in v.2 grundsätzlich

beantwortet: Hilfe kommt von Jahwe, der Himmel und Erde gemacht hat.

V.4 ist durch die Aufnahme der Verbform ינום mit v.3 verbunden. Jahwe behütet unablässig den einzelnen und ganz Israel.

Jahwes "Schatten", der Tag und Nacht den Menschen beschirmt,
ist das gemeinsame Thema der v.5f.

Das umfassende Behüten Jahwes betonen abschließend die v.
7f., die sich auch durch das jeweils am Anfang stehende יהוה
als zusammengehörig erweisen.

Der erste Teil des Psalms ist von den folgenden abzuheben:
In ihm spricht eine Person in der 1.Person Singular, während
alle sich anschließenden Zeilen als Anrede formuliert sind
(Personalsuffix in der 2.Person Singular), deren grammatisches
Subjekt - bis auf v.6 - stets Jahwe ist. Nur in den v.1f. ist
das Metrum regelmäßig 3+3[1].

Aufgrund des Personenwechsels wird man davon auszugehen haben, daß der Psalm im Wechsel von zwei Parteien gesprochen worden ist[2]. Dies aber deutet darauf hin, daß er von Anfang an
für kultisch-liturgischen Gebrauch bestimmt war[3]. Man hat sich

---

1 Häufig wird der Psalm in die v.1-4 und 5-8 geteilt (so etwa Briggs, Delitzsch, Ewald, Gunkel, Herkenne, S.Mowinckel, Psalmenstudien V, 48 Anm.
3; Olshausen, Schmidt). Gunkel und Schmidt lesen statt עזרי in v.2a עזרך
und ändern die Personalsuffixe der 2.Person Singular in v.3 in solche
der 1.Person Singular, so daß sich die v.1-4 als Zwiegespräch zwischen
Psalmist und Priester verstehen lassen, während in den v.5-8 der Priester allein zu Wort käme (zu den vorgeschlagenen Textkorrekturen vgl.
O.Eißfeldt 495). S.Mowinckel, Psalmenstudien V, 48 Anm.3, sieht in den
v.1-4 die Bitte der Gemeinde (die Suffixe der 2.Person Singular in v.3
ändert er in solche der 1.Person Singular) und in den v.5-8 die Antwort
der Priester. - Anderson, Weiser, die das Suffix von עזרי am Anfang von
v.2 streichen, verstehen v.1 als Frage und die v.2-8 als Antwort. Ähnlich gliedert Kraus, der jedoch das Suffix in v.2 beläßt und den Vers
als persönliches Bekenntnis des Antwortenden auffaßt, mit dem dieser
seine Rede beginne, die dann in den v.3-8 als Zuspruch und Segen fortgesetzt werde. Diese Aufteilungen zerstören jedoch die offenkundige Zusammengehörigkeit der v.1f.
2 An einen einzigen Sprecher denken etwa P.Volz 583-585, der den ganzen
Psalm für den "Segenswunsch eines Vaters für den neben ihm stehenden, zur
Pilgerfahrt nach Jerusalem ausziehenden Sohn" hält, und Kittel, J.Morgen-
stern, Nötscher, die ihn als Selbstgespräch verstehen.
3 Es ist immer wieder versucht worden, den Psalm einer bestimmten Lebenssituation zuzuordnen, für die oder in der er ursprünglich verfaßt worden
ist. Die in v.1 erwähnten Berge spielten dabei eine große Rolle. J.Mor-
genstern 323 z.B. interpretiert das Lied als Selbstgespräch eines Rei-

seine Rezitation vielleicht so vorzustellen, daß zunächst ein
einzelner oder eine zum Gottesdienst versammelte Gruppe die
Frage stellt, woher ihr Hilfe komme, und diese dann sogleich
selbstverständlich damit beantwortet, daß Hilfe bei Jahwe zu
finden sei, "der Himmel und Erde gemacht hat". In den v.3-8
würde diese grundsätzliche Antwort von einem anderen Sprecher
entfaltet und zugesprochen.

Die allesamt sehr allgemein gehaltenen Formulierungen können
imgrunde auf jede, schwerlich jedoch auf eine bestimmte oder
individuelle Lebenssituation bezogen werden. Wenn vom Bewahren
vor dem Ausgleiten, vom Wandern am Tag und bei Nacht, vom Ausgang und Eingang die Rede ist, so wird damit der "Lebensweg"
des Menschen selbst gemeint sein (vgl. insbesondere v.7)[4].

Als Leitwort fungiert das 6mal (jedoch nicht im ersten Abschnitt!) begegnende Verb שמר, und häufig bringen polare Begriffe oder Sätze die Macht Jahwes bzw. seinen umfassenden
Schutz zum Ausdruck: Er hat *Himmel* und *Erde* gemacht (v.2b);
er beschirmt den Menschen am *Tag* und in der *Nacht*, so daß ihm
weder *Sonne* noch *Mond* etwas anhaben können (v.6), er behütet
den *Ausgang* wie den *Eingang* (v.8a).

17.3 Die mythischen Elemente

2   Hilfe kommt mir von Jahwe,
     der Himmel und Erde gemacht hat.

Die mythische Formulierung des v.2b[5] hängt syntaktisch von
v.2a ab: Die Schöpfung der Welt verbürgt Jahwes umfassende
Fähigkeit zur Hilfe, v.2b begründet die Aussage des v.2a.

---

senden im Augenblick der von den Bergen herrührenden Gefahr; P.H.Pollock
411f. denkt gar an einen Bergsteiger, der Hilfe finde "in the God who
made the hills, the 'Maker of heaven and earth'" (zu P.Volz siehe oben
S.230 Anm.2).
4 Ähnlich wird auch v.1a gemeint sein: Wenn er nicht einfach den Gebets-
ritus beschreibt, so daß אל-ההרים mit "nach oben" wiederzugeben wäre
(vgl. Ps 123,1; so Duhm, O.Eißfeldt 499, P.Volz 584), stehen hier die
"Berge" wohl ebenfalls mehr allgemein und gleichnishaft für die Gefah-
ren des Lebens, aber nicht als Hinweis auf eine konkrete Reise.
5 Zu v.2b siehe insbesondere oben Exkurs 1 (S.74-76 und Tabelle I).

17.4 Die Funktion der mythischen Elemente

Wie Aufbau und vermutliche Rezitationsweise des Psalms zeigen, steht v.2 an exponierter Stelle: Er enthält die grundsätzliche Antwort auf die in v.1b gestellte Frage, die dann in
den v.3-8 entfaltet wird. Die Betenden können sich *deshalb* der
Macht und Kraft Jahwes zur Hilfe gewiß sein, weil er sie durch
die Erschaffung der Welt erwiesen hat[6]. Gleichzeitig legitimiert v.2b die sich unmittelbar anschließenden Zusagen der folgenden Verse.

17.5 Datierung

Ps 121 wird meist in die nachexilische Zeit datiert.

---

6 Es geht jedoch nicht um die Verantwortung des Schöpfers für seine Schöpfung: Aufgrund der Annahme eines Wechselgesprächs, in dem die v.2 und 4
jeweils von derselben Partei stammen, interpretiert Ewald v.2 in der Weise, daß "der weltschöpfer...auch der wächter Israels [ist], der die wahre
gemeinde nie untergehen lassen kann"; doch wäre - von der Rekonstruktion
des Wechselgesprächs abgesehen - zu fragen, warum dann nicht explizit au.
die Menschenschöpfung rekurriert ist.

18. Psalm 124

18.1 Der Text

1 Wenn Jahwe nicht gewesen wäre,
  der mit uns war,
  - möge doch Israel sprechen -
2 wenn Jahwe nicht gewesen wäre,
  der mit uns war,
  als Menschen sich gegen uns erhoben,
3 dann hätten sie uns lebendig verschlungen,
  als ihr Zorn gegen uns entbrannte,
4 dann hätten uns die Wasser fortgespült,
  wäre der Wildbach über uns hingeströmt,
5 dann wären über uns hingeströmt
  überschäumende Wasser.

6 Gepriesen sei Jahwe,
  der uns nicht dahingegeben hat
  ihren Zähnen zum Raub.
7 Wir sind wie ein Vogel gerettet worden
  aus der Falle der Vogelsteller.
  Die Falle ist zerbrochen,
  wir sind gerettet.

8 Unsere Hilfe ist im Namen Jahwes,
  der Himmel und Erde gemacht hat.

18.2 Aufbau, Inhalt, Absicht

Psalm 124 ist sehr kunstvoll aufgebaut. Er gliedert sich in
drei Abschnitte:
Der erste umfaßt die v.1-5, die syntaktisch dadurch zusammen-

gehalten werden, daß die mit לולי beginnenden Sätze durch die
mit אזי einsetzenden fortgeführt werden. Er schildert die Konsequenzen, die ein feindlicher Angriff für Israel gehabt hätte
wenn Jahwe nicht bei ihm gewesen wäre: Wie von Raubtieren wäre
es verschlungen, wie von Wassern fortgespült worden. Dieser
Abschnitt zerfällt wiederum in zwei gleich lange Teile: in die
vor allem durch die identische Formulierung der v.1a und 2a
sowie das jeweilige Metrum 2+2+2 gekennzeichneten v.1f. und
die durch den jeweiligen Versbeginn mit אזי und das Metrum 3+3
charakterisierten v.3-5 (inhaltlich gehört v.2b freilich bereits zum folgenden Teil). Wegen des gleichen Beginns bildet
jeder Vers nochmals einen Unterabschnitt, wobei die beiden zum
ersten Teil gehörenden aus drei und die drei zum zweiten Teil
gehörenden aus zwei Zeilen bestehen.

Zum zweiten Abschnitt, der mit einem imperativisch zu ver-
stehenden Partizip der auch sonst Neueinsätze markierenden
Formel ברוך יהוה[1] einsetzt, gehören die v.6f., deren Verben
allesamt und im Gegensatz zu den überwiegend konjunktivischen
des ersten Abschnitts indikativisch wiederzugeben sind. Er erzählt von dem, was sich tatsächlich ereignet hat und schon am
Anfang des ersten Abschnitts angedeutet worden ist: der Errettung Israels. Auch dieser Abschnitt besteht aus zwei Teilen,
die jeweils in einem anderen Bild die Errettung veranschaulichen: der erste - entsprechend den v.1f. dreizeilig - durch
den Vergleich mit dem Entreißen der Beute, der zweite - entsprechend den v.3-5 aus zweimal zwei Zeilen bestehend - durch
den Vergleich mit der Befreiung eines schon gefangenen Vogels.
In jedem der aufeinander bezogenen Teile ist somit die Zahl
der Unterabschnitte um einen verringert worden.

V.8 ist als letzter Abschnitt vom Vorhergehenden abzuheben,
da er nicht mehr von der Errettung erzählt, sondern abschließend und als Nominalsatz formuliert eine bekenntnishafte Schluß
folgerung aus dem vorher Berichteten zieht[2].

Zwar weist Ps 124 mithin keinen gleichmäßigen Strophenbau

---

1 Vgl. Ps 28,6; 31,22; 68,20; 72,18 und H.Gunkel - J.Begrich, Einleitung
  in die Psalmen, § 2,14.
2 Bonkamp, Briggs, Ewald, Herkenne, Hupfeld - Nowack, Nötscher nehmen v.8
  mit den v.6f. zusammen.

auf[3], doch nimmt die Zeilenzahl der einzelnen Abschnitte kontinuierlich um fünf ab, so daß er einer auf der Spitze stehenden Pyramide gleicht[4]. Daß dies mit Sicherheit beabsichtigt
ist, beweist die Tatsache, daß zusätzlich im zweiten Teil des
Psalms auch die Zahl der Unterabschnitte gegenüber dem ersten
jeweils um einen reduziert worden ist. Der 8. und letzte Vers
- und nicht etwa, wie manchmal angenommen wird, v.6[5] bzw. die
v.6f.[6] - hat damit das größte Gewicht[7].

Ps 124 ist entweder Ausdruck der unmittelbaren Reaktion der
Israeliten auf ein bestimmtes rettendes Handeln Jahwes oder
als ein solcher stilisiert. Letzteres ist nicht nur deshalb,
weil gerade der allgemein formulierte v.8 seinen Höhepunkt
bildet, sondern auch aufgrund der Tatsache, daß Ps 124 keinerlei nähere Einzelheiten über die Bedrohung enthält und von
der überstandenen tödlichen Gefahr und der Errettung fast ausschließlich in Vergleichen spricht, viel wahrscheinlicher[8].
Dafür spricht auch die auffällige Häufigkeit geprägter Bilder:
Nicht nur hier werden die Feinde mit wilden Tieren (vgl. Jes
9,11; Jer 51,34; Ps 79,7), der feindliche Angriff mit einem
reißenden Fluß (vgl. Jes 8,7f.; 17,12f.; Jer 47,2) und die
Errettung mit dem Entkommen eines Tieres (vgl. Ps 91,3; Prov
6,5) verglichen.

So wollte der Psalmist vermutlich den Betern der Kultgemeinde ein allgemeines und deshalb auf verschiedene konkrete Ein-

---

3 G.Bickell, Carmina Veteris Testamenti metrice, 89, gliedert in vier Abschnitte von jeweils vier Zeilen: v.1f./v.3.5 (v.4 hält er, wie z.B.
  auch Duhm, für eine Glosse)/v.6/v.7f., andere in zwei gleich lange Strophen: Briggs teilt in die v.1-4 (v.5 sei Glosse) und 6-8. S.Mowinckel,
  Psalmenstudien II, 141 und Anm.1, in die v.1-3.5 (v.4 sei sekundär) und
  6-8; ähnlich Kissane: "Two strophes of four verses each, with an introduction of one verse." (1/2-5/6-8)
4 Um dieses grundsätzliche Aufbauprinzip auch durch das Schriftbild zu
  verdeutlichen,wurde in der Übersetzung darauf verzichtet, auch die Einzelteile und Unterabschnitte voneinander abzuheben.
5 So z.B. J.Schreiner 19; C.Westermann, Lob und Klage in den Psalmen, 64.
6 So z.B. Anderson.
7 Er ist dem Psalm keineswegs, wie C.Westermann, Lob und Klage in den Psalmen, 64 Anm.31, meint, "nur lose angefügt", noch gar ein Zusatz (so K.
  Budde, Zum Text der Psalmen, 193; nach Gunkel ist dies "möglich, aber
  auch nicht mehr").
8 St.I.L.Norin, Er spaltete das Meer, 156, findet sogar in diesem Psalm
  Bezüge zu den Exodusereignissen, die jedoch vollkommen aus der Luft gegriffen sind.

zelsituation anwendbares Gebetsformular an die Hand geben. Als
grundlegend wird die Tatsache herausgestellt, daß bei Jahwe
immer und in jeder auch noch so bedrohlichen Situation Hilfe
zu finden ist (vgl. v.8).

18.3 Die mythischen Elemente

8   Unsere Hilfe ist im Namen Jahwes,
       der Himmel und Erde gemacht hat.

Wie in Ps 121 ist die mythische Wendung des v.8b[9] von der
grundsätzlichen Feststellung des v.8a syntaktisch abhängig,
der ebenfalls das Stichwort עזר enthält.

18.4 Die Funktion der mythischen Elemente

Nicht nur hinsichtlich der Formulierung, sondern auch in
bezug auf die exponierte Stellung fällt die enge Parallelität
des v.8 mit Ps 121,2 auf, nur erfolgt die Zusammenfassung hier
nicht am Beginn, sondern am Ende des Psalms: Trichterartig
mündet das zuvor Erzählte in die grundsätzlich-bekenntnishafte
Aussage des v.8a ein.

Offenbar ist v.8b auch hier begründend gemeint. Das heißt
aber: Daß Jahwe errettet, hat Israel zwar konkret erfahren
(vgl. die v.1-7, die immerhin als Reaktion auf ein konkretes
Erlebnis stilisiert sind); die grundsätzliche Gewißheit jedoch, daß bei Jahwe (immer) Hilfe zu finden ist, beruht nicht
auf bestimmten Einzelereignissen und -erfahrungen, sondern auf
der fundamentalen Tatsache, daß Jahwe Himmel und Erde gemacht
hat.

18.5 Datierung

Der Psalm verbietet es zwar wegen seines formularartigen

---

9 Zu v.8b siehe insbesondere oben Exkurs 1 (S.74-76 und Tabelle I).

Charakters, ihn mit einer bestimmten geschichtlichen Situation
in Verbindung zu bringen, doch weist insbesondere die aramai-
sierende Sprache in die nachexilische Zeit[10].

---

10 Vgl. dazu L.Vosberg, Studien zum Reden vom Schöpfer in den Psalmen, 18.

19. Psalm 134

19.1 Der Text

1   Wohlan, preist Jahwe,
     all ihr Diener Jahwes,

     die ihr im Haus Jahwes steht
     in den Nächten[a]!

2   Erhebt eure Hände zum Heiligtum!
     Preist Jahwe!

3   Jahwe segne dich vom Zion aus,
     der Himmel und Erde gemacht hat!

a Die letzte Zeile erscheint zu kurz[1], doch wird בלילות doppelt zu betonen sein. Das Metrum wäre in den v.1f. dann jeweils 3+2, weshalb das
הנה am Anfang von v.1 beizubehalten ist[2]. G bietet anstelle des letzten
Wortes von v.1 ἐν αὐλαῖς οἴκου θεοῦ ἡμῶν (= Ps 135[134],2b und wohl diesem Psalm entnommen) und zieht בלילות zu v.2, dessen erste Zeile dadurch
jedoch überladen wird.

19.2 Aufbau, Inhalt, Absicht

Ps 134 gliedert sich in die von pluralischen Imperativen bestimmten v.1f., die durch die Aufforderung ברכו את־יהוה um-
schlossen und verklammert sind, und den mit einer singulari-
schen Jussivform eingeleiteten v.3[3]. Beide Teile unterscheiden
sich auch durch ihr Metrum: 3+2 in den v.1f., 3+3 in v.3.
    In den v.1f. werden diejenigen zum Lobpreis aufgefordert,
die sich nachts im Tempel aufhalten. V.3 spricht Jahwes Segen

---

1 Versuche, sie aufzufüllen, führt F.Buhl (BHK) an.
2 Gegen Gunkel, Oesterley; auch Kraus hält das הנה für problematisch.
3 Duhm unterteilt fälschlich nach v.1 und erhält so zwei gleich lange
  Strophen.

"vom Zion aus" zu, wobei das schon den ersten Teil bestimmende
Verb ברך wiederum verwendet ist.

Die Frage, von wem der Psalm oder seine Teile gesprochen worden sind, wird auf verschiedene Weise beantwortet. Mit Sicherheit geht es jedenfalls um kultisch-gottesdienstliche Vorgänge
("im Haus Jahwes stehen", "Heiligtum", "Zion" etc.). Wahrscheinlich ist der Psalm als liturgischer Wechselgesang zu verstehen:
Zunächst werden Priester oder Leviten zum Jahwedienst ermuntert
(v.1f.), die sodann den Menschen, die den Tempel wieder verlassen, den Segen Jahwes zusprechen[4]. Manchmal werden aber auch
entweder nur Laien[5] oder nur Priester[6] als Sprecher vermutet.

19.3 Die mythischen Elemente

3   Jahwe segne dich vom Zion aus,
     der Himmel und Erde gemacht hat!

Auch in diesem Psalm steht die mythische Aussage des v.3b[7]
in enger Verbindung mit v.3a: Wie in Ps 115,15 begründet die
mythische Vorstellung, daß Jahwe Himmel und Erde, d.h. die
ganze Welt geschaffen hat, seine Segensmacht und Segenskraft.

19.4 Die Funktion der mythischen Elemente

V.3 bildet einen eigenen Abschnitt, der sich nicht nur inhaltlich und metrisch von den v.1f. abhebt, sondern vermutlich
auch von anderen und zu anderen Personen gesprochen worden ist.
Die Formel עשה שמים וארץ versichert die, die den Segen empfan-
gen, abschließend und grundsätzlich der Segensmächtigkeit Gottes.

---

4 So etwa auch Baethgen, A.Bertholet (HSAT[K]), F.Crüsemann, Studien zur
  Formgeschichte von Hymnus und Danklied in Israel, 78f.; Deissler, Delitzsch, Kittel, S.Mowinckel, Psalmenstudien V, 46f.; Nötscher, Olshausen, Weiser.
5 So etwa Duhm, Ewald.
6 So etwa Gunkel, Herkenne, Kissane, Kraus.
7 Zu v.3b siehe insbesondere oben Exkurs 1 (S.74-76 und Tabelle I).

19.5 Datierung

Es fehlen Anhaltspunkte, um die Entstehungszeit des Psalms genauer festzulegen.

20. Psalm 136

20.1 Der Text

1   Preist Jahwe, denn er ist gut!
                       Seine Güte währt allezeit!
2   Preist den Gott der Götter!
                       Seine Güte währt allezeit!
3   Preist den Herrn der Herren!
                       Seine Güte währt allezeit!

4   Ihn, der allein große Wunder getan hat.
                       Seine Güte währt allezeit!

5   Ihn, der den Himmel in Weisheit gemacht hat.
                       Seine Güte währt allezeit!

6   Ihn, der die Erde auf dem Wasser ausgebreitet hat.
                       Seine Güte währt allezeit!

7   Ihn, der die großen Lichter gemacht hat:
                       Seine Güte währt allezeit!
8   die Sonne zur Herrschaft über den Tag,
                       Seine Güte währt allezeit!
9   den Mond ''ᵃ zur 'Herrschaft'ᵇ über die Nacht.
                       Seine Güte währt allezeit!

10   Ihn, der Ägypten in ihren Erstgeborenen geschlagen
                       Seine Güte währt allezeit!
11   und Israel aus ihrer Mitte herausgeführt hat
                       Seine Güte währt allezeit!
12   mit starker Hand und ausgestrecktem Arm.
                       Seine Güte währt allezeit!

13   Ihn, der das Schilfmeer in Stücke zerteilt
                       Seine Güte währt allezeit!
14   Israel mitten hindurchgeführt
                       Seine Güte währt allezeit!
15   und den Pharao und sein Heer ins Schilfmeerᶜ geschüt-
                       telt hat.   Seine Güte währt allezeit!

16   Ihn, der sein Volk in der Wüste geführt hat.
                       Seine Güte währt allezeit!

17   Ihn, der große Könige geschlagen
                       Seine Güte währt allezeit!

18   und herrliche Könige getötet hat:
                    Seine Güte währt allezeit!
19   Sihon, den König der Amoriter,
                    Seine Güte währt allezeit!
20   und Og, den König von Basan,
                    Seine Güte währt allezeit!
21   und ihr Land zum Besitz gegeben hat,
                    Seine Güte währt allezeit!
22   zum Besitz Israel, seinem Knecht.
                    Seine Güte währt allezeit!

23   Der unser in unserer Niedrigkeit gedacht
                    Seine Güte währt allezeit!
24   und uns unseren Feinden entrissen hat.
                    Seine Güte währt allezeit!
25   Der allem Fleisch Brot gibt.
                    Seine Güte währt allezeit!

26   Preist den Gott des Himmels!
                    Seine Güte währt allezeit!

a וכוכבים nach הירח ist zu streichen[1]. Dafür sprechen metrische, aber
auch sachliche Gründe: Zum Objekt von v.7a (אורים גדולים) paßt nur die
Nennung von Sonne und Mond (vgl. Gen 1,16a.bα).
b Statt pluralischem לממשלות ist wie in v.8a die singularische Form zu
lesen, die sowohl einige masoretische Handschriften als auch die alten
Übersetzungen bieten. Die Änderung in den Plural wird erfolgt sein, nachdem וכוכבים sekundär eingefügt worden ist. G repräsentierte dann ein Zwi-
schenstadium; sie liest: τὴν σελήνην καὶ τὰ ἄστρα εἰς ἐξουσίαν τῆς νυκτός,
c Eine Streichung von בים־סוף (es könnte aus v.13 hierher geraten sein)[2]
ist nicht möglich, da נער pi. stets mit Präposition + Nomen konstruiert
wird (vgl. insbesondere Ex 14,27b, ebenso aber auch Neh 5,13aα)[3]. Metrische
Gründe sind nicht zwingend, denn v.12 ist mit Sicherheit vierhebig[4], ebenso
mit großer Wahrscheinlichkeit v.4[5].

----

1 So mit L.Alonso-Schökel 131, Baethgen, A.Bertholet (HSAT[K]), G.Bickell,
  Carmina Veteris Testamenti metrice 94; F.Delitzsch, Die Lese- und
  Schreibfehler im Alten Testament, § 156; Duhm, Gunkel, Herkenne, Kraus,
  Schmidt; vgl. H.Bardtke (BHS), F.Buhl (BHK).
2 So G.Bickell, Carmina Veteris Testamenti metrice, 94; Duhm; vgl. H.Bardt-
  ke (BHS), F.Buhl (BHK), Kissane.
3 Herkenne ersetzt בים־סוף durch בו.
4 Gegen I.W.Slotki 266, demzufolge v.12a "may easily be reduced to three
  by treating ביד־חזקה as one"; er führt dafür 14 masoretische Handschriften und 4 frühe Editionen an, die ביד mit Patach statt mit Kamäz vokali-
  siert hätten. - Auch וחילו kann nicht allein aus metrischen Gründen für
  sekundär erklärt werden (Baethgen, Schmidt, vgl. H.Bardtke [BHS], F.Buhl
  [BHK]).
5 Die Auslassungen von גדלות in einer griechischen Minuskel, Sa und L[p]
  oder von לבדו in einer masoretischen Handschrift sind von zu geringem
  Gewicht, als daß sie eine Textänderung rechtfertigten.

20.2 Aufbau, Inhalt, Absicht

Zunächst fällt auf, daß der zweite Teil jedes Verses aus dem
stereotypen Ausruf כי לעולם חסדו[6] besteht. Dies legt die Annahme nahe, daß der Psalm im Wechsel gesungen wurde, etwa von
einem Vorsänger, dem die Gemeinde nach jedem Vers mit dem gleichen Satz antwortete. Aufgrund der jeweils ersten Vershälften
(auf sie beziehen sich im folgenden die Versangaben) läßt sich
der Psalm folgendermaßen gliedern:

Den Rahmen bilden mit dem Imperativ הודו eingeleitete Aufforderungen zum Lob Jahwes (v.1-3 und 26), wobei die v.2f.
durch die paronomastischen Intensitätsgenitive enger miteinander verbunden sind. So entspricht dem sich abhebenden ersten
Vers der einzeilige Schluß[7].

Die v.5-9 zählen Schöpfungstaten Jahwes auf: die Erschaffung
des Himmels, das Ausbreiten der Erde und die Erschaffung von
Sonne und Mond. Durch ל + Partizip eingeleitet, sind die v.5-7
von den Imperativen der v.1-3 abhängig. Die v.8f. sind parallel
aufgebaut und explizieren v.7.

Die v.10-22 erzählen die Geschichte Israels von der Tötung
der Erstgeborenen in Ägypten bis zum Sieg über die Könige Sihon
und Og und der Inbesitznahme ihres Landes. Dabei ist der Beginn
neuer Geschehenszusammenhänge ganz offensichtlich durch einleitendes ל + Partizip markiert, auf das gegebenenfalls - einmal
sogar im Parallelismus - eine finite Verbform folgt (in den v.
11.14f.18[Par.].21)[8]: Die v.10-12 handeln von der Plage und
dem darauf folgenden Auszug, die v.13-15 vom Durchzug durchs

---

6 כי hat hier nicht kausale, sondern bekräftigende Funktion (vgl. GK §
148d; 159ee).
7 So auch Briggs, der jedoch fälschlich die v.2f. bereits zum Hauptteil
zählt und mit v.4 verbindet.
8 Diese Beobachtung, die Zusammengehörigkeit der v.17-22 sowie die Unwahr-
scheinlichkeit der Annahme, daß die letzten Verse des Psalms - ausgerechnet mit v.18 beginnend - anders aufgebaut, nämlich zu jeweils zwei
Versen geordnet sind, sprechen gegen eine Aufgliederung der v.1-18 in
Gruppen von jeweils drei Versen; so G.Bickell, Carmina Veteris Testamenti metrice, 94; Ewald, denen sich Gunkel anschließt, der zwar feststellt, daß die auf die erste folgenden Strophen "jedesmal mit einem
Partizip mit Dativ" beginnen, aber aus der Tatsache, daß dies auch in den
v.5f. und 17 der Fall ist, keine Konsequenzen zieht. Duhm teilt den gesamten Psalm in jeweils dreizeilige Abschnitte ein, muß aber, wie auch
Kissane, nach v.20 einen Vers einfügen.

Schilfmeer, v.16 von der Führung in der Wüste[9] und die v.17-22
schließlich vom Sieg über die Könige Sihon und Og; in diesem
längeren letzten Abschnitt des Hauptteils sind jeweils zwei
Zeilen einander zugeordnet: Die v.17f. bilden einen synonymen
Parallelismus[10], die v.19f. nennen in völlig gleichgebauten
Sätzen die Namen der beiden Könige, und die v.21f. werden durch
die Wiederaufnahme des Nomens נחלה zusammengehalten.

Die v.23f. und 25 müssen allein aus formalen Gründen als Ergänzungen des Hauptteils angesehen werden: In den v.23f. begegnet, anders als in den unpersönlich formulierten vorangegangenen Versen, jeweils zweimal und damit sowohl Binnenreime
als auch einen Endreim bildend das Suffix der ersten Person
Plural. Auch der Beginn des Abschnitts, der allgemein Jahwes
Hilfe hervorhebt, ist anders gestaltet[11]. - V.25 erwähnt noch,
daß Jahwe allem Fleisch Brot gibt. Das Partizip am Anfang des
Verses ist nicht wie sonst mit ל verbunden. Da nicht von der
Erschaffung des Brots die Rede ist, darf er keinesfalls mit
den v.4-9 in Verbindung gebracht werden[12].

Der Hauptteil des Psalms (v.4-22) besteht offensichtlich aus
zwei Teilen, die sich nicht nur inhaltlich deutlich voneinander unterscheiden (einerseits Schöpfungswerke, andererseits
Exodusgeschehnisse), sondern darüber hinaus einander insofern
gegenübergestellt sind, als sowohl die v.5-9 wie auch die v.
10-22 jeweils viermal die Form ל + Partizip aufweisen. Diese

---

9 Über die Zuordnung dieses Verses bestehen Meinungsverschiedenheiten:
  Deissler und Hupfeld - Nowack nehmen ihn zu den v.10-15, Herkenne,
  Kissane, Staerk zu den v.17ff.; weder das eine noch das andere ist möglich. Zur Sonderstellung von v.16 vgl. auch P.Auffret 4f.
10 Daß die v.17 und 18 jeweils verschiedene Könige meinen (Kraus), ist daher ebenso unwahrscheinlich wie die manchmal vorgeschlagenen Textkorrekturen in v.17 (גוים oder לאמים statt מלכים; vgl. A.Bertholet [HSAT(K)],
  F.Buhl [BHK]). - Daß v.18 nicht ebenfalls mit einem Partizip beginnt,
  obwohl sonst in beiden Versen völlig gleichmäßig jeweils das Nomen
  מלכים und schließlich die synonymen Adjektive גדלים bzw. אדירים folgen,
  ist das deutlichste Indiz für die Richtigkeit der Vermutung, daß der
  Psalm durch die Partizipialformen gegliedert ist.
11 Die Verse setzen also nicht die vorherige Aufzählung der Ereignisse
  einfach fort. Kraus und Nötscher denken an die Richterzeit, Kissane
  gibt den v.21-24 das Thema "Israel in Canaan".
12 Gegen P.Auffret 8 und Kraus, der behauptet, v.25 weise "wieder allgemein auf Jahwe, den Schöpfer und Geber des täglichen Brots, hin". V.25
  für "das eigentliche Ziel des Hymnus" zu halten (Schmidt), ist ebenso
  verfehlt; er denkt an ein Erntelied.

leitet demnach also nicht nur im zweiten, sondern ebenso im
ersten Abschnitt ein jeweils neues Thema ein[13]. Aufgrund dieser klar erkennbaren Zweiteilung des Hauptteils ist auch deutlich, daß v.4 zu den v.5-9 zu rechnen ist und nicht als Überschrift über den ganzen Psalm fungiert[14].

Das Thema des Psalms gibt der ständig wiederholte Refrain
an: die allezeit währende Güte Jahwes. Sie wird im Hauptteil
anhand der Schöpfungs- und Exodusereignisse dargestellt; ihretwegen wird zum Lob Jahwes aufgerufen. Durch die ständige Wiederholung des כי לעולם חסדו wird diese verläßliche und tragen-
de Tatsache gleichsam noch akustisch verdeutlicht.

20.3 Die mythischen Elemente

4   Ihn, der allein große Wunder getan hat.
5   Ihn, der den Himmel in Weisheit gemacht hat.
6   Ihn, der die Erde auf dem Wasser ausgebreitet hat.
7   Ihn, der die großen Lichter gemacht hat:
8   die Sonne zur Herrschaft über den Tag,
9   den Mond '' zur 'Herrschaft' über die Nacht.

Der als zusammenfassende Überschrift der v.5-9 fungierende
v.4 bezeichnet alle Schöpfungswerke als נפלאות גדלות. נפלאות
begegnet nur noch in Hi 9,10 in Verbindung mit der Schöpfung.
Der Hinweis auf Jahwes alleiniges Tun findet sich jedoch häufig gerade in mythischen Zusammenhängen[15], was nochmals für
die Zugehörigkeit des v.4 zu den v.5-9 geltend gemacht werden
kann.

Die Näherbestimmung בתבונה (v.5) begegnet auch in anderen
mythischen Texten, die von der Errichtung der Himmelsfeste handeln (Jer 10,12b = 51,15b; Prov 3,19b) - auffälligerweise nicht
in solchen, die von der Gründung der Erde erzählen.

---

13 Werden die v.4-9 zusammengefaßt, dürfen die v.10-22 also nicht, wie es
   praktisch immer geschieht, in verschiedene Abschnitte aufgeteilt werden.
14 P.Auffret 2 weist v.4 verschiedenen Textbereichen zu: "Outre sa fonction
   générale d'introduction à l'ensemble création - histoire, le v.4 intro-
   duit plus spécialement la création (4-9), et plus spécialement encore
   - de par sa situation dans le texte - la création du ciel et de la terre
   (4-6)." - Keinesfalls ist v.4 jedoch zu den v.1-3 zu rechnen; so z.B.
   Deißler. R.Albertz, Weltschöpfung und Menschenschöpfung, 93, betrachtet
   v.4 als Zusammenfassung der v.2f.
15 Siehe oben S.76.

Als Grundbedeutung des für die Gründung der Erde verwendeten
Verbs רקע (sonst in diesem Zusammenhang noch in Jes 42,5aβ
[hier auch auf die Gewächse bezogen]; 44,24bβ) ist wohl "stamp-
fen"[16], "breittreten"[17] anzunehmen; man wird allgemein mit
"ausbreiten" übersetzen können[18].

Hinsichtlich der v.7-9 fällt die Parallelität mit Gen 1,14
auf[19].

20.4 Die Funktion der mythischen Elemente

Die an der Ausdrucksseite des Textes klar erkennbare Zweiteilung des Korpus weist sehr eindeutig auf die Eigenständigkeit der v.4-9 und damit auf die Besonderheit des mythischen
Themenbereichs hin. Die folgenden Geschehnisse dürfen auf keinen Fall lediglich als ihre imgrunde auf derselben Ebene liegende Fortsetzung verstanden werden[20]. Da wie in den v.10-22
auch in den v.4-9 durch ל + Partizip ein jeweils neuer Erzähl-
abschnitt eingeleitet wird, kommt darüber hinaus jedem Schöpfungswerk eine selbständige Bedeutung zu[21]. So stellt dieses
Gliederungsmerkmal einerseits die Zusammengehörigkeit des mythischen Themenkomplexes und andererseits die Eigenständigkeit
jedes Schöpfungswerkes heraus.

Wie die v.10ff. stehen auch die v.4-9 unter dem Thema "Güte
Jahwes". Worin diese besteht, tritt hier nicht so offen zutage
wie in den folgenden geschichtlichen Abschnitten. Wahrscheinlich ist die Ermöglichung menschlichen Lebens durch die Schöpfungen und Ordnungen Gottes gemeint. So hat Jahwe seine Güte
sowohl in der Urzeit als auch in der Frühzeit Israels erwie-

---

16 So Kraus nach Ez 6,11 und 25,6.
17 So K.Elliger, BK XI/1, 75.
18 So auch K.Elliger, BK XI/1, 75, vgl. 231.467; Kraus möchte lieber mit
   "festigen" übersetzen.
19 Zu den mythischen Themen der v.5-9 siehe oben Exkurs 1 (S.74-76 und Tabelle I), 3 (S.98f. und Tabelle III) und 2 (S.79 und Tabelle II).
20 Keineswegs werden hier "Jahwes Schöpfungstat und seine Geschichtstaten
   gleichsam in eine durchlaufende Linie gestellt" (so J.Kühlewein, Geschichte in den Psalmen, 76).
21 Es ist also nicht sachgemäß, von *einer* Schöpfungstat, aber *mehreren* Geschichtstaten zu sprechen (so J.Kühlewein, Geschichte in den Psalmen,
   76; siehe oben Anm.20).

sen - beides für den (nachexilischen) Psalmisten grundlegende,
wenn auch klar unterschiedene "Zeit"-Dimensionen.

20.5 Datierung

Über die nachexilische Entstehungszeit des Psalms besteht
kaum ein Zweifel.

21. Psalm 146

21.1 Der Text

1 Hallelu-Jah!

Lobe, meine Seele, Jahwe!

2 Ich will Jahwe loben, solange ich lebe!
Ich will meinem Gott singen, solange ich bin!

3 Vertraut nicht auf Fürsten,
auf einen Menschen, bei dem es keine Hilfe gibt!

4 Wenn sein Atem ausfährt, kehrt er zu seiner Erde zurück.
An jenem Tag sind seine Pläne zugrunde gegangen.

5 Glücklich ist der, dessen Hilfe[a] der Gott Jakobs,
dessen Hoffnung Jahwe, sein Gott, ist,

6 der Himmel und Erde gemacht hat,
das Meer und alles, was in ihnen ist;
der Treue bewahrt für alle Zeit:
7 der den Bedrückten Recht schafft,
der den Hungernden Brot gibt.

Jahwe, der die Gefesselten losbindet,
8 Jahwe, der die (Augen der) Blinden öffnet,
Jahwe, der die Gebeugten aufrichtet,
Jahwe, der die Gerechten liebt,
9 Jahwe, der auf die Fremdlinge achtet.

Er hilft dem Waisen und der Witwe auf,
aber den Weg der Frevler leitet er fehl.

10 Als König herrscht Jahwe für alle Zeit,
dein Gott, Zion, von Generation zu Generation.

Hallelu-Jah!

a Das ב vor עזרו ist wohl zu streichen[1]. Es dürfte auf versehentliche
Doppelschreibung des letzten Buchstabens des vorangehenden יעקב zurückzuführen sein.

21.2 Aufbau, Inhalt, Absicht

Vermutlich durch den Ausruf הללו־יה gerahmt[2], beginnt der
Psalm mit einer dreizeiligen Selbstaufforderung zum Lob Jahwes
(v.1f.): Auf den Imperativ des v.1 folgen zwei völlig gleichartig gebaute, jeweils durch einen Kohortativ eingeleiteten
Sätze.

Die v.3f. warnen vor dem Vertrauen auf Fürsten, die wie alle
Menschen zusammen mit ihren Plänen sterben müssen.

Durch אשרי eingeleitet, wird demgegenüber derjenige glücklich gepriesen, dessen Hilfe und Hoffnung Jahwe ist (v.5).

Die folgenden Zeilen erläutern sodann, inwiefern und für wen
dies gilt. Das geschieht zunächst durch 10 jeweils dreihebige
Zeilen, die sich dadurch als zusammengehörig erweisen, daß sie
fast durchweg aus Partizipialsätzen bestehen. Zwar nicht inhaltlich, jedoch formal lassen sie sich in zwei Abschnitte zu
je 5 Zeilen gliedern: Mit Ausnahme der zweiten beginnen alle
Zeilen des ersten Abschnitts (v.6-7a) mit einem Partizip (in
der dritten Zeile mit Artikel versehen), während diejenigen
des zweiten Abschnitts (v.7b-9aα) völlig gleichartig gebaut
sind: Sie beginnen allesamt mit יהוה, worauf eine Partizipialform und ein Objekt folgen, das nur in der letzten Zeile (v.9aα)
durch את eingeleitet ist. Insgesamt wird neben der Schöpfung
(v.6a) Jahwes Fürsorge für diejenigen Personengruppen hervorgehoben, die auf seine Hilfe besonders angewiesen sind.

Zwei antithetische Verbalsätze schließen sich an: Jahwe kümmert sich um Waisen und Witwen, während er die Frevler in die
Irre führt (v.9aβb)[3].

---

1 So z.B. auch H.Bardtke (BHS), F.Buhl (BHK), Gunkel, Keßler, Kraus.
2 Er fehlt allerdings am Anfang in wenigen masoretischen Handschriften,
  am Schluß in G und S.
3 Zu Umstellungen besteht kein zwingender Grund; R.Albertz, Weltschöpfung
  und Menschenschöpfung, 97 mit Anm.43 (220); H.Bardtke (BHS), G.Bickell,
  Carmina Veteris Testamenti metrice, 101; Duhm, Gunkel, Herkenne, Kissane,
  Nötscher setzen v.8b, zum Teil unter Hinweis auf Ps 1,6, hinter v.9a und

Abschließend wird betont, daß Jahwes Herrschaft niemals endet (v.10)[4].

Der Psalmist setzt in seinem Loblied (vgl. v.1f.) der Vergeblichkeit des Vertrauens auf irdische Machthaber die Überlegenheit Jahwes entgegen. Dies wird daran deutlich, daß sich die v.3f. und 5-10 insofern entsprechen, als v.3 mit v.5 und v.4 mit v.10 (der darum noch zum Hauptteil gehört und kein Zusatz sein kann[5]), kontrastieren: Nicht bei Fürsten, also Menschen, ist Hilfe zu finden (v.3); glücklich ist vielmehr derjenige, dessen Hilfe und Hoffnung Jahwe ist (v.5). Während die Fürsten mitsamt ihren Plänen sterben werden (v.4), ist Jahwes Herrschaft ohne Ende (v.10)[6].

Inwiefern Jahwe hilft und Hoffnung rechtfertigt, entfalten die v.6-9: Er steht auf seiten derer, die verachtet, erniedrigt und machtlos oder gottesfürchtig sind. Diese Menschen brauchen nicht, wie vor dem Vertrauen zu den Fürsten gewarnt wird, zum Vertrauen auf Jahwe erst aufgefordert zu werden, sondern *sind* glücklich zu nennen, *weil* Gott auf ihrer Seite steht. So dürfte v.5 den Mittelpunkt des Psalms bilden und seine Aussageabsicht konzentriert zusammenfassen.

---

messen der Unterschiedlichkeit der Verbformen offenbar keine Bedeutung bei.

4 Der klare Aufbau der v.6-9aα wird in den Kommentaren nicht recht deutlich: Ewald will in 3 Strophen zu je 7 Zeilen gliedern (v.1-4/v.5-7a/ v.7b-10), jedoch umfaßt die letzte 9 Zeilen. Ebenso teilt Delitzsch ein, der aber feststellt, daß die mit יהוה beginnenden Zeilen zusammengehören. - Duhm teilt den Psalm schematisch in 6 Strophen zu je 4 Zeilen, Gunkel gliedert in v.1f./v.3f./v.5-6a/v.6b-7a/v.7b-8a/v.9a.8b.9b/v.10, Weiser in die v.1f./v.3f./v.5-6a/v.6b-7a/v.7b-8/v.9/v.10; alle drei zuletzt genannten Kommentatoren reißen v.6 auseinander. - Abgesehen von Einleitung (v.1f.) und Schluß (v.10) gliedern Herkenne, Kissane und Kraus den Hauptteil in zwei Abschnitte: v.3-6a/v.6b-9 bzw. v.3-6/v.7-9 bzw. v.3f./v.5-9.

5 So R.Albertz, Weltschöpfung und Menschenschöpfung, 220 Anm.43.

6 Gunkel verbaut sich dadurch das rechte Verständnis, daß er v.6a mit v.5 verbindet und entsprechend v.4 nicht mit v.10, sondern mit v.6a in Beziehung setzt: "Jedem dieser beiden Sätze [v.3 und 5] ist eine kurze Begründung hinzugefügt: Fürsten sind sterbliche Menschen, deren Gedanken mit ihrem Tode aus sind 4, Jahwe ist der allmächtige Schöpfer der ganzen Welt 6!" Beide Begründungszusammenhänge lägen zudem auf ganz unterschiedlichen Ebenen.

21.3 Die mythischen Elemente

6a   Der Himmel und Erde gemacht hat,
      das Meer und alles, was in ihnen ist.

V.6a bringt zum Ausdruck, daß Jahwe alles gemacht hat: Himmel und Erde - beide Begriffe sind aufgrund des Kontexts hier
wörtlich und nicht als polarer Ausdruck für die Gesamtheit der
Welt zu verstehen -, das Meer sowie alles, was an, auf bzw. in
ihnen ist (das pluralische בם bezieht sich nicht nur auf הים
zurück, sondern auch auf ארץ und שמים); damit dürften die Gestirne, die auf der Erde oder im Meer sich befindenden Pflanzen und Tiere sowie der Mensch gemeint sein. Ersteres legt auch
die sehr ähnliche, aber ausführlichere Formulierung von Neh 9,
6aα nahe; Ex 20,11aα entspricht Ps 146,6a fast wörtlich[7].

31.4 Die Funktion der mythischen Elemente

Obwohl v.6a die Reihe der auf Jahwe bezogenen Partizipialsätze eröffnet (bis v.9aα bzw. 7a), nimmt er formal wie inhaltlich eine Sonderstellung ein. Die v.7-9aα entsprechen sich
in beiderlei Hinsicht weitgehend; auch nach v.7a, der die erste Hälfte der Reihe abschließt, ist kein scharfer Bruch wahr-
zunehmen. Es geht jeweils um die Beziehung Jahwes zu bestimmten Menschengruppen, deren Situation er zum Besseren wendet
oder denen er nahe ist. Die geringfügige Differenz zwischen
v.7a und den v.7b-9aα beruht lediglich darauf, daß anstelle
des doppelten Objekts der v.7aα und 7aβ in den folgenden Versen ein einfaches Objekt steht und, um das metrische Gleichmaß
(jeweils 3+3 Hebungen) zu erhalten, jeweils יהוה an den Anfang
gestellt ist[8]. Der Aufbau der v.7-9aα läßt sich folgendermaßen

---

7 Zu den hauptsächlich angesprochenen Themen "Entstehung des Himmels",
  "Gründung der Erde", "Erschaffung des Meeres" siehe oben Exkurs 1 (S.
  74-76 und Tabelle I), 3 (S.98f. und Tabelle III) und 4 (S.111). - R.Al-
  bertz, Weltschöpfung und Menschenschöpfung, 97f., reklamiert v.6a zu
  Unrecht ausschließlich für die "Weltschöpfung".
8 Eine tiefere Bedeutung ist dem fünffachen יהוה gerade aufgrund der inhaltlichen Parallelität der v.7b-9aα mit den v.6-7a nicht zu unterlegen
  (anders etwa Herkenne: "Die nachdrucksvolle Wiederholung von 'Jahve' zu
  Beginn der einzelnen Stichen will betonen, daß nur er solches, wie ange-

darstellen: (יהוה) - Partizip - (unbelebtes Objekt) - belebtes
Objekt. Vielleicht ist auch der Endreim (־ים) ein weiteres ver
bindendes Element[9]. Von diesem Schema unterscheidet sich v.6b
in geringerem, v.6a in stärkerem Maße.

V.6b darf nicht mit v.7aα verbunden werden[10]. Zwar können
אמת und משפט gelegentlich synonym verwendet werden[11] und sind
die letzten Wörter beider Verse mit ל konstruiert, doch wird
damit, anders als in v.7aα (und 7aβ), keine Personengruppe ein
geführt. Außerdem ist die Sonderstellung des v.6b noch dadurch
unterstrichen, daß nur hier das Partizip mit dem Artikel versehen ist[12], der keineswegs gestrichen werden darf[13]. Der Vers
dürfte aufgrund seiner Besonderheiten einerseits und gewisser
formaler Entsprechungen andererseits als Zusammenfassung des
Folgenden zu verstehen sein.

Noch stärker hebt sich der erste Partizipialsatz (v.6a) vor
allem durch seine Zweizeiligkeit ab. Fragt man nach seiner
Funktion innerhalb des Psalms, ist er zunächst mit dem zwar
formal eine Überleitung zu den folgenden Zeilen bildenden,
aber gleichwohl von ihnen unterschiedenen v.6b zusammenzuse-
hen[14]: Erzählt v.6a von *urzeitlichen* Taten Jahwes, visiert v.
6b die darauf folgende *geschichtliche* Zeit an (לעולם). So wie
Jahwe einst die Welt erschaffen hat, so ist er seiner Schöpfung auch weiterhin zugewandt. Daß v.6b die Treue Jahwes für
alle Zeit explizit hervorhebt, besagt aber andererseits, daß
die Schöpfung die Erhaltung nicht eo ipso mit einschließt.
V.6a, der sich formal nicht nur zusammen mit v.6b vom Folgenden abhebt, sondern auch von v.6b unterscheidet, meint ausschließlich einmalige, urzeitliche Ereignisse; v.6b fügt dem
eine neue und andere Aussage hinzu.

---

geben, wirklich zu leisten vermag.").
9 Vgl. A.Bertholet (HSAT[K]), Staerk. Gunkel und Nötscher sind sich nicht
    sicher, ob er beabsichtigt ist.
10 So z.B. in BHK und BHS.
11 Vgl. H.Wildberger, Art. אמן, 204.
12 Auch für Delitzsch kommt der Partizipialform aufgrund des beigefügten
    Artikels eine besondere Bedeutung zu; mit ihm würde "die Verheißungs-
    treue Gottes besonders hervorgehoben".
13 So z.B. Gunkel, Kraus; vgl. H.Bardtke (BHS), F.Buhl (BHK).
14 Ob man dafür auch den Endreim anführen darf, muß wiederum offen blei-
    ben.

V.6a schließt jedoch nicht zufällig an v.5 an: Die mythischen
Aussagen begründen die Berechtigung der im zentralen אשרי-Satz
ausgedrückten Gewißheit, daß Jahwe in der Tat der einzig verläßliche Grund des Vertrauens gerade derer ist, die über keine eigene Macht verfügen und keine irdischen Machthaber auf
ihrer Seite haben. Er ist Menschen oder Fürsten weit überlegen.

So formuliert v.6a die Basis der folgenden, die Vertrauenswürdigkeit Jahwes allgemein-grundsätzlich erklärenden (v.6b)
und an Einzelbeispielen konkretisierenden (v.7-9aα) Aussagen:
Bei Jahwe sind allezeit Hilfe und Hoffnung zu finden, weil er
es ist, der vor aller Zeit die ganze Welt geschaffen hat.

21.5 Datierung

Daß Ps 146 in nachexilischer Zeit entstanden ist, ist unbestritten.

22. Psalm 148

22.1 Der Text

1   Hallelu-Jah!

    Lobt Jahwe vom Himmel her!
    Lobt ihn in den Höhen!

2   Lobt ihn, all seine Boten!
    Lobt ihn, all seine Heerscharen[a]!

3   Lobt ihn, Sonne und Mond!
    Lobt ihn, alle leuchtenden Sterne[b]!

4   Lobt ihn, Himmel des Himmels
    und Wasser über dem Himmel!

5   Sie sollen den Namen Jahwes loben,
    denn *er* hat befohlen und sie sind geschaffen worden[c].

6   Er hat sie hingestellt als eine Ordnung für alle Zeit.
    Er hat (mit ihnen) ein Gesetz aufgestellt, das nicht ver-
                                                    [geht.

7   Lobt Jahwe von der Erde her,
    Tanninim und alle Urfluten,

8   Feuer und Hagel, Schnee und Nebel,
    Sturmwind, der sein Wort ausführt,

9   Berge und alle Hügel,
    Fruchtbäume und alle Zedern,

10 Wildlebendes und alles Vieh,
    Kriechtiere und geflügelte Vögel,

11 Könige der Erde und alle Völker,
    Fürsten und alle Herrscher der Erde,

12 junge Männer und junge Mädchen,

Alte mit Kindern!

13   Sie sollen den Namen Jahwes loben,

     denn sein Name allein ist erhaben,

     seine Hoheit über Erde und Himmel.

14   Er hat das Horn seines Volkes erhöht.

     Ein Lobgesang für alle seine Frommen,

     für die Israeliten, das Volk, 'das ihm nahe ist'[d].

Hallelu-Jah!

a Mit C, vielen masoretischen Handschriften und den Übersetzungen dürfte
wegen des pluralischen Imperativs und des Parallelismus der v.2a und 2b Q
zu folgen und צבאיו zu lesen sein[1]. Die gleiche Form findet sich noch in
Ps 103,21a, obgleich der Plural sonst immer צבאות lautet.

b G liest anstelle von כל-כוכבי אור πάντα τὰ ἄστρα καὶ τὸ φῶς. Zwar ist
die Konstruktusverbindung כוכבי אור singulär; da אור aber mehrmals als nomen rectum in adjektivischer Funktion begegnet (Ez 32,8aα; Am 8,9b; sonst
noch in Hi 24,13a), besteht kein Grund, den masoretischen Text zu ändern[2].

c G gleicht an Ps 33,9 an, indem sie die letzten drei Wörter von v.5 wie
Ps 33(32),9b übersetzt, obwohl sie im Hebräischen nicht völlig übereinstim-
men, und entsprechend Ps 33(32),9a nach כי αὐτὸς εἶπεν, καὶ ἐγενήθησαν ein-
fügt[3].

d Statt des schwierigen קרבו ("[das Volk] seines Nahen") ist besser קרביו
zu lesen[4].

22.2 Aufbau, Inhalt, Absicht

Der durch הללו-יה gerahmte[5] Psalm besteht aus zwei Teilen,
wie die Entsprechung der v.1a und 7a deutlich zeigt: Die v.1ff.
fordern zum Lob Jahwes "vom Himmel her", die v.7ff. zum Lob
Jahwes "von der Erde her" auf. Da "Himmel" und "Erde" meristi-

---

1 F.Delitzsch, Die Lese- und Schreibfehler im Alten Testament, § 34a; Gunkel, Kraus, Schmidt entscheiden sich für צבאו.
2 D.R.Hillers 325 vermutet, daß die G-Lesart durch falsche Worttrennung
  in einem Stadium entstanden ist, in dem die Buchstaben Waw und Jod praktisch identisch waren: כוכבי אור sei zu כוכב ואור und dann zu כוכבים ואור
  geworden.
3 D.R.Hillers 325 und Kissane halten die G-Lesart für ursprünglich.
4 So mit Baethgen, Gunkel, Herkenne, Hupfeld - Nowack, Keßler, Kraus, Nötscher, Schmidt, Staerk, Weiser; vgl. H.Bardtke (BHS), A.Bertholet
  (HSAT[K]), F.Buhl (BHK).
5 Es fehlt jedoch in G und S am Schluß.

sche Begriffe sind, besteht die Absicht des Psalmisten darin,
die ganze Welt zum Lob Jahwes zu ermuntern.

Den größten Raum (17 von 30 Zeilen) nimmt die sich an die
einleitenden allgemein-zusammenfassenden Aufforderungssätze
(v.1 bzw. 7a) anschließende vokativische Aufzählung der Subjekte des Lobens "vom Himmel her" bzw. "von der Erde her" ein
(v.2-4 bzw. v.7b-12). Bis auf v.7b sind jeweils zwei Halbver-
se einander zugeordnet.

Ein Neueinsatz ist mit dem jeweils folgenden "Sie sollen den
Namen Jahwes loben" (v.5a bzw. 13aα) gegeben, der den jeweils
vierzeiligen Schlußabschnitt beider Teile bildet und beidemale
durch einen mit כי eingeleiteten ein- bzw. zweizeiligen Satz
mit Jahwes Schöpfertätigkeit bzw. seiner Erhabenheit begründet
wird (v.5b bzw. 13aβ.b[6]). - Eine mit einem Narrativ beginnende
Zeile bzw. Halbzeile (v.6 bzw. die ersten drei Wörter von v.
14) schließen sich an[7]; sie beziehen sich jeweils auf den vorangehenden Kausalsatz: V.6 ergänzt ihn damit, daß Jahwe seine
Schöpfungen für immer zu einer unverbrüchlichen Ordnung hingestellt hat, die nicht vergehen wird; der Anfang von v.14 fügt
nach der Feststellung der Erhabenheit und umfassenden Hoheit
Jahwes hinzu, daß er (auch) seinem Volk Macht verliehen hat[8].

Der Rest von v.14 stellt entweder eine Unterschrift zu Ps
148 dar[9], die ihn als תהלה für Israel bezeichnet, oder war ursprünglich die Überschrift von Ps 149[10].

---

6 V.13b dürfte noch vom Partizip in v.13aβ abhängen (שמו - הודו) und keinen eigenen Satz darstellen (so auch z.B. Weiser; anders etwa Gunkel,
  Kraus).
7 Dieses aufgrund der Parallelität der beiden Teile des Psalms gewiß
  nicht zufällige Kompositionselement übersieht D.R.Hillers 328, wenn er
  v.13b für den die beiden Hauptteile zusammenfassenden Schlußvers hält.
8 Weiser mißachtet die Parallelität der beiden Hauptabschnitte, wenn er
  in die v.1-6/7-10/11-14 unterteilt; ab v.11 ginge es um den Menschen,
  und die Aufforderung zum Lobgesang sei in diesem Fall an den Schluß gestellt worden. Auch müßte er erklären, inwiefern die Aufzählung nach
  v.10 einen Einschnitt erkennen läßt.
9 So etwa R.Albertz, Weltschöpfung und Menschenschöpfung, 218 Anm.28;
  Anderson, Gunkel, Kraus.
10 So vor allem R.A.F.McKenzie 222; vgl. auch Eerdmans. Gegen R.A.F.McKen-
   zie spricht sich D.R.Hillers 328 aus.

22.3 Die mythischen Elemente

22.3.1 Vers 5

Sie sollen den Namen Jahwes loben,
denn er hat befohlen und sie sind geschaffen worden.

V.5b erinnert an Ps 33,6: Auch hier scheint neben der Wortschöpfung die Tatschöpfung durch die Verwendung der Nifal-Form
des Schöpfungsverbs ברא[11] nicht ganz ausgeblendet zu sein. Als
Objekte des Erschaffens (wie als Subjekte des v.5a) können alle in den v.2-4 zum Lob Jahwes aufgeforderten Lebewesen und
Gegenstände angesehen werden, obgleich vom Erschaffenwerden
der Jahweboten (v.2) und des Wassers oberhalb der Himmelsfeste
(v.4b) im Alten Testament sonst nichts verlautet[12].

22.3.2 Vers 6

Er hat sie hingestellt als eine Ordnung für alle Zeit.
Er hat (mit ihnen) ein Gesetz aufgestellt, das nicht vergeht.

Ganz selten hat das in v.6a gebrauchte Verb עמד hi. die Bedeutung "herstellen, wiederherstellen" (so in Esr 2,68bβ; 9,
9bα; II Chr 24,13b), meint aber oft das Hinstellen, Aufstellen
einer schon vorhandenen Sache (vgl. z.B. Neh 3,1.3.6.13-15;
6,1; 7,1; II Chr 25,14; 33,19). Da das finite Verb am Anfang
von v.6 einen Neueinsatz markiert (auch wenn sich das Suffix
von ויעמידם auf das Subjekt des letzten Verbs von v.5 bezieht),
dürfte hier ebensowenig wie in v.5 das Erschaffen, sondern ein
darauf folgender, gesonderter Vorgang angesprochen sein: das
Hinstellen, Anbringen, die Ortszuweisung der auf den Befehl
Jahwes hin entstandenen Dinge[13].

Die ungewöhnliche Verbindung לעד לעולם kommt sonst nur noch
in Ps 111,8a vor und darf nicht einfach mit dem häufigeren

---

11 Siehe dazu oben S.172.
12 Zu den in v.3 und 4a genannten Schöpfungswerken siehe oben Exkurs 1 (S.
   74-76 und Tabelle I) und 2 (S.79 und Tabelle II).
13 Anders z.B. R.Albertz, Weltschöpfung und Menschenschöpfung, 95: In v.5b
   und 6a sei die Erschaffung der zuvor genannten Objekte insgesamt gemeint; ähnlich D.Michel, Tempora und Satzstellung in den Psalmen, § 1.
   52: "V.6a bringt gewissermaßen das Resumé aus v.5."

(לעולם ועד) gleichgesetzt werden, wie es meistens geschieht.
Vielleicht ist עד nach altorientalischen Parallelen hier wie
auch in Ps 111,8 mit "Ordnung" zu übersetzen[14]. Es ergäbe sich
ein klarer Parallelismus mit v.6b und ein weiterer Hinweis auf
die formal ohnehin naheliegende Zusammengehörigkeit der v.6a
und 6b.

Die Übersetzung des v.6b entspricht zwar dem masoretischen
Text, bedarf jedoch einer Begründung. Es geht vor allem um das
Verständnis des Verbs עבר, das meist, wenn es in Verbindung
mit an Menschen ergangene oder ergehende Bestimmungen (Gottes)
begegnet, diese Ordnungen selbst zum Objekt hat und mit "über-
treten" o.ä. wiederzugeben ist[15]. Entsprechend wird denn auch
sehr häufig Ps 148,6b verstanden und יעבור in יעברו korri-
giert[16] (Subjekt wären also die Schöpfungswerke, denen der
חק auferlegt worden ist). Begründend ließen sich fünf größ-
tenteils mythische Texte anführen, die jeweils mit ולא (bzw.
בל) und einer Form von עבר enden und sich meistens auf חק beziehen:

Von der Grenze, die das Meer nicht überschreiten darf, sprechen Jer 5,22aß (Jahwe hat dem Meer eine Sandgrenze gesetzt,
והמו גליו ולא יעברנהו [auch dieser 22bß.(חק־עולם ולא יעברנהו)
Versteil bezieht sich auf חק zurück]); Ps 104,9a (גבול־שמת
בשומו לים חקו ומים לא יעברו־פיו) und Prov 8,29a (בל־יעברון).
In Hi 14,5b bedeutet חק soviel wie "Ziel, Endpunkt (des Lebens)" (חקו] עשית ולא יעבור [K). - Zusätzlich können weitere
mythische Texte genannt werden, in denen חק ebenfalls die von
Jahwe den Schöpfungswerken auferlegte Ordnung bezeichnet: So
hat er dem Regen (Hi 28,26a) und dem Meer (Hi 38,10a) ein Gesetz gegeben.

Mit Ausnahme von Ps 104,9 und Hi 14,5, wo die Dinge jedoch
eindeutig sind, wird aber immer der- oder dasjenige, dem der

---

14 Der Vorschlag stammt von D.R.Hillers 325f.; er verweist auf altaramä-
   isches [c]dj[כ] und akkadisches adê sowie auf Gil[c]ad in Gen 31,44 und Jes
   33,8 nach 1QJes[a].
15 So z.B. in Num 14,41; 22,18; Dtn 17,2; 26,13; Jos 7,11.15 etc.
16 So etwa Baethgen, A.Bertholet (HSAT[K]), G.Bickell, Carmina Veteris
   Testamenti metrice, 102; F.Delitzsch, Die Lese- und Schreibfehler im
   Alten Testament, § 52b; Gunkel, Keßler, Kraus, Oesterley, Schmidt,
   Staerk, Weiser, Wellhausen; vgl. H.Bardtke (BHS), F.Buhl (BHK).

חק gilt und das das Subjekt des עבר ist, mit ל (oder על [Hi
38,10a]) eingeführt. Dies ist jedoch in Ps 148,6 nicht der
Fall. Vielmehr werden weder in v.6a noch vor allem in v.6b
die Schöpfungswerke als diejenigen genannt, für die das Gesetz
bestimmt ist. Deshalb ist der masoretische Text wohl doch beizubehalten, und dies umso mehr, als עבר durchaus nicht nur in
intransitiver Bedeutung begegnet, sondern darüber hinaus in
der Bedeutung "vergehen" zweimal, und zwar in verneinter Form,
auf das Ergehen einer Bestimmung folgt, nämlich in Est 1,19a
(hier ist eindeutig der דבר־מלכות Subjekt) und 9,27a (der Satz
steht zwar absolut, betrifft jedoch die Verordnung, das Purim-
fest regelmäßig zu begehen [vgl. v.27aγ])[17]; in Est 9,28bα, wo
es ebenfalls in verneinter Form begegnet, sind "die Purimfei-
ern" Subjekt[18].

Nicht den Schöpfungswerken wird also eine Ordnung auferlegt,
sondern sie selbst sind als allezeit gültige, von Jahwe in der
Urzeit festgelegte Ordnung der Welt hingestellt worden[19] (dies
entspricht genau dem parallelen v.6a). Es ist weder an die Ein-
grenzung des Himmelswassers[20], die im Alten Testament ohne
wirkliche Parallele wäre (vgl. höchstens Ps 8,3) noch an die
den Gestirnen auferlegte Ordnung gedacht[21]. V.6 meint vielmehr
das Gesamtgefüge der Welt, das Jahwe einst festgelegt hat: *Daß
sich die Gestirne am Himmel befinden, daß die Welt vom Himmel
begrenzt wird, über dem sich das Wasser befindet.*

Ähnliche Vorstellungen finden sich auch sonst: Jer 31,36
spricht von חקים in bezug auf die Festsetzung der Sonne als
Licht für den Tag, des Monds und der Sterne als Licht für die
Nacht und das Erregen des Meeres als von Ordnungen, die nie
vergehen werden (אם־ימשו). In Jer 33,25 ist nach dem Erschaffen von Tag und Nacht (v.25a) das Aufstellen (שים) der חקות
des Himmels und der Erde (= der ganzen Welt) erwähnt. Und in
Hi 38,33a fragt Jahwe Hiob, ob er die חקות des Himmels kenne

---

17 Vgl. G.Gerleman, BK XXI, 137.
18 Auf diese Parallelen hat D.R.Hillers 326 aufmerksam gemacht.
19 Vgl. D.R.Hillers 326.
20 So etwa R.Albertz, Weltschöpfung und Menschenschöpfung, 95, für v.6b;
   A.Angerstorfer, Der Schöpfergott des Alten Testaments, 82; Kraus in bezug auf חק, A.Ohler, Mythologische Elemente im Alten Testament, 97.
21 So etwa Baethgen, Duhm, Hupfeld - Nowack, Olshausen.

(nicht jedoch, wie der Vers oft verstanden wird, ob er dem
Himmel die Gesetze bestimme).

Schon v.5a faßt die Einzelaufforderungen der vorangehenden
Verse summarisch zusammen, und auch v.5b meint alle Schöpfungs-
vorgänge. Beides sind deutliche Indizien dafür, daß auch in v.
6 nicht Einzeltaten, sondern die Schöpfungswerke insgesamt im
Blick sind.

22.4 Die Funktion der mythischen Elemente

Mythische Rede bildet den Abschluß des ersten Teils von Ps
148 und macht den Hauptbestandteil der durch eine stärkere Zäsur von den vorangehenden gesonderten v.5f. aus. Daß demgegenüber die v.13-14aα keinerlei Beziehung zur Schöpfung aufweisen,
erstaunt nicht, vielmehr wird daran wieder die Besonderheit
der *urzeitlichen* Schöpfung und damit des mythischen Vorstellungszusammenhangs deutlich: Bis auf die Urfluten (v.7b) und
die Berge und Hügel (v.9a) sind alle in den v.7b-12 aufgeru-
fenen Objekte nicht, wie diejenigen der v.2-4, in der Urzeit
entstanden oder eingesetzt worden, sondern irgendwann in geschichtlicher Zeit ins Dasein getreten, in der sie auch wieder
vergehen werden (anders v.6: לא יעבור, לעולם).

Die Schöpfungswerke am Himmel sollen Jahwe deshalb loben,
weil sie auf seinen Befehl hin entstanden sind: Die Werke loben ihren Meister. So liefert v.5b zunächst die Begründung für
die vorherigen Aufforderungen zum Jahwelob, die v.5a noch einmal zusammenfassend aufgenommen hat. Letztlich aber geht es
dem Psalmisten vor allem mit v.6 darum, durch den Hinweis auf
seine urzeitlichen Schöpfungstaten und die durch sie konstitu-
ierte feste Ordnung der Welt Jahwes Majestät und Herrlichkeit
zu preisen.

22.5 Datierung

Die nachexilische Entstehung des Psalms steht außer Frage.

C. ERGEBNIS

1. Der mythische Vorstellungszusammenhang

Die Strukturanalyse hat ergeben, daß in fast allen Psalmen diejenigen Texte einen eigenen Abschnitt bilden, die Motive enthalten, welche den Prädikatorenregeln zufolge als "mythisch" bezeichnet werden sollten.

Ausschließlich mythische Aussagen enthalten folgende Absätze, die sich auch gliederungsmäßig von ihrem Kontext abheben: Ps 8,3.6-9; 19,5b; 33,6f.; 65,7f.; 102,26; 134,4-9(!); ebenso Ps 146,6a.

Recht häufig sind grundsätzliche Aussagen mit ihnen eng verknüpft. Dies spricht aber nicht gegen die Eigenständigkeit eines mythischen Motivzusammenhangs, sondern dürfte darin begründet sein, daß die Psalmen keine Prosaerzählungen, sondern als Anrede formulierte Gebete sind, die deshalb auch Jahwes gegenwärtige Herrlichkeit preisen wollen oder aus einem mythischen Geschehen gleich eine persönliche Gewißheit ableiten. Die mythischen Motive haben in diesen klar vom Kontext abgrenzbaren Abschnitten entweder textlich eindeutig das Übergewicht, oder ihnen kommt darum fundamentale Bedeutung zu, weil sie wesentliche Tatsachen oder Gewißheiten begründen. Deshalb können auch diese mithin ausschlaggebend durch mythische Motive geprägten Abschnitte hier angeführt werden; es handelt sich um folgende Texte: Ps 24 A (v.1: Jahwe gehören die Erde und ihre Fülle); 74,12-17 (v.16a: Jahwe gehören Tag und Nacht[1]); 89,10-13 (v.10: Jahwe herrscht über das Meer; v.12a: Jahwe gehören Himmel und Erde; v.13b: Tabor und Hermon jubeln ihm zu); 95,5 (v.5*: Jahwe gehören Meer und Land); 103,19 (v.19b:

---

1 Die Überschrift des v.12 besagt, daß es hauptsächlich um Jahwes *urzeit-liche Taten* geht.

Jahwes Königsherrschaft regiert alles); 104,5-9 (v.9b: das
Wasser darf die Erde nicht noch einmal bedecken); 115,15f.
(v.15a: Segen; v.16a: der Himmel gehört Jahwe); 121,2 (v.2a:
bei Jahwe ist Hilfe); 124,8 (v.8a: bei Jahwe ist Hilfe); 134,
3 (v.3a: Segen); 148,5f. (v.5a: Lob der Geschöpfe).

In Ps 104 (v.2a-3aα.19a) und 146 (v.6a) wird ein Textabschnitt durch mythische Elemente eröffnet. Nie sind sie willkürlich an mehreren Stellen ein und desselben Psalms zwischen
andere Sätze eingestreut.

Es ergab sich darüber hinaus, daß nicht nur diejenigen Texte, die ein bestimmtes mythisches Einzelmotiv aufgreifen, einer
eigenen Abschnitt bilden, sondern daß auch mehrere unterschiedliche, allein durch die jeweilige Erfüllung der aufgestellten
Prädikatorenregeln miteinander vergleichbare Elemente zusam-
mengeordnet und von ihrem Kontext gliederungsmäßig abgesetzt
sind. Und dies gilt nicht nur, wenn etwa verschiedene Schöpfungswerke genannt werden (vgl. z.B. Ps 33,6f.; 136,4-9), sondern in gleicher Weise auch dann, wenn sowohl von Schöpfungstaten als auch von der Bezwingung des Meeres oder des Meeresungeheuers berichtet wird (vgl. Ps 65,7f.; 74,12-17; 89,10-13),
gewöhnlich wird allenfalls das zuletzt genannte Motiv als "mythisch" bezeichnet[2].

Damit haben sich die Annahme eines alttestamentlichen mythischen Motivzusammenhangs und die Tragfähigkeit der Prädikatorenregeln bestätigt. Sie messen die Texte nicht an fremden,
ihnen aufgezwungenen Rastern, sondern fangen einen spezifi-
schen Vorstellungszusammenhang ein: Jahwe hat vor aller Zeit
bzw. in der Urzeit bestimmte Taten vollbracht. Diese Eigenständigkeit und Besonderheit gibt der Aufbau der Psalmen ge-

---

2 R.Albertz trennt beide Themen zu Unrecht voneinander: Nur der Urzeit-
  kampf sei in der Klage des Volkes fester verankert, die Weltschöpfung
  dagegen sekundär mit ihm verbunden worden; sie entstamme wahrscheinlich
  dem beschreibenden Lob (Weltschöpfung und Menschenschöpfung 114). Seine
  Behauptung macht den Eindruck einer petitio principii, denn sein Urteil,
  in Ps 74 und 89 sei von der Weltschöpfung "nur recht unbetont am Schluß"
  die Rede, der Ton liege "eindeutig auf den Aussagen, die von einem Kampf
  Jahwes gegen eine Reihe von Ungeheuern berichten" (112), trifft nicht
  zu: Die Struktur der Texte ergibt vielmehr eindeutig, daß in diesen
  Psalmen beiden Themen dasselbe Gewicht zukommt (Ps 65,7f. berücksichtigt
  er nicht). Die Vorstellungen lassen sich nicht auf verschiedene Tradi-
  tionen oder Gattungen aufteilen und auseinanderdividieren.

rade auch dort zu erkennen, wo der Kontext vom geschichtlichen
Handeln Jahwes oder von Ereignissen oder Phänomenen der geschichtlichen Zeit spricht (vgl. z.B. Ps 33.74.136, aber auch
an Jes 51,9f. sei noch einmal erinnert).

Wenn man den Begriff "Mythos" auf alttestamentliche Texte
anwendet, sollte es deshalb künftig in der hier vorgeschlagenen Weise geschehen. Man kann den Motivzusammenhang - der als
solcher freilich nicht zu bestreiten ist! - natürlich auch mit
einem anderen Begriff zusammenfassen. Immerhin besteht aber,
trotz großer, jedoch auch im Alten Orient gegebener Unterschiede hinsichtlich der jeweiligen Ausgestaltung im einzelnen, eine
prinzipielle Übereinstimmung mit denjenigen altorientalischen
Texten, die gewöhnlich "Mythen" genannt werden. Der Terminus
"Mythos" sollte daher auch für die entsprechenden alttestamentlichen Texte verwendet werden.

2. Die theologische Bedeutung der mythischen Elemente

Die Funktion der mythischen Elemente im Gesamtkontext der
Psalmen ist verschiedenartig. In der Mehrzahl werden sie als
Elemente des Gotteslobes, zur Verherrlichung der Hoheit, Überlegenheit und Einzigkeit Jahwes verwendet (vgl. vor allem Ps
8.19 A.24 A.65 A.89 A.95 A.96.103.104.115.148), doch dienen
sie auch anderen Anliegen. So stehen in unmittelbar-struktu-
rellem Zusammenhang mit mythischen Aussagen rein theologische,
aber auch für die Daseinshaltung der Menschen unmittelbar re-
levante grundsätzliche Feststellungen, die sich direkt aus ihnen ergeben: Jahwe gehört die Welt (Ps 24,1f.; 74,16; 89,12;
95,5), er regiert sie (Ps 103,19b), er beherrscht das Meer (Ps
89,10); seine Taten versichern die Menschen seiner Bewahrung
oder Hilfe (Ps 121,1; 124,8) und seines Segens (Ps 115,15f.;
134,3); sie ermöglichen oder sichern überhaupt das Leben auf
der Erde (vgl. insbesondere Ps 104,9b und auch 136,4-9), die
Geschöpfe jubeln ihm zu (Ps 148,5a; vgl. Ps 89,13b). Auch sonst
sind offenbar Jahwes urzeitliche Machterweise der eigentliche
Grund für das Vertrauen der Menschen (Ps 65 A.89 A.146, nach
Ps 33 in politisch bedrängter Lage; vgl. weiter Ps 75); in Ps
74 wird Jahwe an sie erinnert, um zu handeln wie in der Urzeit. Mit Hilfe mythischer Motive werden darüber hinaus grundsätzliche Aussagen über den Menschen formuliert (Ps 8), oder
sie werden verwendet, um Gottes Unvergänglichkeit und Unwandelbarkeit zu kontrastieren (Ps 102,26-28), können aber auch
mehr vergleichend herangezogen werden, um andere Aussagen zu
untermauern: vgl. Ps 75 (gleichnishaft für die Gewißheit, daß
Jahwe die Ordnung auf der Erde wiederherstellen wird); 78
(gleichnishaft für die Unumstößlichkeit der Erwählung Judas);
119 (gleichnishaft für die Beständigkeit des Gesetzes)[1].

---

1 In diesen zuletzt genannten Texten lassen sich die mythischen Motive
  nicht strukturell aus ihrem Kontext herausheben.

In vielen dieser Texte kommt den mythischen Elementen zentrale Bedeutung zu: Ps 8 und 24 A sind als ganze wesentlich von ihnen bestimmt (vgl. auch Ps 19 A), Ps 136,4-9 ist ein rein mythischer Text (vgl. auch Ps 103,19; 134,3), und in anderen Psalmen stehen sie an exponierter Stelle: entweder in der Mitte (Ps 33,6f.; 65,7f.; 74,12-17; 89,10-13) oder als Ausgangsbasis bzw. zusammenfassend am Anfang oder Ende eines Psalms, seines Hauptteils oder eines seiner Unterabschnitte (Ps 102,26; 104,2b-3aα.19a; 121,2b; 124,8b; 146,6a; 148,5b.6).

Daraus ergibt sich: Das mythische Reden von Gott ist - bei aller Unterschiedlichkeit seiner Funktion im einzelnen - für das Gottes- und Selbstverständnis Israels, jedenfalls in einer bestimmten Zeit, von wesentlicher Bedeutung gewesen. Es ist dem Alten Testament nicht gemäß, von vornherein das geschichtliche gegen das mythische Denken auszuspielen. Die in ihm enthaltenen mythischen Elemente weisen vielmehr darauf hin, daß zur alttestamentlichen und also zur biblischen Theologie auch ein "ungeschichtliches" Reden von Gott gehört, daß Gott nicht *nur* ein Gott der Geschichte ist[2]. Obgleich sie nicht auf derselben Ebene liegen, stehen beide Dimensionen, Jahwes geschichtliches und Jahwes urzeitliches Handeln, andererseits auch nicht beziehungslos nebeneinander (vgl. vor allem Ps 74 und 136). Diese Tatsache aber zeigt umso mehr, daß eine ausschließliche und einseitige Betonung des geschichtlichen Handelns Gottes eine Verkürzung bedeutet, die jedenfalls *bestimmte* alttestamentliche Texte außer acht läßt.

In diesem Zusammenhang stellt sich die Frage, ob sich eine gewisse religionsgeschichtliche Entwicklung oder ein zeitlicher Schwerpunkt hinsichtlich der Verwendung mythischer Motive

---

2 So aber etwa C.Westermann, Das Verhältnis des Jahweglaubens zu den außerisraelitischen Religionen, 200f.: "...die Ausschließlichkeit der Zuwendung Jahwes zu Israel resultiert daraus, daß Jahwe keine Geschichte ohne Israel hat, m.a.W., daß es für Jahwe keine Göttergeschichte gibt... Es gibt keine Mythen von Jahwe. - Weil es für Jahwe Göttergeschichte nicht gibt, ist sein Wirken und Reden einzig den Menschen zugewandt, und zwar diesem einen Volk." - Zwar gelten C.Westermann offenbar Liebe und Kampf unter Göttern als die wesentlichen Charakteristika des Mythos (201), doch zeigen seine Formulierungen gleichwohl, wie leicht durch ein negatives Vorverständnis des Begriffs Mythos bzw. der mit ihm verbundenen Vorstellungen wichtige theologische Gehalte des Alten Testaments ausgeblendet werden können.

im Alten Testament erkennen läßt. Auffällig ist, daß kein einziger derjenigen Psalmen, die mythische Elemente enthalten,
mit Sicherheit der vorexilischen Zeit zugewiesen, ja daß eine
solche Zuordnung nicht einmal wahrscheinlich gemacht werden
konnte. Mehr oder weniger eindeutig überwiegen exilisch-nach-
exilische Texte. Daß dies grundsätzlich auch für die übrigen
mythischen Texte des Alten Testaments gilt, ist aus den Exkursen zu ersehen (abgesehen von den Psalmen, finden sich mythische Elemente hauptsächlich in der Priesterschrift, in deuterojesajanischen Texten, im Buch Hiob und in Prov 1-9). Andererseits läuft allein die Existenz des jahwistischen Schöpfungsberichts der Vermutung zuwider, daß mythische Motive erst in
exilisch-nachexilischer Zeit, etwa durch die Berühung mit der
mythischen Überlieferung der Babylonier, verwendet worden sei-
en. Gen 2 enthält allerdings nur ganz bestimmte Einzelmotive:
Das Kapitel handelt von der Erschaffung des *einzelnen* bzw. der
ersten beiden Menschen[3], des Gartens, der Bäume, der Tiere.
Weiterreichende Aussagen scheinen zu fehlen, da Gen 2,4b als
redaktionelle Zutat zu beurteilen sein dürfte. Diese treten
gehäuft zuerst bei Deuterojesaja auf. Deshalb ist anzunehmen,
daß ein Zusammenhang mit dem aufgrund seiner Verkündigung sich
durchsetzenden theoretischen Monotheismus besteht: Daß es nur
einen Gott gibt, läßt sich gleichsam daran ablesen und verdeutlichen, daß nur dieser eine Gott Himmel und Erde gemacht
haben kann (vgl. auch Ps 89 A.95 A.96.115). Israels Weltsicht
expandiert: Jahwe ist nicht mehr nur der Volksgott, sondern
der Gott der ganzen Erde. Diese Tatsache läßt sich nicht anhand geschichtlicher Erfahrungen erläutern oder aufweisen,
sondern imgrunde nur durch mythisches Reden: Die mythischen
Taten Gottes liegen vor aller Zeit und legen die Grundlage für
die *gesamte* Geschichte. Sie liegen am Anfang der Welt und betreffen sie *insgesamt*. Mythische Rede wird nun zu einer bedeu-
tenden Möglichkeit, die Universalität und Einzigkeit Jahwes
zu veranschaulichen und seinen Anspruch auf Verehrung durch
alle Menschen zu untermauern (so auch in Ps 33,8; 65,6.9).

---

3 Vgl. E.Kutsch, Die Paradieserzählung Gen 2-3 und ihr Verfasser, 19f.

Daraus ergibt sich, daß wohl erst seit Deuterojesaja mythische Aussagen umfassenderen Charakters (von der Erschaffung
des Himmels und der Erde, der Gestirne, des Meeres, aber auch
von der Auseinandersetzung Jahwes mit dem Meeresungeheuer) auftreten, während weniger umfassende Einzelthemen auch schon, obgleich wohl von geringerer Bedeutung, in vorexilischer Zeit
eine Rolle spielen konnten. Keiner der behandelten und auch
über die Psalmen hinaus angeführten Texte steht dieser These
entgegen. Vielmehr stimmt das Gesamtbild, das ihre zeitliche
Einordnung ergibt, mit ihr überein. So ist anzunehmen, daß auch
diejenigen Psalmen, deren Datierung offen gelassen worden ist,
sehr wahrscheinlich exilisch-nachexilischen Ursprungs sind.

Wegen der Häufigkeit ihrer exilisch-nachexilischen Bezeugung
und ihres umfassenden Charakters wächst den mythischen Vorstellungen offenbar in dieser Zeit eine grundsätzliche Bedeutung
zu: Sie ermöglichen einerseits ein Reden von Gott, das den
theologischen Partikularismus überwindet: Für Israel war Jahwe
in dieser Zeit nicht mehr allein ein Gott der persönlichen oder
nationalen Geschichte; sein (urzeitliches!) Wirken zeigt sich
vielmehr darüber hinaus weltweit und ständig aufgrund von Phänomenen, die stets und von jedem Menschen wahrgenommen werden
können: die Himmelsfeste, die Erdscheibe, das, was sich daran
und darauf befindet, das beschwichtigte Meer, das die Erde
nicht mehr überspülen wird. Andererseits wird eine theologische Deutung der gesamten Weltwirklichkeit möglich: Alles, was
ist und war, verdankt sich dem Handeln Gottes, und seine Zukunft gründet sich auf bestimmten urzeitlichen Setzungen Jahwes (von den wegen ihrer anders gearteten Aussagerichtung aty-
pischen Versen Ps 102,26-28 ist hier abzusehen). Nur durch mythische Sätze konnten in dieser Epoche der alttestamentlichen
Religionsgeschichte die Voraussetzungslosigkeit und Universalität dieser Verbundenheit Gottes ausgesagt werden (daß sich
hier Parallelen zur Theologie des Neuen Testaments ergeben,
liegt auf der Hand). Dieser Gewißheit entspricht für ihre Zeit
das mythische Reden von Gott, sie ist aber nicht von der Fak-
tizität ihrer Vorstellungen abhängig. Wird diese Art des Redens
von Gott unhaltbar und unmöglich (etwa weil sich das Weltbild
gewandelt hat), bedarf es neuer intersubjektiv vermittelbarer

Veranschaulichungen derselben Grunderfahrung und Grundgewiß-
heit.

LITERATURVERZEICHNIS

S.Aalen, Art. אוֹר, in: ThWAT, I 1973, 160-182.
P.R.Ackroyd, Some Notes on the Psalms, JThS NS 17 (1966), 392-399.
G.W.Ahlström, Psalm 89. Eine Liturgie aus dem Ritual des leidenden Königs, 1959.
J.Aistleitner, Die Anat-Texte aus Ras Schamra, ZAW 57 (1939), 193-211.
R.Albertz, Weltschöpfung und Menschenschöpfung. Untersucht bei Deuterojesaja, Hiob und in den Psalmen (CThM A/3), 1974.
L.Alonso-Schökel, Psalmus 136 (135), VD 45 (1967), 129-138.
Altorientalische Texte zum Alten Testament, hrsg. von H.Greßmann, 1970 (=1926²).
S.Amsler, Art. עמד, in: THAT, II 1976, 328-332.
The Ancient Near East in Pictures Relating to the Old Testament, hrsg. von J.B.Pritchard, 1969².
Ancient Near Eastern Texts Relating to the Old Testament, hrsg. von J.B. Pritchard, 1955².
The Ancient Near East. Supplementary Texts and Pictures Relating to the Old Testament, hrsg. von J.B.Pritchard, 1968.
F.I.Andersen, Who Built the Second Temple?, ABR 6 (1958), 3-35.
A.A.Anderson, The Book of Psalms. Volume 1: Introduction and Psalms 1-72; Volume 2: Psalms 73-150, 1972.
A.Angerstorfer, Der Schöpfergott des Alten Testaments. Herkunft und Bedeutungsentwicklung des hebräischen Terminus ברא (bara) "schaffen" (Regensburger Studien zur Theologie 20), 1979.
P. Auffret, Note sur la structure littéraire du Psaume CXXXVI, VT 27 (1977), 1-12.
F.Baethgen, Die Psalmen (HK II/2), 1904³.
H.Bardtke, Art. Mythen, in: CBL, 1967², 941f.
W.E.Barnes, Two Psalm Notes, JThS 37 (1936), 385-387.
J.Barr, The Meaning of "Mythology" in Relation to the Old Testament, VT 9 (1959), 1-10.
E.Baumann, Struktur-Untersuchungen im Psalter I, ZAW 61 (1945/48), 114-176.
E.Beaucamp, Le Psautier. Ps 1-72 (SBi 7), 1976.
J.Becker, Israel deutet seine Psalmen. Urform und Neuinterpretation in den Psalmen (SBS 18), 1966.
W.Beltz, Gott und die Götter. Biblische Mythologie, 1975.
J.Bergman, Art. Ägypten I. Ägyptische Religion, in: TRE, I 1977, 465-492.
K.-H.Bernhardt, Art. Mythos 3. Mythische Motive im AT, in: BHH, II 1964, 1267f.
K.-H.Bernhardt, Amenophis IV. und Psalm 104, MIOF 15 (1969), 193-206.
K.-H.Bernhardt, Zur Bedeutung der Schöpfungsvorstellung für die Religion Israels in vorexilischer Zeit, ThLZ 85 (1960), 821-824.
K.-H.Bernhardt, Elemente mythischen Stils in der alttestamentlichen Geschichtsschreibung, WZ(R) 12 (1963), 295-297.
W.Beyerlin, Psalm 8. Chancen der Überlieferungskritik, ZThK 73 (1976), 1-22.
Biblia Hebraica, hrsg. von R.Kittel (A.Alt, O.Eißfeldt), 1966¹⁴.
Biblia Hebraica Stuttgartensia, hrsg. von K.Elliger und W.Rudolph, 1967/77.

G.Bickell, Carmina Veteris Testamenti metrice. Notas criticas et disser-
tationem de re metrica Hebraeorum, 1882.

F.Böhl, בָּרָא, bārā, als Terminus der Weltschöpfung im alttestamentlichen
Sprachgebrauch, in: FS Kittel (BWAT 13), 1913, 42-60.

J.Boehmer, Tabor, Hermon und andere Hauptberge. Zu Ps. 89,13, ARW 12 (1909)
313-321.

P.A.H. de Boer, Einige Bemerkungen und Gedanken zum Lied in 1.Samuel 2,1-10
in: FS Zimmerli, 1977, 53-59.

P.A.H. de Boer, Jahu's Ordination of Heaven and Earth. An Essay on Psalm
VIII, OTS 2 (1943), 171-193.

B.Bonkamp, Die Psalmen nach dem hebräischen Grundtext, 1949.

P.E.Bonnard, Yahweh, le créateur et l'unique sauveur. Psaume 33, BVC 54
- (1963), 33-42.

H.Bonnet, Reallexikon der ägyptischen Religionsgeschichte, 1952.

Ch.A.Briggs - E.G.Briggs, Critical and Exegetical Commentary on the Book of
Psalms, I 1906 (1952), II 1907 (1951).

H.Brunner, Die Grenzen von Zeit und Raum bei den Ägyptern, AfO 17 (1954/
1956), 141-145.

K.Budde, Psalm 19,2-7. "Jahves Hochzeit mit der Sonne?", OLZ 22 (1919), 257-
266.

K.Budde, Zum Text der Psalmen, ZAW 35 (1915), 175-195.

R.Bultmann, Neues Testament und Mythologie. Das Problem der Entmythologisierung der neutestamentlichen Verkündigung, in: Kerygma und Mythos. Ein
theologisches Gespräch, hrsg. von H.W.Bartsch, 1948, 15-53.

M.Buttenwieser, The Psalms. Chronologically Treated with a New Translation
(LBS), 1969 (=1938).

J.Calès, Le livre des Psaumes. I: Introduction; Psaumes: I-LXXII (Vulgate:
I-LXXI), II: Psaumes LXXIII-CL (Vulgate: LXXII-CL), 1936[3].

H.Cancik, Art. Mythus, in: BL, 1968[2], 1195-1204.

R.P.Carroll. Psalm LXXVIII: Vestiges of a Tribal Polemic, VT 21 (1971), 133-
150.

H.Cazelles, Note sur le Psaume 8, in: FS Weber, 1962, 79-91.

B.S.Childs, Myth and Reality in the Old Testament (SBT 27), 1962[2].

J.Coppens, La royauté de Yahvé dans le psautier, EThL 53 (1977), 297-362.

F.Crüsemann, Studien zur Formgeschichte von Hymnus und Danklied in Israel
(WMANT 32), 1969.

M.Dahood, Psalms I: 1-50 (AncB 16), 1966; Psalms II: 51-100 (AncB 17), 1968;
Psalms III: 101-150 (AncB 17A), 1970.

M.Dahood, Vocative Lamedh in Psalm 74,14, Bib. 59 (1978), 262f.

G.H.Davies, An Approach to the Problem of Old Testament Mythology, PEQ 88
(1956), 83-91.

G.H.Davies, Psalm 95, ZAW 85 (1973), 183-195.

A.Deissler, Der anthologische Charakter des Psalmes 33 (32), in: FS Robert,
1957, 225-233.

A.Deissler, Zur Datierung und Situierung der "kosmischen Hymnen" Pss 8, 19,
29, in: FS Junker, 1961, 47-58.

A.Deissler, Die Psalmen. I.Teil (Ps 1-41), 1966[3]; II.Teil (Ps 42-89), 1967[2];
III.Teil (Ps 90-150), 1969[2] (WB).

M.Delcor, Art. חכן, in: THAT, II 1976, 1043-1045.

L.Delekat, Asylie und Schutzorakel am Zionheiligtum. Eine Untersuchung zu
den privaten Feindpsalmen, 1967.

F.Delitzsch, Die Lese- und Schreibfehler im Alten Testament nebst den dem
Schrifttexte einverleibten Randnoten klassifiziert. Ein Hilfsbuch für
Lexikon und Grammatik, Exegese und Lektüre, 1920.

J. van Dijk, Sumerische Religion, in: HRG I, 1971, 431-496.

H.Donner, Argumente zur Datierung des 74. Psalms, in: FS Ziegler, II 1972,
41-50.

H.Donner, Einführung in die biblische Landes- und Altertumskunde (Die Theologie), 1976.

H.Donner, Ugaritismen in der Psalmenforschung, ZAW 79 (1967), 322-350.

H.Donner - W.Röllig, Kanaanäische und aramäische Inschriften. I (Texte) 1962; II (Kommentar) 1964; III (Glossare und Indizes. Tafeln) 1964.

G.R.Driver, Hebrew Notes, VT 1 (1951), 241-250.

G.R.Driver, Mythical Monsters in the Old Testament, in: FS Levi Della Vida, I 1956, 234-249.

B.Duhm, Das Buch Jeremia (KHC XI), 1901.

B.Duhm, Das Buch Jesaja, 1968^5 (=1922^4; HK III/1).

B.Duhm, Die Psalmen (KHC XIV), 1922^2.

J.-B.Dumortier, Un rituel d'intronisation: le Ps. LXXXIX 2-38, VT 22 (1972), 176-196.

B.D.Eerdmans, The Hebrew Book of Psalms (OTS 4), 1947.

A.B.Ehrlich, Die Psalmen, 1905.

R.Eisler, Jahves Hochzeit mit der Sonne. Ein Neumonds- und Hüttenfestlied Davids aus dem salomonischen "Buch der Lieder". (Zu Psalm 19,2-7 und 1. Kön. 8,12f.[53 LXX].), MVG 22 (1917), 21-70.

R.Eisler, Nochmals zum neunzehnten Psalm, JSOR 11 (1927), 21-46.

R.Eisler, Weltenmantel und Himmelszelt. Religionsgeschichtliche Untersuchungen zur Urgeschichte des antiken Weltbildes, I/II 1910.

O.Eißfeldt, Baal Zaphon, Zeus Kasios und der Durchzug der Israeliten durchs Meer (BRGA 1) 1932.

O.Eißfeldt, Einleitung in das Alte Testament unter Einschluß der Apokryphen und Pseudepigraphen sowie der apokryphen- und pseudepigraphenartigen Qumrān-Schriften. Entstehungsgeschichte des Alten Testaments (NTG), 1964^3.

O.Eißfeldt, Erstlinge und Zehnten im Alten Testament. Ein Beitrag zur Geschichte des israelitisch-jüdischen Kultus (BWAT 22), 1913.

O.Eißfeldt, Gott und das Meer in der Bibel, in: KS, III 1966, 256-264.

O.Eißfeldt, Hexateuch-Synopse. Die Erzählung der fünf Bücher Mose und des Buches Josua mit dem Anfange des Richterbuches in ihre vier Quellen zerlegt und in deutscher Übersetzung dargeboten samt einer in Einleitung und Anmerkungen gegebenen Begründung, 1962^2.

O.Eißfeldt, Das Lied Moses Deuteronomium 32,1-43 und das Lehrgedicht Asaphs Psalm 78 samt einer Analyse der Umgebung des Mose-Liedes (BVSGW.PH 104,5), 1958.

O.Eißfeldt, Mythus und Sage in den Ras-Schamra-Texten, in: KS, II 1963, 489-501.

O.Eißfeldt, Psalm 121, in: KS, III 1966, 494-500.

M.Eliade, Mythen, Träume und Mysterien (WuA 25), 1961.

K.Elliger, Deuterojesaja. 1.Teilband: Jesaja 40,1-45,7 (BK XI/1), 1978.

J.A.Emerton, Notes on Three Passages in Psalms Book III, JThS NS 14 (1963), 374-381.

J.A.Emerton, The Riddle of Genesis XIV, VT 21 (1971), 403-439.

J.A.Emerton, "Spring and Torrent" in Psalm LXXIV 15, in: Volume du congrès, Genève 1965 (VT.S 15), 1966, 122-133.

H.Ewald, Die Dichter des Alten Bundes I/2: Die Psalmen und Klagelieder, 1866^3.

H.Ewald, Geschichte des Volkes Israel, I (Einleitung in die Geschichte des Volkes Israel) 1864^3.

J.Finkel, Some Problems Relating to Ps. 95, AJSL 50 (1933/34), 32-40.

G.Fohrer, Das Buch Hiob (KAT XVI), 1963.

(E.Sellin -) G.Fohrer, Einleitung in das Alte Testament, 1979^{12}.

G.Fohrer, Die Propheten des Alten Testaments, I-VII 1974-1977.

D.Fokos-Fuchs, Psalm XIX:5, in: Ignace Goldziher Memorial, II 1958, 136-146.

J. de Fraine, "Entmythologisierung" dans les Psaumes, in: Le Psautier. Ses origines. Ses problèmes littéraires. Son influences. Études présentées

aux XIIe Journées Bibliques (29-31 août 1960), hrsg. von R. De Langhe
(OBL 4), 1962, 89-106.

D.N.Freedman - J.Lundbom, Art. דּוֹד, in: ThWAT, II 1977, 181-194.

H.F.Fuhs, Art. דָּכָא, in: ThWAT, II 1977, 207-221.

Th.H.Gaster, Psalm lxxiv.14, ET 68 (1956/57), 382.

G.Gerleman, Esther (BK XXI), 1973.

E.Gerstenberger, Art. כּוֹן, in: THAT, I 1971, 812-817.

H.Gese, Geschichtliches Denken im Alten Orient und im Alten Testament, ZThK
55 (1958), 127-145.

H.Gese, Die Religionen Altsyriens, in: H.Gese - M.Höfner - K.Rudolph, Die
Religionen Altsyriens, Altarabiens und der Mandäer (RM 10,2), 1970, 1-232.

W.Gesenius - F.Buhl, Hebräisches und aramäisches Handwörterbuch über das
Alte Testament, 1962 (=1915[17]).

W.Gesenius - E.Kautzsch, Hebräische Grammatik, 1962 (=1909[28]).

H.L.Ginsberg, Some Emendations in Psalms, HUCA 23,1 (1950/51), 97-104.

M.Görg, Der Mensch als königliches Kind nach Ps 8,3, Biblische Nozizen 3
(1977), 7-13.

C.H.Gordon, Leviathan: Symbol of Evil, in: Biblical Motifs. Origins and
Transformations, hrsg. von A.Altmann, 1966, 1-9.

C.H.Gordon, Ugaritic Textbook. Grammar, Texts in Transliteration, Cuneiform
Selections, Glossary, Indices (AnOr 38), 1965.

H.Graetz, Kritischer Commentar zu den Psalmen nebst Text und Uebersetzung,
I 1882; II 1883.

H.Grapow, Die Welt vor der Schöpfung. (Ein Beitrag zur Religionsgeschichte.)
ZÄS 67 (1931), 34-38.

H.Greßmann, Art. Mythen und Mythologie I: Religionsgeschichtlich, in: RGG,
IV 1913, 618-621.

S.Grill, Textkritische Notizen, BZ NF 3 (1959), 102.

W.Groß, Verbform und Funktion. wayyiqtol für die Gegenwart? Ein Beitrag zur
Syntax poetischer althebräischer Texte (Arbeiten zu Text und Sprache im
Alten Testament 1), 1976.

H.G.Güterbock, Hethitische Literatur, in: W.Röllig, Altorientalische Literaturen, 1978, 211-253.

H.G.Güterbock, Die historische Tradition und ihre literarische Gestaltung
bei Babyloniern und Hethitern bis 1200, ZA NF 8 (1934), 1-91.

H.Gunkel, Art. Mythus und Mythologie IIIA: Im AT, in: RGG, IV 1930[2], 381-
390.

H.Gunkel, Genesis, 1969[8] (=1910[3]).

H.Gunkel, Die Psalmen, 1968[5] (=1929[4]; HK II/2).

H.Gunkel, Schöpfung und Chaos in Urzeit und Endzeit. Eine religionsgeschichtliche Untersuchung über Gen 1 und Ap Joh 12, 1921[2].

H.Gunkel - J.Begrich, Einleitung in die Psalmen, 1967[2].

N.C.Habel, "Yahweh, Maker of Heaven and Earth": A Study in Tradition Criti-
cism, JBL 91 (1972), 321-337.

J.Haekel, Art. Mythos und Mythologie II: Religionsgeschichtlich, in: RGG,
IV 1960[3], 1268-1274.

H.Halbfas, Religion (ThTh Erg.-Bd.), 1976.

V.Hamp, Ps 8,2b.3, BZ NF 16 (1972), 115-120.

Chr. Hartlich - W.Sachs, Der Ursprung des Mythosbegriffes in der modernen
Bibelwissenschaft (SSEA 2), 1952.

E.Hatch - H.A.Redpath, A Concordance to the Septuagint and the Other Greek
Versions of the Old Testament (including the Apocryphal Books), I/II
1897, Supplement 1906 (1954).

Chr. Hauret, L'interprétation des Psaumes selon l'école "Myth and Ritual",
RSR (1959), 321-342; 34 (1960), 1-34.

K.Hecker, Untersuchungen zur akkadischen Epik (AOATS 8), 1974.

A.Heidel, The Babylonian Genesis. The Story of Creation, 1951[2].

Die Heilige Schrift des Alten Testaments, übersetzt von E.Kautzsch, II
    1971 (=1923[4]): Hosea bis Chronik, Beilagen, Register.
J.Hempel, Glaube, Mythos und Geschichte im Alten Testament, ZAW 65 (1953),
    109-167.
J.Hempel, Mensch und König. Studie zu Psalm 8 und Hiob, FuF 35 (1961), 119-
    123.
E.W.Hengstenberg, Commentar über die Psalmen, I-IV 1842-1847.
E.Herkenne, Das Buch der Psalmen (HSAT 5/2), 1936.
E.Hertlein, Rahab, ZAW 38 (1919/20), 113-154.
D.R.Hillers, A Study of Psalm 148, CBQ 40 (1978), 323-334.
R.Hillmann, Wasser und Berg. Kosmische Verbindungslinien zwischen dem ka-
    naanäischen Wettergott und Jahwe, Diss. Halle (Saale) 1965.
F.Hitzig, Die Psalmen, I 1863[2]; II 1865[2].
J.Hofbauer, Ps. LXXXVIII (LXXXIX). Sein Aufbau, seine Herkunft und seine
    Stellung in der Theologie des Alten Testamentes, BEThL 12-13 (1959),
    504-510.
J.Hofbauer, Psalm 77/78, ein "politisch Lied", ZThK 89 (1967), 41-50.
E.Hornung, Der Eine und die Vielen. Ägyptische Gottesvorstellungen, 1973[2].
E.Hornung, Geschichte als Fest. Zwei Vorträge zum Geschichtsbild der frühen
    Menschheit, 1966.
F.Horst, Hiob. I.Teilband (BK XVI/1), 1969[2].
F.Huber, Jahwe, Juda und die anderen Völker beim Propheten Jesaja (BZAW
    137), 1976.
V.V.Hueso, El Salmo 24: unidad literaria y ambiente histórica, EstB 22
    (1963), 243-253.
A.R.Hulst, Ansatz zu einer Meditation über Psalm 8, in: FS Beek, 1974, 102-
    107.
P.Humbert, Emploi et portée bibliques du verbe yāsar et de ses dérivés sub-
    stantifs, in: FS Eißfeldt (BZAW 77), 1958, 82-88.
P.Humbert, Note sur yāsad et ses dérivés, in: FS Baumgartner (VT.S 16),
    1967, 135-142.
P.Humbert, La relation de Genèse 1 et du Psaume 104 avec la liturgie du
    Nouvel-An israëlite, in: ders., Opuscules d'un hébräisant (MUN 26),
    1958, 60-82.
H.D.Hummel, Enclitic *mem* in Early Northwest Semitic, Especially Hebrew,
    JBL 76 (1957), 85-107.
H.Hupfeld, Die Psalmen, I/II 1888[3] (für die dritte Auflage bearbeitet von
    W.Nowack).
H.W.Huppenbauer, God and Nature in the Psalms, GBT 3 (1969), 19-32.
St.E.Hyman, The Ritual View of Myth and the Mythic, in: Th.A.Sebeok, Myth.
    A Symposium (Bibliographical and Special Series of the American Folklore
    Society 5), 1958, 84-94.
V.Ions, Ägyptische Mythologie, 1968.
E.Jenni, Art. יוֹם, in: THAT, I 1971, 707-726.
E.Jenni, Art. עוֹלָם, in: THAT, II 1976, 228-243.
E.Jenni, Das hebräische Pi[c]el. Syntaktisch-semasiologische Untersuchung
    einer Verbform im Alten Testament, 1968.
A.Jirku, Kanaanäische Mythen und Epen aus Ras Schamra-Ugarit, 1962.
A.Jirku, Der Mythus der Kanaanäer, 1966.
A.Jirku, Die Sprache der Gottheit in der Natur, ThLZ 76 (1951), 631.
H.Junker, Die Entstehungszeit des Ps. 78 und des Deuteronomiums, Bib. 34
    (1953), 487-500.
O.Kaiser, Der Prophet Jesaja. Kapitel 1-12 (ATD 17), 1970[3].
O.Kaiser, Der Prophet Jesaja. Kapitel 13-39 (ATD 18), 1973.
O.Kaiser, Die mythische Bedeutung des Meeres in Ägypten, Ugarit und Israel
    (BZAW 78), 1962[2].
W.Kamlah - P.Lorenzen, Logische Propädeutik. Vorschule des vernünftigen

Redens (B.I.-Hochschultaschenbücher 227), 1973[2].

O.Keel, Jahwes Entgegnung an Ijob. Eine Deutung von Ijob 38-41 vor dem Hintergrund der zeitgenössischen Bildkunst (FRLANT 121), 1978.

O.Keel, Die Welt der altorientalischen Bildsymbolik und das Alte Testament. Am Beispiel der Psalmen, 1972.

H.Kees, Die ägyptische Literatur, HO I/2, 1952, 3-20.

H.Keßler, Die Psalmen (KK A/6/1), 1899[2].

K.Kiesow, Exodustexte im Jesajabuch. Literarkritische und motivgeschichtliche Analysen (OBO 24), 1979.

J.V.Kinnier Wilson, A Return to the Problems of Behemoth and Leviathan, VT 25 (1975), 1-14.

J.R.Kirkland, The Incident at Salem. A Re-Examination of Genesis 14:18-20, SBTh 7 (1977), 3-23.

E.J.Kissane, The Book of Psalms. Translated from a Critically Revised Hebrew Text, I 1953; II 1954.

R.Kittel, Die Psalmen (KAT 13), 1929[5.6].

K.Koch, Wort und Einheit des Schöpfergottes in Memphis und Jerusalem. Zur Einzigartigkeit Israels, ZThK 62 (1965), 251-293.

K.Köhler, Alttestamentliche Wortforschung. Psalm 8,5, ThZ 1 (1945), 77f.

L.Köhler - W.Baumgartner, Lexicon in Veteris Testamenti Libros, 1958 (mit Supplementum).

E.König, Die Psalmen, 1927.

J.Körner, Die Bedeutung der Wurzel bārā im Alten Testament, OLZ 64 (1969), 533-540.

S.N.Kramer, Enki und Ninḥursag. A Sumerian "Paradise" Myth (BASOR.S 1), 1945.

J.Krašovec, Der Merismus im Biblisch-Hebräischen und Nordwestsemitischen (BibOr 33), 1977.

H.-J.Kraus, Psalmen. 1.Teilband: Psalmen 1-59 (BK XV/1); 2.Teilband: Psalmen 60-150 (BK XV/2), 1978[5].

H.-J.Kraus, Theologie der Psalmen (BK XV/3), 1979.

J.Krecher, Sumerische Kultlyrik, 1966.

J.Krecher, Sumerische Literatur, in: W.Röllig, Altorientalische Literaturen, 1978, 101-150.

J.Kroeze, Remarks and Questions Regarding Some Creation-Passages in the Old Testament (OTWSA.P 5), 1962, 15-26.

H.Kruse, Two Hidden Comparatives: Observations on Hebrew Style, JSSt 5 (1960), 333-347.

J.Kühlewein, Geschichte in den Psalmen (CThM A/2), 1973.

H.M.Kümmel, Die Religion der Hethiter. Grundzüge und Probleme, in: Theologie und Religionswissenschaft. Der gegenwärtige Stand ihrer Forschungsergebnisse und Aufgaben im Hinblick auf ihr gegenseitiges Verhältnis, hrsg. von U.Mann, 1973, 65-85.

W.Kuhnigk, Nordwestsemitische Studien zum Hoseabuch (BibOr 27), 1974.

E.Kutsch, Art. Melchisedek 1, in: RGG, IV 1960[3], 843f.

E.Kutsch, Art. פרר, in: THAT, II 1976, 486-488.

E.Kutsch, Die Paradieserzählung Gen 2-3 und ihr Verfasser, in: FS Kornfeld, 1977, 9-24.

A.Lauha, Die Geschichtsmotive in den alttestamentlichen Psalmen (AASF 56,1), 1945.

A.Lauha, Das Schilfmeermotiv im Alten Testament, in: Congress Volume, Bonn 1962 (VT.S 9), 1963, 32-46.

A.Lelièvre, YHWH et la mer dans les Psaumes, RHPhR 56 (1976), 253-275.

G.Leonardi, Note su alcuni versetti del Salmo 104, Bib. 49 (1968), 238-242.

E.A.Leslie, The Psalms Translated and Interpreted in the Light of Hebrew Life and Worship, 1949.

J.Leveen, Textual Problems in the Psalms, VT 21 (1971), 48-58.

G. Levi della Vida, El ^{C}Elyon in Genesis 14,18-20, JBL 63 (1944), 1-9.

F. de Liagre Böhl - H.A.Brongers, Weltschöpfungsgedanken in Alt-Israel, Persica 7 (1975/78), 69-136.

J.Lindblom, Bemerkungen zu den Psalmen I, ZAW 59 (1942/43), 1-13.

G.Lisowsky (- L.Rost), Konkordanz zum hebräischen Alten Testament nach dem von Paul Kahle in der Biblia Hebraica edidit Rudolf Kittel besorgten Masoretischen Text, 1958[2].

O.Loretz, Psalmenstudien, UF 3 (1971), 101-115.

O.Loretz, Psalmenstudien III, UF 6 (1974), 175-210.

O.Loretz, Stichometrische und textologische Probleme in den Thronbesteigungs-Psalmen. Psalmenstudien (IV), UF 6 (1974), 211-240.

O.Loretz, Ugarit-Texte und israelitische Religionsgeschichte. Zu F.M.Cross, Canaanite Myth and Hebrew Epic, UF 6 (1974), 241-248.

K.Luke, The Setting of Psalm 115, IThQ 34 (1967), 347-357.

A.A.Macintosh, A Third Root עדה in Biblical Hebrew?, VT 24 (1974), 454-473.

R.A.F.McKenzie, Ps 148,14bc: Conclusion or Title, Bib. 51 (1970), 221-224.

S.Mandelkern, Veteris Testamenti Concordantiae Hebraicae atque Chaldaicae..., I/II 1955 (=1937[2]).

W.W.Martin, The Thirty-Third Psalm as An Alphabetical Psalm: A Reconstruction, AJSL 49 (1925), 248-252.

R.Martin-Achard, Israël, peuple sacerdotal, VC 18 (1964), 11-28.

R.Martin-Achard, Remarques sur le psaume 8. A propos de l'hymnologie israélite, in: ders., Approche des Psaumes (CTh 60), 1969, 71-85.

W.St.McCullough - W.R.Taylor, The Book of Psalms (IntB 4), 1955.

J.L.McKenzie, Myth and the Old Testament, in: ders., Myths and Realities. Studies in Biblical Theology, 1963, 182-200.

J.L.McKenzie, A Note on Psalm 73 (74):13-15, TS 2 (1950), 275-282.

M.Metzger, Himmlische und irdische Wohnstatt Jahwes, UF 2 (1970), 139-158.

R.Meyer, Hebräische Grammatik, I-IV 1966-1972[3].

D.Michel, Tempora und Satzstellung in den Psalmen (AET 1), 1960.

W.L.Michel, The Ugaritic Texts and the Mythological Expressions in the Book of Job (Including a New Translation of and Philological Notes on the Book of Job), The University of Wisconsin, Ph.D. 1970.

S.Morenz, Ägyptische Religion (RM 8), 1960.

J.Morgenstern, Jerusalem - 485 B.C., HUCA 27 (1956), 101-179.

J.Morgenstern, Psalms 8 and 19A, HUCA 19 (1945/46), 491-523.

J.Morgenstern, Psalm 121, JBL 58 (1939), 311-323.

O.Mowan, Quattuor Montes Sacri in Ps. 89,13?, VD 41 (1963), 11-20.

S.Mowinckel, Metrischer Aufbau und Textkritik, an Ps.8 illustriert, in: FS Pedersen, 1953, 250-262.

S.Mowinckel, Art. Mythos und Mythologie III: Im AT, in: RGG, IV 1960[3], 1274-1278.

S.Mowinckel, Notes on the Psalms, StTh 13 (1959), 134-165.

S.Mowinckel, Psalmenstudien II. Das Thronbesteigungsfest Jahwäs und der Ursprung der Eschatologie, 1961 (=1922).

S.Mowinckel, Psalmenstudien III: Kultprophetie und prophetische Psalmen, 1961 (=1923).

S.Mowinckel, Psalmenstudien V: Segen und Fluch in Israels Kult und Psalmdichtung, 1961 (=1924).

H.-P.Müller, Art. ראשׁ, in: THAT, II 1976, 701-715.

H.-P.Müller, Zum alttestamentlichen Gebrauch mythischer Rede. Orientierungen zwischen Strukturalismus und Hermeneutik, in: Religiöse Grunderfahrungen. Quellen und Gestalten, hrsg. von W.Strolz, 1977, 67-93.

H.-P.Müller, Zur Funktion des Mythischen in der Prophetie des Jesaja, Kairos 13 (1971), 266-281.

H.-P.Müller, Mythische Elemente in der jahwistischen Schöpfungserzählung, ZThK 69 (1972), 259-289.

H.-P.Müller, Mythos - Tradition - Revolution. Phänomenologische Untersuchungen zum Alten Testament, 1973.

H.-P.Müller, Mythos und Transzendenz. Paradigmen aus dem Alten Testament,
in: Eschatologie im Alten Testament, hrsg. von H.D.Preuß (WdF 480),
1972, 415-443.

F.Nötscher, Die Psalmen (EB 1), 1953[4].

St.I.L.Norin, Er spaltete das Meer. Die Auszugsüberlieferung in Psalmen
und Kult des Alten Israel (CB.OT 9), 1977.

M.Noth, Die Historisierung des Mythus im Alten Testament, in: ders., Gesammelte Studien zum Alten Testament (TB 39), II 1969, 29-47.

M.Noth, Könige. 1.Teilband (BK IX/1), 1968.

M.Noth, Das zweite Buch Mose. Exodus (ATD 5), 1968[4].

W.O.E.Oesterley, The Psalms. Translated with Text-Critical and Exegetical
Notes, 1955.

A.Ohler, Die biblische Deutung des Mythos. Zur Auslegung von Gen 1-3, ThRv
66 (1970), 177-184.

A.Ohler, Mythologische Elemente im Alten Testament. Eine motivgeschichtliche Untersuchung (KBANT), 1969.

J.Olshausen, Die Psalmen (KEH 14), 1853.

H.M.Orlinsky, Madhebah in Isaiah XIV 4, VT 7 (1957), 202f.

M.Ottosson, Art. אֶרֶץ I.2-II.5, in: ThWAT, I 1973, 421-436.

N.H.Parker, Psalm 103: God is Love. He Will Have Mercy and Abundantly Par-
don, CJT 1 (1955), 191-196.

F.Perles, Zur biblischen Fauna und Flora. Ein nachträglicher Beitrag zur
Festnummer für I.Löw, MGWJ 68 (1924), 160f.

G.Pettinato, Das altorientalische Menschenbild und die sumerischen und akkadischen Schöpfungsmythen (AHAW.PH, 1.Abh.), 1971.

J. van der Ploeg, Psalmen. Deel I. Psalm 1 T/M 75 (BOT), 1973.

J. van der Ploeg, Psalm XIX and Some of its Problems, JEOL 17 (1963), 193-
201.

E.Podechard, Notes sur les psaumes. Psaume LXXXIX, RB 34 (1925), 5-31.

E.Podechard, Le Psautier. I (Psaumes 1-75) 1949; II (Psaumes 76-100 et 110)
1954.

P.H.Pollock, Psalm 121, JBL 59 (1940), 411f.

G. von Rad, Art. δόξα C: כָּבוֹד im AT, in: ThWNT, II 1967 (=1935), 240-245.

G. von Rad, Art. οὐρανός B. Altes Testament, in: ThWNT, V 1966 (=1954),
501-509.

G. von Rad, Das erste Buch Mose. Genesis (ATD 2/4), 1972[9].

G. von Rad, Das fünfte Buch Mose. Deuteronomium (ATD 8), 1968[2].

G. von Rad, Theologie des Alten Testaments, I (Die Theologie der geschichtlichen Überlieferungen Israels) 1969[6]; II (Die Theologie der propheti-
schen Überlieferungen Israels) 1968[5].

M.L.Ramlot, Hymne à la gloire du créateur (psaume 104), BVC 31 (1960), 39-
47.

Religionsgeschichtliches Textbuch zum Alten Testament, hrsg. von W.Beyer-
lin (GAT 1), 1975.

R.Rendtorff, El, Ba[c]al und Jahwe. Erwägungen zum Verhältnis von kanaanäi-
scher und israelitischer Religion, in: ders., Gesammelte Studien zum
Alten Testament (TB 57), 172-187.

R.Rendtorff, Kult, Mythos und Geschichte im Alten Israel, in: ders., Gesammelte Studien zum Alten Testament (TB 57), 1975, 110-118.

R.Rendtorff, Die Offenbarungsvorstellungen im Alten Israel, in: Offenbarung
als Geschichte, hrsg. von W.Pannenberg (KuD.B 1), 1970[4], 21-41.

H. Graf Reventlow, Der Psalm 8, Poetica 1 (1967), 304-332.

N.H.Ridderbos, Die Psalmen. Stilistische Verfahren und Aufbau. Mit besonderer Berücksichtigung von Ps 1-41 (BZAW 117), 1972.

Ch.B.Riding, Psalm 95,1-7c as a Large Chiasm, ZAW 88 (1976), 418.

G.Rinaldi, Gioele e il Salmo 65, BeO 10 (1968), 113-122.

A.Robinson, A Possible Solution to the Problem of Psalm 74,5, ZAW 89 (1977), 120f.

H.Rösel, Art. Haus, in: BRL, 1977[2], 138-141.

J.W.Rogerson, Myth in Old Testament Interpretation (BZAW 134), 1974.

J.W.Rogerson - J.W.McKay, Psalms 1-50; Psalms 51-100; Psalms 101-150 (CNEB), 1977.

J.Roloff, Art. Mythos, in: Reclams Bibellexikon, 1978, 347.

E.F.C.Rosenmüller, Scholia in Vetus Testamentum. Partis Quartae Psalmos continentis, I 1798.

J.W.Rothstein, Psalm 78 ein Zeuge für die jahwistische Gestalt der Exodustradition und seine Abfassungszeit, ZWTh 43 (1900), 532-585.

W.Rudolph, "Aus dem Munde der jungen Kinder und Säuglinge..." (Psalm 8,3), in: FS Zimmerli, 1977, 388-396.

W.Rudolph, Jeremia (HAT 12), 1968[3].

W.Rudolph, Joel - Amos - Obadja - Jona. Mit einer Zeittafel von Alfred Jepsen (KAT XIII/2), 1971.

K.Rupprecht, Der Tempel von Jerusalem. Gründung Salomos oder jebusitisches Erbe? (BZAW 144), 1977.

N.Sarna, Psalm XIX and the Near Eastern Sud-God Literature, in: Fourth World Congress of Jewish Studies, I 1967, 171-175.

N.Sarna, Psalm 89: A Study in Inner Biblical Exegesis, in: Biblical and Other Studies, hrsg. von A.Altmann (STLI 1), 1963, 29-46.

G.Schäfer, 'König der Könige' - 'Lied der Lieder'. Studien zum Paronomastischen Intensitätsgenitiv (AAH, Phil.-Hist. Klasse, Jahrgang 1973, 2. Abhandlung), 1974.

J.Scharbert, Probleme der biblischen Hermeneutik, in: Neue Erkenntnisprobleme in Philosophie und Theologie, hrsg. von J.B.Lotz (PhE.E 4), 1968, 180-211.

W.Schatz, Genesis 14. Eine Untersuchung (EHS.T 2), 1972.

C.Schedl, Psalm 8 in ugaritischer Sicht, FuF 38 (1964), 183-185.

J.Schildenberger, Psalm 78 (77) und die Pentateuchquellen, in: FS Junker, 1961, 231-256.

N.J.Schlögl, Die Heiligen Schriften des Alten Bundes III: Die poetischdidaktischen Bücher. 1. Psalmen. Aus dem kritisch hergestellten hebräischen Urtext ins Deutsche metrisch übersetzt und erläutert, 1915.

H.Schmidt, Die Psalmen (HAT 15), 1934.

L.Schmidt, "De Deo". Studien zur Literarkritik und Theologie des Buches Jona, des Gesprächs zwischen Abraham und Jahwe in Gen 18,22ff. und von Hi 1 (BZAW 143), 1976.

W.H.Schmidt, Art. ברא, in: THAT, I 1971, 336-339.

W.H.Schmidt, Art. יסד, in: THAT, I 1971, 736-738.

W.H.Schmidt, Art. יצר, in: THAT, I 1971, 761-765.

W.H.Schmidt, Gott und Mensch in Ps 8. Form- und überlieferungsgeschichtliche Erwägungen, ThZ 25 (1969), 1-15.

W.H.Schmidt, Mythos im Alten Testament, EvTh 27 (1967), 237-254.

W.H.Schmidt, Die Schöpfungsgeschichte der Priesterschrift. Zur Überlieferungsgeschichte von Genesis 1,1-2,4a und 2,4b-3,24 (WMANT 17), 1967[2].

Die Schöpfungsmythen. Ägypter, Sumerer, Hurriter, Hethiter, Kanaaniter und Israeliten (Quellen des Alten Orients 1), 1964.

S.Schott, Mythe und Mythenbildung im Alten Ägypten (UGAÄ 15), 1964 (=1945).

S.Schott, Ritual und Mythe im altägyptischen Kult, StGen 8 (1955), 285-293.

E.Schrader, Zur Textkritik der Psalmen, ThStKr 41 (1868), 629-652.

J.Schreiner, Mythos und Altes Testament, BiLe 12 (1971), 141-153.

J.Schreiner, Wenn nicht der Herr für uns wäre! Auslegung von Psalm 124, BiLe 10 (1969), 16-25.

O.Schroeder, Zu Psalm 19, ZAW 34 (1914), 69f.

K.-D.Schunck, Jes 30,6-8 und die Deutung der Rahab im Alten Testament, ZAW
   78 (1966), 48-56.
S.Schwertner, Art. אֱלִיל, in: THAT, I 1971, 167-169.
Septuaginta. Id est Vetus Testamentum graece iuxta LXX interpretes, hrsg.
   von A.Rahlfs, I/II 1965[8].
P.Sfair, De genuina lectione Ps. 8,2, Bib. 23 (1942), 318-322.
J.Sløk, Art. Mythos und Mythologie I: Mythos, begrifflich und religions-
   psychologisch, in: RGG, IV 1960[3], 1263-1268.
I.W.Slotki, The Stichometry and Text of the Great Hallel. A Study and a
   Suggestion, JThS 29 (1928), 255-268.
J.D.Smart, The Eschatological Interpretation of Psalm 24, JBL 52 (1933),
   175-180.
R.Smend, Die Entstehung des Alten Testaments (ThW 1), 1978.
W.Th. In der Smitten, Psalm 103, in: ders., Varia Theologica, 1977, 16-23.
N.H.Snaith, Time in the Old Testament, in: FS Hooke, 1963, 175-186.
W. von Soden, "Als die Götter (auch noch) Mensch waren". Einige Grundge-
   danken des altbabylonischen Atramḫasīs-Mythus, Or 38 (1969), 415-432.
J.A.Soggin, Zum achten Psalm, ASTI 8 (1970/71), 106-122.
J.A.Soggin, Art. שָׁמַיִם, in: THAT, II 1976, 965-970.
J.A.Soggin, The Root HWH in Hebrew with Special Reference to Psalm 19,3b,
   in: ders., Old Testament and Oriental Studies, 1975, 203-209.
J.A.Soggin, Textkritische Untersuchung von Ps. VIII VV.2-3 und 6, VT 21
   (1971), 565-571.
L.I.J.Stadelmann, The Hebrew Conception of the World. A Philological and
   Literary Study (AnBib 39), 1970.
G.Stählin, Art. μῦθος, in: ThWNT, IV 1966 (=1942), 769-803.
W.Staerk, Lyrik (Psalmen, Hoheslied und Verwandtes) (SAT 3/1), 1920[2].
J.J.Stamm, Eine Bemerkung zum Anfang des achten Psalms, ThZ 13 (1957),
   470-478.
O.H.Steck, Bemerkungen zur thematischen Einheit von Psalm 19,2-7, in: FS
   Westermann, 1980, 318-324.
H.J.Stoebe, Samuelis I (KAT VIII/1), 1973.
F.Stolz, Art. ישע, in: THAT, I 1971, 785-790.
F.Stolz, Art. שבת, in: THAT, II 1976, 863-869.
A.Strobel, Art. Mond, in: BHH, II 1964, 1235f.
Sumerische und akkadische Hymnen und Gebete, hrsg. von A.Falkenstein und
   W. von Soden (Die Bibliothek der Alten Welt. Reihe: Der Alte Orient),
   1953.
E.F.Sutcliffe, A Note on Psalm CIV 8, VT 2 (1952), 177-179.
P.P.Szczygiel, Ps 104,8, BZ 16 (1924), 44.
M.Tanner, Psalm 8:1-2. Studies in Texts, Theol. 69 (1966), 492-496.
D.W.Thomas, The Use of נֶצַח as a Superlative in Hebrew, JSSt 1 (1956), 106-
   109.
L.E.Toombs, The Formation of Myth Patterns in the Old Testament, JBR 29
   (1961), 108-112.
R.J.Tournay, Notules sur les psaumes (psaumes XIX,2-5; LXXI,15-16), in:
   FS Nötscher (BBB 1), 1950, 271-280.
M.Treves, The Date of Psalm XXIV, VT 10 (1960), 428-434.
N.H.Tur-Sinai, Šitir šamê, die Himmelsschrift, ArOr 17 (1949), 419-433.
J.M.Vincent, Recherches exégétiques sur le psaume XXXIII, VT 28 (1978),
   442-454.
A. van der Voort, Genèse I,1 à II,4a et le psaume CIV, RB 58 (1951), 321-
   347.
L.Vosberg, Studien zum Reden vom Schöpfer in den Psalmen (BEvTh 69), 1975.
M.Wagner, Die lexikalischen und grammatikalischen Aramaismen im alttesta-
   mentlichen Hebräisch (BZAW 96), 1966.
M.K.Wakeman, God's Battle with the Monster. A Study in Biblical Imagery,

1973.

G.Wallis, Psalm 8 und die ethische Fragestellung der modernen Naturwissenschaft, ThZ 34 (1978), 193-201.

J.M.Ward, The Literary Form and Liturgical Background of Psalm LXXXIX, VT 11 (1961), 321-339.

M.Weippert, Mitteilungen zum Text von Ps 19,5 und Jes 22,5, ZAW 73 (1961), 97-99.

A.Weiser, Einleitung in das Alte Testament, 1966[6].

A.Weiser, Glaube und Geschichte im Alten Testament, in: ders., Glaube und Geschichte im Alten Testament und andere ausgewählte Schriften, 1961, 99-182.

A.Weiser, Die Psalmen (ATD 14/15), 1966[7].

M.Weiss, Die Methode der "Total-Interpretation". Von der Notwendigkeit der Struktur-Analyse für das Verständnis der biblischen Dichtung, in: Congress Volume. Uppsala 1971 (VT.S 22), 1972, 88-112.

J.Wellhausen, Bemerkungen zu den Psalmen, in: ders., Skizzen und Vorarbeiten, VI 1899, 163-187.

J.Wellhausen, The Book of Psalms. Critical Edition of the Hebrew Text (SBOT 14), 1895.

C.Westermann, Art. תְּהוֹם, in: THAT, II 1976, 1026-1031.

C.Westermann, Genesis. 1.Teilband: Genesis 1-11 (BK I/1), 1974.

C.Westermann, Das Buch Jesaja. Kapitel 40-66 (ATD 19), 1970[2].

C.Westermann, Lob und Klage in den Psalmen. 5., erweiterte Auflage von Das Loben Gottes in den Psalmen, 1977.

C.Westermann, Das Reden von Schöpfer und Schöpfung im Alten Testament, in: FS Rost (BZAW 105), 1967, 238-244.

C.Westermann, Theologie des Alten Testaments in Grundzügen (GAT 6), 1978.

C.Westermann, Das Verhältnis des Jahweglaubens zu den außerisraelitischen Religionen, in: ders., Forschung am Alten Testament. Gesammelte Studien (TB 24), 1964, 189-218.

E.Wiesenberg, A Note on מזה in Psalm lxxv 9, VT 4 (1954), 434-439.

H.Wildberger, Art. אמן, in: THAT, I 1971, 177-209.

H.Wildberger, Jesaja. 1.Teilband: Jesaja 1-12 (BK X/1), 1972.

H.Wildberger, Jesaja. 2.Teilband: Jesaja 13-27 (BK X/2), 1978.

F.Willesen, The Cultic Situation of Psalm LXXIV, VT 2 (1952), 289-306.

R.J.William, Art. Ägypten II: Ägypten und Israel, in: TRE, I 1977, 492-505.

J.T.Willis, The Song of Hannah and Psalm 113, CBQ 35 (1973), 139-154.

Wörterbuch der Religionen, begründet von A.Bertholet in Verbindung mit Hans Freiherrn von Campenhausen. 3. Auflage neu bearbeitet, ergänzt und herausgegeben von K.Goldammer (KTA 125), 1976[3].

H.W.Wolff, Anthropologie des Alten Testaments, 1973.

H.W.Wolff, Dodekapropheton 2: Joel und Amos (BK XIV/2), 1969.

H.W.Wolff, Dodekapropheton 3: Obadja und Jona (BK XIV/3), 1977.

E.Würthwein, Das Erste Buch der Könige. Kapitel 1-16 (ATD 11,1), 1977.

F.Wutz, Die Psalmen textkritisch untersucht, 1925.

D.W.Young, Notes on the Root נתן in Biblical Hebrew, VT 10 (1960), 457-459.

W.A.Young, Psalm 74: A Methodological and Exegetical Study, The University of Iowa, Ph.D., 1974.

W.Zimmerli, Abraham und Melchisedek, in: FS Rost (BZAW 105), 1967, 255-264.

W.Zimmerli, Ezechiel. 2.Teilband: Ezechiel 25-48 (BK XIII/2), 1969.

A.H. van Zyl, Psalm 19, in: Biblical Essays. Proceedings of the Ninth Meeting of "Die Ou-Testamentiese Werkgemeenskap in Suid-Afrika"...and Proceedings of the Second Meeting of "Die Nuwe-Testamentiese Werkgemeenskap van Suid-Afrika"..., 1966, 142-158.

REGISTER

Bibelstellen

Hebräische Wörter

BEIHEFTE ZUR ZEITSCHRIFT FÜR DIE ALTTESTAMENTLICHE
WISSENSCHAFT

Rolf Rendtorff

Das überlieferungsgeschichtliche Problem des Pentateuch

Groß-Oktav. VIII, 177 Seiten. 1977. Ganzleinen DM 78,–
ISBN 3 11 006760 9 (Band 147)

Charles F. Whitley

Koholeth

His Language and Thought
Edited by Georg Fohrer

Large-octavo. VIII, 199 pages. 1979. Cloth DM 86,–
ISBN 3 11 007602 0 (Volume 148)

Ingrid Riesener

Der Stamm ʾabad im Alten Testament

Eine Wortuntersuchung unter Berücksichtigung
neuerer sprachwissenschaftlicher Methoden

Groß-Oktav. VIII, 294 Seiten. 1978. Ganzleinen DM 132,–
ISBN 3 11 007260 2 (Band 149)

Prophecy

Essays presented to Georg Fohrer on his sixty-fifth birthday
6. September 1980. Edited by J. A. Emerton

Large-octavo. VIII, 202 pages, Frontispiece. 1980. Cloth DM 92,–
ISBN 3 11 007761 2 (Volume 150)

Gerald Sheppard

Wisdom as a Hermeneutical Construct

A Study in the Sapientializing of the Old Testament

Large-octavo. XII, 178 pages. 1980. Cloth DM 78,–
ISBN 3 11 007504 0 (Volume 151)

Preisänderungen vorbehalten

Walter de Gruyter   Berlin · New York

BEIHEFTE ZUR ZEITSCHRIFT FÜR DIE ALTTESTAMENTLICHE
WISSENSCHAFT

J. A. Loader

Polar Structures in the Book of Qohelet

Edited by Georg Fohrer

Large-octavo. XII, 138 pages. 1979. Cloth DM 62,–
ISBN 3 11 007636 5 (Volume 152)

Walter Beyerlin

Werden und Wesen des 107. Psalms

Groß-Oktav. XII, 120 Seiten. 1978. Ganzleinen DM 62,–
ISBN 3 11 007755 8 (Band 153)

Hans Ch. Schmitt

Die nichtpriesterliche Josephsgeschichte

Ein Beitrag zur neuesten Pentateuchkritik

Groß-Oktav. XII, 225 Seiten. 1979. Ganzleinen DM 86,–
ISBN 3 11 007834 1 (Band 154)

Georg Fohrer

Studien zu alttestamentlichen Texten und Themen

Groß-Oktav. X, 212 Seiten. 1981. Ganzleinen DM 84,–
ISBN 3 11 008499 6 (Band 155)

Philip J. Nel

The Structure and Ethos of the Wisdom Admonitions in Proverbs

Large-octavo. XII, 142 pages. 1982. Cloth DM 74,–
ISBN 3 11 008750 2 (Volume 158)

Preisänderungen vorbehalten

Walter de Gruyter Berlin · New York